中国现代公路桥梁技术丛书

Gaosugonglu Kuaxianqiao

高速公路跨线桥

李亚木　王培阳　编著
王伯惠　审定

人民交通出版社

内 容 提 要

本书共分六章，主要介绍了14种适宜的上部构造桥形，包括近年新开发的无梁板桥，无桥台斜腿刚构桥、斜拉桥等。下部构造的桥墩为跨线桥景观的重要组成部分，因此以美学为线索讲述了各种桥墩形式的发展。桥台则以轻型化为线索讲述了各种桥台形式的发展，特别介绍了结构合理、造价经济、最适合跨线桥采用的带锥坡的排架桩式桥台。另外，着重讨论了桥头跳车问题和软基处理问题。

本书可供从事路桥设计、施工、管理的技术人员学习，参考。

图书在版编目(CIP)数据

高速公路跨线桥/李亚木，王培阳编著. —北京：人民交通出版社，2007.10

(中国现代公路桥梁技术丛书)

ISBN 978-7-114-06861-4

Ⅰ. 高… Ⅱ. ①李…②王… Ⅲ. 高速公路—高架桥 Ⅳ. U448.28

中国版本图书馆CIP数据核字(2007)第154107号

中国现代公路桥梁技术丛书

书　　名：高速公路跨线桥

著 作 者：李亚木　王培阳

责任编辑：张征宇　刘永芬

出版发行：人民交通出版社

地　　址：(100011)北京市朝阳区安定门外外馆斜街3号

网　　址：http://www.ccpress.com.cn

销售电话：(010)85285838，85285995

总 经 销：北京中交盛世书刊有限公司

经　　销：各地新华书店

印　　刷：北京宝蓬鸿图科技有限公司

开　　本：787×1092　1/16

印　　张：15.75

字　　数：3904

版　　次：2007年11月　第1版

印　　次：2007年11月　第1次印刷

书　　号：ISBN 978-7-114-06861-4

印　　数：0001～3000册

定　　价：35.00元

前　言

我国自20世纪80年代以来开始修建高速公路，迄今20余年已建成近40 000km。高速公路与其他道路相交必须采用立交，而立交无论分离式或互通式、双层或多层的，皆必须采用跨线桥。如果每千米平均以2.5座计，即已修建了近十万座跨线桥。城市高架桥、跨线桥亦十分众多。在这个过程中我们取得了大量经验，同时也有不少教训。按照粗略规划，今后我们还将继续修建高速公路40 000km左右，即还需修建近十万座跨线桥。因此，总结现有跨线桥的经验和教训，对更加好、省、快地建设今后的跨线桥是一项十分有意义的工作。

跨线桥大都是旱地修建的中小跨径桥梁，而且跨越另一条公路、城市道路或铁路之上，位置显著，每天皆有成百上千车辆从下面通过，因而上、下部构造的景观十分重要。根据上述两个主要特点，本书介绍了14种适宜的上部构造桥型，包括近些年新开发的无梁板桥（辽宁）、无桥台斜腿刚构桥（湖北）、斜拉桥（中小跨径）等。下部构造的桥墩为跨线桥景观的重要组成部分，因此以美学为线索叙述了各种桥墩形式的发展。桥台则以轻型化为线索叙述了各种桥台形式的发展，特别介绍了结构合理、造价经济、最适合跨线桥采用的带锥坡的排架桩式桥台。对于跨线桥桥型方案选择则专门列为一章（第五章），介绍国内几个省在这方面的具体做法和经验。

跨线桥不单纯是“桥”的问题，还有“线”的问题，因此对路线专列一章（第六章）。其中，第一节专门讨论线形有关问题，线形和桥长等确定不当会导致成千万元工程费用的浪费，在此以多个实例加以阐述。第二节、第三节则着重讨论了当前大家最关心的桥头跳车问题和软基处理问题。

由上可见，一个优秀的跨线桥设计牵涉到桥梁上部、下部以及路线各方面的问题，本书虽然力求触及到所有有关方面，但挂一漏万，在所难免，不足之处，尚祈求广大读者多多指正。

本书桥梁部分由李亚木主写，路线部分由王培阳主写。王伯惠参与编写了部分章节，并负责全书的审定工作。

王伯惠

2007.3.15

目　录

第一章 概 论

现代公路,不论经过乡村还是城市,桥梁是必不可少的。就所跨越的对象而言,可分为跨河桥和跨线桥两大类。低等级公路上的桥梁几乎全是跨河桥梁,所占公路总里程的比例很小,而对于近年大量修建的高速公路则跨线桥就极多。

我国辽宁省的沈大高速公路,全长 347.955km(金宝台收费站至后盐收费站),其中桥梁长度 7.361 9km/148 座,占路线全长 2.116%;分离式立交(包含通道)4.204 13km/239 座,占桥梁总长的 57.1%。但是,跨越主线的跨线桥 111 座,平均 3.135km 就一处跨线桥,这里还包括全线 27 座互通式立交中的匝道上跨的跨线桥有 18 处。这 18 处匝道跨线桥,占互通立交的 67%。再如,辽宁省的丹东至大连高速公路的丹东至庄河段全长 136.16km,其中桥梁长度 13.851km/266 座,占路线全长 10.17%,分离式立交(包含通道)4.477km/168 座,占桥梁总长的 32.3%。跨越主线的跨线桥 20 座,平均 6.808km 就一处跨线桥,其中包括全线 7 座互通式立交中的匝道上跨的跨线桥有 6 处。这 6 处匝道跨线桥,占互通立交的绝对多数。

我国浙江省的杭甬高速公路(沽渚至宁波段)全长 80.140km,其中桥梁长度 9.477km/108 座,占路线全长 11.8%,分离式立交(包含通道)3.018km/162 座,占桥梁总长的 31.8%。跨越主线的跨线桥 9 座,平均每 8.904km 就有一处跨线桥。其中包含全线 6 座互通式立交中的匝道上跨的跨线桥有 5 处。这 5 处匝道跨线桥,占互通立交的 83%。

在国外,例如,日本车关东高速公路,道路全长 30.2km,其中桥梁长 7.4km,占 24.5%;17 座桥梁中只有 3 座是跨河的,其余 14 座都是跨线桥或高架桥,占桥梁总长的 84%。

单以一座立交工程来说,例如沈大公路的灯塔立交,立交范围内跨线匝道总长 3 900m,其中桥梁总长 690m,占匝道全长的 17.7%。

从上述实例可以看出:高等级公路上的跨线桥,所占桥梁总长的比例是相当大的。

另在高速公路外,在某些场地,由于地形或其他原因,两条路线本来就处于不同高程上,跨线桥则是优先采用的经济形式。

当处于下面的公路沿河流岸边并行时,还可与跨河桥结合为一,也属于跨线桥范畴。

一般情况下,相互交叉的两条路线,在上面跨越者称为上跨线,下面被跨越者称为下穿线,又称为通道。

第一节 跨线桥的主要功能

跨线桥在现代公路系统中的作用非常重要。它使两条或两条以上相互交叉的公路处于不同高程,使不转弯的直行车流以最短路径安全通过。它的主要功能和作用有以下几方面。

一、对于高速公路

1.排除横向行车干扰,确保车辆高速、安全运行。

2. 解决完全控制出入问题，不允许两线车辆互相出入则设置分离式立交，允许出入则设置互通式立交，只允许某一个方向出入则只在该方向设置单一的出入匝道。

二、对于一般公路

1. 将交通繁重、通行能力不足的平交道口改为跨线桥或互通式立交以彻底解决瓶颈效应或交通阻塞。

2. 彻底消除平交道口事故率，确保通过车辆的安全。

3. 除上而外，跨线桥还有若干其他作用：

(1)社会效益：节省用路者由于交通拥挤的平面交叉而延滞、浪费的时间，同时节省车辆变速、停车和等待而产生的诸如燃料、轮胎、油料、机械等的费用，将远远超出修建立交(分离、互通)而不中断交通的费用。一般情况下，互通式立交与平交道路比较，需要略长一些的总运行距离。跨线桥则没有互通立交额外运行距离增加的费用、平面交叉停车和延滞时间的费用。一般情况下，在交叉口修建跨线桥，群众受益与交通改善的社会效益是明显的。

(2)公路景观作用：跨线桥可以减少单调行车，增加景观美化。

(3)可用作悬挂交通标志牌，提供一些有用的行车信息，如高速公路的标志“行车道、超车道”等。

图 1.1.1　交通拥挤的跨线桥

图 1.1.1 所示为交通拥挤的跨线桥。

第二节　跨线桥的技术要求

跨线桥与跨河桥相比，属于旱地修建的桥梁。一般情况下，没有水下工程，下部基础工程施工较简单，上部工程施工更加方便。常见的较大跨的跨线桥多采用预应力连续箱梁结构，以简单易行的满堂支架施工。

一般情况下，两条相交道路中，当等级较低者上跨时，其桥梁净宽较窄，引道路线平面技术指标较小、纵坡度较大，因而工程造价较低廉，同时上跨线的桥梁，常常是弯坡斜桥，还经常处于竖曲线上，这时设计施工也较容易。

就目前情况来看，高速公路上的跨线桥桥孔数量多数是 4 孔，还有少数 4 孔以上的多孔桥，已经很少见到 2 孔或 1 孔桥。前述的丹东至大连高速公路的丹东至庄河段，跨越高速公路的跨线桥 20 座，均为 4 孔跨线桥，如图 1.2.1 所示。

图 1.2.1　一座典型的 4 孔跨线桥

由于公路路基净宽甚小，例如，一般的双车道二级公路净宽 12m，乡村道路净宽仅 7.0m 或 4.5m。跨线桥采用小跨径(16～40m)即可满足。小跨径桥梁多采用构造简单、多孔重复、预制安装的简支梁桥，以利于降低造价，缩短工期。只有在特殊需要的少数情况下，才采用较大的跨径。对于多孔小跨径桥梁，多采用减少或取消伸缩缝的措施，以保证桥上路面平整度，利于行车舒适。

当两线相交，如互相跨越而互不通联时称为分离式立交，这时整个立交只有两层。如互相跨越而又互相通联时即为互通式立交，两线之间用左、右转弯道路相联结，称为匝道。一个交叉口有多条匝道，匝道与匝道也会相交。如果允许匝道相互平交，即称为不完善互通立交；如果不允许平交，只能立交，即称为完善互通立交。如图 1.2.2 所示，辽宁省沈大高速公路一个 3 肢完善互通立交，各有两条左、右转弯匝道，整个立交有 3 层。图 1.2.3 所示为美国巴顿罗格市一个 4 肢完善互通立交，各有 4 条左、右转弯匝道，整个立交有 4 层。当交汇于一处的道路肢数越多，转弯匝道也越多，层数也越多。图 1.2.4 所示为英国格拉维利山(Gravelly Hill) 6 号高速公路 M6 和阿斯顿快速干道、伯明翰东北路网的 3 条干线 6 肢交汇处互通立交，共有 7 层。显而易见，层数越多越高，跨线工程的路线和桥梁就越长，立交造价就越高。因此，为了降低路线交叉工程造价，就必须：①选择下线最可能低的高程处跨越；②尽可能降低跨线桥上部构造的建筑高度。

图 1.2.2　辽宁省沈大高速公路大石桥立交，3 肢 3 层互通

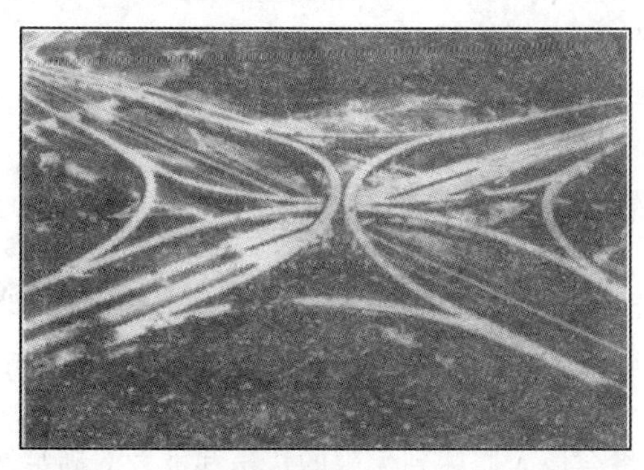

图 1.2.3　美国巴顿罗格市立交，4 肢 4 层互通

图 1.2.4　英国格拉维利山立交，6 肢 7 层互通

一般四车道高速公路净宽 24.5m，由于有中央分隔带可以设置跨线桥桥墩，因此垂直相交的跨线桥通常只需采用 20m 跨径(甚至 16m 跨径)，以减少桥梁上部结构的建筑高度，具有很大的经济意义，是最常用的跨线桥布置方式。

跨线桥是公路中最醒目的建筑物，必须充分重视美观的要求，以及桥下净空和透空度。为此跨线桥力求造型美观、结构轻盈、构造新颖和多样化。多孔连续的跨线桥还须注意各桥孔之间的比例、协调等美观问题。

为美观起见，一般公路跨线桥的栏杆做得细密透空，能增强桥梁的纤细感。目前高速公路上的跨线桥栏杆多为行车安全考虑而采用笨重的防撞墙，甚至还增设防落物网，这无疑更加影响跨线桥的美观。目前我国一些高速公路互通式立交中的匝道跨线桥，取消了防落物网，这是一个很好的尝试。在保证交通安全的条件下，应推广这一方法。

桥梁栏杆设计应满足：①在设计车辆荷载碰撞下是安全可靠的；②在设计车辆碰撞下，车辆能安全改变方向且不撞坏、穿过或越过栏杆；③碰撞时车辆不应被套住或挂住而引起突然减速、旋翻或滚落出栏杆。为此，标准栏杆可以有两种形式：①防撞墙；②混凝土基座或栏墙台座上加设金属或混凝土栏杆，从美观而言后者比前者优越。

作者先后参加了多条高速公路的设计工作。从以往辽宁省已建成的高速公路和在建的高速公路来看，早期修建的沈阳至大连、沈阳至本溪、沈阳至四平和沈阳绕城等高速公路，以及浙江省早期已建成的和在建的杭甬、同三线宁波市境段等高速公路设计中，在跨线桥的美观方面，似欠考虑。近期修建的北京至沈阳、盘锦至海城、本溪至丹东、沈阳至抚顺、锦州至阜新、锦州至朝阳、杭州湾南岸接线等高速公路，则有所改进，跨线桥美观方面考虑得稍多一些。现在全国各地还在设计修建大量高速公路，希望对跨线桥景观问题认真考虑，引起重视。

综上所述，跨线桥与一般桥梁相比较，技术上有以下几方面的特殊要求：

(1)主梁建筑高度要矮，以节省总桥长和工程造价。

(2)旱地修桥，基础通常没有冲刷、淤积问题。

(3)净高和净宽由桥下道路的要求而定，一般情况下跨径不是很大，属于中桥或者小桥。

(4)景观要求较高。

(5)一般情况下，相交两线中以等级较低的线路上跨，造价较经济。

(6)通常遵守桥梁服从路线的原则，跨线桥多为斜弯坡桥，尤其互通式立交中的匝道跨线桥，绝大多数是斜弯坡桥。

目前我国还缺少关于道路立交和跨线桥的专门规范，仅在《公路路线设计规范》JTJ 011—94 的个别条款如：11.4 条　分离式立体交叉、12.2 条　公路与铁路立体交叉、12.3 条　公路与乡村道路交叉中，分散、零星地提出了一些技术要求，对于跨线桥的整体布局、平面线形、纵面线形、桥梁选型、结构设计特点等都缺乏全面系统的考虑。这是本书要重点解决的问题。

第三节　跨线桥的景观要求

当我们驱车在公路上行驶时，映入眼帘的是公路两旁的树木，以及远近的田野、河流、山谷。而前方往往是公路在延伸，消失在遥远的地平线，或连绵的山谷，容易使人产生单调乏味的感觉。但是，跨线桥梁的出现，缓解了这种单调。

看到跨线桥梁上面川流不息的车辆和人群，它将会使人们感到无限的快乐和极大的满足。桥梁建筑能使人产生一种激情，在人的一生中总是那样的清新，总是那样富有激励性。我们脑海中的桥梁总是那么迷人，不论是跨越急流或深谷的原始桥梁，还是具有想象不到的巨大跨径的、宏伟的现代桥梁。

回顾一些非常美丽的古代石桥，如我国悠久的赵州桥和卢沟桥，它们不但是连接河流两端道路的建筑物，同时又是地界划分的标志。其原因是桥一经建成，其独特的建筑风格，优美的形象实体，便成为区域地界的坐标物，人们只要到了某一桥处，就知道区划地名和寻找的向导了。

我国江南水乡目前仍存的多处古桥，反映了不同历史时期的古朴雅致，也给人生旅途带来诸多的方便与欣慰。时过境迁，时代的潮流滚滚向前，交通建设突飞猛进，古桥已经次第远去，功能日趋减少，但风采各异，造型多姿的古桥，却为南来北往的行人送上一片温馨和安慰，留下一个美好的回味。

意大利水城威尼斯“开门见桥”，这些桥既有水韵，又饱含文学色彩，诗情相应成趣。英国女王学院的数学家桥，建于1744年至1750年，根据牛顿力学原理镶嵌而成，高贵典雅，每到雨天还会散发出浓郁的檀香味。法国巴黎塞纳河上，有37座造型迥异、各领风骚的桥，桥小史长。美丽的袖珍之国卢森堡，人们总是高兴地把客人带到几座桥上去浏览卢森堡的美丽风光，桥梁是国民情感的寄托。

联想现在桥梁，美丽的景观。桥梁的美丽激励人们用现代化技术去赶超这些对和谐规律是那么熟悉的古代杰出的营造大师。

现代跨线桥也不例外，它横陈在下穿道路上来往的成千上万车辆和过客的正前方，是现代公路系统中非常重要的景观。这一点我们有深深的体会，但还是缺乏系统的桥梁美学论述，这是本书要着重考虑的问题之一。

第四节　跨线桥的分类

一、从上跨线的性质分

等级公路跨线桥：上跨的是四级以上的公路主线，线形标准等级较高，桥形比较开阔美观。

铁路跨线桥：上跨的是铁路，线形标准高，构造物相对厚重。

乡村道路跨线桥：上跨的是非等级的乡村道路。乡村道路泛指乡村、城镇之间不属于等级公路，用于机动车(汽车或农机)、非机动车及行人通行的道路。

城市街道跨线桥：特点是占地紧张，人口密集，所以桥形变化多样、功能齐全、美观新颖。

人行天桥：属于专用通行人群的跨线桥，城市最多，构造物最轻盈美观。

排水构造物渡槽跨线桥：专用于输送水流的上跨构造物。

二、从桥位、地形和构造物主次角度分

平原区路堤跨线桥：平原地区的跨线桥一般采用梁式桥，也可以采用刚构桥。桥梁的上部结构应力求造得尽可能纤细，也可用恰当地设计横断面以增强梁的长细比(①桥面翼缘板悬伸、②设置梁的外斜腹板)等方法来增强它的纤细的外貌。桥梁的下部结构可以采用独柱墩或双柱墩。墩柱相对上部结构梁要粗厚一些，因为它们必须抵抗车辆的撞击。粗厚的墩柱增加了上部结构的纤细印象。应避免设置多于4根墩柱的方式。如果桥梁宽度需要的话，可以采用实体墩。实体墩的厚度与上部结构的主要部分宽度相同，尤其当桥墩和桥台为圬工镶面时。对于事故来说，这种实体桥墩，比一系列薄墩更加有利。

山区路堑跨线桥：在丘陵地区或山区，公路经常以路堑方式通过。一般情况下常采用拱桥，有时也采用斜腿刚构桥。无论拱桥还是斜腿刚构桥，其上下部结构与梁式桥有很大的区别。拱圈从路堑的斜坡起拱，跨越整个公路路宽，是非常自然协调的。

跨线桥一般是指主要道路上跨高等级公路的构造物，目前多为斜交弯曲桥梁。一条公路

为了获得好的线形，往往导致了斜交，甚至是弯曲交叉口。要在这样的地方作出好的设计要相对困难一些。好的方案需要反复比较确定，不可草率行事。对于斜交角很小的狭桥，应尽量采用中央独柱墩支撑梁式结构；对于宽桥(宽度大于 15m)，沿桥轴的独柱墩就不再合适，桥墩竖立在中央以支撑双跨主梁，主梁之间不要用横隔梁连接，只要在桥面板的端部有一根狭肋就足够了。

通道桥或叫地道桥：次要道路下穿高等级公路的跨线桥。通道桥受其上面的大型构造物影响，本身对景观或环境的干扰影响相对较少。一般情况下采用跨径一孔 8m 左右的薄壁轻台空心板桥，也有一些通道结合涵洞排水做成通道兼排水构造物。以往我们对通道的美观方面考虑的相对少一些，现在看来应重视这一设计，毕竟它是老百姓最常用的构造物。

本书主要分析当前现实中应用最多的、最常见的高速公路跨线桥。

第五节　跨线桥的适宜结构形式

一、上 部 构 造

跨线桥多为中小跨径，要求建筑高度小，造型美观，常用的和适宜的上部构造形式如下：

(1)空心板梁桥：是现今高速公路中最常见的跨线桥结构，其一般跨径 10～20m，有先张法预应力混凝土和后张法预应力混凝土两种，跨径 10m 以下的空心板桥一般采用普通钢筋混凝土。目前，空心板桥发展为宽幅(1.5m)和窄幅(1.0m)两种预制结构，以及墩顶部位断缝而桥面连续的结构和墩顶部位现浇混凝土连续的结构。

(2)无梁板桥：是用几排桩柱式下部结构直接支撑着连续板式上部构造。桩排顶上没有盖梁，板式上部也没有纵梁，因而称为无梁板。

一座典型的无梁板桥上部为连续平板，下部为墩柱。每根墩柱顶部有扩大的柱头，扩大角不宜大于 45°，其作用为减少跨径和增大平板抗剪能力。柱头上为托板，相当于加大柱顶板厚，以承受大的柱顶负弯矩和支点附近的斜拉力。当板为变截面时，可取消托板以及柱头。所有的柱、柱头、托板、桥面板都是浇筑在一起的，即板柱在柱顶是刚性嵌固的。

(3)连续箱梁桥：在高速公路跨线桥中也很常见，目前应用呈上升的趋势。有普通钢筋混凝土和后张预应力混凝土两种。箱梁属于薄壁结构，与前面所述的空心板梁不同之处在于：空心板梁的壁厚相对于其外形来说较大，属于一般梁式体系，设计时只考虑其弯曲和扭转作用，而箱梁的壁厚相对于其外形来说较小，设计时须考虑翘曲。箱梁用料很省而抗弯和抗扭能力又很高，因而广泛用于跨径 25m 以上的桥梁中，墩身较高(如多层跨线桥)也常做成连续刚构。

(4)鱼脊式梁桥：是箱梁桥的一个发展。当箱梁两边的翼缘板加宽时，需要在两边施加横向预应力，或者在下边加设斜撑支撑。后者以其外形有如鱼脊，因而称为鱼脊梁式桥。这种桥外形美观新颖，在现今城市跨线桥以及重要景观之处多有采用。

(5)斜腿刚构桥：为近年来国内外发展起来的一种新型结构桥梁。其外形整体划一，简洁明快，给人以力的感觉，受力合理，用料经济，大、中、小跨径皆可采用，一般做成单孔跨线桥。在山区高速公路路堑段的跨线桥多有应用，与拱式跨线桥互相映衬，避免了单调。

(6)无桥台斜腿刚构桥：在斜腿刚构桥的基础上，取消桥台，增设边斜杆，将梁端荷载传递到桥墩上。边斜杆的倾角与路堤锥坡一致，一般采用 45°。其主要特点是不设桥台但满足桥台各功能，无水平推力，适用于软基修建，跨越能力加大，造价低廉。目前我国已经修建了几座无桥台斜腿刚构桥，取得了一定的经验。这种桥型在跨线桥上应具有很大的发展空间。

(7)V 形墩桥：也是近年来国内外发展起来的一种新型结构桥梁，一般是 3 孔以上。这种桥梁跨径大，受力合理，用料经济。它造型优美，给人以连续、轻盈的感觉。

(8)T 形梁桥：是各级公路常用的桥型，跨径 20～50m。同工字组合梁一样，在以前的跨线桥中应用甚多，但现今已很少采用。其主要原因是 T 梁底部暴露有纵横梁，欠美观，且建筑高度也较大，经济效益不明显。

(9)预应力混凝土组合梁桥：在预制安装的预应力梁上再现浇普通钢筋混凝土形成整体上部构造，其性能与钢梁和混凝土叠合梁基本一样，是一种十分合理的做法。

(10)上承式拱桥：一般适用于山区公路路堑段的跨线桥。拱桥对于我们是十分熟悉的，例如始建于公元 7 世纪的中国古代赵州石拱桥。常见的拱桥有石拱桥与钢筋混凝土拱桥，一般跨径 20～80m。双曲拱桥、桁架拱桥、刚架拱桥都属于上承式拱桥之列。

(11)中承式拱桥：桥面系位于拱肋矢高的中部，一部分用吊杆悬挂在拱肋下，一部分借助刚架立柱支撑在拱肋和桥墩上，因而是一种半悬吊、半支撑体系。

(12)下承式拱桥：在拱脚水平处设置主梁，全部悬挂在拱肋下。如果主梁与拱脚固结承担拱脚水平推力，或者两拱脚之间另设系杆来承受拱脚拉力，则专称为系杆拱。它是无推力拱，外部静定，兼有拱桥的较大跨越能力和简支梁桥对地基适应能力强的两大特点。当桥面高程受到限制而桥下又要求保证较大的净宽和净高，或当墩台基础处地质条件不良易发生沉降，但又要求保证较大的跨度时，系杆拱是较优越的桥型。

(13)斜拉桥：斜拉桥是近代发展起来的新桥型，最大跨径可达 1 000m 以上。但在中小跨径跨线桥上，因其较大的跨越能力，较小的建筑高度，优美的桥形，亦常有应用。

二、桥　　墩

对于跨线桥，桥墩是重要景观建筑，还要求纤薄空透，少占桥下空间。其截面形状可有矩形、圆形、圆端形、尖端形、矩形圆角、工字形、空心墩等多种，后两者主要用于墩身高度较大的大跨径桥梁。

桥墩按照构造可分为下列各种形式。

1. 重力式墩：主要靠自身重力（包括桥跨结构重力）以平衡外力，保证桥墩稳定。在一些老式跨线桥中有应用，随着钢筋混凝土桥梁的发展，逐渐被替代。目前跨线桥中基本上不再应用。

2. 钢筋混凝土实体薄壁（墙式）墩：为了美观而减薄墩厚，同时可获得节省圬工和减小对底部地基的压力等技术经济效益。

3. 桩（柱）式墩：通常分为单柱式、双柱式、多柱式。单柱墩较常采用，墩顶可以有盖梁，或无盖梁，直接支撑上部构造。各柱间可不设横系梁，显得挺拔有力，干净利落。3 柱以上的多柱式墩影响桥下的视野，很不美观，建议跨线桥中少采用。

4. 柔性排架墩：依靠支座摩阻力使桥墩上下部构成一个共同承受外力和变形的整体。一般梁式跨线桥的墩高 6～7m 多孔、跨径 26～20m 多采用这种桥墩。

5. 其他型墩：主要为了优化墩身造型，减轻墩身自重，以及改进上部构造受力等，而采用一些其他形式，如：

(1)Y 形墩：也是使用得较普遍的形式之一，有各种做法，造型优美，可减少上部跨径，并节省基础，墩顶与上部构造之间一般用橡胶支座支撑。

(2)V 形墩：类似 Y 形墩，国内各地立交桥使用较多，美观新颖。

(3)X形墩:类似Y形墩,一般的立交桥使用较少。但由于其造型新颖,可在特定的环境中应用。

(4)Π形墩。一座斜跨另一公路的立交桥,由于净空的限制,用2根斜岔在下面公路路幅之外来支撑墩顶盖梁,形成Π形。

三、桥　　台

桥台因要承受路堤土压力,历来圬工体积较为庞大,技术发展的方向是力求轻型化。根据目前的发展,除重力式台、埋置式台外,还有轻型桥台、排架桩式桥台、组合式桥台等。

1.重力式桥台,如早期的U形桥台,后来也做了一些改进。

2.埋置式桥台,将台身埋置于台前溜坡内,台身变为两片或多片薄壁墙肋,台前后土压大部位自行平衡,因而构造得以轻型化,通常不需要另设翼墙,仅由台帽两端耳墙与路堤衔接。高速公路跨线桥多数采用这种桥台。

3.轻型桥台,应用在单跨或少跨的小跨径跨线桥中,两桥台间靠近基础处设支撑梁,主梁与桥台设置锚固栓钉,桥台与支撑梁及上部结构形成四铰框架。

4.排架桩式桥台,采用桩与墩柱直接相连接,且为同一材质,然后埋置的桥台。

5.组合式桥台,由直接承受来自桥跨结构的垂直力和水平力的前部台身,及承受台后土压力的后部构造两部分组成。在中等跨径的跨线桥或拱桥中常有应用。

参 考 文 献

[1] 中华人民共和国行业标准.公路工程技术标准(JTG B01—2003).北京:人民交通出版社,2003.

第二章　跨线桥上部构造的适宜形式

第一节　空心板桥

一般把50m以下的跨径视为中小跨径。目前，许多国家在中小跨径桥梁上部构造方面逐步推行设计标准化、预制构件化和施工机械化，即“三化”。

美国中小跨径以预应力混凝土桥为主要发展方向。美国公路官方协会曾制定了40m以下的预应力混凝土简支梁桥标准图。其构件为厂制和工地预制2种。梁长一般限制在24m以内。

日本由建设省制定并正式颁发了5～21m先张法和14～20m后张法预应力混凝土上部构造标准设计。一些标准设计由道路公团自己发行，正向“三化”过渡。英国在实现“三化”中保留了预制构件与整体浇筑相结合的自己特色。前苏联中小跨径基本定型化、标准化，但其“三化”水平还低于欧美。

我国目前一般的高速公路典型跨线桥常采用跨径10～20m的空心板简支结构，见图2.1.1。跨径10m以下为钢筋混凝土结构，跨径10m以上多为先张法预应力结构。板宽1～1.5m横向密布，板与板之间采用实铰或铰缝连接，桥面铺装层与铰缝同时浇筑，使各板之间横向形成整体。纵向一般采用简支结构形式，利用桥面的水泥铺装层，把简支梁做成桥面连续，其最上表层铺设沥青混凝土；也有一些空心板纵向采用先简支后连续结构。

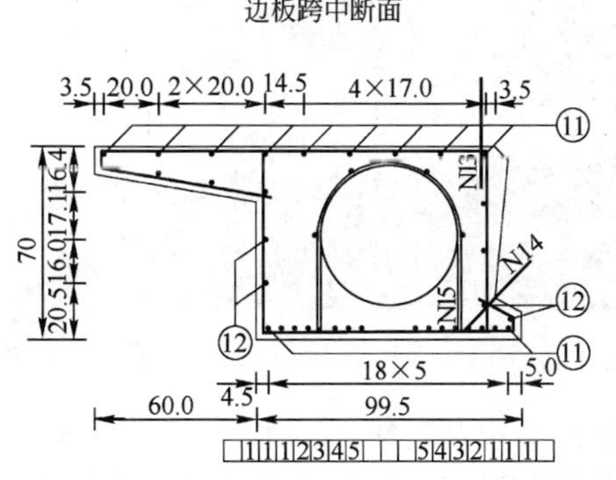

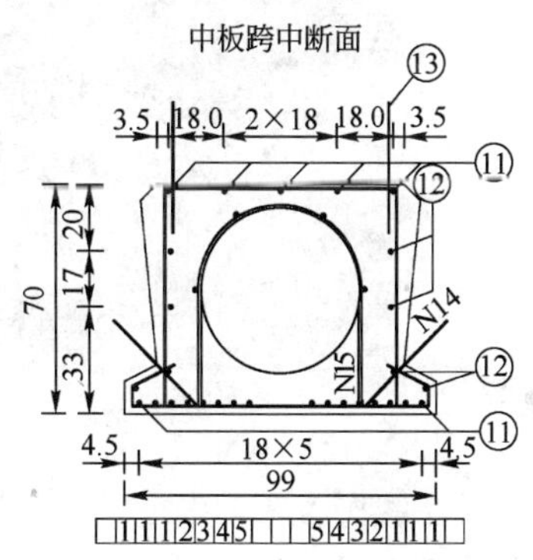

图2.1.1　空心板横截面(尺寸单位:cm)

由于空心板的大量采用，其结构设计和施工方法有多方面改进，可说是丰富多彩。目前比较常见的有：

(1)正或斜空心板；

(2)先简支后连续或桥面连续空心板；

(3)窄幅(板宽小于1m)或宽幅(板宽1.5m)空心板；

(4)钢筋混凝土或先张法和后张法预应力混凝土空心板；

(5)带翼缘(宽翼或窄翼)或无翼缘空心板;

(6)纵向等宽度或纵向变宽度空心板;

(7)冲气胶囊芯模、木芯模或钢芯模空心板;

(8)预制或现浇空心板。

对于上述8种常见空心板形式分别介绍如下。

一、正或斜空心板

两交叉公路正交交角成90°时,跨线桥所采用的上部空心板就是正板,否则就是斜板。斜板要注意其斜度宜小于45°,否则容易扭翘形成锐角端支座脱空现象,影响板的局部质量。

1. 正空心板

正空心板是最简单的情况,多采用预制吊装施工方法。两条公路交叉时,跨线桥一般应尽可能做成正桥。对上跨的低等级公路必要时宜局部改线,使之与高速公路正交。在距离城镇较远,对景观要求不高的情况下,跨越高速公路的主桥多采用20m左右跨径的空心板结构,偶尔也采用20m以上者。

跨线桥以外的引桥,无论主桥是否采用空心板简支结构,引桥多采用跨径20m或以下小跨径正空心板梁。即使跨线主孔为斜桥,亦宜通过一孔平面异形引桥,由斜变正,使其余引桥均做正空心板结构。

图2.1.2是一个正空心板跨线桥的示例:主桥和引桥均采用跨径20m的空心板结构,空心板建筑高0.85m,桥面水泥混凝土铺装厚0.1m,沥青混凝土铺装厚0.1m;跨线桥下的高速公路净高要求为5.0m,2.5% 路线纵坡,桥长计算长约120m,桥孔按照6孔20m布置。高速公路中央分隔带设墩,桥梁各孔之间的空心板用连接板(桥面铺装)连接,保持桥面连续,以消除简支梁桥墩顶伸缩缝引起的跳车,伸缩缝只设在2座桥台上。

图2.1.2 高速公路空心板跨线桥

空心板在我国发展过程中,各地都做过一些改进,其中几种跨径20m者列于表2.1.1中,其中列出了5个设计所用的断面尺寸和钢材用量。起初使用较多者为交通部公路规划设计院和浙江省交通设计院的图纸,每块幅宽124cm,高90cm。后来北京建达道桥咨询公司提出了宽幅空心板的设计,每块幅宽149.5cm,用预应力筋量较前者大量减少,施工安装亦较省工,但经在广东省南海市某大桥使用结果,发现刚度不足,裂纹甚多,后来广东省高速公路公司和广东省公路设计院做了改进,断面高度增大到95cm,预应力筋也有所增加,并在广清高速公路一些桥做了重载试验,效果甚好,后在省内推广使用。前述各桥荷载标准皆为汽车-超20级、挂车-120。表中末栏为公路设计一院和陕西省路桥设计所提出的汽车-20级、挂车-100荷载的宽幅空心板图纸,幅宽158cm,高减为85cm。

国内一些预应力空心板梁设计概况(跨径 20m) 表 2.1.1

设计截面及配筋		设计或修改设计单位				
		交通部公路规划设计院 浙江省交通设计院	北京建达道桥咨询公司 (南海市××大桥)	广东省高速公路公司	广东省公路设计院	公路一院、陕西省路桥设计所 (阳春漠阳江大桥)
中板设计截面						
中板主要设计尺寸(cm)	幅宽	124	149.5	155	165	158
	高度	90	跨中 80 支点 90	95	95	85
	顶板厚	10	10～16	缺一般构造图,约 14～17	13～17	12～16
	底板厚	10	跨中 10 支点 20	缺一般构造图,约 12	12	跨中 10 支点 20
	腹板厚	最薄处 15	10	缺一般构造图,约 12	12～14	12
每块板主筋	预应力筋	4×7—ϕ_j15.24	13 —ϕ_j15.24	13 —ϕ_j15.24	16 —ϕ_j15.24	15 —ϕ_j15.24
	普通钢筋	9—ϕ8	—	12—ϕ12	—	8—ϕ20
折合成 155cm 板宽主筋	预应力筋	35 —ϕ_j15.24	13.48 —ϕ_j15.24	13 —ϕ_j15.24	15.03 —ϕ_j15.24	14.72 —ϕ_j15.24
	普通钢筋	11.25—ϕ8	—	12—ϕ12	—	7.85—ϕ20
钢筋混凝土现浇层+桥面铺装(cm)		10+6(沥青混凝土)	缺资料	缺资料	10+8(钢筋混凝土)	0+8(钢筋混凝土)

注:漠阳江大桥设计荷载为汽车-20 级、挂车-100,其余设计荷载均为汽车-超 20 级、挂车-120。

2. 斜空心板

斜交板受力复杂，不但承受弯矩，还须承受扭力和翘屈，其跨径比正桥也有所增大，设计和施工都较复杂，且在支点处由于横向剪力会产生很大变位，许多支座都被剪坏，一些专门设置的混凝土块也曾发生破坏。因此，一般应尽量考虑将次要路线改线，使成正交，以不作斜桥。如不可避免，应设法将斜桥正作，方法如图 2.1.3 所示。

(1)一般的斜跨线桥主桥和引桥皆为斜桥，见图 2.1.3a)。

(2)如图 2.1.3b)所示，用独柱墩将多孔斜桥变正，必要时可略放大桥孔，而增加的费用有限。独柱墩盖梁靠墩柱附近高度较大，但应注意其对桥下净空的影响。

其实无论正交和斜交，在市区采用独柱墩为宜，因它占地较小，且便于桥下通车或停车，同时还能留出宽敞的视野并美化市容。如果设置于水流中，独柱对任何方向的水流阻力都是一样的。

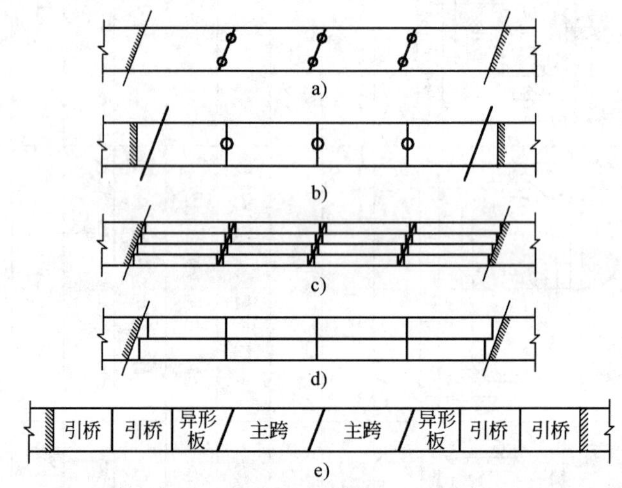

图 2.1.3 斜跨线桥正作措施

(3)如图 2.1.3c)所示，将各片梁错开，呈阶梯形，形成斜板。每片梁支座正放，梁与梁之间由桥面板和横隔梁(当为带翼缘空心板时)保证整体受力，但此时横隔梁宜与梁肋正交。少数空心板还加横向预应力强化整体性。

(4)上部构造为连续空心板梁时，分为左、右两幅阶梯形错开成斜桥，见图 2.1.3d)。

(5)如图 2.1.3e)所示，除跨线部分外，两端还有多孔引桥的跨线桥，如果跨线部分做成斜桥则两端可以通过一孔异形引桥，使以下的引桥全部由斜变正，以利于采用正空心板结构，最为经济合理。

在以美观为重的高速公路中，多数引桥也皆采用与主桥一致的斜空心板结构。又如，跨线桥引桥的总长度相对短时，少数几孔引桥也随主桥做成斜桥，以简化设计和施工，因此斜空心板结构在跨线桥中也常常看到。斜 45°以内的空心板，一般有定型图纸可资利用。

斜板宽度越大受力越不利，为了改善受力和压降立交桥的建筑高度和减小空心板的重量，近来趋向于采用带悬臂的板，充分加大悬臂板的挑出长度，并向脊骨梁桥型发展。

如无法避免斜交时，可在斜交桥中用脊骨梁桥，以缩小支座宽度，并将支座按正交放置。

二、先简支后连续或桥面连续的简支空心板

当桥面存在伸缩缝时，车辆通过将产生跳车并对缝口发生冲击力，其大小可按下式估计：

$$F = \frac{P \cdot v}{t} \qquad (2.1.1)$$

式中：F——汽车的冲击力；

P——汽车的荷载；

v——汽车的行驶速度；

t——汽车的行驶时间，与行驶速度成反比。

高速公路的计算车辆荷载为 550kN，一般公路车辆荷载按 300kN 计；高速公路汽车的行驶速度按 120km/h 计，一般公路按 40km/h 计。

将上述诸值代入式 2.1.1 中，可知高速公路上行车冲击力较普通公路增加 16.5 倍，因而对伸缩缝破坏更大。

$$\frac{F_{\text{高速公路}}}{F_{\text{普通公路}}}=\frac{\frac{550}{300}\times\frac{120}{40}}{\frac{40}{120}}=16.5(\text{倍})$$

为此高速公路上的桥梁应尽量减少伸缩缝，做成桥面连续。

对于多孔空心板桥，在桥墩顶部有以下两种连接方式。

1.先简支后连续空心板

在墩顶处相邻两孔简支梁端部预留较宽的空间，然后与桥面铺装整体化混凝土同时浇筑连接缝，形成纵向连续梁结构，如图 2.1.4 所示。

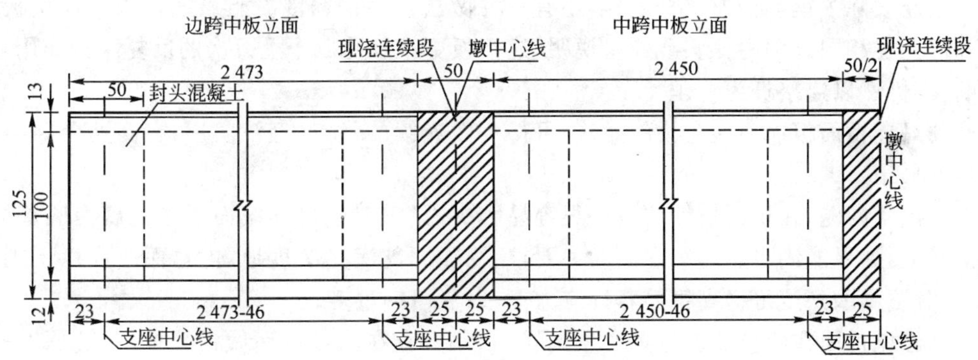

图 2.1.4 跨径 20m 先简支后连续空心板立面图(尺寸单位：cm)

连接长度一般 50cm 左右，如再加长会使桥墩盖梁的宽度增加，造成美观、经济上的不利。纵向钢筋的连接多采用把原空心板伸出的主钢筋焊接连为一体，并适当增加其上的桥面铺装钢筋直径，使其满足连续梁后期所承受的活载要求。必要时对于小跨径桥梁，可直接在整体化混凝土内布置受力钢筋。此外，也可设预应力筋后张拉。对于大跨径桥梁，可在预制梁内设预留槽，以方便布置受力钢筋。现浇混凝土一般参加微膨胀剂，以克服固结时缩裂。

此种连接方法梁身整体刚度大，跨中点下挠度减小，耐久性提高，使用效果很好。

2.桥面连续简支空心板

一般有 2 种桥面连续的方法：一是连接筋，二是连接板。无论哪种连接措施，都要经受复杂的各种外力的考验，其中包括：①拉伸、②压缩、③剪切、④扭曲、⑤冲击、⑥反复弯折。

上述各种受力中，最严重的是反复弯折作用。墩顶相邻两梁梁端一般间距 4cm，空心板顶桥面连续混凝土铺装层一般厚 10cm。在活载作用下发生相对角位移 $\Delta\theta$，如图 2.1.5a)所示，10cm 厚的桥面铺装混凝土在成千上万次的反复角位移作用下，在墩顶梁缝处必将断裂，而钢筋则将承受反复的弯折作用。设钢筋承受弯折的长度为 Δs，在这个长度内弯折角变位为 $\Delta\theta$，

则钢筋承受的弯矩将为

$$M=\frac{EI\cdot\Delta\theta}{\Delta s} \tag{2.1.2}$$

长度 Δs 越小，弯矩 M 将越大，而当 $\Delta s\to0$ 时，将必 $M\to\infty$，见图 2.1.5b)。

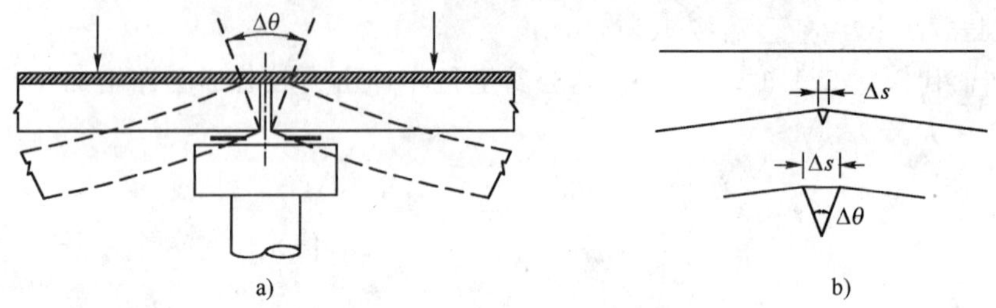

图 2.1.5　梁端角位移和连接杆的受力

a)荷载作用下简支梁端的角位移；b)连接杆的变形和受力

如果将钢筋完全握裹在混凝土里，实质上是相当于 $\Delta s\to0$ 的状态，这是不允许的。因此常规的做法是将钢筋用塑料包裹一定长度（一般为 30cm），而不是把塑料薄膜垫在铺装层混凝土下面，钢筋直径、数量也应根据计算确定。

桥面连续除了钢筋做连接杆之外，还有一种做法是用钢筋混凝土做连接板。连接板的设计原理与上述相同。国内外实践经验说明，连接板更难承受成千上万次的反复弯折作用，很快就会断裂，仍然以连接杆为合理。

这种只连桥面板而不连主梁的做法，可得桥面连续的优点，经济实用，在高速公路与城市立交均可采用。

至于抗震问题，在桥面连续体系中很容易解决，只需对连接筋截面积按地震力验算即可。一般情况下，如果能满足温度力和制动力要求，往往即能满足 7 度地震力，而 8 度以上则需加粗钢筋，对更高的烈度可提高钢筋容许应力值，以免用钢过多。

为了避免桥面在原伸缩缝位置产生不规则裂缝，宜在该处桥面做锯缝处理，缝深 2cm，宽 1～2mm 即可。

三、窄幅空心板（板宽小于 1m）或宽幅空心板（板宽 1.5m）

空心板为预制、安装结构，每块空心板的宽度选择是一个重要问题。它涉及到一块空心板的安装起吊重量、整座桥的横向连接受力是否合理等。早期选用宽 1m 称之为窄板，后来采用宽 1.5m 称之为宽板。

1. 窄幅空心板（板宽小于 1m）

窄幅空心板一般 1m 宽，如图 2.1.6 所示。跨径有 6、8、10、13、16、20m，其建筑高度分别为 0.35、0.35、0.4、0.55、0.70、0.85m，中心采用充气胶囊抽拔成空。这也是高速公路上比较常用的结构，具有建筑高度矮，吊装重量轻，预制方便，施工简便等优点。

2. 宽板（板宽 1.5m）

宽板一般 1.5m 宽左右，如图 2.1.7 所示。跨径与窄幅空心板一样，但其建筑高度分别比窄幅空心板高 0.05m，中心采用方形框架成空。目前在高速公路上应用呈增长的趋势。它具有窄幅空心板的一切优点，同时更加耐久，养护方便。

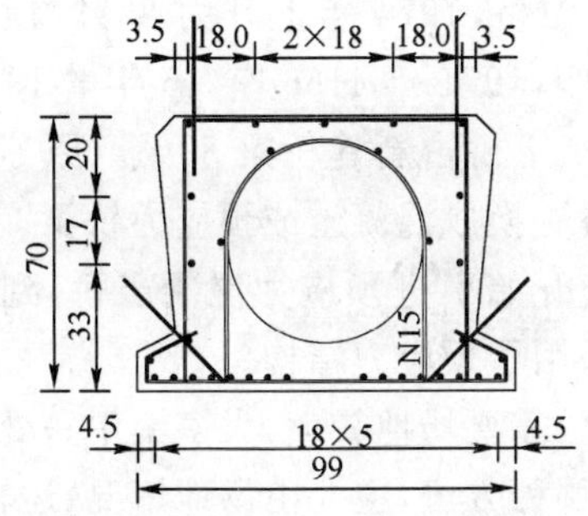

图 2.1.6 空心板宽 1m 横截面(跨径 16m)

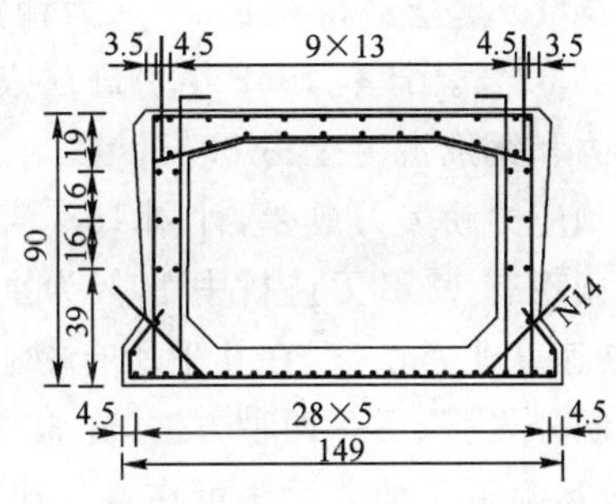

图 2.1.7 空心板宽 1.5m 横断面(跨径 20m)

3. 对于窄、宽幅空心板的比较

取跨径 20m 的 6 车道高速公路半幅桥(桥净宽 15.25m)正桥进行比较,如表 2.1.2 所列。

$L=20$m:一孔(半幅)上部空心板工程数量比较表(正桥) 表 2.1.2

项目 \ 板型		板宽 1m,板高 0.85m(先张法)	板宽 1.5m,板高 0.9m(后张法)	工程量差值	综合比较
预应力混凝土空心板	预制混凝土(m^3)	146.21	131.42	14.79	32.61(17.9%)
	现浇铰缝(m^3)	35.55	17.73	17.82	
	钢绞线(kg)	5 630.4	3 569.4	2 061.0	36.6%
	II 级钢筋(kg)	2 388.6	7 092.0	−4 703.4	9 579.4(101.5%)
	I 级钢筋(kg)	7 048.0	10 924.0	−3 876.0	

自重分析:板宽 1.5m 后张空心板,一孔 10 块板(半幅)。混凝土体积:(中板 12.64m^3,边板 15.15m^3,铰缝 1.97m^3),由此可以计算上部恒载,1.5m 宽板较窄板减轻 750kN。

造价分析:按初步概算定额:先张法预应力空心板混凝土指标 687.4 元/m^3。后张法预应力空心板混凝土指标 602.2 元/m^3,节省工程造价:100 505−79 141=21 364(元),其节约指标:21 364×2/20=2 136.4(元/延米)。

现浇桥面铺装混凝土和铰缝 249.5 元/m^3,节省工程造价:249.5×17.82=4 446(元),节约指标:4 446×2/20=444.6(元/延米);先张法钢绞线 7.27 元/kg,后张法钢绞线 14.78 元/kg,节省工程造价:40 933−52 756=−11 823(元),节约指标:−11 823×2/20=−1 182.3(元/延米);I、II 级钢筋 3.441 元/kg,节省工程造价:−9 579.4×3.441=−32 963(元),节约指标:−32 963×2/20=−3 296.3(元/延米)。全线空心板总桥长为:(1 131+2 759+605+3 175+5 947)=13 617(延米),节约总指标为:(2 136+444.6−1 182.3−3 296.3)=−1 898(元/延米),造价减少值为:13 617×1 898=2 585(万元)。可见宽幅空心板具有较高的经济价值。

四、钢筋混凝土空心板、先张法预应力空心板及后张法预应力空心板

美国从 1949 年才开始引进预应力混凝土桥,发展速度相当快,见表 2.1.3。

美国各年预应力混凝土桥发展概况 表 2.1.3

年份(年)	预应力桥	钢筋混凝土桥	钢桥
1950	0%	66%	34%
1955	3%	44%	23%
1965	19%	72%	9%
1975	78%	20%	2%

英国 1965 全部桥梁的 75％为钢筋混凝土和预应力桥，1974 年上升为 87％，预应力由 33％升到 52％。日本 1952 年引进预应力，1955 年 370 座，1971 年 4166 座，15 年增 13 倍。目前预应力和钢筋混凝土占 80％。法国预应力和钢筋混凝土桥占新建桥梁 80％。原苏联平均每年建预应力桥 4 万延米，计划 1980 年前将绝大部钢桥更换成混凝土或预应力桥梁。

中国现有 12.8 万座桥中 70％为拱桥，但从 60 年代开始引进预应力混凝土桥，到目前为止，发展速度非常快，现在几乎所有中小跨径的桥梁均采用了预应力结构。

预制分先张、后张两种方法，先张须设置连续的台座，需要场地较大，大多集中一处预制成梁，再分运附近工地。后张可在各工地就地浇制。采用哪种方法，主要由场地情况、运输条件、跨径大小、经济比较等决定。跨径 20m 后张法空心板立面图，见图 2.1.8。

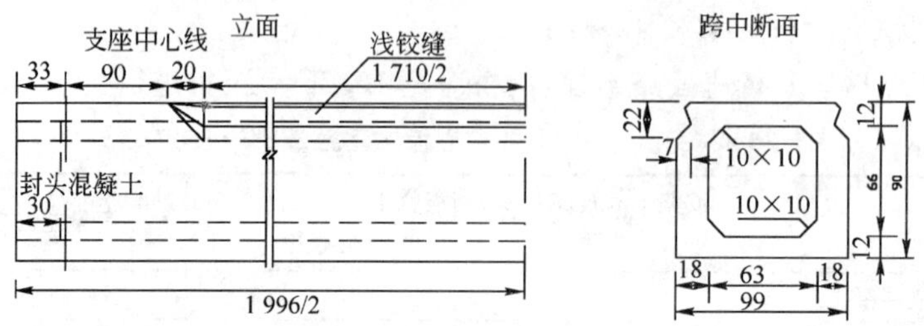

图 2.1.8　跨径 20m 后张法空心板立面图(尺寸单位:cm)

东欧混凝土桥，其中预应力占 60％。跨径 15m 以下的预应力混凝土用先张法预制，15～33m 以及 33m 以上用后张法工地预制。日本由建设省制定并正式颁发了跨径 5～21m 先张法和 14～20m 后张法预应力混凝土上部构造标准设计。

从目前我国的现状来分析，由于先张法空心板的预制施工方法比较成熟，预制相对方便，经济指标相差不大，其应用相对多一些。

五、无翼缘空心板、带翼缘空心板(宽翼或窄翼)

无翼缘空心板的典型横断面如图 2.1.9a)所示。各板之间主要靠铰缝连接，然后采用桥面铺装混凝土，使各板整体化，最上面是沥青混凝土桥面铺装层。

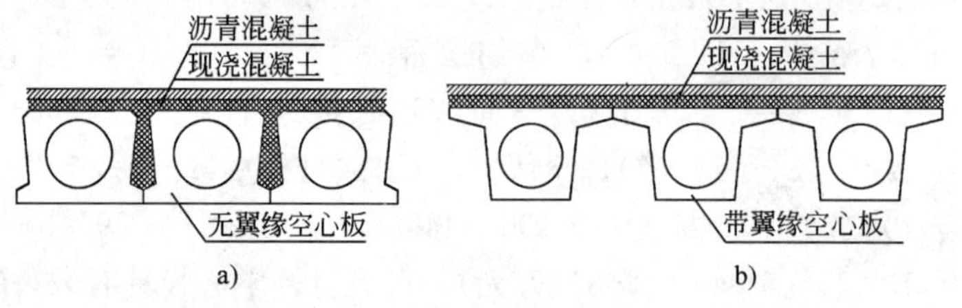

图 2.1.9　无翼缘空心板，带翼缘空心板

由于梁底板部分混凝土在计算抗弯拉强度时不考虑其作用，因而无翼缘空心板通常都较有翼缘空心板多耗用混凝土和钢筋。但是，在立交匝道桥梁尤其城市立交中，常多采用无翼缘空心板，原因是：①底面平整光洁，有较好的视觉和美学效果，有利于桥下空间的开发利用；②抗扭刚度较大，横向分布荷载效果较佳；③预制安装方便稳妥；④有较小的建筑高度。

有翼空心板或宽翼空心板，即在无翼空心板上加设上翼缘板，这相当于小跨径箱梁，如图 2.1.9b)所示。自 1979 年起，北京市修建了 7 座这种形式的试验桥 ，跨径 12～16.8m，桥宽 5.8～35.2m，全长 348m，共采用了 4 种做法(图 2.1.10)，都采用先张法预应力混凝土。

1 型：跨径 12m，梁预制上缘宽 116cm，间距 221cm，梁间 105cm 桥面混凝土现浇。

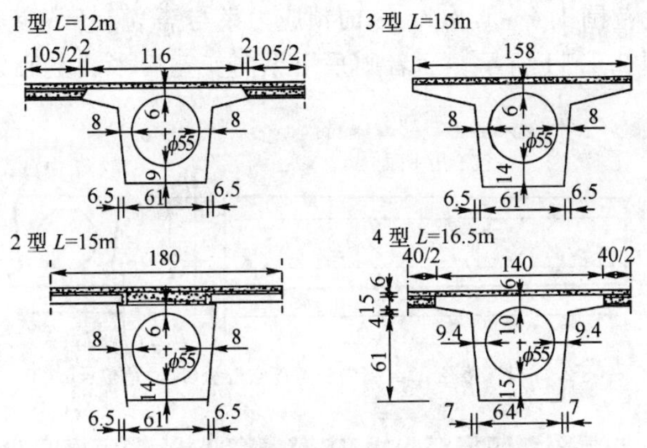

图 2.1.10　无翼缘空心板，带翼缘空心板(尺寸单位：cm)

2 型：跨径 15m，梁预制无上缘，但预制翼缘板搭在 2 梁之间并充当模板，现浇整体化混凝土桥面。

3 型：跨径 15m，梁预制全宽翼缘，上翼缘宽 158cm，梁间距 160cm，密排装配。

4 型：跨径 16.5m，梁上翼缘宽 140cm，梁间 40cm 桥面混凝土现浇。

这种空心板梁每平方米钢筋和混凝土材料用量列表 2.1.4，表中还列出普通钢筋混凝土 T 梁和普通密布式空心板的材料用量作比较。可见，这种形式的空心板较普通形式可节约混凝土 50%左右，具有很好的经济效益。

宽翼空心板每平方米材料耗用量比较表(kg、m^3)　　　　表 2.1.4

上部结构类型	12(m)		15(m)		16.5(m)	
	钢筋	混凝土	钢筋	混凝土	钢筋	混凝土
宽翼空心板	23.3(100)	0.18(100)	32.1(100)	0.32(100)	47.3(100)	0.22(100)
普通空心板(先张法)	33.7(144)	0.30(165)	54.9(171)	0.45(141)	58.5(124)	0.42(191)
普通 T 梁(钢筋)	42.3(180)	0.24(131)	54.5(169)	0.38(119)	76.6(162)	0.29(132)

4 种形式中，以适当加大侧腹板斜度、加宽梁间距、采用预制薄板代替部分翼缘，并充当现浇桥面的模板的做法最为合理和经济。预制薄板应露出钢筋接头，以保证板与板之间以及板与梁之间的连接。

国内其他地方如沈阳等地也作过一些普通钢筋混凝土的宽翼缘空心板，取得了很好的经济效益。但是最近发现：翼缘之间由于铰接，破损现象较严重，结构耐久性相对差一些。

六、纵向等宽空心板或纵向变宽空心板

在我国，高速公路或城市道路上的互通立交桥逐渐增多，就产生了许多不等宽桥梁。尤其在互通式立交主桥与转弯匝道衔接处附近，桥宽总是变化的，如果采用预制空心板桥，就须做成纵向变宽空心板。

一般情况下，纵向变宽空心板的宽度变化范围在 0.8～1.8m 之间，同时还要控制窄端与宽端的宽度差不能过大，以保证窄端布置受力主钢筋或预应力钢束时有足够的空间，另外，安装施工期间还要注意重心的偏移问题。纵向变宽空心板可采用钢筋混凝土空心板，设计施工相对简单一些，也可采用预应力空心板，此时后张法较先张法易实施。

例如，在杭州湾跨海大桥南岸接线的庵东枢纽和慈城互通立交中，主桥都采用了跨径 20m 先张法预应力空心板等宽 1.5m。但是在局部，为了适应桥宽变化，前者采用纵向变宽先张法

空心板，一块板的变化范围1.4～1.8m。纵向预应力束与等宽1.5m空心板相同，只是其腹板的宽度是变化的，如图2.1.11所示。后者则采用纵向变宽后张法空心板，一块板的变化范围1.0～1.6m。

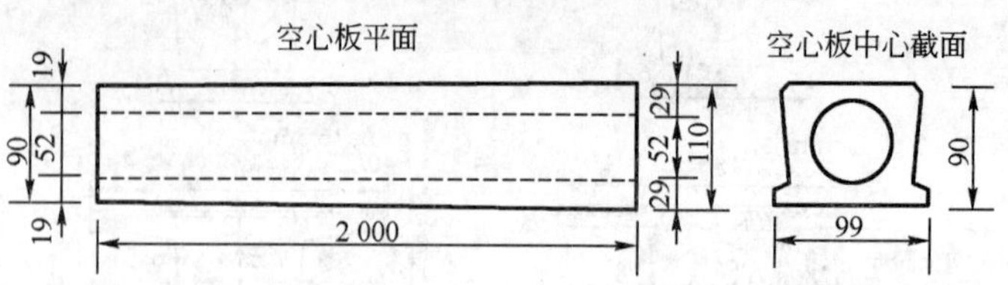

图2.1.11　跨径20m纵向变宽度空心板(尺寸单位:cm)

七、冲气胶囊芯模空心板、木芯模空心板、钢芯模空心板

空心板在预制时，一个主要的工艺是内模板的制作及安装。

一般1m板宽先张法空心板梁，采用冲气胶囊芯模，其内腔常为圆形或椭圆形，如图2.1.6所示。木芯模空心板梁的内腔则是方形或多边形，如图2.1.7所示，是一跨径20m，板宽1.5m先张法预应力空心板梁。钢芯模的内腔有圆形亦有方形。

充气胶囊施工时，应在使用前检查是否漏气，并保证充气压力从开始浇筑混凝土到胶囊放气时止均保持稳定，使混凝土凝固时保持构件不变形。安装时还要检查钢筋头是否向内弯曲，并涂刷隔离剂。浇筑混凝土时，应采取有效措施加以固定以防止胶囊上浮或偏位，并对称平衡地进行浇筑。

充气胶囊芯模，施工方便，构造简单，因而大量使用。早先只有圆形和椭圆形，其横截面挖空率较小，造成上部结构重量相对增加，后来改进可做成图2.1.12所示各种形状，经济效益大大提高。

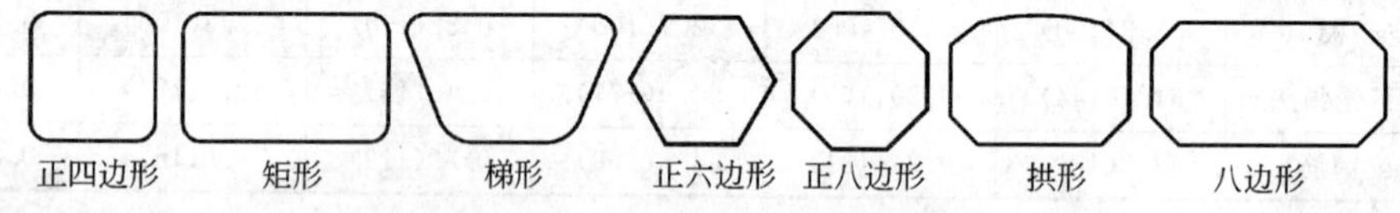

图2.1.12　充气胶囊芯模的各种形状

木芯模使用时应防止漏浆，以及采取措施便于脱模。拆模过早易造成混凝土坍落，过晚则拆模困难，应根据施工条件通过试验确定拆模时间。木芯模由于对横截面的挖空率相对大，上部结构重量轻，被广泛采用。

圆形钢芯模应由表面匀直、光滑的无缝钢管制作，混凝土终凝后，即可将芯模轻轻转动，然后边转动边拔出。方形钢芯模分节段制作，可重复利用，表面匀直、光滑，混凝土终凝后，分节段取出。钢芯模在工厂预制时多有使用。

杭州湾跨海大桥南岸接线工程中，采用了板宽1.5m先张法预应力空心板，其内腔是近于方形的多边形，采用钢芯模以提高质量。

空心板配筋设计时，每根箍筋环过了顶、底板和两腹板，图2.1.13所示为空心板的顶板平面图。在预制施工中，空心板应先浇筑底板，然后安装内模板，浇筑腹板和顶板。这时，浇筑底板混凝土后，由于顶板有箍筋阻挡，造成钢内模难以安装。后经研究将箍筋进行了如图2.1.14所示修改，即将横过桥面板的箍

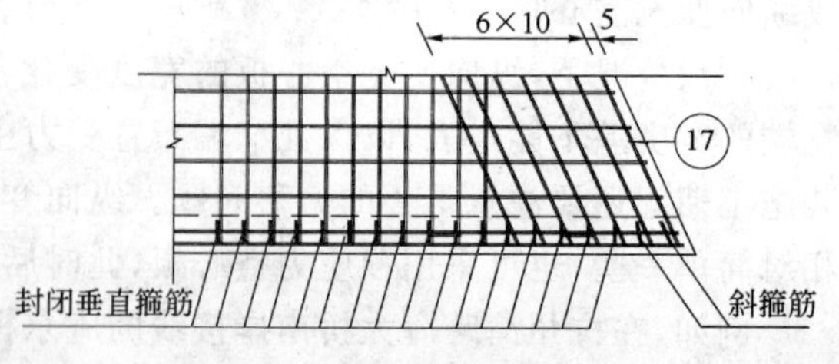

图2.1.13　空心板钢筋布置平面

筋改为另一单独箍筋，在芯模安装完了之后再布置，这才解决了芯模安装施工问题。

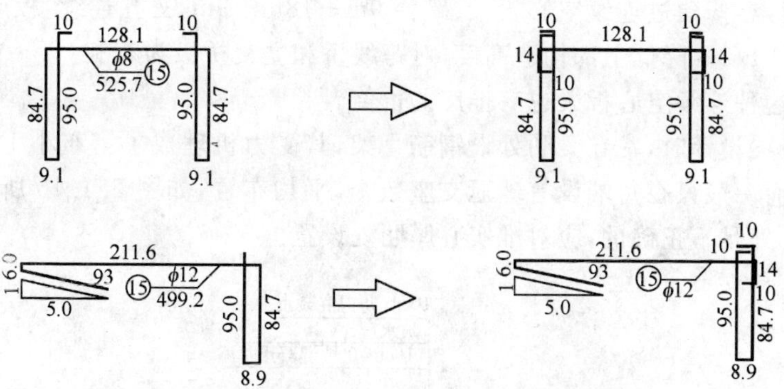

图 2.1.14　空心板钢筋布置立面改变

另外，对于斜空心板的端部斜筋部分，只在板端做两根以上斜箍筋与斜横向水平筋对应，保证封闭箍筋长边间距小于 10cm，其余封闭箍筋仍然垂直桥轴线按正常对应处理。

辽宁省昌图县公路管理段研究成一种折伞式芯模。特点是内模的支撑全部铰接在两根贯通的中心轴杆上，当两轴杆分别向外抽拉时，模内支撑模板一次性全部撤出，这样人工拆除模板省力、省时还经济。折伞式芯模主要由模板面、支撑头、支撑杆、铰链、中心轴杆组成，如图 2.1.15 所示。

模板面分成顶板面、侧板面、底板面，用横楞将面板联成整体。注意顶板面和底板面的边缘要做成外小内大的坡口，以利支撑抽出后起模。铰链的作用是将支撑杆和中心轴杆连接起来，在中心轴杆向外抽动时，支撑杆以铰链轴为圆心做倾覆运动。

模板整体由中间分成两截，拆模时分别由构件两端拉出。

除图 2.1.15 所示的矩形折伞式芯模外，还有圆形折伞式芯模，其构造原理与之相同。

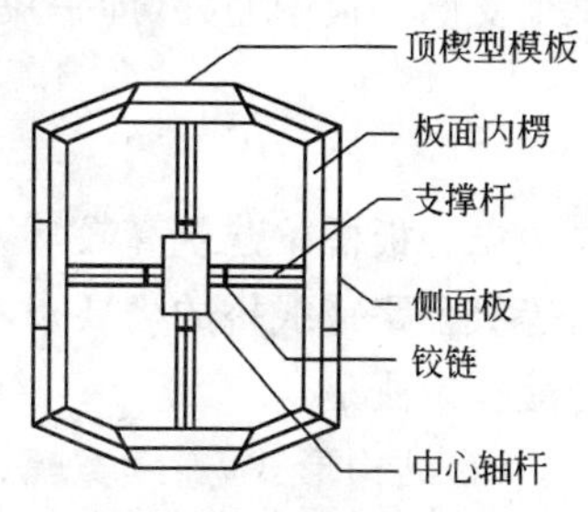

图 2.1.15　折伞式芯模示意图

八、预制空心板、现浇空心板

绝大多数空心板桥是预制安装的。但也有一些空心板桥是现场整体浇筑的。

现浇空心板梁，一般做成连续的，可收到更大的经济效益：既可降低梁高，又可因弯矩减小而减少钢筋用量。在日本大量采用了这种结构，如车关东高速公路的 17 座全长 6 670m 的桥梁中，其桥梁类型的比例，见表 2.1.5。

日本车关东高速公路中小跨径桥梁各种结构的比例　　表 2.1.5

钢梁（工字梁、箱梁）	3 150m	47%
钢筋混凝土连续空心板	1 770m	27%
预应力混凝土简支梁	1 080m	16%
预应力混凝土连续梁	670m	10%
合计	6 670m	100%

占总桥梁 27%的钢筋混凝土连续空心板全部现浇，并已形成一套完整的现浇空心板施工方法，每孔跨径由 15m 一直到 25m，梁厚约为跨径的 1/20。即 75～120cm，采用活动支架、滑

模连续浇筑方法，100m 桥长 2～3 星期即可完成。

我国江西省，亦修建过连续空心板梁，跨径 9m＋18m＋9m，三孔连续，板高只 0.6m，仅为同跨度的 T 梁高 1/2。降低上部构造高度，对跨线桥和立交桥极为有利。

由上可见，这种连续空心板梁也有推广的价值。

现浇空心板梁设计时，常在梁肋处设钢筋骨架，其受力机理成了密布小工字梁，因此应在梁肋处设支座，而一般只在每端设有球冠支座数个，平均布置，如图 2.1.16 所示，把支座设置在空心板的空心处是不正确的，应对准实心厚肋处设置。

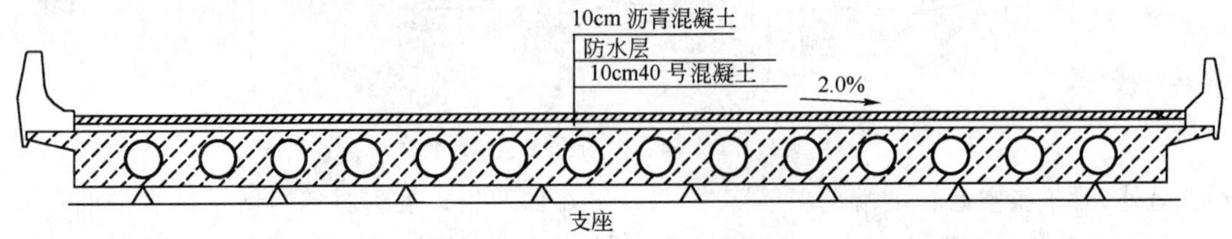

图 2.1.16　上部构造整体横断面

预制空心板支座设置原则：①在两边肋处，或者两板边肋靠紧处共用一个，这样受力明确，端横隔板可减薄；②如一块板两端各设 2 个支座，即一块板 4 个支座，由于三点确定一个平面，因而其中有一个支座可能发生脱空问题，引发板身裂纹，应有措施防止。有时在板另一端设置单个支座于板中心处(即一块板 3 个支座)，此时单个支座端的端横隔板应适当加厚。

九、小　　结

空心板桥梁建筑高较矮，易于预制安装，施工快速方便，造价经济，造型美观，最适于跨越高等级公路跨线桥的需要。其形式丰富多样，还处于不断发展之中。就目前而言，其优化组合的最佳做法是：

(1)结构形式，连续宽幅空心板梁。

(2)适用跨径，12～25m。

(3)适宜梁高，60～120cm。

(4)施工方法，预制安装。

第二节　无 梁 板 桥

无梁板桥是用几排桩柱式下部结构直接支撑着连续板式上部构造。桩排顶上没有盖梁，板式上部也没有纵横梁，因而称为无梁板。这种结构在房屋建筑上常有应用，称为无梁楼盖，桥梁上用的不多，以前在国外资料上偶尔看见，国内 1985 年才在沈阳市文化路立交桥上开始使用，并逐步推广。

无梁板桥，设计时需要采用有限元(板单元)进行结构分析，较为复杂。但是设计出图少，快速，施工简便。图 2.2.1 所示为无梁板跨线桥。

根据实验和理论计算，无梁板桥比一般条形板梁桥有大得多的承载能力，这种现象称为无梁板效应。无梁板的厚度可以做得很薄，跨度可以适当增大。沈阳市第一次在文化路立交桥使用跨度只做到 25m，跨中板厚只 0.5m，仅为跨度的 1/50，这是其他梁式桥所达不到的。后经大量实践证明，无梁板桥有如下一些优点：

图 2.2.1　无梁板跨线桥

(1)板厚较薄,节省材料,造价经济。尤其由于上部构造高度显著减小,桥头填方高度相应降低,引桥和引道长度相应缩短,对于立交桥尤其多层立交桥经济效益更为显著。

(2)板式上部结构很容易做成弯形、斜形或其他任何形状,与正桥相比并不增加多少困难,因此用于立交匝道上各种弯、坡、斜以及其他任何形状的桥跨特别适宜。换句话说,无梁板桥是处理中小跨径弯坡斜以及其他特殊样式桥的最有效形式。

(3)板式上部结构外形简单,模板加工制作简易,节省木料,模内纵横或斜向布置钢筋,加工布设皆很简单,因而施工方便省事。

(4)外部几何形状或尺寸可塑性强,可以根据需要容易地做成等截面或变截面、横向等厚或变厚、纵向起拱或不起拱等不同形式而不致引起什么不便。

(5)不需任何昂贵的支座,温度和收缩应力很小。短桥无需设伸缩缝,只在两端桥头与路基相连处设缝,长桥可分段设缝。

(6)外形线条简洁,干净利落。板薄柱稀,轻盈挺拔,美观大方。桥下净空相对增大,透视度强。

无梁板桥是十分值得推广的一种新桥型,经济效益高而适应性很强。在实践方面还应进一步探索无梁板桥的装配化施工和独柱式无梁板桥等新的更经济的形式。按照板的形状,无梁板桥可以分为常规和异形两类,下面结合工程实例简要论述。

一、常规无梁板桥

常规无梁板桥,指板为规则的平面几何形状,一般横向等宽,包括斜、弯、坡桥,桥台一般是简支结构。

其典型细部构造,如图 2.2.2 所示,上部为连续平板,下部为墩柱。每根墩柱顶部有扩大的柱头,扩大角不宜大于 45°,其作用为减少跨径和扩大平板冲剪能力。柱头上必要时设托板,相当于加大柱顶板厚,以承受大的柱顶负弯矩和支点附近的斜拉力。当板为变截面墩顶板高加大时,可不设托板以及柱头。所有的柱、柱头、托板、桥面板都是浇筑在一起的,即板和柱顶是刚性嵌固的。

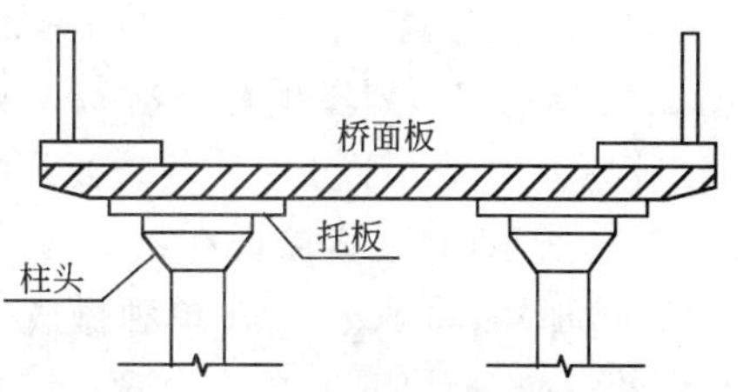

图 2.2.2　装配式无梁板桥的做法示意

1. 结构和计算图式的拟定

1)最大跨径的选择问题。根据当前的实践经验,无梁板桥的经济跨径一般在 30m 以内。由于是实心断面,板厚增加,自重也加大,恒载耗用的结构承载能力也越多。跨径超过 30m 时,宜与其他结构形式比较后决定。

2)长桥的分段问题。多孔无梁板长桥一般可以有几种做法：

(1)全桥一联，中间几孔墩柱与板固结，两端各孔则以滑板支座联结，目的是消除对墩柱过大的温度推力。如图2.2.3a)所示。固结孔的总长度 L_s 视固结的最外两端墩柱由制动力、温度力等水平力引起的柱身弯矩而定。桥位地区年气温温差大、墩柱柔度小(柱身矮、断面大)，则这个长度较小，否则可大。如沈阳地区，夏天气温35℃，冬天－25℃，总温差60℃，中等墩柱尺寸(厚0.7m，高5m)情况下，L_s 以控制在60m以内为宜，南方温暖地区可以增大。

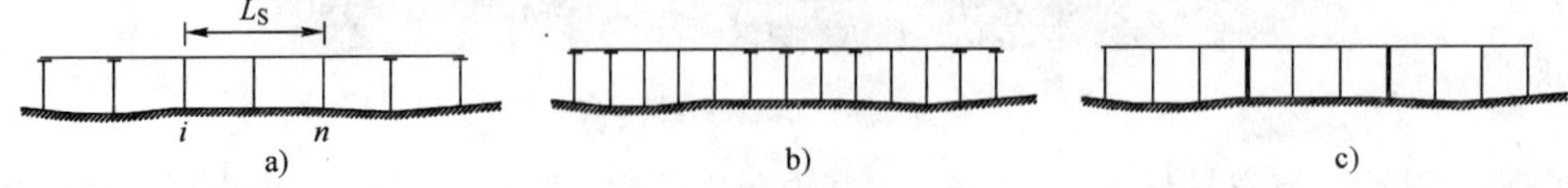

图2.2.3　长桥分段的几种做法

这种做法全桥只须在两端设伸缩缝，对行车和后期养护最有利。但一联过长，上部板身整体计算复杂，尤其当全桥线形不是直线而是弯坡斜具备时，更难整体计算。另外，如果滑板支座段落在曲线范围内，由于滑板支座不能有效地承受横桥向水平力，如离心力等，还应在墩柱顶设横向支撑设施。滑板支座摩阻系数一般按0.05计，故如在坡桥范围，桥面坡度不宜大于5％，否则桥板自重将有下滑趋势，因而增加中部固结墩柱的水平负担。

(2)分成大段，每段中部有固结墩，两端设滑板支座墩，如图2.2.3b)所示。由于固结墩之间的控制长度已可在60m左右，因此每段长度可达百米以上。分段位置宜与全桥整体线形结合考虑。虽然无梁板本身弯坡斜连在一起，设计分析并无任何不便，但就长桥分段而言，如果按弯桥和直桥、坡桥和平桥、斜桥和正桥之间的界限来分段，则在结构受力方面较为单纯，设计和施工皆较方便。图2.2.4所示为无梁板桥的一个最有利的布局方法。一跨线桥斜跨一条六车道、路基宽32.5m的高速公路，采用4孔跨径10m＋20m＋20m＋10m无梁板斜桥跨越。中墩 c 设在下面路线的分隔带上，bc 和 cd 为两跨斜孔。而 ab 和 de 则为由斜过渡到正的异形板边孔，关于异形板后面还要详细论述。过了 a 和 e 之后，则可全部由正无梁板(或其他形式桥)来建造。用无梁板桥来解决这种斜正的交接是十分合理、简易而又经济的。

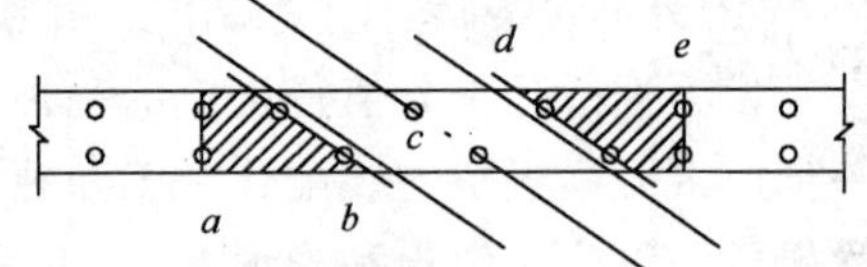

图2.2.4　无梁板长桥的分段位置

在立交匝道桥分岔处划段的具体做法应仔细考虑。某立交匝道无梁板桥在分岔处划段如图2.2.5a)所示，划段正在分岔 cmh 处，虽然 m 处做很大圆角，施工过程那里仍出现了多条裂缝，其原因主要由于分岔处两边匝道板身各自的横向收缩和应力集中引起。改进的方法如图2.2.5b)所示，将柱直接设在岔口处，最好柱身能与板固结，并加强板的横向配筋。或者如图2.2.5c)那样，将 bcd～ghi 单独做成一块异形无梁板，其余各段自为一联。用一块异形无梁板来解决这个分岔问题，更为合理，这时由于总长不大，各墩柱皆可与板固结。

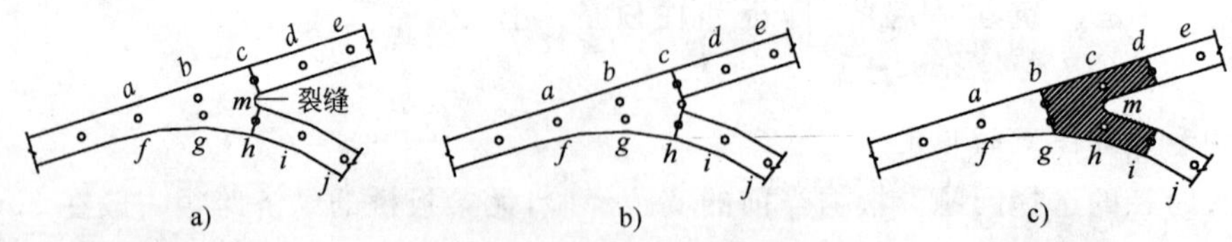

图2.2.5　无梁板长桥的分段位置变

(3)分成小段，各排墩柱皆与板固结，如图 2.2.3c)所示，这是一种较为特殊的做法。例如辽宁省北票盲牛河漫水桥，那里因桥面允许漫水，故不宜设支座。这种做法桥面接缝较多，但可用近期开发的一种新型弹性接缝料来解决。在国外为英国的索马接合料，在国内如西安自力化学工业公司生产的 TST 结合料。

3)墩柱与板的连结问题。墩柱一般应尽可能与板固接，这样既可挖掘下部构造的支撑潜力，参与上部构造共同受力，减小上部构造的截面，又可节省支座的费用。只有必须使用支座的时候才宜使用支座。

板柱固结的新设计则不采用柱头和托板的概念，而是视跨径的大小采用等厚度或变厚度的板身，如图 2.2.6 所示。图 2.2.6a)用于跨径 10m 以内的等厚板，r、s 处加折角是为了缓解应力集中。跨径 10～16m 时采用图 2.2.6b)、c)扩大梁的根部或柱头。跨径 16～25m 时采用图 2.2.6d)上部板身变截面，这种情况已无须再扩大柱顶。跨径大于 25m 时，如有必要柱顶可以只在顺桥向扩大，或横桥向也同时扩大(如横向柱距较大时)。扩大柱顶主要是为了满足墩柱和板结合区的复杂受力需要，同时还要满足冲剪力的验算，方法见后。

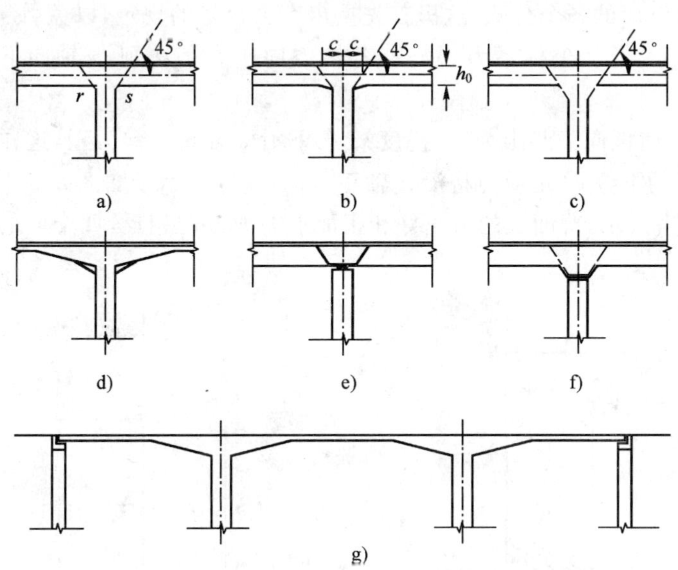

图 2.2.6 现代无梁板桥一般构造

板柱之间如不固结则须设置橡胶支座，做法如图2.2.6e)、f)所示，前者用于小跨，后者用于中、大跨。中、大跨径时墩柱支撑处板身负弯矩很大，可适当局部加大板身厚度，变成如图 2.2.6g)所示的截面。

在支座剪切位移方向明确的地方(如正桥)使用一般的矩形支座，在有双向位移(如弯桥、斜桥)或位移方向不明确的地方应使用圆形支座或球冠支座。

一些地方修建异形无梁板桥时，墩柱上全部设支座，一个固结墩柱也不设，这个做法应当改进，仍以部分墩柱与板固结较为经济合理。尤其是环圈形匝道无梁板桥，如图 2.2.7 的环圈可以作为一个整体，墩柱可以全部与板固结，并尽可能对称布置。这时，整个混凝土环圈在温度升高时产生的内部压力对梁板受力一般是有利的(可由计算

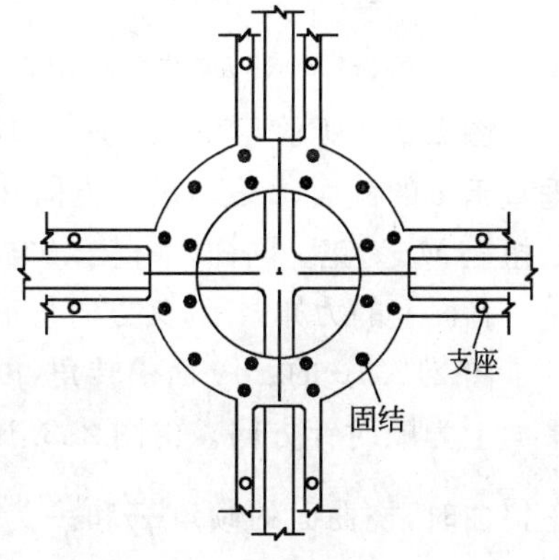

图 2.2.7 环圈形匝道无梁板桥

确定)，且由于混凝土板断面大，不会发生压屈问题；而在温度降低时，由于墩柱对称或基本对称布置。不致向一侧发生偏移，收缩量和收缩应力只相当于相邻两墩柱之间板长所产生者，是容易明确算得的，而且由于跨度不大，也容易处理。整体固结，结构上最为经济，受力上也最为有利。

由于环圈形匝道无梁板的四面经常有进、出的匝道桥，匝道口段常常与环圈板连在一起，这些匝道口段如有墩柱，其上才宜设橡胶或滑板支座，以利伸缩和受力。

2. 钢筋布置

1)求配筋弯矩

无梁板桥须用SAP5程序的板壳单元或一些其他板壳电算程序进行计算，通常计算输出结果一般是单元形心处的，按单元局部坐标 x'、y'方向的弯矩 M'_x、M'_y 和 M'_{xy}。为了配筋，常常需要求出整体坐标 x、y 方向的弯矩 M_x、M_y 和 M_{xy}和主弯矩 M_1、M_2(此时 M_{12}扭矩为零)。如果配筋方向既非按总体坐标方向，亦非按主弯矩方向，而是按其他某个方向(ζ、η)，则还须计算沿这些方向的弯矩。

为了正确使用以后的各个公式，这里首先重申有关符号的规定，以免引起混乱。

如图 2.2.8 所示，总体坐标系为 $o\text{-}xyz$，各轴方向按右手法则，z 轴向下，xy 平面为板的中面。

M_x 和 M_y 皆以使板向下凹出为正，挠度 w 向下沿 z 轴正方向为正，这样在垂直于 x 轴的正截面 1234 上，板的下缘 σ_x 正应力将沿 x 轴正方向，这些力示于图 2.2.8 中，为了简明，背面 5678 和 1584 上的力未示，背面上的力正好和正面上的力方向相反，四个面的正弯矩矢量示于图 2.2.9 中。

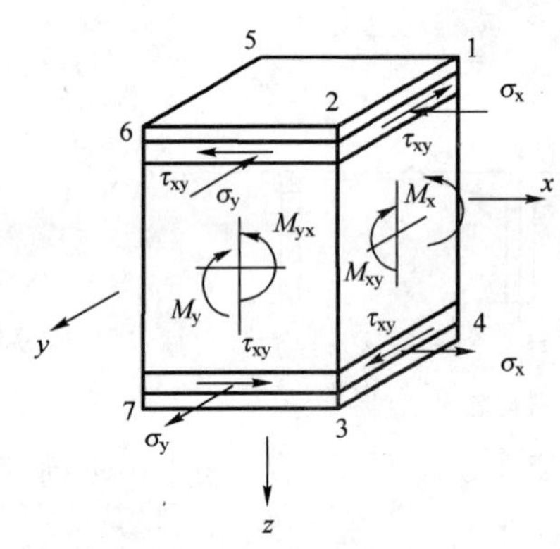

图 2.2.8 薄板单位立方体的内力

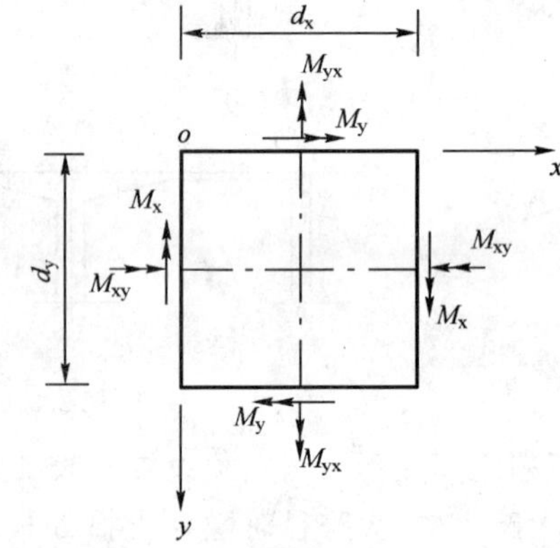

图 2.2.9 弯矩和扭矩的正方向

图 2.2.8 所示正截面的剪力和扭矩，垂直于 x 轴的正截面 1234 上板下缘的剪力 τ_{xy}(x 表示垂直于 x 的截面，y 表示沿 y 方向)以向 y 的正方向为正，于是上缘的剪力应与之相反，这样形成的扭矩 M_{xy}为正。同样，垂直于 y 轴的正截面 2673 上的扭矩 M_{yx}以下缘剪力 τ_{yx}向 x 的正方向为正。背面上的力亦未示，其方向与正面上的力相反，四个面的扭矩矢量也示于图 2.2.9 中。

图 2.2.10 的 xoy 面中转角，以由 x 向 y 轴旋转为正。当 z 轴向下时，此旋转方向在 xy 平面上为顺时针方向。由图 2.2.10 可见，当板发生向下的正挠度，并由正弯矩 M_x 和 M_y 引起正挠曲时，挠曲面的倾角$\frac{\partial\omega}{\partial x}$和$\frac{\partial\omega}{\partial y}$为正，而曲率$\frac{\partial^2\omega}{\partial x^2}$和$\frac{\partial^2\omega}{\partial y^2}$则为负。

接着推导总体坐标弯矩和扭矩。设单元的局部坐标为 $o\text{-}x'y'z$，而板的整体坐标为

o-xyz，由 x' 轴至 x 轴的转角为 θ，如图 2.2.11，则将局部坐标弯矩 M'_x、M'_y 和 M'_{xy} 化为整体坐标弯矩 M_x、M_y 和 M_{xy} 的公式为：

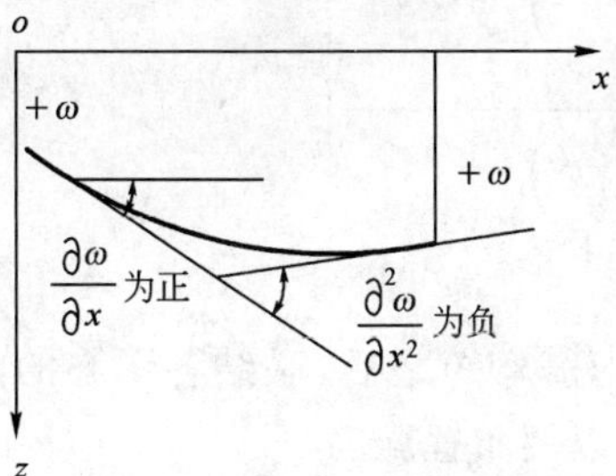

图 2.2.10　板中面向下挠曲为正

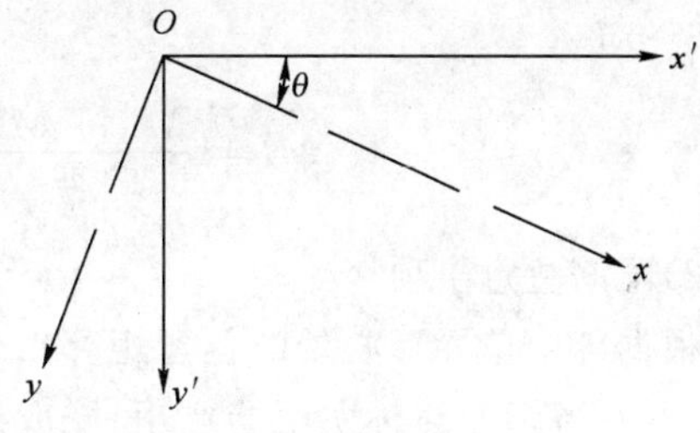

图 2.2.11　由单元局部坐标变换为整体坐标
o—$x'y'$-局部坐标系；o—xy-整体坐标系

$$\left.\begin{aligned}M_x &= M'_x\cos^2\theta + 2M'_{xy}\cos\theta\sin\theta + M'_y\sin^2\theta \\ M_y &= M'_x\sin^2\theta - 2M'_{xy}\cos\theta\sin\theta + M'_y\cos^2\theta \\ M_{xy} &= -M'_x\cos\theta\sin\theta + M'_{xy}(\cos^2\theta - \sin^2\theta) + M'_y\cos\theta\sin\theta\end{aligned}\right\} \tag{2.2.1}$$

利用三角关系：

$$\sin^2\theta = \frac{1}{2}(1-\cos2\theta) \qquad \cos^2\theta = \frac{1}{2}(1+\cos2\theta) \qquad \cos\theta\sin\theta = \frac{1}{2}\sin2\theta \tag{2.2.2}$$

式(2.2.1)可以化为：

$$\left.\begin{aligned}M_x &= \frac{M'_x + M'_y}{2} + \frac{M'_x - M'_y}{2}\cos2\theta + M'_{xy}\sin2\theta \\ M_y &= \frac{M'_x + M'_y}{2} - \frac{M'_x - M'_y}{2}\cos2\theta - M'_{xy}\sin2\theta \\ M_{xy} &= -\frac{M'_x - M'_y}{2}\sin2\theta + M'_{xy}\cos2\theta\end{aligned}\right\} \tag{2.2.3}$$

利用式(2.2.3)运算起来比较方便。

如果 θ 是由 x' 轴到任意轴的转角，则式(2.2.1)当然就是到该轴系统的弯矩表达式。

根据单元弯矩和扭矩可以计算最大弯矩和最小弯矩，称为主弯矩 M_1 和 M_2 及其方向（称为主轴）。

由式(2.2.3)的第一式取 $\frac{\partial M_x}{\partial\theta}=0$ 进行计算：

$$\frac{\partial M_x}{\partial\theta} = -\frac{M'_x - M'_y}{2}2\sin2\theta + M'_{xy}2\cos2\theta = 0 \tag{2.2.4}$$

解得：

$$\theta = \frac{1}{2}\text{arc cot}\,\frac{M'_x - M'_y}{2M'_{xy}} \tag{2.2.5}$$

在 θ 等于上式之值时，M_x 和 M_y 有极值，称为主弯矩，用 M_1 和 M_2 表示，M_1 为最大值，M_2 为最小值，两个方向轴也用 1、2 表示，夹角为 90°，称为主轴。

将式(2.2.5)代入式(2.2.3)中，就可得到主弯矩 M_1 和 M_2 的表达式，此时 $M_{12}=0$：

$$
\left.\begin{aligned}
M_1 &= \frac{M'_x + M'_y}{2} + \sqrt{\left(\frac{M'_x - M'_y}{2}\right)^2 + M'^2_{xy}} \\
M_2 &= \frac{M'_x + M'_y}{2} - \sqrt{\left(\frac{M'_x - M'_y}{2}\right)^2 + M'^2_{xy}}
\end{aligned}\right\} \tag{2.2.6}
$$

2)配筋注意事项

根据各个单元形心处的主弯矩算出单元形心处的配筋弯矩之后，联结各形心的配筋方向轴线，并在各形心点标明配筋弯矩，联成配筋弯矩曲线，以便布置配筋。

无梁板桥纵横方向都有较大弯矩，横向钢筋不能当成一般所谓的分布钢筋对待，也应按主筋画出配筋弯矩图，计算配筋。

对于弯桥和环圈形无梁板桥，其配筋可以和一般弯桥相似，基本采用曲线形或环形钢筋与径向钢筋组合。如果用四边形单元以折线拟合曲线，则单元形心局部坐标基本上就沿切向和径向(图 2.2.12)，即符合配筋方向，可以按输出的这些方向的弯矩进行配筋，并按输出的扭矩验算抗扭钢筋。

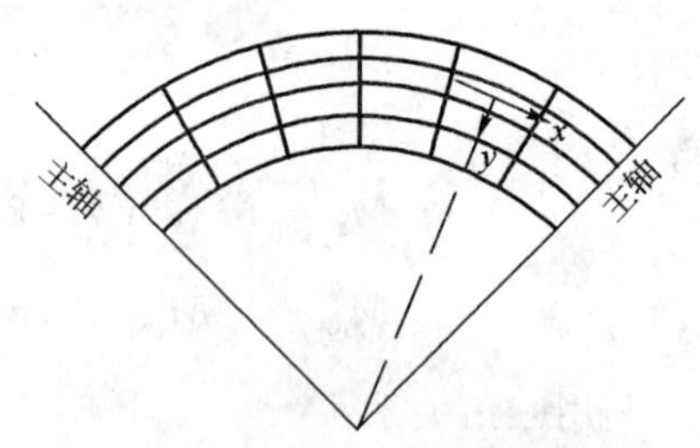

图 2.2.12 曲线无梁板的单元局部坐标和配筋方向

对斜无梁板桥，还应参照一般常规斜板桥的经验来配置钢筋和辅助钢筋。图 2.2.13 所示为三种典型的两端简支斜板桥，图 2.2.13a)所示斜交角 θ 既大、宽跨比又小的一种极限状态，纵向筋基本沿斜边布置，横向筋在中部垂直于纵筋，两端扇形布置。图 2.2.13c)所示斜交角 θ 甚小而宽跨比 B/L 甚大的另一种极端状态，已接近于正桥(例如 $\theta<15°$时)。纵向钢筋基本垂直于支撑线布置，只是两边按扇形适当分布。图 2.2.13b)示一般中间状态，斜度 θ 较大而宽跨比亦大，钢筋布置方式在图 2.2.13a)、c)两者之间。上述各样布置主要是尽量接近主弯矩方向。斜桥的主弯矩方向沿桥宽是变化的，中间接近于与支撑边正交，两边则接近于与斜边平行。对于多跨无梁板桥，中间的排架式支撑墩柱应按支撑边考虑，但纵向主筋应上弯，以承受板顶的负弯矩。

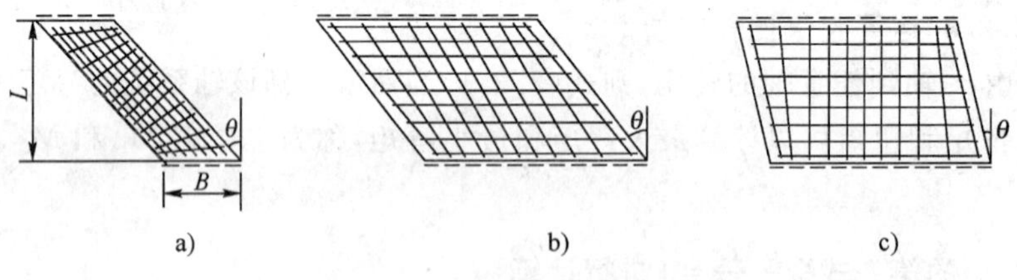

图 2.2.13 斜板配筋典型情况

结构承受荷载后，一般总是经最短的途径将荷载传达到支撑。因此，斜板中部受载后，支撑反力总是钝角部分最大，逐步向锐角端减小，锐角部分有时不但没有反力，甚至还有脱离支座，向上翘起之势，如图 2.2.14 所示，再由于扭曲等原因，钝角部分向上凸起，出现负弯矩，而锐角部分则向下凹出，呈现正弯矩状态(但较钝角部分为弱)。因此，一般皆须在钝角部分板顶面加垂直于钝角平分线的抗拉辅助钢筋，板底面则沿平分线方向布设一些辅助钢筋，见图 2.2.14b)。锐角部分一般可以不设。

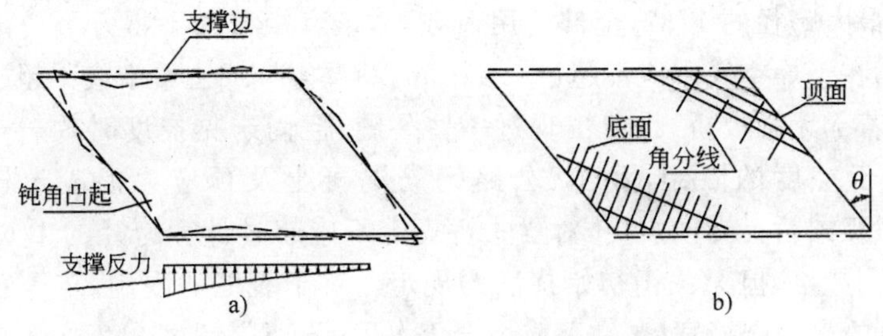

图 2.2.14 斜板受力特征和辅助钢筋

为了减轻钝角部分受力,可以考虑在钝角部分安设橡胶支座,以利用其弹性压缩缓解该处受力状况。连续无梁板斜桥在中间的墩柱截面钝角和锐角是连通成整体的,内力将由结构自行调剂。钝角辅助钢筋可简化或不设。

3. 冲剪问题

《公路钢筋混凝土及预应力混凝土桥涵设计规范》(JTJ 023—85)[1]对冲剪验算未作规定,参照工民建规范提出下列验算公式,可供参考。

验算按柱顶截面向上 45°扩散至与板身 $h_0/2$ 高度处的垂直周圈面积进行,见图 2.2.15,并参照前面图 2.2.6b),验算的受力面积 A_L 为

$$A_L = 2(2C + 2C')h_0 = 4(C + C')h_0 \qquad (2.2.7)$$

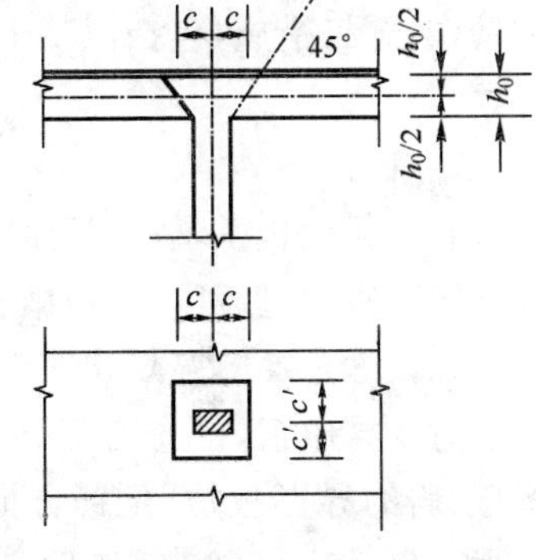

图 2.2.15 冲剪验算

并令:N 为柱的支撑反力;

R_L 为板身混凝土抗拉设计强度;

当不配箍筋和斜筋时应满足:

$$N \leqslant 0.4R_L A_L$$

当配箍筋和斜筋时,令:

R_y,R_{yl}为斜筋和箍筋的设计抗拉强度;

A_y,A_{yl}为与呈 45°冲切破坏锥体斜截面相交的全部弯起斜筋和箍筋的面积。

此时应同时满足:

$$\left.\begin{aligned} N &\leqslant 0.2R_L A_L + 0.66R_Y A_Y + 0.64R_{YL} A_{YL} \\ N &\leqslant 0.6R_L A_L \end{aligned}\right\} \qquad (2.2.8)$$

4. 挠度和裂缝控制

根据一些国外实验报告,由于无梁板本身结构特性,其挠度的时效值比其他结构(如梁等)要大得多。跨中挠度在 2～3 年期间可能增大到初始挠度的 6.5～7.5 倍,其原因主要是由于混凝土的开裂,使截面的有效惯矩大幅度降低。开裂主要是由混凝土温度应力和收缩引起,收缩常常使混凝土在一些受力较小,配筋较少的地方出乎意料的产生。此外,施工过程中由于模板下沉可能使正在凝固过程的塑性状态混凝土与其上表面的钢筋脱离而产生沿钢筋线的裂纹。为了控制挠度,美国[ACI 规范](美国混凝土协会 1977 年建筑规范)对无梁板规定:计算挠度的限值为跨度的 1/240,同时必须把初始挠度限制在跨度的 1/1 500 之内,并建议平板最

[1] 新规为《公路钢筋混凝土及预应力混凝土桥涵设计规范》(JTG D62—2004)。

小厚度必须大于最大跨径的1/32，全部使用荷载下，正弯矩截面不得开裂。该规范还规定裂缝最大允许宽度，在干燥空气中应不超过0.41mm，潮湿空气或土壤中应不超过0.3mm。

我国修建的若干无梁板桥，也曾出现过一些裂缝，但尚未见挠度时效——后期挠度成倍增加的报导。对于挠度的限制，我国《公路钢筋混凝土及预应力混凝土桥涵设计规范》(JTJ 023—85)对板式桥无专门规定，对梁式桥规定不应超过计算跨径的1/600(汽车荷载)，这些比[ACI规范]严格，但无关于初始挠度的规定。对于裂缝的限制，在一般正常大气条件下，受弯构件计算的最大裂缝宽度，在荷载组合I作用下，不应超过0.2mm；在组合II或组合III作用下，不应超过0.25mm；处于最严重暴露情况下，不得超过0.1mm。这些规定都远比[ACI规范]严格。

由于出现了所谓挠度时效问题，对于无梁板桥的裂缝和挠度问题应当慎重对待。建议采取如下三方面措施：

(1)设计必须按照《公路钢筋混凝土及预应力混凝土桥涵设计规范》(JTJ 023—85)的有关规定验算裂缝和挠度。与国外相当的规范对比，我国规范在这方面的规定是相当严格的。

(2)采用具有高抗拉能力的新型混凝土材料，如微膨胀水泥混凝土防止收缩开裂，钢纤维混凝土用于桥面铺装，扩张金属网用于桥面配筋等。

(3)施工措施，包括混凝土加减水剂、减小水灰比等。

二、异形无梁板桥

异形无梁板桥，桥面板呈非常规矩形的不规则平面形状，一般用在大型立交桥上主桥分叉或与匝道桥的过渡段，下面结合一些工程实例进行论述。

1. 任意角度下弯矩计算

对于异形板，首先有任意角度下的配筋弯矩计算问题。包括一些弯、斜的异形板桥，配筋方向可能是任意两个方向，其间的夹角也不为直角，如图2.2.16所示。设单元主轴(主弯矩)方向为1、2，配筋方向为ζ、η，由1轴至ζ轴的转角为δ，ζ轴至η轴的夹角为ψ，则配筋弯矩M_ζ、M_η由下式计算：

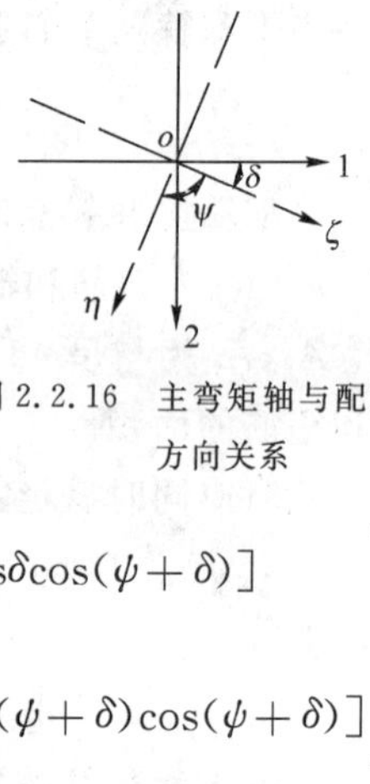

图2.2.16　主弯矩轴与配筋方向关系

$$\left.\begin{aligned}M_\zeta &= \frac{1}{\sin\psi}[M_1\cos\delta\sin(\psi+\delta)+M_2\cos^2(\psi+\delta)-M_1\sin\delta\cos\delta-M_2\cos\delta\cos(\psi+\delta)]\\ M_\eta &= \frac{1}{\sin\psi}[M_1\sin^2\delta+M_2\cos\delta\sin(\psi+\delta)-M_1\sin\delta\sin(\psi+\delta)-M_2\sin(\psi+\delta)\cos(\psi+\delta)]\end{aligned}\right\}$$

如果钢筋虽非沿主弯矩方向配置，但其夹角为90°，则令上面式子中的$\psi=90°$，即得

$$\left.\begin{aligned}M_\zeta &= [M_1\cos^2\delta+M_2\sin^2\delta-(M_1-M_2)\sin\delta\cos\delta]\\ M_\eta &= [M_1\sin^2\delta+M_2\cos^2\delta-(M_1-M_2)\sin\delta\cos\delta]\end{aligned}\right\} \tag{2.2.9}$$

式(2.2.9)中等式右端只含主弯矩M_1和M_2，而不含扭矩(此时扭矩为零)，计算较为简单。

2. 墩柱布置设计

无梁板桥墩柱布设灵活，许多情况下可以用来解决其他桥型难以解决的问题，例如：

(1)立交处于上层为异形无梁板桥，下面为跨越多条道路的交汇点，见图2.2.17a)。这时异形板下的墩柱完全可以按照下面各条道路的通车净宽的要求来布设，以满足通行的需要。

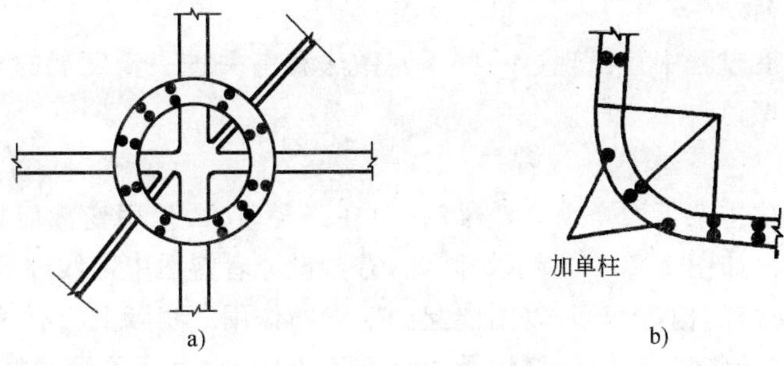

图 2.2.17　无梁板桥墩柱布置灵活性运用

(2)小半径弯桥，跨径不大而弯扭作用很大，见图 2.2.17b)，这时可以在跨径中部弯出最远处加设一根独柱支撑，可以大大改善结构的弯扭受力情况。

关于墩柱的断面形式，除了立交桥有特殊美学要求外，一般不外矩形和圆形两种。矩形适宜受力方向明确之处，如多孔长桥，易于做成薄壁断面(厚 40～70cm)，以保证墩柱的柔性。圆形则多用于方向不易明确，或可能多向受力之处，如异形板。为了提高圆形墩柱的柔性和改进其受力性能，采用钢管混凝土作墩柱是经济合理的。混凝土在钢管围箍之内其抗压强度能提高 1.5～3 倍，从而可以适当减小墩柱的直径。

不论是矩形或圆形，墩柱的柱帽宜皆扩展成矩形断面，这样有利于板身划分单元时采用矩形网格，这时墩柱顶面的板身单元尺寸可采用图 2.2.15 所示的 $2c\times2c'$。

对于异形板桥采用支撑墩时，如其位移方向不明确，则应使用圆形支座或球冠支座。

3. 配筋问题

对于异形无梁板桥，异形板形状各异，配筋无规律可言，划分单元时应尽可能按其主导方向设置总体坐标轴，并照顾到配筋方向，使将来可以基本按照单元的局部坐标轴进行配筋。图 2.2.18 所示为一匝道分岔异形板，匝道直线段 AB 分出一弯道段 AC。取直线段 AB 方向作坐标主轴 x。AB 段采用矩形四边形单元。AC 段采用梯形四边形单元，两侧边缘部分用折线拟合曲线。AD 段为三角区，用不规则四边形单元和三角形单元(由四边形单元蜕化而成)。这样，将来配筋，AB 段基本按总体坐标方向，AC 段按径向和切向方向，十分方便。

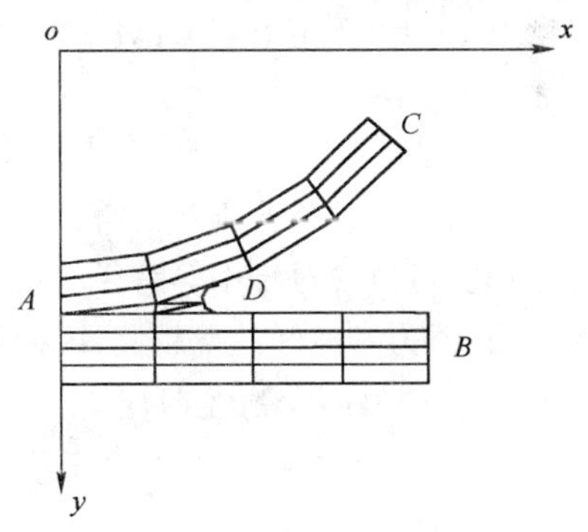

图 2.2.18　异形板的单元划分和配筋方向

北京市做了较多的异形无梁板桥，广渠门立交桥东桥面板是一个根本无任何规则的几何图形，异形板的单元划分以矩形为主，有少量的三角形和梯形边界单元。该异形板按总体坐标 x、y 剖分单元，亦按 x、y 轴方向配筋。图上同时示出了 y 轴方向配筋弯矩曲线图，为了简明，单元中只注出了最大配筋弯矩值(x 轴方向配筋弯矩曲线另有类似一图，略)。

在异形板的配筋上，北京市还采用了如下一些做法：

(1)由于异形板的活载最大弯矩很难求出(主要是产生最大弯矩的位置难于确定)，因此根据若干计算经验，取静载内力之 33%作为活载内力(相当于静载内力占总内力的 75%，活载占 25%)，再在少数控制截面(跨中、支点)加算少量工况进行弥补。

(2)考虑对异形板的温度、收缩(主要是变形的方向)以及预应力方向等均存在近似，故将钢筋容许应力适当降低，II级钢筋由185MPa降低到170MPa(约降低8%)。

4. 一些其他问题

无梁板桥在发展过程中曾出现过一些不同做法和有关进一步发展的建议，下面就主要几个问题作一介绍和探讨。

1)隐藏盖梁

无梁板桥在墩柱排架顶面是没有盖梁的，但在跨径较大、采用变截面板时，墩顶部分板厚增加很多，刚度很大，如图2.2.19所示。因此，有些设计者将图中影线部分当成隐藏盖梁来考虑，增加若干盖梁所需的构造钢筋，以图能起到盖梁的作用。实际上当有盖梁时板在全宽受支撑，无盖梁时板只在一些点受支撑，结构受力是有所不同的，隐藏盖梁的概念和无梁板的概念应有区别。当按有限元法进行恰当的计算时，墩柱结合区域的受力是可以相当准确地得出的，据以配筋即足以保证工程安全，不必另用许多构造钢筋去形成一个"隐藏盖梁"。

2)墩柱顶截面挖空或梁板挖空

由于变截面无梁板墩柱顶面板厚有时超过1m，因而有人建议将墩柱顶面挖空以节省混凝土，如图2.2.20a)所示。由于无梁板桥的墩柱一般都为薄壁式，厚度不过50～80cm，一个板宽10m的双车道桥，挖空一处墩顶只不过节省混凝土1m³左右，却要引起设计和施工上许多麻烦，在技术和经济上都是得不偿失的。

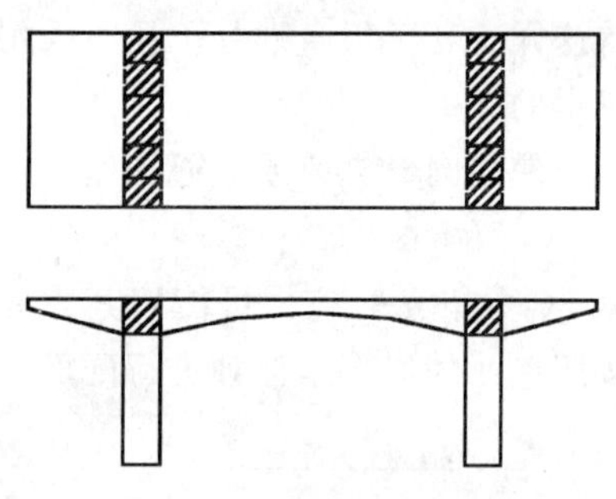

图2.2.19 隐形盖梁的考虑

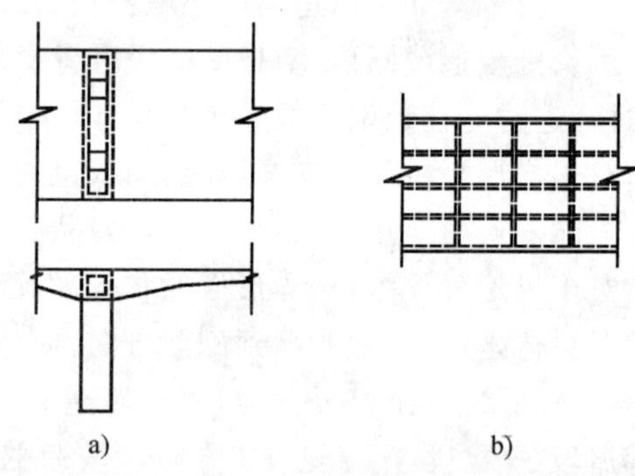

图2.2.20 墩顶挖空和全部梁板挖空

还有人建议将全部板身都挖空成梁格式断面，如图2.2.20b)所示，这等于恢复成了多室箱梁的断面。可以说对于中等跨径的无梁板桥，完全丧失了无梁板桥实心断面设计施工省时省事、节约人力、财力和时间的优越性，因而是不可取的。而对于近代大跨径桥梁，则另当别论。

3)墩柱顶面设劲性钢骨架

北京、四川一些异形无梁板桥，有时在墩顶局部设型钢劲性骨架，以加强那里的结构承载能力。

北京市劲松立交所设墩顶托梁，如图2.2.21所示。设置原因是由于冲剪验算不能通过，故设托架以扩大冲切面，减小冲剪应力，并缓和柱顶弯矩峰值。成都市玉带立交桥的柱顶托架则用10号槽钢在柱顶部半径2m范围内辐射形布置，其目的是：①抵抗墩柱顶面负弯矩，支点顶面计算负弯矩$0.656M_0$，跨中计算正弯矩$0.334M_0$(M_0为简支跨中正弯矩)，负弯矩在支点顶面2m范围内衰减很快；②增加无梁板负弯矩刚度，使跨中正弯矩和挠度减小，相应减小裂缝宽度和挠度时效值。

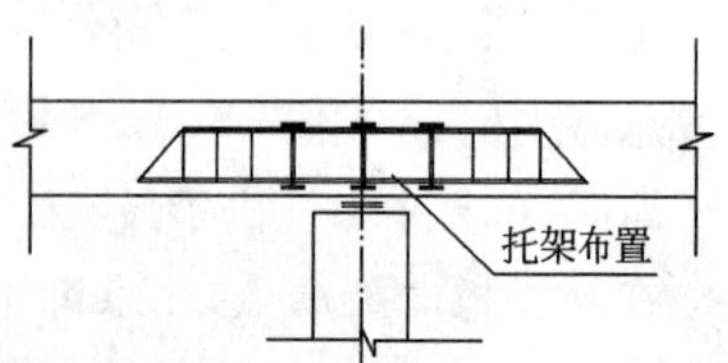

图2.2.21 墩柱顶设托架(北京市劲松立交)

根据一些其他桥梁类似做法的经验，强大的型钢骨架在骨架终止处会出现混凝土结构刚度突变，反而容易在那里引起裂缝。根据计算经验，无梁板桥的墩柱如采用图 2.2.6 所示诸法适当扩大柱顶，冲剪验算是不难通过的。如墩顶与板间设支座，还可以将一个大型支座改成 2～4 个小型支座以扩大支座支撑垫板面积，从而可扩大抗冲剪面积。这样，劲性骨架仍以省去为宜。

4）边加劲梁

从辽宁省抚顺市石油一厂桥的实验和计算结果可见，无梁板桥在板的两边缘常常出现甚大的挠度，对既弯且斜的无梁板桥的锐角长边部分挠度最大。为了改善此种情况，有时可在板的两边加设边加劲梁，如图 2.2.22a)所示。边加劲梁可以对板身横向起着弹性支撑的作用。加劲梁处板厚应适当加大，才能提高板边缘的刚度。如果只增加钢筋而不增加板厚(图 2.2.22b)，则只能提高板边部分的抗弯能力，对减少挠度效果不大。

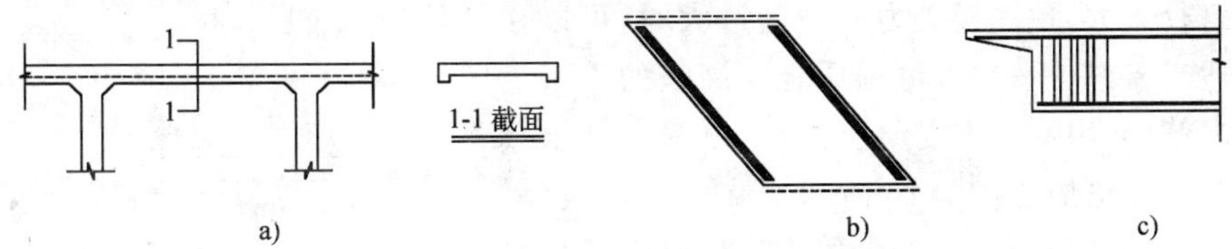

图 2.2.22　板边设加劲梁

a)板边设加劲梁；b)板边只设加劲钢筋；c)外边缘部分配置箍筋

在弯、斜桥和异形板外边缘部位，扭矩一般较大，特别在线形变化处，受力更为复杂，故一些设计者常在一定宽度(约 1m)范围内配置箍筋，以加强那里的抗扭剪能力，如图 2.2.22c)所示。

5）预应力混凝土无梁板桥

用预应力混凝土作大跨径或复杂形状异形板无梁板桥是无梁板桥的发展方向之一。大跨径无梁板桥采用变截面时，很容易做到只张拉直线钢丝束即可满足跨中正弯矩的要求，又满足墩顶负弯矩的要求，如图 2.2.23 所示。

北京市在一些异形板无梁板桥上已经采用了部分预应力混凝土。电算方法是利用 SAP5 程序的主、从节点功能，将预应力束梁单元的节点作为从节点从属于板单元节点(作为主节点)上，预应力则模拟为梁单元的固端力。如图 2.2.24 所示，ab/cd 为预应力束梁单元，其节点 i'、j'、k'、l'从属于板单元的相应节点 i、j、k、l 上。计算时先计算恒、活载内力(活载内力按恒载内力的 0.33 倍计)，配预应力筋，其摩阻、锚头回缩、松弛等损失按常规计算，徐变按 $0.10\sigma_k$ 折减(σ_k 为张拉钢筋时锚下控制应力)。然后布置活载工况，计算控制截面应力，配非预应力筋。此时，为了简化，原来已施加的预应力不再调整，只是根据计算应力的需要按部分预应力 A 类或 B 类配置普通钢筋。那些不施加预应力的断面则按普通钢筋混凝土配筋。异形板由于计算难于精确，因此采用部分预应力，以便少用预应力筋而多用普通钢筋来满足受力要求，使结构强度更有把握。为了安全，在计算非预应力筋时还增加了 1MPa 的拉应力值来作为储备。

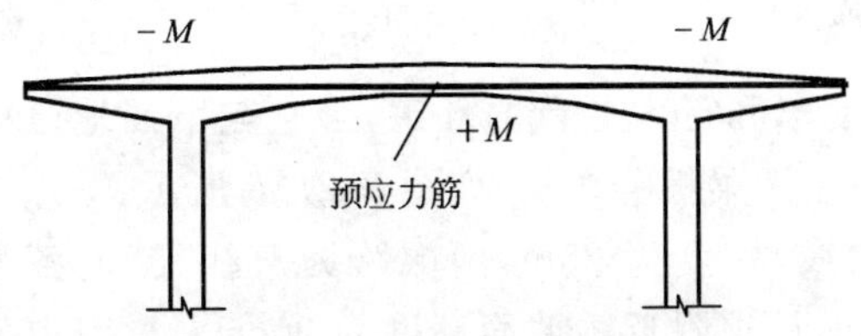

图 2.2.23　大跨径变截面无梁板桥采用直线预应力钢丝束

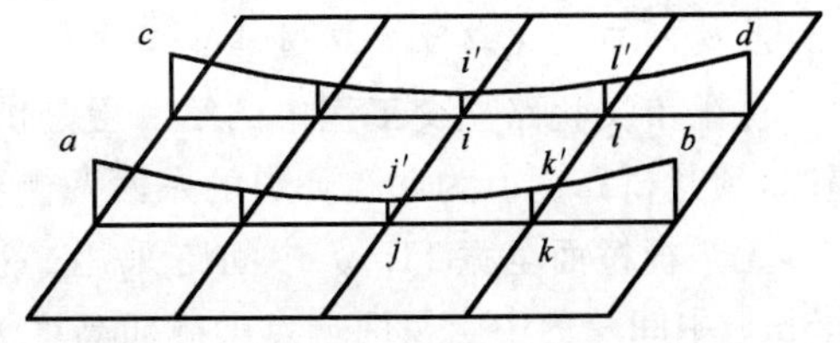

图 2.2.24　用主、从节点法计算异形板预应力束

6)无梁板桥预制装配施工

早在开始修建无梁板桥之初的1986年，辽宁省就提出了无梁板桥的预制装配化施工问题，这是无梁板桥的另一发展方向。做法是利用墩柱的扩大柱顶做支撑，边柱外边并埋设临时支撑构件，将预制的部分厚度(其厚度视跨径和受力要求而定)桥面板吊装在支撑上。预制板四周皆露出钢筋，板与板之间留出10～25cm，以便钢筋焊接或搭接，下面吊挂一窄条模板。扩大的柱顶上也伸出钢筋。预制板安装完成后再在上面浇筑其余板厚的混凝土层作为整体化混凝土，同时各板之间的间隙作为湿接缝也一次浇筑而成。如果跨径太大、预制板受力或挠度过大时，可以在跨中加设适当支撑。预制板可用质轻而高强的扩张金属板作为配筋，或用钢纤维混凝土制作，以提高其承载能力。装配式做法如图2.2.25所示。

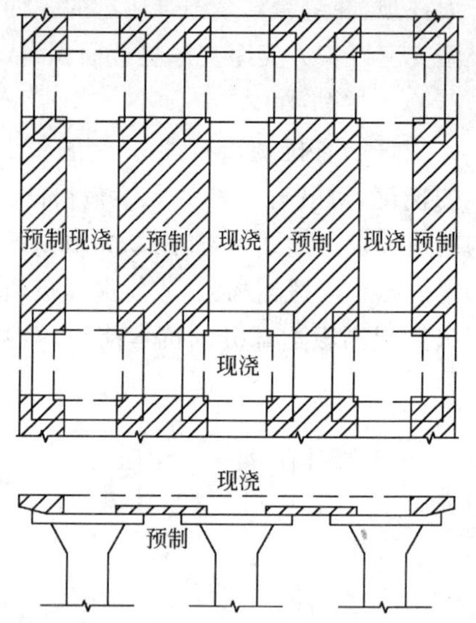

图2.2.25 装配式无梁板桥的做法示意

遗憾的是，直到目前为止国内尚未看到关于装配化修建无梁板桥的报道，原因可能是无梁板桥多用于线形复杂的桥梁或异形板，或者装配构件预制规格复杂，重复者不多，或者桥梁本身规模不大，采用预制装配反而使施工复杂化，不如支架现浇简易省事。但无论如何，预制装配施工仍是无梁板桥发展的一个方向。

三、无梁板桥实例

1.沈阳市文化路立交环道车行桥

沈阳市文化路立交工程为4层，地下第一层为下穿的文化路，地面第二层为人行环道，其上第三层为车行环道，最上第4层为上跨的青年大街。

车行环道跨越下穿的文化路共2座立交桥，为形状相同的无梁板弯桥，内环半径30.3m。三孔桥中跨长25m，跨中板仅厚50cm，柱顶处厚120cm，边跨长7.8m，是由于地形所致，否则边中跨长之比更大一些才较经济合理。因边跨短，桥台处会发生负反力，故设拉力锚栓将板固定在桥台上，每米一根。桥台为钢筋混凝土梯形薄壁式，墩柱每排3根，基础为ϕ120cm钻孔灌注桩，桥面全宽15.4m。

计算利用SAP5程序。为了简化，不按空间立体结构计算，而分两步进行：第一步用梁单元按平面刚架计算墩柱及桥台受力，此时得出的梁板内力只供参考；第二步用板单元计算整个梁板的内力，此时中柱支撑顶面按与板固结考虑，不考虑支点的横向移动和角位移。

施工是在支架上现浇的。整个工程于1986年完成。

为了便于电算划分单元，柱顶与板之间的支撑面应采用矩形。

2.沈阳市文化路立交环道非机动车桥

沈阳市文化路立交工程中的第二层是供非机动车和行人通行的环道，当它与下面地道相遇时，须建桥跨越。为此在环道的东西两侧各设一座无梁板跨线桥，如图2.2.26所示。

无梁板桥面全宽11m。中间跨采用二次抛物线，跨度为25m，两端跨为直线，跨度各为7.5m。中间跨的中点及两端点梁截面高度为45cm，柱顶附近梁截面高度为90cm。梁跨中截面的高度与跨径之比为1/55。而一般双悬臂梁和三跨连续梁的高跨比为1/20左右。减小高

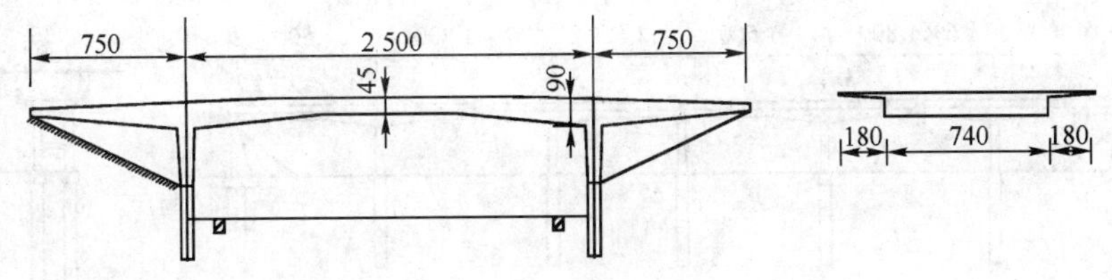

图 2.2.26 文化路立交无梁板桥(尺寸单位:cm)

跨比对于降低整个立交的总高度和总造价是很有意义的。

板的横截面采用宽 T 形截面,以减少结构物的自重。柱截面采用上宽下窄的矩形截面,截面宽为 1m,顶部厚 80cm,底部厚为 60cm。每座桥 4 个柱。柱下面与挡土墙相接,挡土墙下为钢筋混凝土承台,基础采用直径为 1.2m 的钢筋混凝土灌注桩,每个基础 2 根桩。

3. 浙江省宁波市潘火互通立交跨线桥

浙江省宁波市潘火互通立交是同三高速公路与杭甬高速公路连接的枢纽立交,全部桥梁均采用无梁板结构,图 2.2.27 所示为 A 匝道上跨主线的桥跨,孔径为 3×14m+4×17m+2×20m+2×17m 一联,另 9×17m+3×14m 一联,跨越规划的四车道高速公路。全桥 23 孔,在 0 号台、12 号墩、23 号台设伸缩缝,在 7 号、8 号、9 号墩以及 14 号、15 号、16 号为墩板固结,其余各墩顶均设置 400mm×600mm×56mm 的板式橡胶支座。

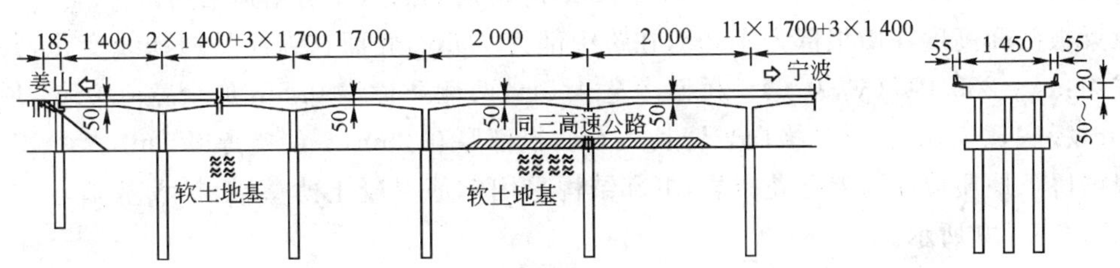

图 2.2.27 潘火立交跨线桥(无梁板)(尺寸单位:cm)

全桥有三种跨径:3×14m 跨为与桥台相接段,无梁板截面高度在桥台处为 0.5m,墩根部为 1.0m,在跨中部为 0.5m;17m 跨径为中部桥段,无梁板截面高度在墩根部为 1.0m,在跨中部为 0.5m;20m 跨径为跨越高速公路主桥段,无梁板截面高度在墩根部为 1.2m,在跨中部仍然为 0.5m。无梁板桥底面在纵向呈折线变化。桥面净宽 14.5m,两侧各包括防撞墙 0.5m 加余宽 0.05m,顶板总宽 15.6m,板底宽 13.6m。翼缘横向悬臂长 1.0m,根部厚度 0.3m,翼缘端厚度 0.2m。

桥下地质情况为软土地基,所以全部下部结构采用钢筋混凝土钻孔灌注桩,横向 3 根直径 1.2m,圆墩柱直径 1.0m,柱式桥台。

4. 京沈高速公路葫芦岛西立交跨线桥

京沈高速公路的绥中至沈阳段,在主线桩号 k112+500~k118+900 建有葫芦岛西互通式立交,由于交通量大,平面设计为 Y 形,其匝道跨线桥采用了连续箱梁和无梁板结构。图 2.2.28 所示为 B 匝道上跨主线以及 A 匝道的桥跨,B 匝道桥分为 4 联:孔径为 15m+6×18m+15m;15m+6×18m+15m 两联无梁板;20m+29m+35m+29m+20m 预应力连续箱梁;15m+7×18m+15m 一联无梁板。全桥 30 孔,在 0 号台、8 号墩、16 号墩、21 号墩、30 号台设伸缩缝,在 4 号、12 号、19 号墩、26 号墩设固定支座,其余各墩顶均设置球冠圆板式橡胶支座。

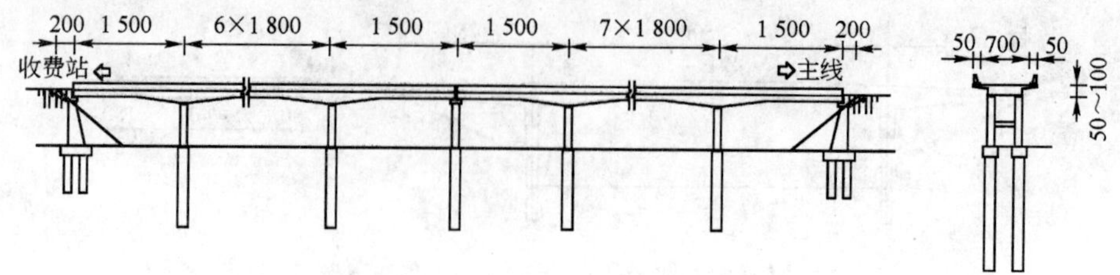

图 2.2.28　葫芦岛西立交跨线桥(无梁板)(尺寸单位:cm)

以其中一联为例,无梁板桥跨与伸缩缝相接段跨径为15m,中间段各孔为18m。截面高度在桥台处0.5m,墩根部1.0m,在跨中部0.5m。底面在纵向呈折线变化,18m跨径中间直线段长9m,两端变高度段直线长各4m,墩顶与无梁板衔接处设1m直线段。而15m边跨的直线段直到桥台长10.5m。桥面净宽7.0m,两侧防撞墙0.5m,顶板总宽8.0m,板底宽6.0m。翼缘横向悬臂长1.0m,根部厚度0.3m,端厚0.2m。

根据桥下地质情况为混合花岗岩,全部下部结构采用钢筋混凝土钻孔灌注桩,横向2根直径1.3m。方形墩柱为1.2m×1.2m截面,肋板式桥台。

5.京沈高速公路上坡跨线桥

京沈高速公路的绥中至沈阳段,在主线桩号k67＋500～k76＋000建成的上坡跨线桥,是无梁板结构。主桥跨径为18m＋2×25m＋18m,跨越规划的八车道高速公路。

无梁板截面高度在墩根部为1.2m,在跨中部为0.6m,底面在纵向呈抛物线变化,其过渡方程式为:$x^2=236.017(y-0.6)$。桥面净宽4.5m,两侧防撞墙0.5m加余宽0.05m,顶板总宽5.6m,板底宽3.6m。翼缘横向悬臂长1.0m,根部厚0.25m,翼缘端厚0.1m。

根据桥下地质情况为混合花岗岩,下部结构采用钢筋混凝土薄壁墩,扩大基础,重力式桥台。如图2.2.29所示。

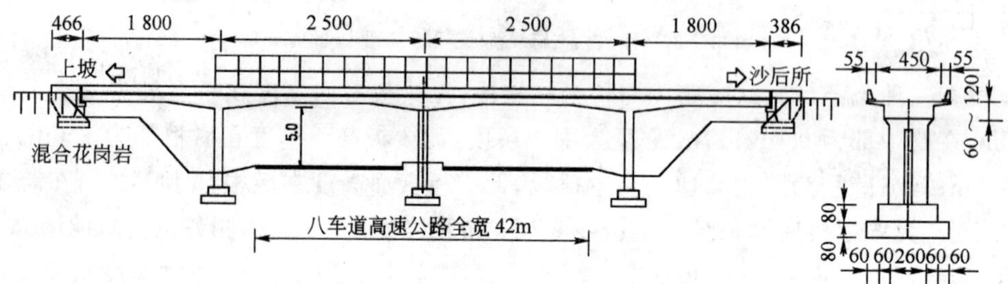

图 2.2.29　上坡跨线桥(无梁板)(尺寸单位:cm)

6.辽宁抚顺东库无梁板桥

桥位平面示意见图2.2.30。河槽宽约40m,左岸为一高坝,需建挡土墙,高6～8m。坝上有一铁路专用线,公路顺铁路而行并急转弯过河。右岸沿岸有库房,又需转急弯沿河而行。为改善线行,将桥改为斜约44°的斜桥,两头弯道半径60m,使弯道部分进入桥内,桥面具有3%的纵坡。

对这个复杂的桥位,原计划两头修弯板梁桥,中间为跨径40m系杆拱。经研究改为四孔连续、对称的无梁板桥,以简化设计和施工,降低造价。桥型布置平纵面如图2.2.31所示,总长为15m＋16.48m＋16.48m＋15m＝62.96m,中间两孔为等跨的直斜板,两端孔为等

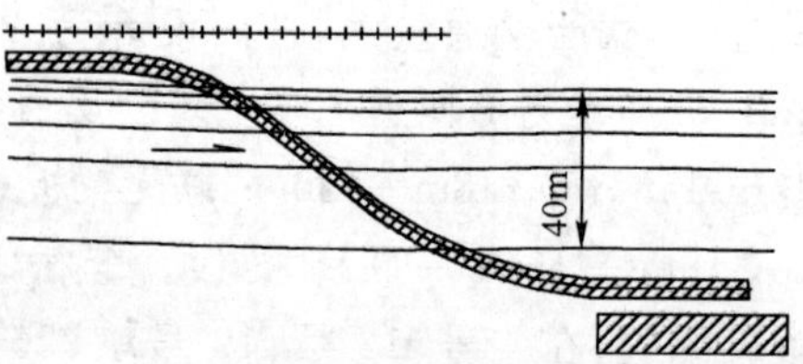

图 2.2.30　东库桥桥位平面示意

跨的弯斜板。由于弯斜的结果,中线弯长 15m,而两侧的弯长各为 20.49m 和 10.06m,桥台斜长 19.88m。

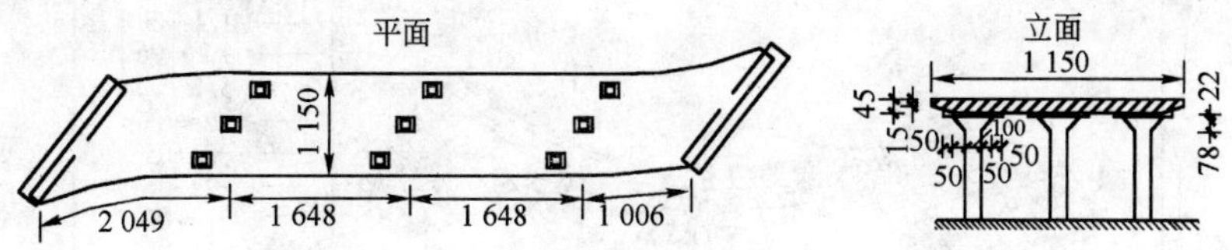

图 2.2.31　东库桥桥型示意(尺寸单位:cm)

桥面正宽 8m,两侧各 1.5m 人行道。桥台为重力式与挡土墙配合。中间墩为 3 根圆柱,直径 1.0m。柱顶扩大为 2m×2m 的方形托斗,高 0.78m,上还有 3m×3.5m 的托板,厚 0.22m,以扩大支撑面积。梁板采用等厚 0.45m,两侧削薄到 0.15m。

计算用 SAP5 程序板壳单元进行,全桥划分成 806 个节点,720 个四边形单元和 42 个三角单元。这是一个典型的既直又弯,既坡又斜的桥,用无梁板形式简单地解决了问题。板厚仅 45cm,仅为跨径的 1/37,是任何其他梁式桥所不能达到的。荷载标准汽车-20 级,挂车-100。这座桥于 1987 年竣工,是早期修建的无梁板桥之　。竣工后曾在现场做过实桥荷载试验,并由长安大学做过室内模型试验,与试算结果相互吻合得很好。

7. 广东茂名市无梁板桥

广东茂名市跨城市河流一座大桥的西引桥连接一个交叉街道,在交叉口处桥面线形复杂,连接困难,桥下布置桥墩也很困难,几经方案比较,最后采用无梁板桥简便的解决了问题。图 2.2.32 所示为该处的异形板,等厚 45cm,下面的圆形为桩墩位置,可满足各个方向的通行,图 2.2.33 为电算时板单元的划分,全部用四边形单元,用 SAP2000 程序可直接得出全部板面的应力等值线图。计算机输出的原图是用颜色表示的,如图 2.2.33 右表所示。由图可知底板应力在 $4\times10^6 \sim 5\times10^6$ Pa,即根据这些应力另加 30% 活载影响布置底板各处钢筋,顶板亦然。

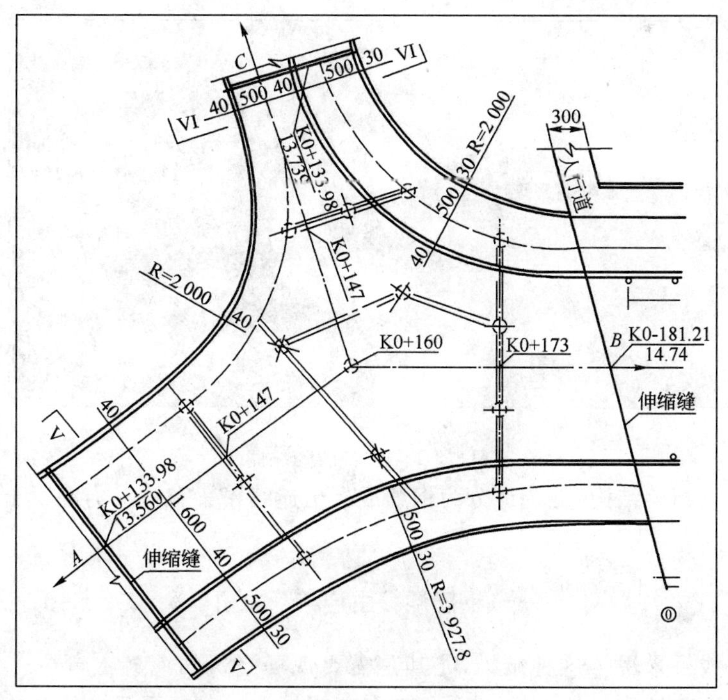

图 2.2.32　西引桥异形无梁板桥平面(广东茂名)

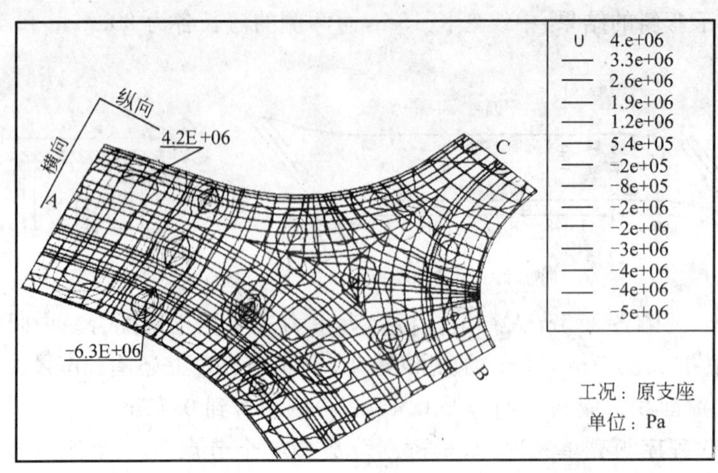

图 2.2.33 茂名无梁板桥恒载底板纵向应力等值线

第三节 连续箱梁桥

箱梁的横截面属于薄壁结构，和前面所述的空心板梁不同之处在于：空心板梁的壁厚相对于其外形来说较大，属于一般梁式体系，设计时只考虑其弯曲和扭转作用，而箱梁的壁厚相对于其外形来说较小，还必须考虑翘曲和扭曲的影响。

箱梁的用料很省而抗弯和抗扭能力又很高，因而在中小跨径跨线桥中，收到很好的经济效益，尤其在弯、坡、斜桥的情况时。另外，连续箱梁桥也广泛用于大跨和特大跨桥梁中。连续箱梁多为变高截面，下缘为弧线形，当跨越高速公路的跨线桥不在中间带设墩时，跨径当在 40m 以上(跨越 4 车道高速公路)，此时多采用连续梁，可获得很好的技术经济和景观效果，见图2.3.1。

图 2.3.1 连续箱梁跨线桥

目前对于连续箱梁结构，笼统地分为钢筋混凝土连续箱梁和预应力混凝土连续箱梁两种，分述如下：

一、钢筋混凝土连续箱梁桥

目前许多跨线桥采用了这种结构，尤其是需要现场浇筑的混凝土弯桥。它外形简洁、流畅，一般情况下，下部结构不需盖梁，跨线桥整体效果非常美观。下面介绍几座实例：

1. 广州市人民路高架桥

桥全长 3 081.19m，全部采用箱梁桥，一般跨径 18～20m，3～5 跨作为一联（连续段）。部分交叉口桥跨采用 24m、28m。沿线 6 处出入匝道，也皆采用跨径 18～20m 的箱梁桥。主桥构造如图2.3.2所示，左右两箱预制安装，中间湿接底版和安放预制顶盖板形成 3 箱，然后在支架或悬臂托架上现浇翼板以及桥面混凝土形成整体。下部为独柱薄壁墩，基础视地质情况采用灌注桩 2ϕ(100～120cm)或 1ϕ150cm，或用挖孔桩 2ϕ(120～140cm)或 1ϕ180cm。匝道桥亦用同样的墩以与主线协调，箱梁全部现浇。

2. 沈阳文化路立交青年大街上跨高架桥

高架桥如图 2.3.3 所示。桥跨有 16m、16.95m、25.2m 三种，共 29 孔全长 477m。桥宽 16.0m，4 车道，分为 2 个单箱并列，各支撑在一个 Y 形薄壁柔性墩上。2 箱各按 2 车道受力单独计算，但在相邻接的翼缘处仍用铁件焊接在一起，桥面整体铺筑。箱梁各部尺寸列于表 2.3.1 中，这些尺寸是经过多次比较优选确定的，较为经济。跨径 16m 箱梁的混凝土量只是同跨空心板梁的 88%。该桥箱梁全部是在支架上现浇的。

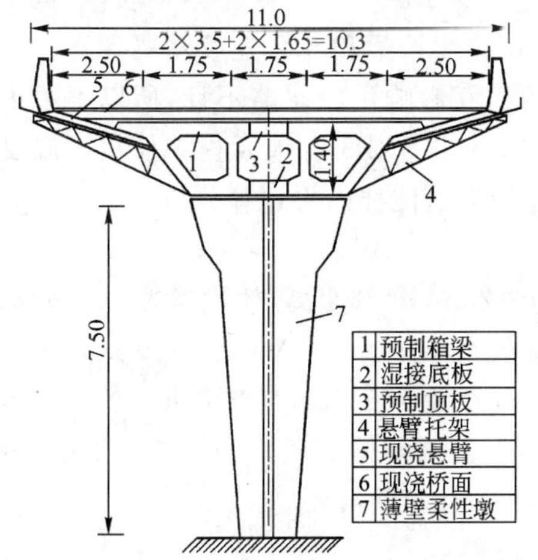

图 2.3.2 广州市人民路高架桥示意（尺寸单位：m）

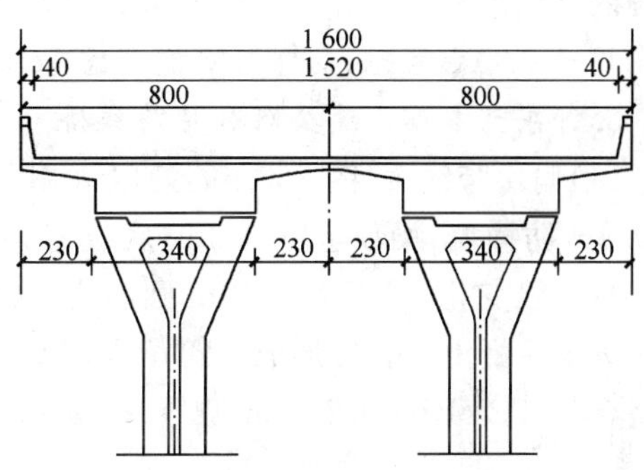

图 2.3.3 沈阳文化路立交高架桥（尺寸单位：cm）

沈阳文化路立交青年大街桥箱梁各部尺寸表(cm) 表 2.3.1

跨径	顶板	底板	腹板		跨中横隔板
			端部渐变	中间 1/3 跨	
1 600	20	18	55→	25	无
1 695	20～24	18～20	55→	25	无
2 520	24	20	60→	30	1 道厚 30

该箱梁桥设计的主要特点是：在受力允许的前提下，尽可能地多跨连续。这样既可以减少桥面伸缩缝，为高速平稳行车创造良好的条件，又可以减少桥面断缝，在侧面外形上增加桥梁的美观，并给施工带来方便。为此，全桥 29 孔连续，全长 477m 结为一联，仅在两端桥台处设置伸缩量为 10cm 的 2 道伸缩缝。这个思路主要来源于 1984 年德国一家公司投标于广东省九江大桥时的连续梁方案。该方案全桥长 1 677.5m，中间通航孔 2×77.5m+2×103.5m，然后是等跨 51.5m 至两端桥台，共 30 孔，主梁为等高度 4.2m 的预应力混凝土箱梁，视每孔跨径大小，箱梁截面底板和腹板厚度向箱内加厚。靠河心的 13 号、14 号墩与箱梁固结，形成一个

刚构，主要承受水平力，为水平位移的零点，两边各墩依次皆允许发生越来越大的水平位移，由开始的±5cm 到两端桥台处的±51cm，在两端设置大位移伸缩缝，全桥只有两道伸缩缝，中间一个也没有。当时，由于这个方案是按德国规范设计的，与中国规范不符，以及其他一些缺点而没有中标，但其主体思路是可借鉴的。

用 SAP5 程序分析，12 孔一联等跨连续梁桥内力计算结果见表 2.3.2。

12 孔一联等跨连续梁桥内力计算弯矩表(kN · m)　　表 2.3.2

墩台支点		0		1		2		3		4		5		6	
支点负弯矩		0		2 834		2 061		2 273		2 215		2 231		2 226	
跨中正弯矩	—		1 821		1 807		1 087		1 011		1 031		1 026		—

由表可见，自第三孔起各内孔跨中弯矩和支点弯矩皆接近，相差不超过 3%～6%，亦即荷载的影响每侧两孔以后就不大了。因此，一般情况多孔等跨连续梁可以只按 5 孔分析，以第 3 孔作为各内跨的内力。从工程设计的角度上说就有足够的安全度，这样可以大大简化计算。

所以在实际计算时，将 29 跨分成 3 部分。两端 12×16＝192(m)各为一联，中间 2×16.95＋25.2＋2×16.95＝93(m)为一联，分别按 12 孔连续箱梁和 5 孔连续箱梁计算。从实际情况分析，连续梁跨数超过一定数量之后，其内力的相互影响可以忽略不计，所以不考虑三部分的互相影响。计算采用“公路桥梁综合计算程序”，并用 SAP5 有限元程序校核。温度按－40℃～＋30℃考虑；支撑沉降值考虑 1cm，进行温差和强迫位移内力计算分析。

3. 丹东至本溪高速公路 2 座跨线桥

(1)偏坎跨线桥(图 2.3.4)：跨径采用 20m＋30m＋20m，梁身变高，桥面净宽 4.5m，加两侧 0.5m 防撞墙，梁顶全宽 5.6m，底板宽 3.0m。梁高在边跨支点处 0.9m，桥墩支点处 1.6m，底板呈曲线变化，采用半径 40m 圆曲线，腹板宽由 30cm 过渡到 50cm(支点附近)，桥面横坡由 C40 防水混凝土铺装层形成。箱梁采用 C40 混凝土满堂支架整体现浇。采用球冠橡胶支座，在桥台为 TCYB300×75mm 型号、桥墩为 TCYB500×87mm 型号。

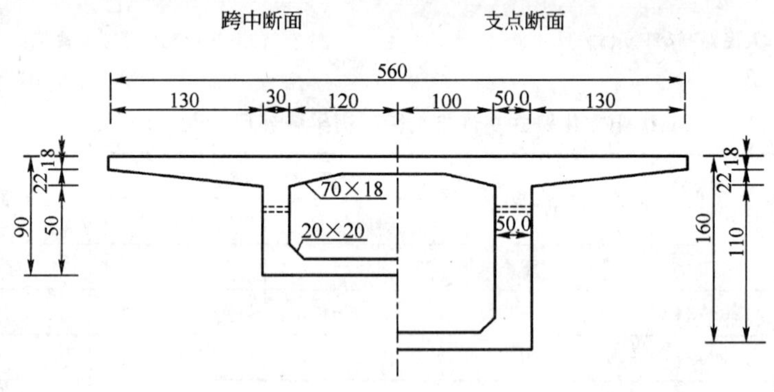

图 2.3.4　偏坎跨线桥横断面(尺寸单位：cm)

主筋采用普通 II 级螺纹钢，箍筋用普通 I 级圆钢筋。边跨跨中处顶板纵向主筋为 25 根 Φ28 加 41 根 Φ16，总面积 236.4cm²，底板纵向主筋为 45 根 Φ28 加 15 根 Φ16，总面积 307.3cm²，中跨跨中处顶板和底板纵向主钢筋与边跨跨中一样；中墩支点处顶板纵向主钢筋为 57 根 Φ28 加 31 根 Φ16，总面积 413.3cm²，底板纵向主筋为 23 根 Φ28 加 15 根 Φ16，总面积为 171.8cm²。

(2)炮守营跨线桥(图 2.3.5)：跨径采用 20m＋30m＋20m，梁身变高。桥面净宽 7.0m 加两侧 0.5m 防撞墙，梁顶全宽 8.1m，底板宽 3.7m。梁高在边跨支点处 1.0m，桥墩支点处 1.6m，底板呈抛物线变化，腹板宽度由 30cm 过渡到 50cm(支点附近)，桥面横坡由 C40 防水混凝土铺装层形成。箱梁采用 C40 混凝土满堂支架整体现浇。采用球冠橡胶支座，在桥台为 TCYB400×87mm 型号、桥墩为 TCYB600×105mm 型号。

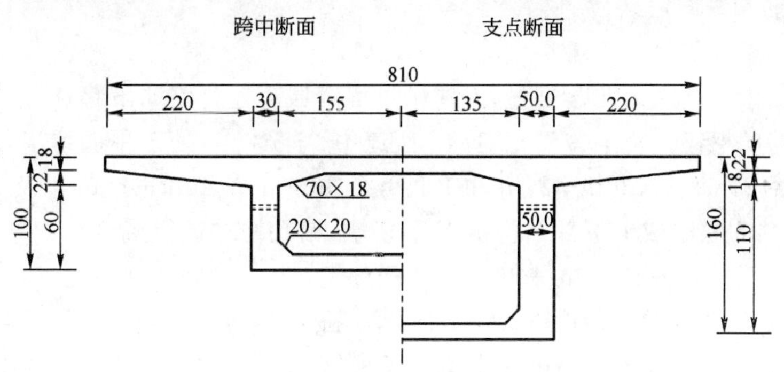

图 2.3.5　炮守营跨线桥横断面(尺寸单位：cm)

主筋采用普通 II 级螺纹钢，箍筋用普通 I 级圆钢筋。边跨跨中处顶板纵向主筋为 12 根 Φ32 加 20 根 Φ28 和 65 根 Φ16，总面积 350.4cm²，底板纵向主筋为 62 根 Φ32 加 24 根 Φ16，总面积 546.9cm²。中跨跨中处顶板和底板主筋与边跨跨中一样；中墩支点处顶板纵向主筋为 12 根 Φ32 和 76 根 Φ28 加 31 根 Φ16，总面积 626.8cm²，底板纵向主筋为 30 根 Φ32 加 24 根 Φ16，总面积 289.5cm²。

4. 大连市营城子跨铁路桥

该桥位于大连市至旅顺之间的黑大线二级公路上。桥位处于反向 S 弯平曲线上，跨越铁路的平面两转角点间距仅 267.245m。这两转角点的偏角分别为右偏 52°和左偏 51°，平曲线半径值分别为 252m 和 202.07m，缓和曲线长均为 65m，如图 2.3.6 所示。桥下的铁路在两缓和曲线衔接点附近通过，铁路要求净高 6.55m。桥梁分两幅修建，中间接缝，主桥采用 28.32m＋35m＋28.32m 连续箱梁，满堂支架现场浇筑施工。引桥是空心板结构，现场预制吊装施工。设计荷载标准汽车-20 级，挂车-100。主桥下部采用 4 根 1.6m 直径的独柱墩，过渡墩也采用独柱墩但是墩顶加盖梁。

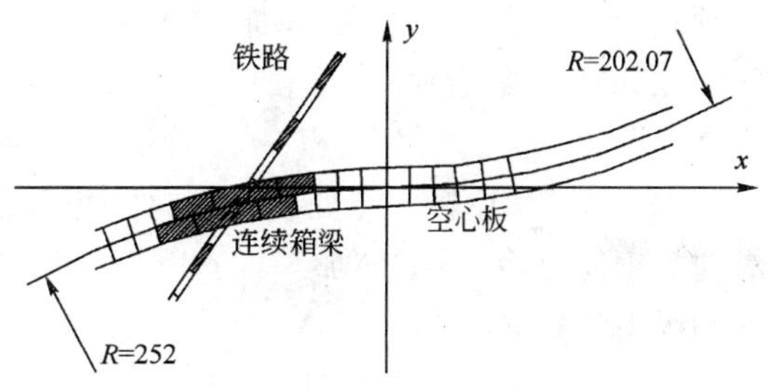

图 2.3.6　大连营城子跨线桥平面

主桥箱梁纵向等高，如图 2.3.7 所示。桥面净宽 18.00m，外侧还各有 1.5m 宽的人行道系，每幅箱梁顶宽 10.5m，底宽 6.0m。边腹板宽度由 30cm 过渡到 60cm(支点附近)，中腹板宽度由 20cm 过渡到 40cm(支点附近)，顶底板厚度皆 18cm，桥面横坡由 C30 防水混凝土铺装层形成。箱梁用 C30 混凝土，满堂支架整体现浇。

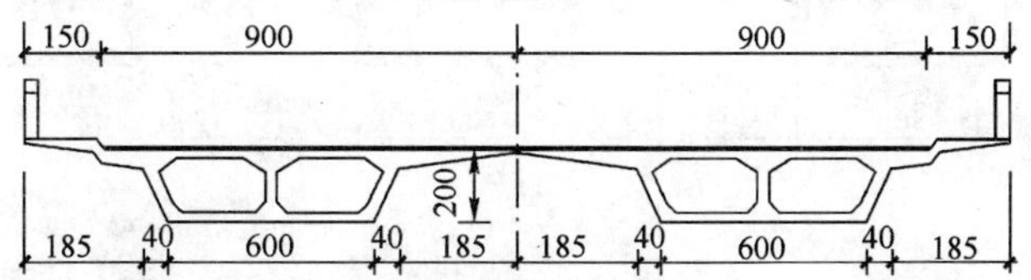

图 2.3.7　大连市营城子跨铁路桥(尺寸单位：cm)

主筋采用普通Ⅱ级螺纹钢，箍筋用普通Ⅰ级圆钢筋。边跨跨中顶板纵向主筋为20根Φ28加32根Φ10，总面积148.3cm²，底板纵向主筋为58根Φ28加24根Φ10，总面积376.0cm²，中跨跨中处顶板和底板主筋与边跨跨中一样；中墩支点处顶板纵向主筋为94根Φ28和33根Φ10，总面积604.7cm²，底板纵向主筋为36根Φ28加22根Φ10，总面积238.9cm²。腹板一律采用Φ12的箍筋和纵向筋。

5. 沈阳市北李官枢纽跨匝道桥

该桥位于沈阳市于洪区北李官堡，是沈阳过境绕城高速公路北段起点，连接京沈高速公路和沈大高速公路的枢纽。桥梁位于枢纽的I匝道中，净宽7m，处于平曲线半径220m内，为弯桥。由2联跨径21m+3×30m+21m和1联跨径30m+2×40m+30m以及2联跨径21m+3×30m+21m共5联组成。下部结构由Y形桥墩，钻孔灌注桩组成。

下面主要介绍30m+2×40m+30m这一联的上部箱梁。该联为等截面梁高，如图2.3.8所示。桥面全宽8.10m，包括两边各0.5m防撞墙，底板宽3.0m。翼缘长2.2m，下缘由0.6m加1.6m的折线组成。斜腹板宽由35cm过渡到70cm（支点附近），顶底板厚度皆20cm，桥面横坡2%。箱梁采用C30混凝土，满堂支架整体现浇。

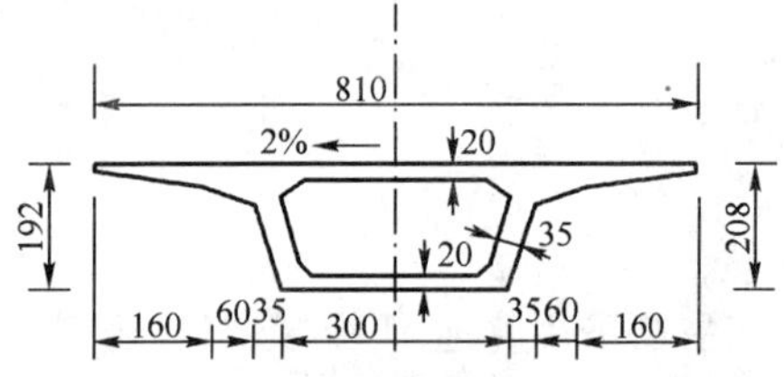

图2.3.8　沈阳市北李官跨线桥（尺寸单位：cm）

主筋采用普通Ⅱ级螺纹钢，箍筋用普通Ⅰ级圆钢筋。边跨跨中处顶板纵向主筋为18根Φ28加76根Φ12，总面积196.8cm²；底板纵向主筋为76根Φ28，总面积468.0cm²，中跨跨中处顶板纵向主筋为18根Φ28加76根Φ12，总面积196.8cm²，底板纵向主筋为82根Φ28，总面积504.9cm²。靠近中墩（该联中心）的边墩（紧邻中心墩的两墩）支点处顶板纵向主筋为147根Φ28和39根Φ12，总面积949.3cm²，底板纵向主筋为26根Φ28加5根Φ16和9根Φ12，总面积180.3cm²，中墩支点处顶板纵向主筋为157根Φ28和39根Φ12，总面积1010.8cm²，底板纵向主钢筋为26根Φ28加5根Φ16和9根Φ12，总面积180.3cm²。腹板一律采用Φ12的箍筋和纵向防裂筋。

6. 营口市互通立交跨线桥

该桥位于辽宁省营口市，是庄林国道主干线与营口至大石桥交点处的枢纽。主要桥梁分别采用13m至25m跨径的箱梁，先简支后连续。上部结构首先预制吊装方形无翼缘箱体，然后整体现浇翼缘和箱梁顶板混凝土。跨径20m以下的箱梁高1.0m，跨径20～25m高1.2m。箱梁底宽2.0～4.0m，翼缘板长2.0～2.7m，两箱梁之间翼缘板刚结，刚结点处板厚20cm，如图2.3.9。先简支后连续箱梁施工流程，见图2.3.10。

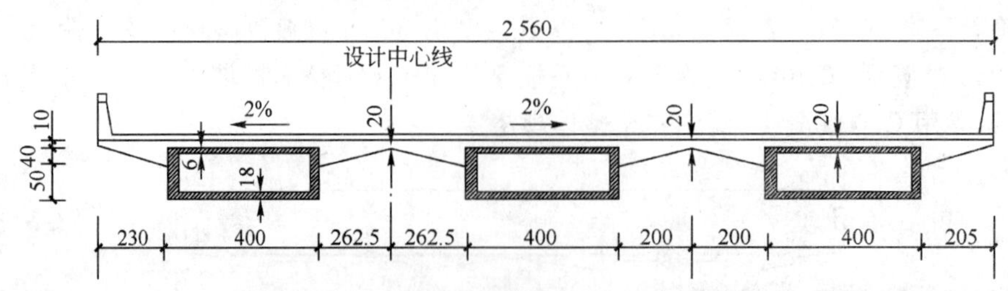

图2.3.9　营口市互通立交箱梁立面（尺寸单位：cm）

跨径20m的预制吊装部分为底宽4.0m，梁高为0.9m的方形封闭箱梁，底板厚18cm，顶板厚10cm，两腹板厚50cm，吊装质量100t以下。

进行上部结构计算时，分成五个阶段：第一阶段按简支梁体系计算预制吊装方形箱梁的受力情况；第二阶段按连续梁体系计算，简支梁在墩顶盖梁上的混凝土湿接头完成，落在墩顶支座上；第三阶段计算按方形截面承受现浇混凝土桥面板和翼缘的重量，同时考虑10%的模板托架重量；第四阶段计算完全按连续箱梁全截面承受桥面铺装及防撞墙自重荷载；第五阶段按连续箱梁计算汽车活载以及验算荷载。

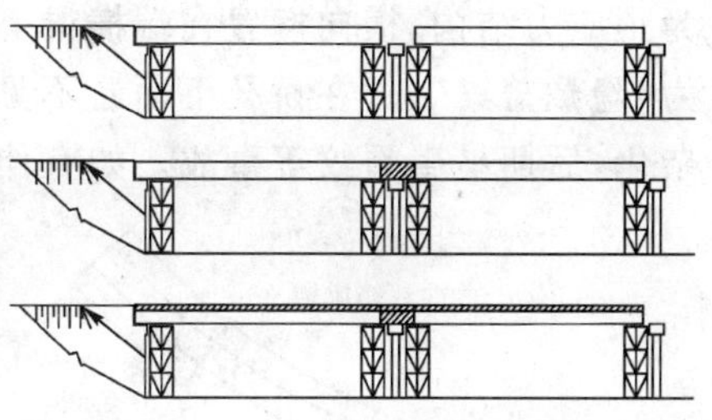

图 2.3.10　先简支后连续箱梁施工流程图

方形预制梁的底板配筋由上述的第五阶段控制，但还需按第一至四阶段进行验算，设置双层钢筋。顶板钢筋只需按第一阶段进行验算即可，只需设置单层钢筋。同时考虑与桥梁面板的连接，需将与翼缘的连接钢筋露出，以便搭接，而腹板的骨架钢筋也要上伸露出。骨架筋全部设置在腹板内。现浇桥面板部分的钢筋为单层，而同时现浇的翼缘板部分钢筋为双层。这里的翼缘之间为刚结，所以纵向多条预制箱梁间的桥面和翼缘钢筋可以一次性绑扎完成，然后统一现浇混凝土。

施工时，先在桥墩两侧搭设钢支架，钢支架纵桥向1.0m宽，横桥向全宽，高度高出支座设计标高1cm，以防吊装箱梁后支架下沉。安装预制箱梁就位后，纵桥向在墩顶部位绑扎接缝钢筋，现浇湿接缝混凝土。湿接缝混凝土强度达到80%以上，方可落架。浇筑桥面和翼缘混凝土必须拆除支架，避免结构产生二次应力。翼缘以及桥面部分采用在纵向连接完成后的连续方形箱梁上现浇混凝土，在预制箱梁的侧面预埋有10cm×10cm钢板，做现浇上部桥面混凝土的托架焊接点，施工完成后再用混凝土灰奖抹平。在现浇过程中，要随时观察支架的沉降及变形，发现此类问题及时处理。桥面的路拱横坡2%由现浇混凝土完成，两箱间的翼缘连接也同时完成。

桥梁的下部结构由Y形墩、钻孔灌注桩组成。桥头路基设加筋土挡墙，以减少立交占地规模，降低造价。

二、预应力混凝土连续箱梁

绝大多数预应力混凝土箱梁桥采用后张法施工，只在纵桥向采用预应力钢束，而竖向采用普通钢筋来承担剪力，横桥向可采用普通钢筋，或用预应力钢绞线来增长翼缘。目前跨径30m以上的多数跨线桥采用了这种结构，它对控制箱梁的纵向裂缝非常有效。

1.深圳市东环快速路沿河路高架桥设计

该桥是全长2 370m的高架桥，分主线和辅线两部分，见图2.3.11，曾考虑了两个方案：①所有桥梁均采用现浇预应力连续箱梁方案，最大跨径25m；②主线采用现浇预应力连续箱梁，辅线采用预应力混凝土简支T梁，最大跨径为30m。考虑前一方案施工简单，外形美观，行车平稳，不需要较大的预制场地和预制构件的运输，而后一方案因地制宜，施工时对进出车辆影响少，施工进度快、造价低，决定采用这一方案。

箱梁的平面形状以弯桥和异形桥居多。连续梁梁高1.3m，支撑处设强大的支撑横梁，每跨跨中设中横梁。横梁与主梁等高。当桥面全宽≤9.4m时，中间支撑横梁宽2.5m；全宽>9m时，中间支撑横梁宽3.0m。端横梁计算宽度均为1m。横梁为普通钢筋混凝土结构。在公用墩处的梁端设牛腿，它既是主梁端部预应力钢束锚固区，又是支座反力的应力集中区，受力复杂。由于高度限制，牛腿高仅55.4cm。牛腿在行车方向为主梁的一部分，为预应力结构，横向搁置在端横梁上，为普通钢筋混凝土结构，见图 2.3.12。这种做法又称为“隐藏盖梁”，即在桥孔下面看不见墩顶盖梁，使外观更显整洁，但牛腿使主梁端部构造复杂化，后期易生裂纹等事故。如有伸缩缝漏水、支座损坏、墩顶盖梁裂纹等，难于修补。

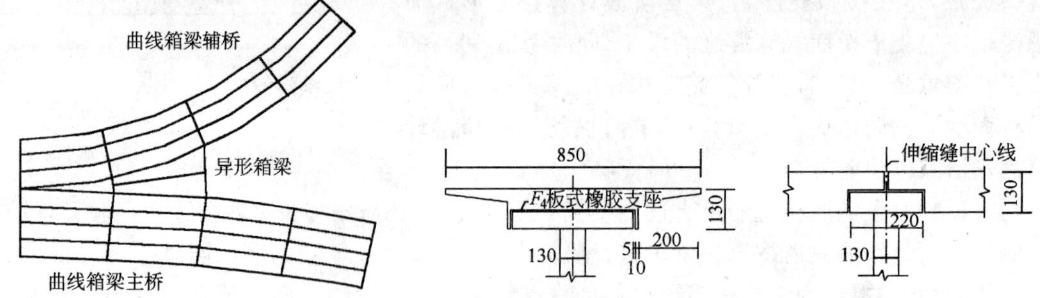

图 2.3.11 深圳市东环沿河高架桥　　图 2.3.12 深圳市高架桥纵横断面(尺寸单位:cm)

连续梁直线桥纵向计算采用“桥梁综合程序”按平面杆系结构分 3 个阶段计算内力和应力。①现浇箱梁(包括横梁)，②张拉预应力钢束，③浇注栏杆和防撞栏及桥面铺装，计算二期恒载内力及活载内力。计算时作如下假定：①箱梁混凝土密度取 2.5t/m^3；②支座沉降取 5mm；③温度变化取±5℃；④预应力钢绞线采用 $R_Y^B=1\,600$MPa，$7\times7\phi_{15.24}$，孔道摩阻系数取 0.3，孔道偏差系数取 0.003，锚具变形和钢束回缩值取 0.005。按部分预应力混凝土 A 类构件进行设计。

连续梁弯桥和异形桥受力复杂。先用 Hambly 梁格分析法将其简化成由纵向和横向杆件组成的梁格力学模型，然后采用有限元进行单元划分，形成有限元计算模型，并使用 SAP-90 程序进行分析。计算时，恒载中的自重部分由程序自动计算，恒载中的栏杆、防撞护栏、桥面铺装由程序按梁单元跨间荷载处理。而活载部分均按静力等效原则转换成单元节点荷载处理。计算公式如下(式中符号意义见图 2.3.13)：

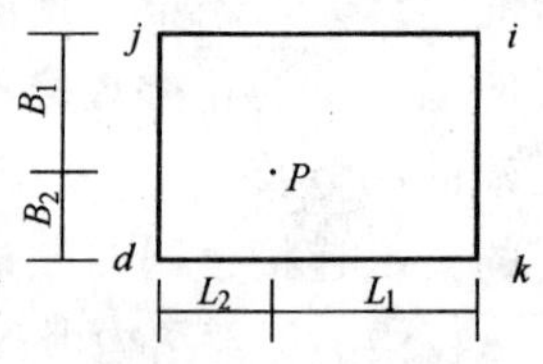

图 2.3.13 有限元荷载分解图

$$p_i=\frac{B_2}{B_1+B_2}\cdot\frac{L_2}{L_1+L_2}\cdot P \qquad P_j=\frac{B_2}{B_2+B_1}\cdot\frac{L_1}{L_2+L_1}\cdot P$$

$$p_k=\frac{B_1}{B_1+B_2}\cdot\frac{L_2}{L_1+L_2}\cdot P \qquad P_d=\frac{B_1}{B_2+B_1}\cdot\frac{L_1}{L_2+L_1}\cdot P \tag{2.3.1}$$

2. 辽宁省沈大高速公路后盐立交跨线桥

该桥平面处于一个 $R=476$m 的圆曲线上，为 2 联 4×30m 等截面预应力混凝土连续箱梁，采用单箱单室截面，跨中无横隔梁，横截面尺寸如图 2.3.14 所示。梁高 1.8m，顶板宽 9.25m，底板宽 5.25m，两侧翼缘长度 2.0m，顶、底板在墩台顶处为纵向宽 1.2m 的实心截面，跨中底板厚 20cm，顶板厚 25cm，腹板厚 50cm。左右腹板为等高度，桥面横坡由箱梁整体旋转一定角度形成。

预应力布置钢束采用单侧张拉，这样便于多联桥的整体现浇施工，在一联中，底板布置 6 根ϕ_j15.24－9 的钢绞线通长直束，其余是弯起钢束，靠近边过渡墩的锚固端，墩顶处箱梁顶板有 6 根 ϕ_j15.24－19 钢绞线，底板另外还有 4 根 ϕ_j15.24－7 的钢绞线；中心墩顶处箱梁的钢绞线布置与前墩相同。

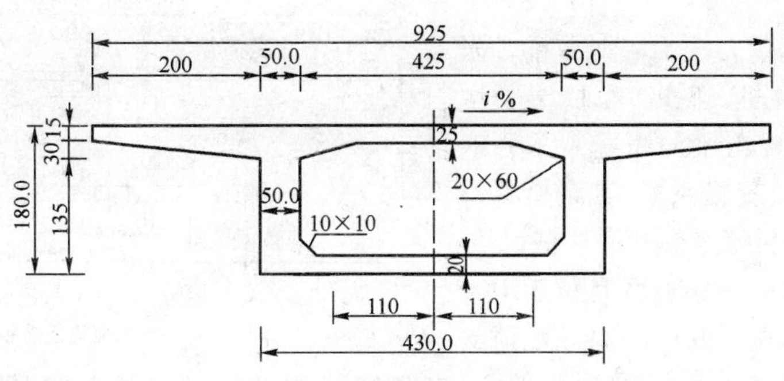

图 2.3.14 箱梁跨中断面

3. 福建省三明际口至福州蓝圃高速公路跨线桥

该桥为 1 联 5×30 和 4 联(4×30)m 共计 21 孔等截面预应力混凝土连续梁。箱梁采用单箱单室截面、等高度腹板，跨中设置了一道中横隔梁。本桥平面处于一个 $R=400\text{m}$ 的右偏圆曲线开始，中间一个 $R=150\text{m}$ 的左偏圆曲线和一个 $R=400\text{m}$ 的右偏圆曲线终止，其终点以及圆曲线之间采用缓和曲线连接，见图 2.3.15。

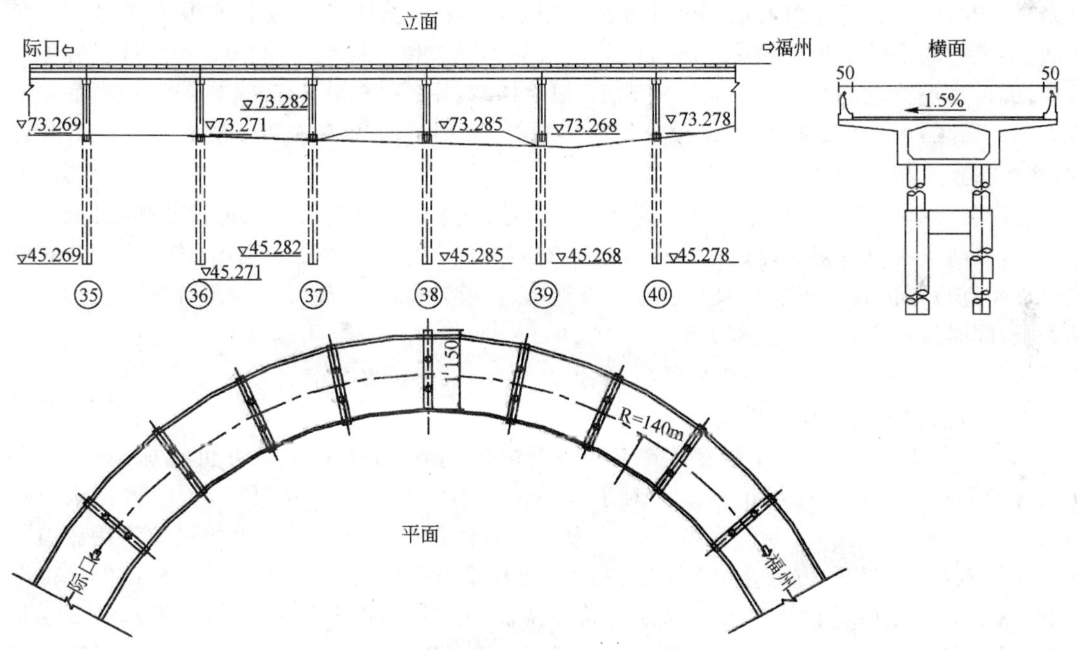

图 2.3.15 桥型布置图

上部结构预应力混凝土箱梁横截面尺寸，如图 2.3.16 所示。梁高 1.8m，顶板宽 8.5m，底板宽 4.3m，两侧翼缘长度 2.1m，顶、底板在墩台顶处厚 32cm，跨中等其余段厚 22cm；腹板厚度在边跨支点附近梁段范围 80cm，在中跨支点附近梁段范围 70cm，在跨中附近梁段范围 50cm。箱梁左右腹板为等高度。桥面横坡由箱梁整体旋转一定角度形成。桥墩支点处设置横隔梁宽 140cm，边跨支点设置端横隔梁宽 80cm，各跨跨中处设置中横隔梁宽 30cm。每孔箱梁顶板上均设置 2 个施工天窗(80cm×100cm)。待主梁施工完成取出内模后，按等强度原则恢复天窗范围内的主梁钢筋并浇筑混凝土封顶。

0号桥台采用U形桥台，21号桥台采用柱式台，钻孔灌注桩。5、9、13、17号桥墩为各联的边墩（设置箱梁伸缩缝），采用双柱方形桥墩，墩顶设置横系梁，其余所有桥墩均采用单柱方形桥墩和钻孔灌注桩。

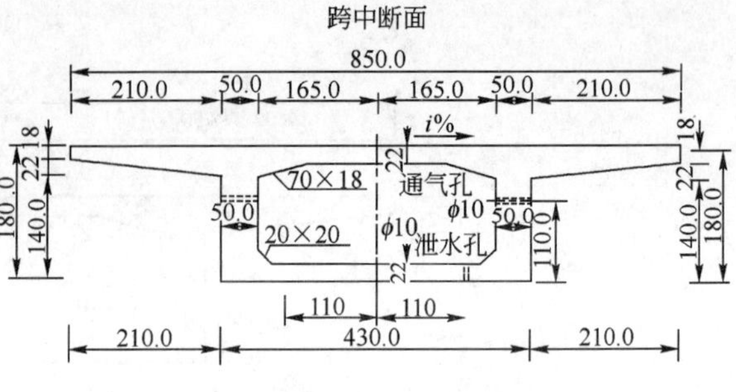

图 2.3.16　预应力连续箱梁

由于本桥第二联～第四联是位于R＝150m的平曲线内，这3联内的中墩墩顶支座设置了向曲线外侧18cm的预置偏心，在各联梁边端均设置了单向GPZ3000DX、双向GPZ3000SX两个盆式支座；而各中墩支点设置一个单向GPZ8000DX或者固定GPZ8000GD支座。

预应力混凝土等截面连续梁采用“桥梁博士”(V2.8)程序进行内力分析和配束，采用曲梁网格法划分单元，纵向模拟两道纵梁，施工采用满堂支架现浇，支座沉降按5mm计，温度模式按顶板升降温5℃考虑，设计时按其最不利情况进行组合。

预应力布置钢束的简单情况：在第一联中，底板布置6根ϕ_j15.24－9的钢绞线通长直束，其余是弯起钢束，靠近边过渡墩的墩顶处箱梁顶板有12根ϕ_j15.24－9和6根ϕ_j15.24－5钢绞线；靠近中心点的墩顶处箱梁顶板有12根ϕ_j15.24－9和8根ϕ_j15.24－5钢绞线。在第二联中，靠近边过渡墩的墩顶处箱梁顶板有12根ϕ_j15.24－9和6根ϕ_j15.24－5钢绞线，底板布置6根ϕ_j15.24－9钢绞线；中心墩顶处箱梁顶板有12根ϕ_j15.24－9和8根ϕ_j15.24－5钢绞线，底板布置6根ϕ_j15.24－9的钢绞线。

预应力混凝土箱梁采用满堂支架现浇施工方法。搭支架前须对地面进行整平，且必须充分夯实，以防支架沉降对梁体产生不良影响。支架必须有足够的刚度和强度，浇筑混凝土前必须对支架进行等恒载预压或采取其他有效措施，以消除支架的塑性变形及部分弹性变形的不利影响，同时按规定设置施工预拱度。

箱梁的混凝土浇筑按先底板后腹板、顶板的顺序，底板按先跨中后支点的顺序进行。预应力管道采用预埋铁皮波纹管成孔。

一般情况下，须在混凝土强度达到100％及龄期达到14天以上时方可施加预应力，预应力张拉顺序应按设计图纸的规定。对于多联预应力混凝土连续箱梁桥，预应力钢束有单侧张拉和双侧张拉2种。双侧张拉时须注意2端对称张拉问题。预应力的张拉采用张拉力和延伸量双控，以张拉力为主，延伸量校核。张拉程序：0→初应力(0.1σ_k)→1.0σ_k(持荷5min)→锚固。预应力钢束张拉过程中对同一截面的断丝率不得大于1％，每束钢丝的断丝或滑丝不得超过1丝。设计采用的预应力钢绞线ϕ_j15.24型、弹性模量1.95×10^5MPa。现场应对使用的钢束进行弹性模量测试，再根据测试的数值对设计提供的延伸量进行修正。预应力张拉完成后应尽早进行孔道压浆，孔道压浆应尽量采用硅酸盐水泥，采用C40以上的水泥浆，泌水率最大不超过3％，拌和后3h的泌水率宜控制在2％，泌水应在24h内重新全部被浆吸回。

施工时应注意各联的设计施工顺序，不得混乱。施工完成后支架的拆除应按先跨中后支点的顺序进行。

在工程竣工后，发现位于平曲线半径为150m内的第二联至第四联的双支座墩出现支座脱空的现象。脱空的支座位于梁端曲线的内侧，脱空的高度范围为0.5～1.2cm，同时有少量径向位移。根据此情况，再次进行验算，利用“桥梁博士”程序(V2.9)，采用曲梁网格法划分单元，纵向模拟两道纵梁。计算时温度模式按箱梁上、下缘升降温5℃考虑，支座沉降按5mm计。

桥墩受力验算结果如表2.3.3所列。

B匝道桥验算结果

表2.3.3

项　目	过渡墩支撑反力(kN)		中墩上缘拉应力(MPa)	边墩附近下缘压应力(MPa)	中墩主拉应力(MPa)
	外侧	内侧			
施工结束(1/4跨)	2 211	358	1.68	12.19	−0.36
恒载+变位+温差	2 520	186	−0.29	13.77	−0.85
正常使用组合I	2 680	100	0.37	13.6	−1.03
正常使用组合II	2 980	−226	−1.53	15.13	−1.53
正常使用组合III(1/4跨)	2 650	120	1.08	13.6	−1.02

根据计算结果，采取了在桥台或过渡墩处将梁顶升，撤换支座的方案。对于桥台(过渡墩)处，直接将端横隔梁两端植入钢筋，两端横向加长，首先在内侧新布设GJZ300X350型橡胶支座，利用千斤顶在外侧将梁顶升(顶升力3MN)，拆除原桥支座，再在图2.3.17所示外侧位置新设置GJZ500X600型橡胶支座。对于B匝道桥的过渡墩，首先将墩顶外侧局部植筋加大尺寸，加强系梁，然后进行如上步骤的施工，见图2.3.18。

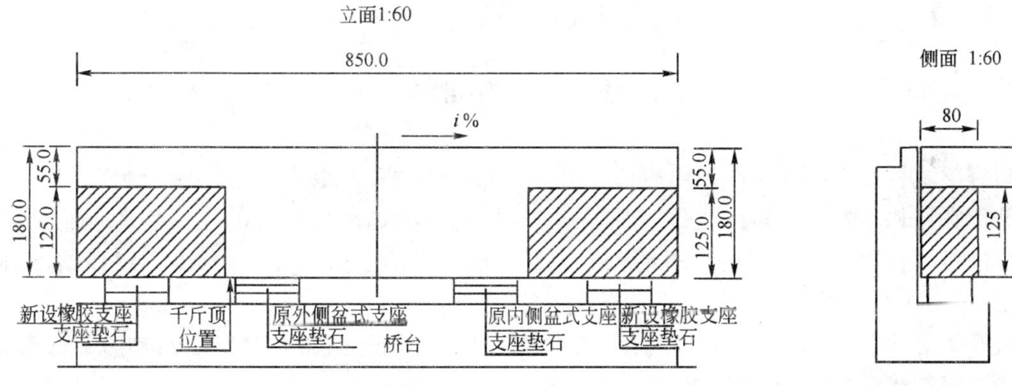

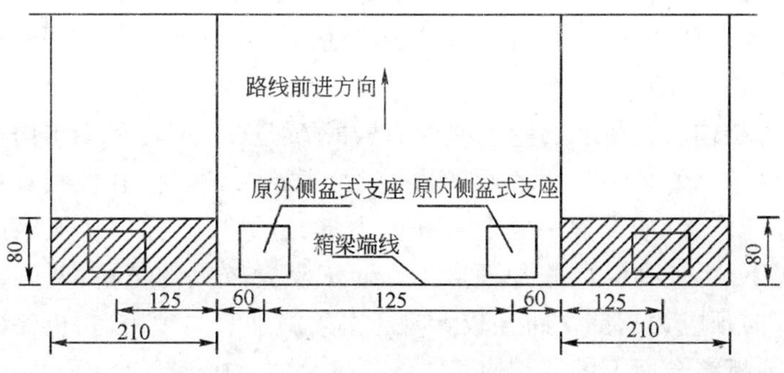

图2.3.17　撤换支座处理措施之一(尺寸单位：cm)

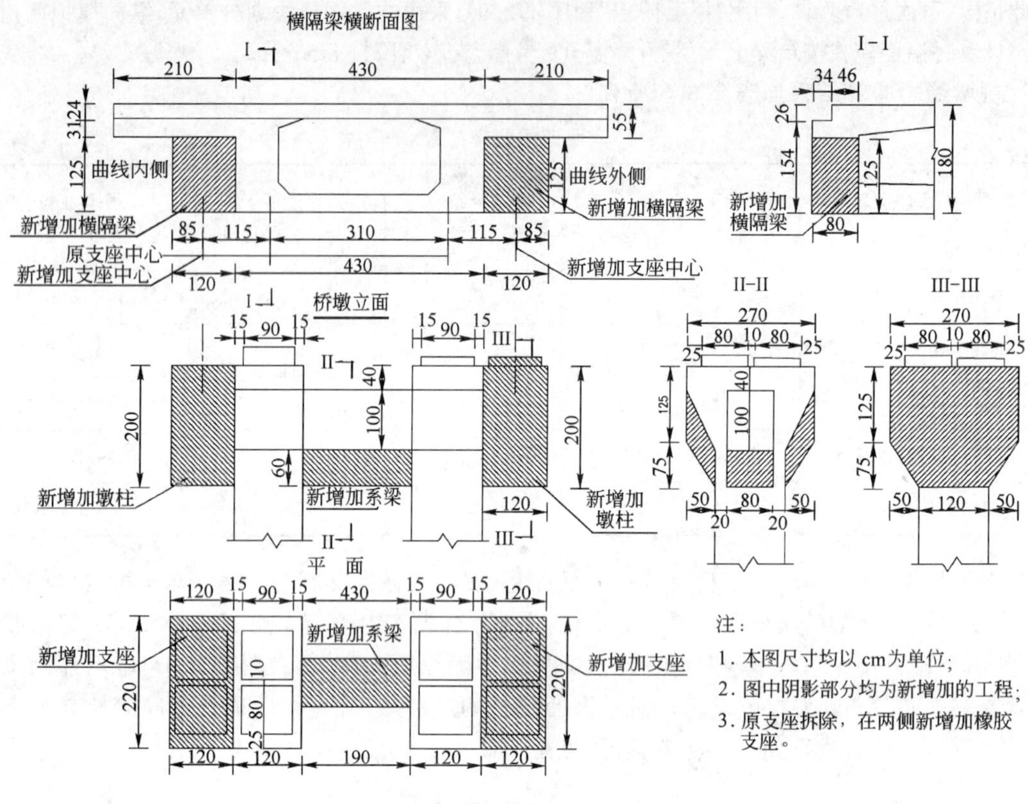

图 2.3.18　撤换支座处理措施之二

第四节　鱼脊式梁桥

鱼脊梁式桥是20世纪70年代初在美国城市高架桥中采用并发展起来的一种新桥型。鱼脊梁又称翼结构，是以单脊骨或双脊骨带大挑臂的板式结构，配以纤细的柱式桥墩，如实体式脊梁配以矩形桥墩，箱形脊梁配以H形或V形桥墩。墩梁之间可以刚结，也可以铰结，或横向刚结，纵向铰结。这种结构具有外形简洁轻巧、造型美观的特点。

鱼脊梁必须在梁两侧宽翼板下每隔一定间距(2～4m)设一道斜撑杆或板，使宽翼板形成短跨连续固结或简支板，整梁形成带刺的鱼脊骨。

鱼脊梁桥型结构在纵向为多跨连续梁或连续刚构体系，横向为单脊或双脊梁带大挑臂板的组合式结构，无桥墩盖梁。鱼脊梁结构上的主要特点是小脊梁，大悬臂。中部脊梁在横向比一般箱梁小得多，通常采用实体梯形截面或箱形截面，由现场逐孔浇筑或预制安装。两侧翼板为预制构件，搁置于脊骨梁顶面，再现浇顶面混凝土。

鱼脊梁桥一般均采用预应力结构。视桥宽、跨径、横断面构成方式的不同可采用单向预应力、双向预应力、三向预应力。对于悬臂较小的窄桥，两侧翼板预制成一块构件，在翼板具有足够的刚度，脊骨梁与翼板有可靠的连接(如设置一定数量的剪力键、脊梁顶面伸出普通钢筋通过板顶现浇层形成整体)的情况下，可仅在纵向施加预应力。对于悬臂较大的宽桥，两侧翼板一般分开预制，必须设置纵横双向预应力钢筋。跨径较大时还必须施加竖向预应力，以保证结构的整体刚度和克服鱼脊梁与翼板结合面上的剪切应力。

一、香港飞机场隧道西引道高架桥

香港飞机场隧道西引道的一条预应力混凝土高架桥，桥面为4车道(对向双车道)，采用鱼脊梁形式，只用独墩独箱解决了问题。施工时箱梁侧腹板留孔以便安装预制的悬臂支撑架，然后上铺纵向预制板，上浇桥面混凝土形成整体。悬臂支撑架密布式间距2m，上面的侧翼缘板就不再是很宽的悬臂板而是跨径2m的连续桥面板了，因而板厚可以大大减薄。这种形式能节省大量的上部和下部工程量，有很好的经济效益，而且外形美观新颖。最外端的翼缘板的外边缘还有一条板遮住各斜撑的端部，在桥的侧面增加了一条整齐的侧向饰带，收到了很好的美学效果。此桥全长1100m。

二、沈阳市绕城高速公路石庙子互通立交匝道跨线桥

石庙子跨线桥位于沈阳市过境绕城高速公路南段，互通式立交内的A、B匝道桥为平曲线半径501.75m的弯桥。原设计主桥跨径均为20m＋2×32m＋20m的箱形鱼脊式梁，如图2.4.1所示。下部桥墩为Y形，根部截面尺寸为1.4m×1.6m，钻孔灌注桩直径1.8m。

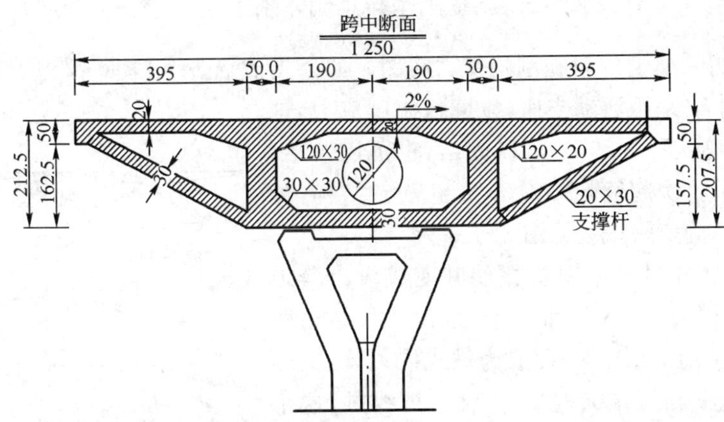

图2.4.1　钢筋混凝土箱形鱼脊式梁(尺寸单位:cm)

箱梁的外侧支撑杆沿梁纵向2m设置一道，内腔横隔板4m设置一道，厚度20cm，与支撑杆相配合。支撑杆底端支撑在纵宽60cm、高43.3cm、沿箱梁底板向外突出的底座上，顶端承托翼板端部扩大的底宽20cm，高50cm的纵向饰带上，其上为防撞墙。

箱梁梁高2.1m，顶板宽12.5m、厚20cm，底板宽4.8m、厚30cm；两侧翼缘长3.95m，腹板宽度在边跨支点附近为60cm，在跨中附近为50cm。桥面2%横坡由箱顶板旋转形成。梁体采用满堂支架整体现浇。

施工由条件所限，对支撑杆预制有困难，最后改为现浇20cm厚的支撑板，虽多耗用一些混凝土，但简化了施工。

第五节　斜腿刚构桥

斜腿刚构桥为近年来国内外发展起来的一种新型结构桥梁。这种桥梁受力合理，用料经济，大中小跨径皆可采用。它可以做成单孔或多孔，尤其造型优美，线条简洁明快，给人以力的感觉。图2.5.1所示为跨越高速公路的一单孔斜腿刚构桥。

图 2.5.1 所示的斜腿刚构桥外形相似于刚架拱桥，但拱桥需要曲线形状的拱圈，施工较难，造价较高，因此在跨线桥领域常被斜腿刚构桥所取代。斜腿刚构桥从斜坡上撑出斜腿，像拱一样有水平分力，故可以将梁作得较为纤细。图 2.5.2 所示的斜腿刚构跨线桥，更具良好的外形，悦目的比例，由于跨度很大，故跨中梁高较大，而拱桥则在跨中梁高一般是较小的(例如无铰拱)。

图 2.5.1　跨越高速公路的斜腿刚构桥

图 2.5.2　跨越高速公路的优美斜腿刚构桥(德国)

一、斜腿刚构与其他体系比较

图 2.5.3a)为一典型的斜腿刚构受力简图。如果支点 A、A'、D、D'都为固结，将为 9 次超静定。通常 D 和 D'采用活动支座，以降低温度应力，这样就成了 5 次超静定。A 和 A'可以固结，也可以铰结，如果铰结，就成了 3 次超静定。对 3 次超静定结构，可导出影响线的理论解答公式，见图 2.5.4。

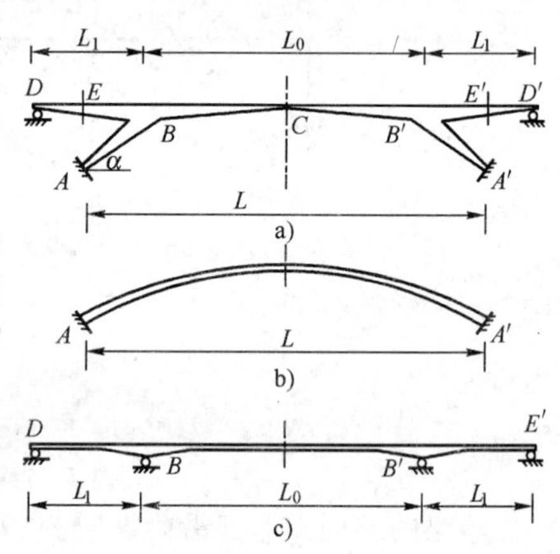

图 2.5.3　斜腿刚构与拱和连续梁式体系

斜腿给梁 DD'提供了中间支撑使其变成较小跨径的连续梁，又给梁的中段提供水平推力，使这种结构脱离了连续梁式体系(图 2.5.3c)而成为拱式推力体系(图 2.5.3b)。实际上，梁段 $ABCB'A'$形成了折线拱，这个拱的跨径 AA'比原来的梁长 DD'小得多。但对比直腿刚构来说，作为立交桥，可以提供更为宽裕的桥下净空。作为跨河桥，可将中墩基础移至岸边，使施工简易，造价降低。

折线拱的拱轴线比正规拱的拱轴线偏离恒载压力线较远，再加上两端边跨梁 DB 和 $D'B'$ 的作用，使斜腿刚构比正规拱(图 2.5.3b)的内力略有出入，这可从图 2.5.4 所示的斜腿刚构、拱、连续梁的影响线比较分析：

斜腿刚构腿脚 A(拱脚)正弯矩较小，与拱桥差不多；肩节点 B 处负弯矩介于拱桥与连续梁中间，连续梁最大，拱桥最小，影响线绝对值大大超出一般拱式结构，略小于连续梁结构；而跨中 C 正弯矩较大是介于连续梁与拱桥中间，连续梁最大，拱桥最小；边跨跨中 E 的弯矩远低于连续梁。腿脚 A(拱脚)压力较大，与拱桥差不多；肩节点 B 处压力也与拱桥差不多，略小于拱结构，但由于肩节点 B 的弯矩值偏大，压力影响线有正值和负值同时存在的可能；而跨中 C 压力较大，接近于拱桥结构，但还是比拱结构略小；边跨跨中 E 的压力接近连续梁结构。

由此可见，其受力在许多方面都比连续梁为优。作为推力体系，由于肩节点 B 处承受较大负弯矩，故应适当加厚那里的截面尺寸，从而跨中 C 和腿脚 A、梁端 D 各点截面尺寸相对减

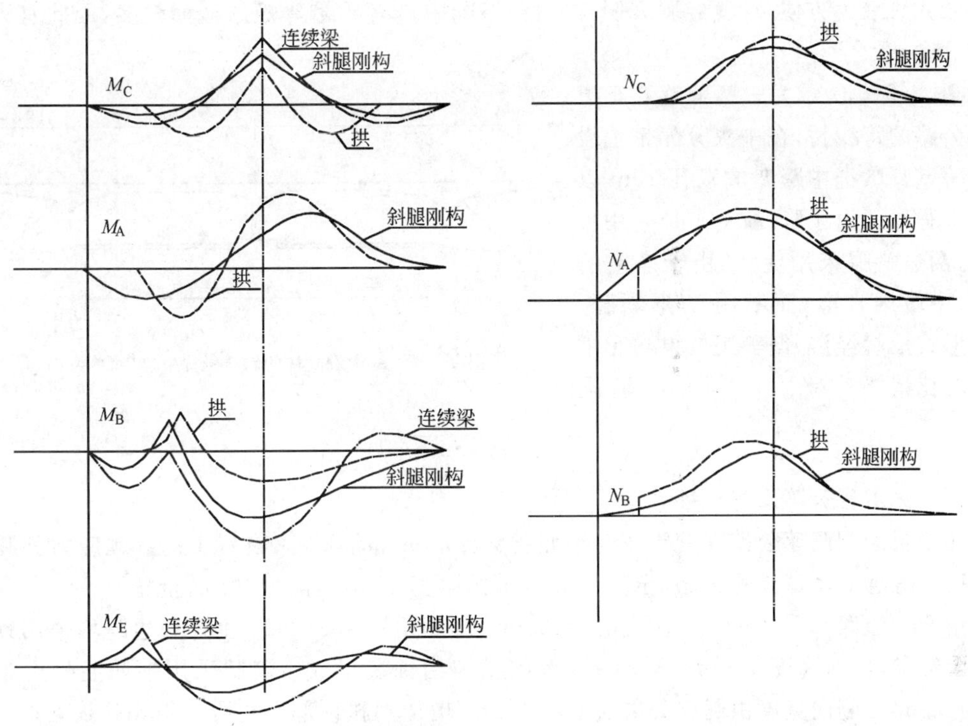

图 2.5.4　斜腿刚构、连续梁、拱影响线比较

小，终于形成了图 2.5.3a)所示的那种十分悦目的结构造型。

斜腿与水平线间的角度 α 在 30°～60°之间较为美观。计算证明，角度 α 几乎对各个主要截面的弯矩 M 和边腿处的反力 R_D 无甚影响，而影响弯矩 M 和反力 R_D 的因素主要为边跨长与中跨长之比 L_1/L_0，L_1/L_0 值可在 0.2～0.8 之间，比值越大，越接近 1 时则弯矩 M 和反力 R_D 越小。斜腿和中跨的轴向力主要受边中跨比 L_1/L_0 和斜腿角度 α 的影响，角度越大或边中跨比 L_1/L_0 值越大，则轴向压力越小。在确定一座斜腿刚构桥的具体尺寸时，这些规律可供参考。图 2.5.5 所示就是尺寸匀称适度的一座斜腿刚构桥，跨径 27.6m，由于斜腿有水平推力，桩基采用双排。

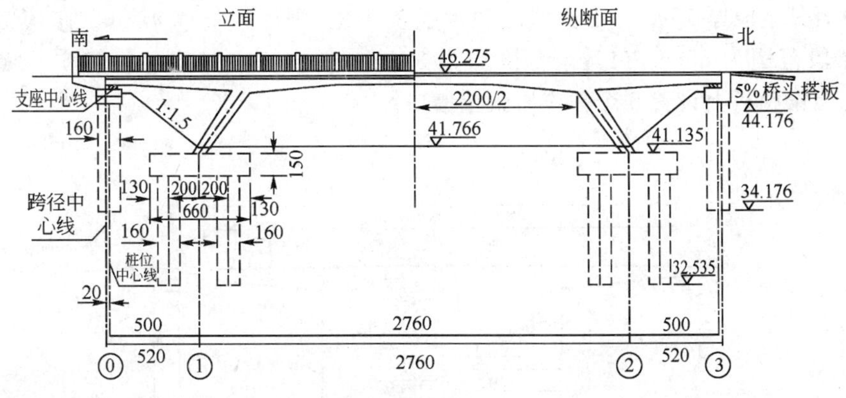

图 2.5.5　斜腿刚构桥一例

斜腿刚构的恒载内力须按实际采用的施工方法分阶段进行计算。由于是多次超静定结构，还必须考虑收缩和徐变应力，尤其是温度应力，后者有时会控制设计。计算时采用平面杆

系有限元法最为方便，计算经验表明，内力包络图中具有异号弯矩的截面较多，因此宜采用双筋截面。

图 2.5.6 所示为一座跨越 6 车道高速公路的跨线桥，在中央分隔带上设一个薄壁直墩把中跨变成双孔 19m 以节省工程量。由于跨度小，上部采用板梁式，两边斜腿采用板式，由于净空的限制，中墩用直墩，而不用 V 形斜腿。这种形式虽然经济，但美观效果与无中间墩者比稍差。

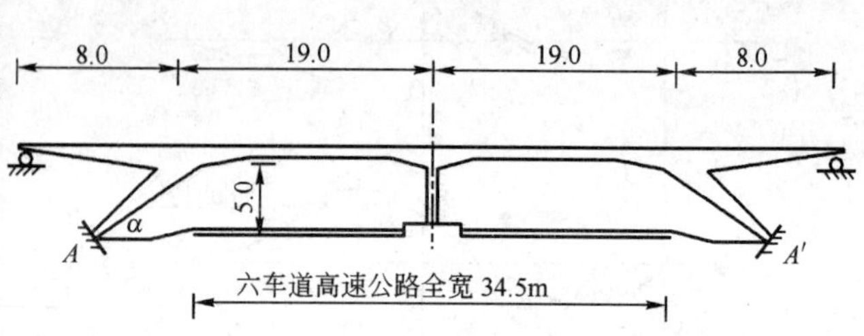

图 2.5.6 跨中设立柱的斜腿刚构桥(尺寸单位：m)

二、一些工程实例

1. 京沈高速公路上跨线桥之一

北京至沈阳高速公路在辽宁省与河北省交界的一个路堑处，设置了一座预应力斜腿刚构跨线桥。跨越 8 车道高速公路(全宽 42m)，桥面净宽 4.5m，净高 5.2m，全宽 5.6m，与高速公路交角 90°，边跨 $L_1=18.0$m，中跨 $L_0=40.0$m，腿斜角 $\alpha=53.892°$，主跨和边跨均采用预应力混凝土箱梁，建筑高度 1.3m。桥面 1.5% 的横坡由铺装形成。斜腿采用钢筋混凝土箱结构(横向 2.8m)，侧向宽度由腿根部的实心段 1.0m，增加到腿顶部空心段 1.46m。基础采用重力式墩台，基础下的地质情况为全风化花岗岩，如图 2.5.7 所示。

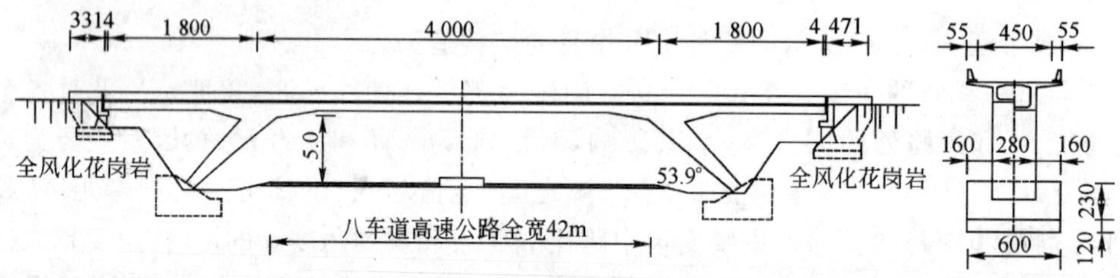

图 2.5.7 京沈高速公路的斜腿刚构桥(辽宁绥中)(尺寸单位：cm)

上部横截面，见图 2.5.8，箱梁跨中高 1.3m，斜腿顶梁高 2.2m；顶板宽 5.6m，底板宽 2.8m，两侧翼缘长 1.4m；顶板在斜腿顶处厚 48cm，跨中等其余段厚 18cm；底板在斜腿顶端厚 45cm，跨中等其余段厚 15cm。由于斜腿顶承受负弯矩，因此顶板厚 48cm。腹板宽度在边跨支点附近梁段范围为 65cm，在其余范围均为 35cm。桥台支点处梁端设置实心横隔梁纵长 5.0m。中孔箱梁顶板上设置 6 个预应力张拉槽口。

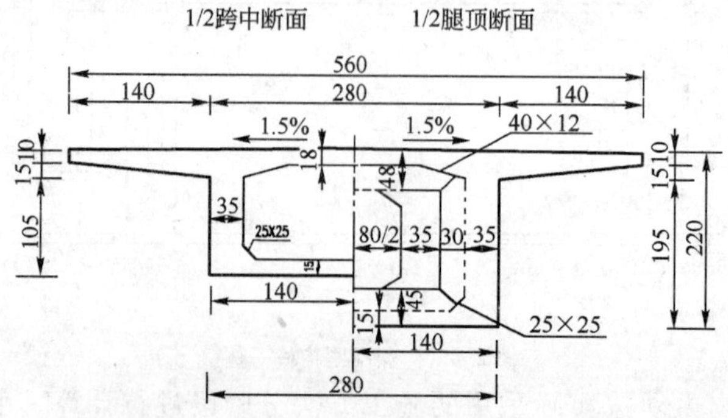

图 2.5.8 斜腿刚构顶箱梁截面(尺寸单位：cm)

2. 京沈高速公路上跨线桥之二

北京至沈阳高速公路在锦州市境内，也设置了一座与上类似的斜腿刚构跨线桥。结构及尺寸略有不同。边跨 $L_1=18.02\text{m}$，中跨 $L_0=42.0\text{m}$，腿斜角 $\alpha=58°$，主跨和边跨采用了 3 片预应力混凝土 T 梁，建筑高度 1.5m。桥面 1.5%的横坡由铺装形成。斜腿对应上部 T 梁采用 3 条钢筋混凝土肋板，横向等宽 0.54m 与单片 T 梁底同宽，侧向宽由腿根部向顶部渐变增加。墩台采用扩大式重力浅基础，基础下的地质概况为白云质灰岩，如图 2.5.9 所示。

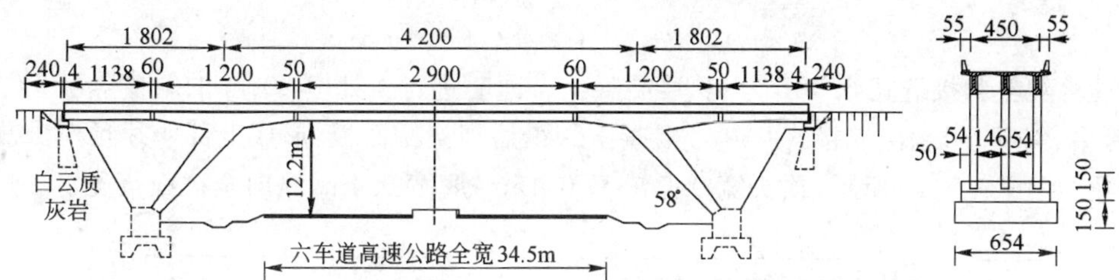

图 2.5.9　京沈高速公路跨线桥(辽宁锦州)(尺寸单位:cm)

3 条斜腿与基础采用铰接，采用球形固定支座。斜腿顶部(纵桥向宽 1.77m)与一段 12m 长的变截面主 T 梁相固结，由固结点根部梁高 2.0m 向两侧纵向延伸各 6.0m 渐变成 1.5m 梁高。此部分为预应力构件，有 2 条顶板直束和 4 条弯曲钢束，总钢束面积 63.23cm^2，现浇施工，完成后张拉自身预应力，形成一个整体单元后再与两端预制预应力 T 梁(边跨 11.4m，中跨 29m)用 50 号混凝土湿接，湿接缝宽 0.5m，最后张拉 2 条顶板直钢束，形成一片整体斜腿刚构。横向 3 片主 T 梁之间再用湿接缝宽 0.4m 联成整体，如图 2.5.10 所示。预制主 T 梁顶板宽 1.6m，中肋厚 0.18m，底厚 0.54m，两侧翼缘宽 0.71m。

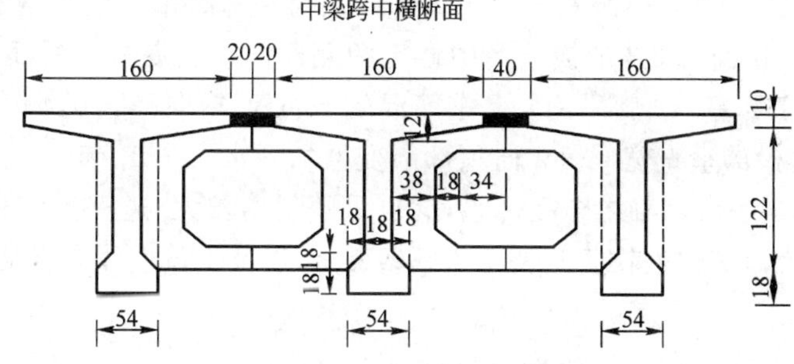

图 2.5.10　上部 T 梁一般构造图(尺寸单位:cm)

3. 沈阳至四平高速公路怪坡跨线桥

该桥亦为路堑式跨线桥，跨越 4 车道高速公路。桥面净宽 7.0m，净高 5.0m，全宽 8.1m，与高速公路交角 75°，边跨 $L_1=11.0\text{m}$，中跨 $L_0=28.0\text{m}$，腿斜角 $\alpha=50°$，主跨和边跨采用 4 片相同截面预应力工字组合梁，建筑高度 1.0m。上面现浇 40 号混凝土联成整体。桥面 1.5%横坡由铺装形成。斜腿采用 4 条钢筋混凝土肋板，横向等宽 0.4m，与单片工字组合梁底同宽，一一对应，侧向高由腿根部向顶部渐变增加。中墩采用扩大式重力浅基础，桥台重力式，基础下的地质情况为强风化安山岩，如图 2.5.11 所示。

4 条斜腿与基础铰接。斜腿顶部纵桥向长 2.0m 与 10m 长的现浇变截面主梁固结，由固结点处根部梁高 1.6m，向桥台侧延伸 3.0m，向跨中侧延伸 7.0m，渐变成 1.0m 梁高，此部分为钢筋混凝土构件。现浇施工完成后与两头的预制预应力工字组合梁(边跨 7.4m，中跨

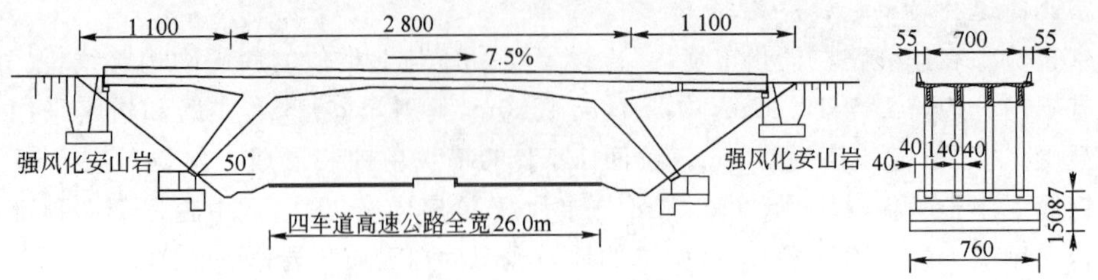

图 2.5.11　怪坡跨线桥型布置(尺寸单位:cm)

12.8m)进行湿接,接缝宽 0.6m,为 40 号混凝土。同时进行 4 处厚 20cm 的斜横隔板(梁端、湿接头、跨中、斜腿顶)现浇连接,为 30 号混凝土。最后现浇桥面板,形成上部 4 片预应力预制工字组合梁,如图 2.5.12 所示,顶头宽 0.6m、高 0.15m,底宽 0.4m,纵向全截面等宽。

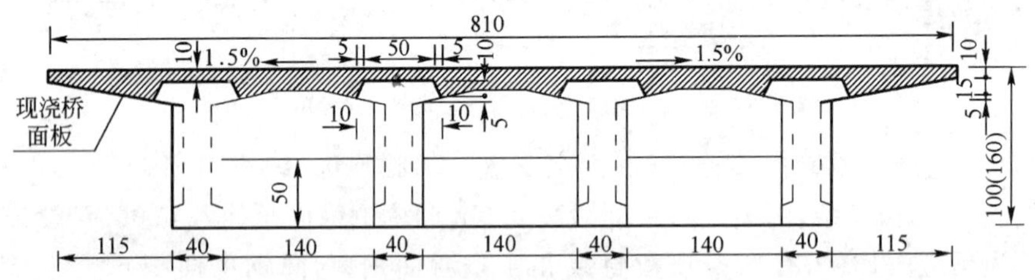

图 2.5.12　上部工字梁一般构造图(尺寸单位:cm)

4.沈阳至本溪高速公路上跨线桥

沈阳至本溪高速公路在桩号 k16+213 和 k19+553 两路堑处是钢筋混凝土斜腿刚构跨线桥。跨越 4 车道高速公路,桥面净宽 7.0m,净高 5.0m,全宽 8.0m,与高速公路的交角 90°,边跨 $L_1=4.0\text{m}$,中跨 $L_0=25.6\text{m}$,腿斜角 $\alpha=62.66°$,主跨和边跨采用 5 片钢筋混凝土 I 形组合梁,建筑高度 1.0m。桥面 1.5%的横坡由中心厚两侧薄的现浇混凝土桥面板直接形成,组合梁的底高程相同且等梁高。斜腿采用 5 条钢筋混凝土肋板,横向等宽 0.4m 与单片 I 形组合梁底同宽,侧向宽由腿根部垂直宽 0.8m 向顶部渐变增加到水平长 1.45m。基础采用重力式组合墩台,使斜腿基础与桥台基础组合在一起,这也是腿斜角较大、边跨径较小的原因。基础下的地质概况为褐黄色—褐红色软塑亚黏土和硬塑黏土,以及土黄色片麻岩全风化成土状,如图 2.5.13 所示。

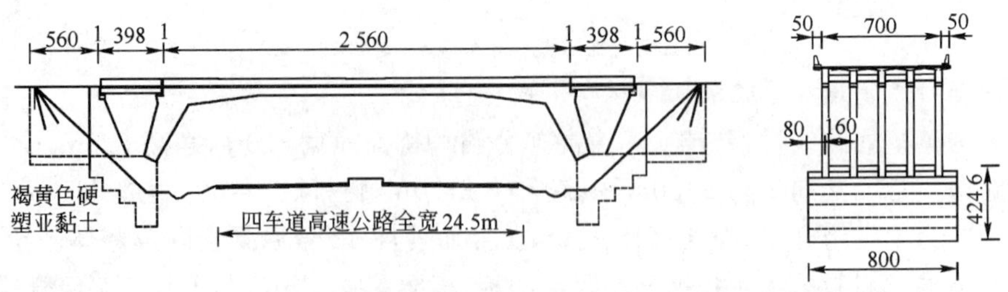

图 2.5.13　沈本高速公路跨线桥型布置(尺寸单位:cm)

斜腿顶部的梁高 1.4m,渐变成 1.0m 梁高,渐变段纵桥向梁长 4.7m,再与钢筋混凝土 I 形组合梁湿接,湿接缝宽 0.5m;与前不同的是,纵向渐变段只向中跨延伸,而边跨侧只设一个牛腿,上承高度 0.50m 的边跨简支梁,其另一端直接搭设在桥台上。边跨简支梁长仅 3.89m。中跨上部横截面 5 片 I 形组合梁,如图 2.5.14 所示。

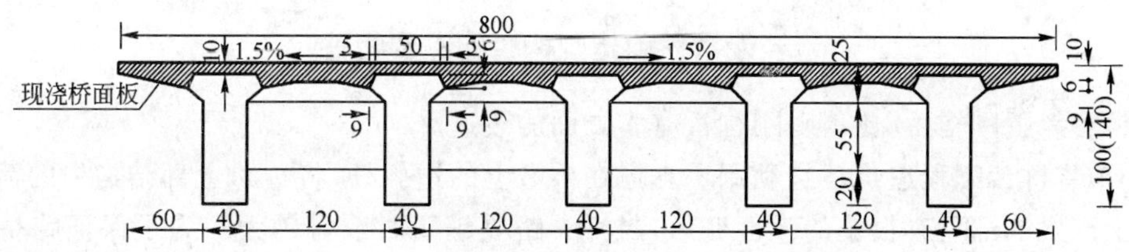

图 2.5.14　上部Ⅱ形组合梁构造图(尺寸单位:cm)

梁高 0.9m,纵向跨长 16.0m,梁头宽 0.68m,高 0.15m,下肋等宽 0.4m。全桥在中跨共设 9 片横隔梁,间距 3.0m,以跨中为中心对称布置。现浇横隔板高 0.55m,宽 0.16m。I 形组合梁梁肋间距 1.6m,现浇顶板形成整体化桥面板,并在其上现浇防撞墙。全桥除湿接缝采用 50 号混凝土外,余均采用 25 号混凝土。

第六节　无桥台斜腿刚构桥

上节所述的斜腿的横推力使上部结构主跨变成压弯构件,受力大大有利,但同时也给基础施加了很大的横推力,给基础设计带来一定困难。为了改善这一情况,1979 年广东江门桥提出双向斜腿刚构桥的形式,即在边跨增设边斜杆,倾角与路堤边坡一致,一般采用 45°,形成双向斜腿刚构,将梁端荷载传递到桥墩上,如图 2.6.1 所示。这样不但双斜腿作用到桥墩上的水平力可以相互抵消,而且可以不用修建庞大的桥台,所以又称为无桥台斜腿刚构桥。

如果只单纯为了取消桥台,还可在边跨悬臂梁端的路堤锥坡顶面设一枕梁,这适用于轻载跨线桥(如人行天桥等)和边跨较短时,如图 2.6.2 所示。

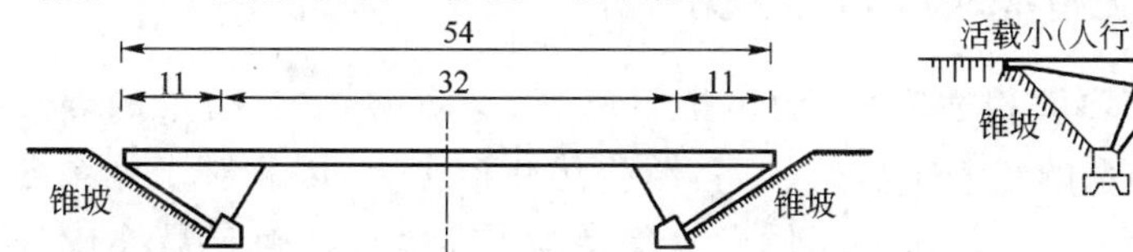

图 2.6.1　双向斜腿刚构桥(广东江门 1979)(单位:m)

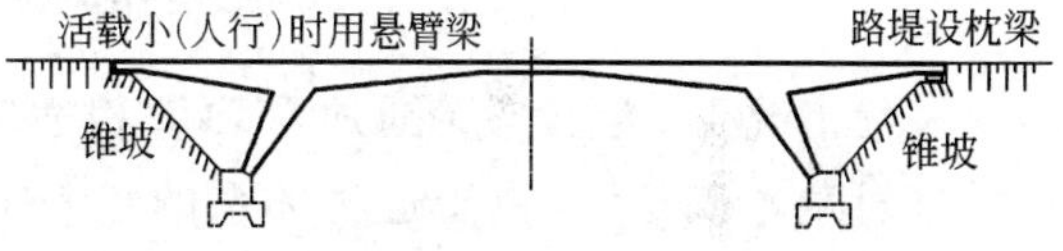

图 2.6.2　两端用枕梁代替桥台的斜腿刚构桥

在国外也常见这种桥梁形式,如英国高速公路上采用就很多,图 2.6.3 所示为伦敦附近一条高速公路上的一座人行跨线桥,一端路堤填土尚未完成,可以清楚地看到双斜腿构造。

图 2.6.3　一座人行无桥台斜腿刚构跨线桥(英国)

20 世纪 90 年代,我国武汉大学王国鼎教授等曾对此桥型做了深入的理论研究,并设计了多座实桥,如后面将要介绍的鄂州市金鸡桥。

一、无桥台斜腿刚构桥的主要特性

无桥台斜腿刚构桥，比斜腿刚构桥有多方面的改进。

(1)节省桥台工程造价。它利用了支撑在桥墩上的边斜杆，将边跨上部结构中的荷载传递到桥墩上。梁端部只有很小的弹性变形，当桥头路堤越高时节省越大。为了保证路桥衔接平顺、行车平稳，主梁两端可伸入桥头路基各 75cm，并根据需要设置搭板。边斜杆之间及两侧适当范围的坡面应加铺砌，以确保路基锥坡稳定。

(2)结构受力更加合理。边斜杆亦为压弯构件，杆下端轴向压力的水平分力可以抵消中斜腿中的部分水平分力，而其竖向分力又作用于边墩上，使边墩承受的竖向压力大，水平推力小，显著改善了边墩的受力。但此时边斜杆上端给主梁施加水平拉力，设计时应适当注意。

(3)造型美观，桥型新颖、简洁，适用范围大。特别适用于高速公路的跨线桥，由于不需要桥台，更宜在软土地区使用。在桥头路堤填土较高时采用，其经济效果更为显著，如图 2.6.4 所示。

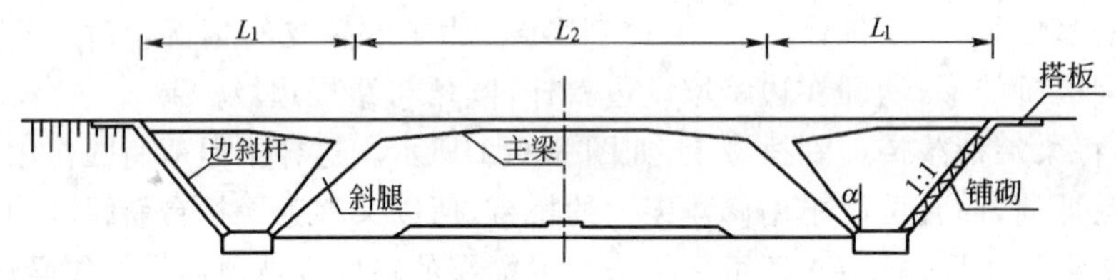

图 2.6.4　无桥台斜腿刚构体系

二、无桥台斜腿刚构桥受力分析

一般情况下，为了与周围地形环境相适应，并满足桥下净高、净宽的要求，桥梁的外形尺寸即可基本确定，但由于这种体系的超静定次数较高，结构优化潜力大，因此对于体系各部件的长短比例(如边中跨径比 L_1/L_2)以及斜腿倾角 α 等宜多作比较，以确定最佳或较佳值。

由于桥梁结构的自重荷载占绝大比例，先以自重恒载进行优化研究。分析其弯矩包络图可知：中跨主梁的弯矩和轴力随 L_1/L_2 的增大而减小；而边跨主梁的弯矩和轴力随 L_1/L_2 的增大而增大；边斜杆和斜腿截面的弯矩随分跨比 L_1/L_2 增大而呈现出双向异号弯矩；下部基础的水平推力随 L_1/L_2 的增大而减小。在恒载状态下，$L_1/L_2=0.5\sim0.8$ 之间是合理的，在 $L_1/L_2=0.6$ 左右时，最为适宜。

中斜腿的主要作用有两个：一是其轴向力可以提供水平分力，使跨中主梁承受免费预应力；二是支撑主梁，可以缩小桥梁的跨度。当倾角 α 很大时(接近水平)，水平分力过大，对桥墩受力不利，在温度变化、混凝土收缩及墩台变位等因素作用下，桥梁整体受力不合理。就像坦拱一样，下部结构的基础也要承受非常大的水平推力。一般建议取 $\alpha=35^\circ\sim45^\circ$之间。在基础地质情况很好的情况下，斜腿倾角 α 可以适当增大。边斜杆的倾角应与路堤端坡平行，在有锥坡情况下，锥坡坡度取 1∶1，即 α 取 45°。

结构尺寸的确定一般以恒载分析为主，承受汽车等引起的活载应力，多在配筋上考虑。

三、无桥台斜腿刚构桥实例

1. 湖北省鄂州市金鸡桥

原设计为 1 孔 20m 简支 T 梁配 U 形桥台，由于造价高达 46 万元，后改用无桥台斜腿刚构桥。如图 2.6.5 所示，该桥全长 30.5m，边中跨比为 7.5∶14，桥面净宽为 7m＋2×1.0m。1988 年 2 月开工，同年 7 月建成。

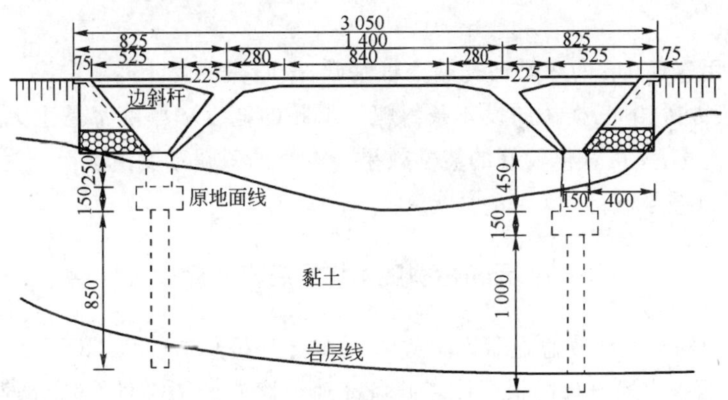

图 2.6.5　湖北鄂州金鸡桥示意

该桥主梁为 T 梁，梁底为折线形，跨中梁高 0.6m，支点梁高 1.0m，边斜杆的倾角为 45°，与路堤护坡的坡度一致。在计算水位以上，护坡的外露面种植草皮；在计算水位以下，铺 30cm 厚的浆砌片石。

主梁伸入路堤 0.75m，由于路线等级不高，桥梁长度不大，因此未设桥头搭板，亦未设置伸缩缝，通车 10 年运行情况良好。

下部构造采用挖孔桩基础，桩径 1m，按支撑桩设计。在桩基上设置了 4～6m 高的墩身。

2. 广东省茂名市官渡大桥

该桥是重要的城市桥梁，桥面净宽达 30m，原设计为 7 孔 20m 简支 T 梁。由于宽跨比过大(1∶1.5)，改为 3 孔 40m 无桥台斜腿刚构桥方案。斜腿的竖直角为 35°，边斜杆的倾角仍为 45°。主梁伸入路堤 0.75m，两端设置牛腿，桥头搭板通过四氟橡胶支座搁置于牛腿上，并在桥面设橡胶伸缩缝。

由于桥面净宽达 30m，主梁采用了由 8 条梁肋组成的 T 形截面。梁底为两次抛物线，采用现浇法施工。跨中梁高 1m(矢跨比为 1/40)，支点梁高为 1.8m(矢跨比为 1/22)，梁高是比较小的。

为了使外形简洁美观，在设计上采用了宽斜腿的方案，即一条斜腿支撑两条梁肋，8 条梁肋由 4 条斜腿来支撑，在造型上收到了良好的效果。1991 年 7 月，官渡大桥建成通车时，茂名日报称赞该桥“结构新颖、别具一格，为茂名市又添一景”。

3. 湖北省襄樊市清河二桥

原设计为 11 孔 20m 简支 T 梁，桥面净宽 24m。设计荷载汽车-20 级、挂车-100。主跨跨河，有一个桥墩位于主河槽中间，施工费用大，也影响通航，建设单位决定变更主跨部分的设计，采用无桥台斜腿刚构桥跨越。变更后的主跨部分布置成 33.33m＋46.67m＋33.33m，避免了在主河槽中设置桥墩的不利。

为了避免在主河槽中搭设支架，采用了部分预制、部分现浇的方法施工。主梁中部的20m为挂孔，采用预制法施工。中墩上部斜腿和主梁组成的T形部分采用现浇法施工，主梁两端设置牛腿，以利支撑挂孔。挂孔安装就位后，电焊牛腿上部预留钢筋，然后现浇湿接头混凝土，把牛腿和上部联成整体，使牛腿处能正常传递推力和剪力，但不能传递弯矩，这种构造称之为“推力铰”。

主梁仍采用T形截面，梁底为折线形。跨中梁高1.5m，支点梁高2.4m，与挂孔相连的主梁悬臂长度4.9m。

桥梁下部采用直径1m的双排钻孔灌注桩基础，按摩擦桩设计。承台厚1.6m。由于主梁有8条肋，与官渡大桥相同，横桥向设4条斜腿。斜腿的宽度和厚度都是上大下小，既符合斜腿中弯矩的分布规律，又可获得较好的美学效果。本桥的斜腿宽度由上至下为3.7～2.2m，厚度则由顶部0.65m减至底部为0.5m。

四、无桥台斜腿刚构桥经济分析

无桥台斜腿刚构桥经济效益显著。上述鄂州市金鸡桥总造价仅28万元，比原设计U形台节省39%。江西省交通设计院根据该省几条高速公路施工图文件，对上跨高等级公路的3种常用形式跨线桥(预应力混凝土空心板、钢筋混凝土连续箱梁和本结构)进行了经济对比，见表2.6.1。由表可见，无桥台斜腿刚构桥方案用量省，造价最低，比预应力混凝土空心板节省造价25.5%，比钢筋混凝土连续箱梁节省造价28.2%。如在填土较高或地基比较软弱时，节省更大。

上跨高等级公路跨线桥方案比较表(江西省交通设计院)　　表2.6.1

桥型方案	孔　径	混凝土用量(m^3)	钢筋用量(t)	建安费(万元)
无桥台斜腿刚构	12m+24m+12m	381.5	38.52	67.64
预应力混凝土空心板	10m+2×10m+10m	745.3	36.82	90.83
钢筋混凝土连续箱梁	15m+24m+15m	657.9	63.79	94.17

第七节　V形墩桥

如果将双或多孔连续刚架桥的主梁切出一段做成挂孔，则剩下的结构部分形成V形桥墩，如图2.7.1所示，特称为V形墩桥，也是近年来国内外发展起来的一种新型结构桥梁。其结构属于静定体系，设计、施工简易、受力合理、用料经济、造型优美。同样可以做到较大跨径。

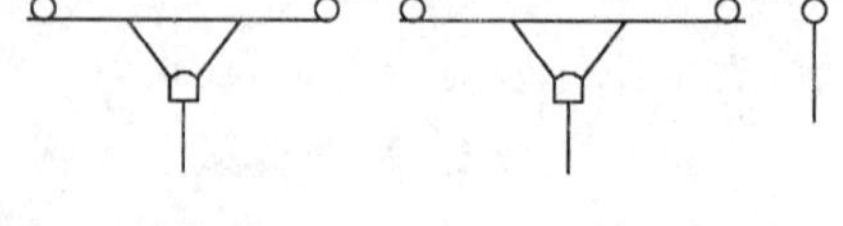

图2.7.1　V形墩桥

下面以杭州湾跨海大桥南岸接线上的2座跨线桥来说明其做法，该线是六车道高速公路，在慈溪境内的主线桩号k109+350和k114+240两处是V形墩跨线桥，如图2.7.2所示。桥面净宽4.5m，净高5.0m，全宽5.5m，与高速公路的交角90°，边跨L_1=38.5m，中跨L_0=55.0m，腿斜角α=53°，主跨和边跨采用3片预应力混凝土T梁，建筑高度2.25m。桥面1.5%的横坡由铺装形成。V形斜腿对应上部T梁采用3条钢筋混凝土斜肋板，宽 0.56m 与单片 T 梁马蹄底同宽，纵向外侧向等宽 1.0m。由于地基为淤泥质亚黏土，基础采用钻孔灌注桩。

边中跨的上部横截面 3 片预应力混凝土 T 梁为预制拼装件。T 梁顶板宽 1.6m，中肋宽 0.18m，底马蹄宽 0.56m，两侧翼缘宽度 0.8m；T 梁之间的湿接缝宽 0.3m。边梁横隔板间距 4.9m，中梁横隔板间距 4.65m，横隔板之间用临时支撑钢板焊接，顶部现浇混凝土，如图 2.7.3 所示。

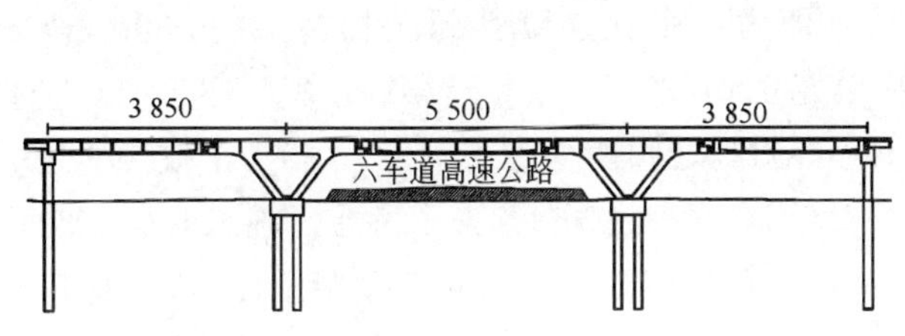

图 2.7.2 V 形墩桥一般构造

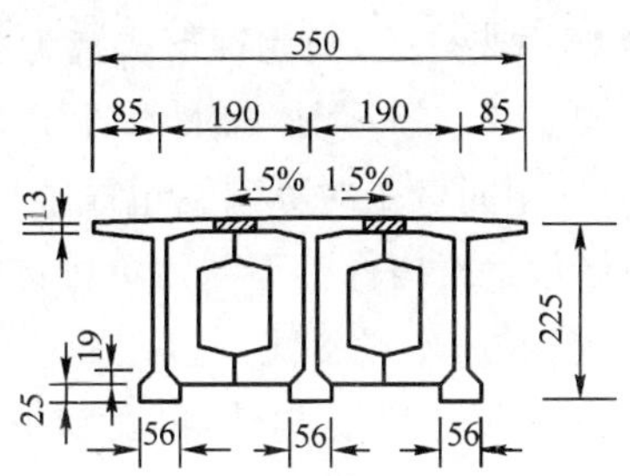

图 2.7.3 上部 T 梁一般构造图

3 条 V 形斜腿与基础刚接。斜腿顶部与总长 25.6m 的 T 梁固结，形成有 5.22m 的两个外侧悬臂的 V 形框架，此部分构件采用场浇。边跨 T 梁构件总长 26.26m，预应力布束为 6 条弯曲钢束，总面积 24.74cm^2。中跨 T 梁构件总长 30.60m，预应力布束为 7 条弯曲钢束，总面积 28.86cm^2。钢束强度 $R_Y^B=1\,860$MPa。纵向进行湿接，湿接缝为牛腿形式，总宽 2.32m，以牛腿梁形成了上下两处湿接头，采用 50 号微膨胀混凝土浇筑，并抹平。微膨胀混凝土是微膨胀水泥掺入高效减水剂，石子粒径不大于 2cm。最后张拉顶板、底板扁锚连续直钢束，压浆，形成 V 形刚构。为了确保搭接牛腿的预应力孔道顺直，预制梁及现浇 V 形框架时，预留孔道要严格按照上下连续预应力钢束坐标进行放样且落架时需要严格对中。在梁预留孔道处设置标线，保证相对应的孔道中心偏差不大于 2mm。接头现浇段中的波纹管注意与预制梁段的波纹管密封连接，以避免孔道漏浆堵塞。

全桥施工顺序如下：

(1)首先施工钻孔灌注桩，浇筑承台，此时注意预埋斜腿钢筋。

(2)搭设满堂支架对称浇筑 V 形斜腿混凝土。浇筑前应对支架进行 100%承重量的预压，以消除支架的非弹性变形。

(3)搭设 V 腿顶部支架，注意支架不能直接支撑在 V 形斜腿上。在支架上浇筑顶部梁混凝土，待混凝土强度达到 90%以上时，按编号顺序对称张拉顶部梁内 7 根钢束，然后浇筑 V 形框架横隔板接头。

(4)拆除 V 形斜腿和梁跨中的支架，保留两端支架。

(5)吊装预制好的边跨直 T 梁，顺序是先中梁，后两边梁。然后焊接临时支撑处钢板，浇筑横隔板湿接头。

(6)吊装预制好的中跨直 T 梁，工序同上。

(7)浇筑 4 处牛腿搭接接头的微膨胀混凝土，其强度达到 90%以上后，张拉梁下缘 2 束连续钢束达到控制张拉力的 50%，张拉上缘 2 束连续钢束达到控制张拉力；再重新张拉下缘 2 束连续钢束达到控制张拉力，最后张拉余下的上缘 2 束连续钢束达到控制张拉力。然后拆除

V形框架两端的支架。

牛腿搭接接头的上缘预应力为主,形成"先简支后连续",目的在于保持桥面不出现裂缝,而下缘预应力则只起辅助作用。

(8)浇筑行车道板接头混凝土,然后现浇桥面混凝土,墙式护栏,全桥完成。

V形墩桥与斜腿刚构桥的原则区别在于:V形墩桥两边斜臂属于桥墩构造部分,一般与墩顶固结,而斜腿刚构桥两边斜臂属于梁体部分,一般与梁身固结。如果墩顶处固结,主梁又为连续而非挂孔,则此种形式视为多孔连续斜腿刚构或多孔V形墩桥皆可。

如图2.7.4所示为陕西省宝鸡金陵河桥即为一多孔连续斜腿刚构桥,主孔30m,全长120m。中间墩是对称斜腿组成了V形。桥总宽12m,采用4根箱形梁肋。斜腿亦为相对应的4根箱形截面构件。下部为单排桩式墩,与V形斜腿之间用橡胶支座传力,相当于铰接。边墩亦为排架桩,不设斜腿。边孔梁伸出悬臂长3.5m与路堤相连,省去了桥台。施工时先在墩顶安装预制V形斜腿构件,再安装中间的预制梁并联成整体。梁间横铺预制桥面板,上浇整体化桥面混凝土。图2.7.5为金陵河桥实景。

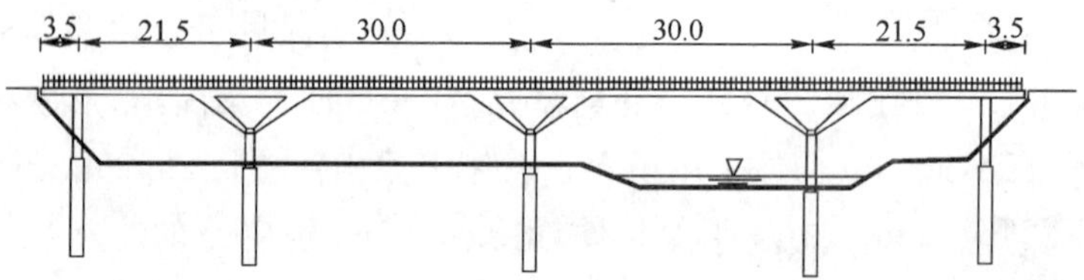

图2.7.4　陕西宝鸡金陵河桥

图2.7.5　陕西宝鸡金陵河桥实景

第八节　T形梁桥

T形梁桥是公路桥梁结构的最普通、最基本桥型,至今仍然是公路桥梁中最广泛应用的桥形之一,跨线桥采用也很普遍。按照受力主筋分类,简单分成2种,钢筋混凝土T梁,预应力混凝土T梁。

一、钢筋混凝土T梁

一般由主梁肋、横隔梁、桥面板三部分组成,见图2.8.1。主梁肋是主要承重构件,无论是从结构的安全还是材料的消耗来看,它都是桥梁的最主要部分。横隔梁主要增强桥梁的横向刚度，起分布车辆荷载的作用。桥面板(主梁翼缘部分以及铺装)直接承受车辆荷载，影响到行车质量和主梁受力。

T梁桥一般做成简支。其受力除自身的最大弯矩和剪力计算较为简单外，还主要考虑：(1)车辆活荷载在行车道板上的分布大小，用来计算T梁翼缘板自身的受力和配筋；(2)各条主梁的荷载横向分配，一般情况下边梁或次边梁的横向受力分配比例最大，控制整个桥的配筋设计。

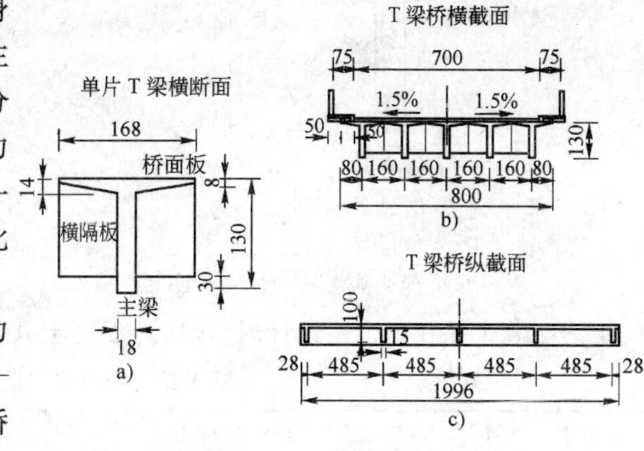

图 2.8.1 典型简支T梁构造图

关于钢筋混凝土简支T梁的截面内力计算和正、斜截面配筋计算，在JTG D62—2004《公路钢筋混凝土及预应力混凝土桥涵设计规范》中有详尽的描述。但要注意：在进行了持久状况承载能力极限状态的设计计算后，还要进行持久状况正常使用极限状态的验算，包括主梁抗裂验算、裂缝宽度验算、挠度验算；最后还要验算施工期间运输和吊装的应力。

简支T梁的缺点是主梁建筑高度偏高，桥面的伸缩缝过多。但在山区或跨越深路堑的跨线桥中，由于桥下净高往往并不受影响，因而相对较多，特别是在一些单孔的跨线桥中。当多孔时宜采用桥面连续措施。

二、预应力混凝土T梁

钢筋混凝土T梁跨度增大时，由于混凝土抗拉强度低，在设计荷载作用下，梁的下缘很容易开裂，同时因受裂缝开展宽度的限制，不能有效的利用高强钢丝材料。这时就须做成预应力混凝土T梁，通过张拉钢束，将其反力传递于混凝土，使混凝土承受预压应力用以抵消荷载引起的拉应力，从而提高结构的抗裂性。钢束中的预拉应力还使钢筋应力变幅减小，从而提高混凝土结构耐疲劳性能。预应力混凝土T梁的两个主要优点：抗裂性，耐疲劳性。

施加预应力的方法有两种：先张法，后张法。一般情况下，绝大多数的预应力T梁采用后张法，如图2.8.2所示。

关于预应力混凝土T梁的截面构造规定、配筋计算在JTG D62—2004《公路钢筋混凝土及预应力混凝土桥涵设计规范》中有详细的规定。

目前的预应力T梁在简支的基础上，做了如下一系列的改进：

(1)预应力钢束由原来的多孔道弗式锚，改进为少束群锚，受力更加明确，预制施工更加简便。

(2)横隔板在全高度范围内，改进为现浇混凝土湿接头，使桥梁整体效果更好。例如，30m跨径的T梁翼缘板全宽1.8m，现浇横隔板宽0.65m(高1.71m、厚0.16m)，如图2.8.3所示。

(3)纵向各跨之间的T梁采用连续的湿接头，形成先简支后连续，增强了结构的承载能力和整体稳定性、耐久性，提高了桥面行车的舒适性。当墩柱高度适度，例如柔性柱式桥墩高10～20m时，还可使上部预应力T梁与墩柱固结，形成整体刚架共同受力。

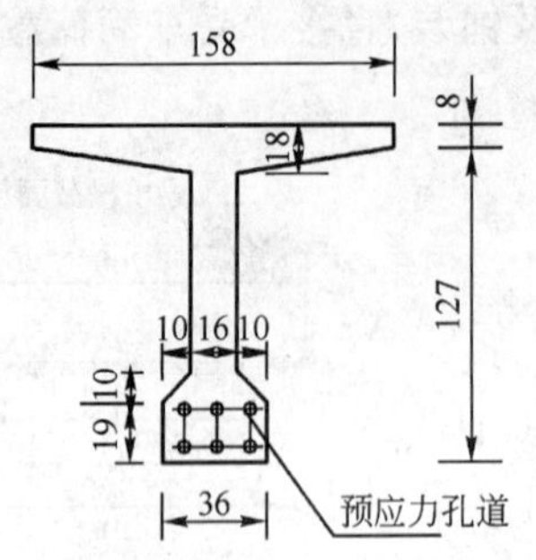

图 2.8.2　典型预应力 T 梁构造图

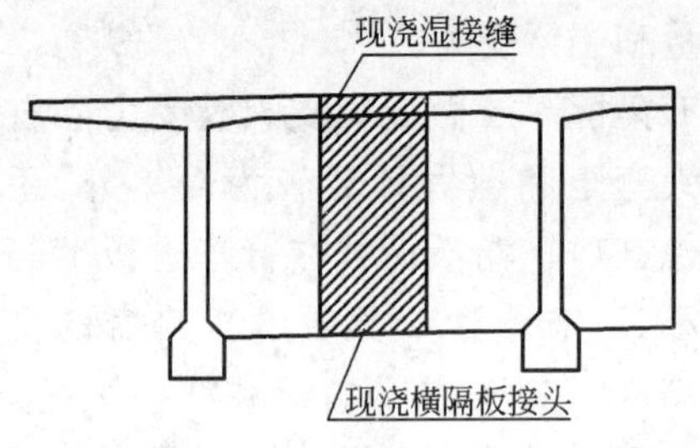

图 2.8.3　现浇横隔梁

表 2.8.1 是在施工图设计时，预应力混凝土 T 梁桥所需的全部图纸。

一般 T 梁上部桥施工图设计所需图纸　　　　表 2.8.1

1	桥梁标准横断面图	10	边、中孔桥面板钢筋构造图
2	边、中孔 T 梁一般构造图	11	梁端、梁中横隔板钢筋构造图
3	边、中孔 T 梁预应力钢束构造图	12	T 梁群锚锚具构造图
4	负弯矩钢束布置图	13	T 梁施工概略流程图
5	边、中孔主梁梁肋钢筋构造图	14	T 梁桥面铺装钢筋构造图
6	伸缩缝处主梁梁端钢筋构造图	15	防撞墙一般构造及钢筋图
7	主梁端头梁肋预埋钢筋构造图	16	伸缩缝构造图
8	T 梁与墩固结端一般构造及钢筋图	17	泄水管一般构造图
9	T 梁与墩非固结端一般构造及钢筋图	18	支座构造图

现以跨径 30m 的预应力 T 梁为例，重点介绍如下。

1. 主要 T 梁预应力钢束构造

如图 2.8.4 所示，跨径 30m 预应力 T 梁，只采用 3 束群锚：N1 为 $9\Phi_j 15.24(7\phi5)$，N2 为 $8\Phi_j 15.24$，N3 为 $8\Phi_j 15.24$，钢绞线 $7\phi5$ 的强度 $R_Y^B=1\,860$MPa。采用 2 端对称张拉，要注意钢绞线还要保留每端工作长度 0.7m。预制 T 梁必须在混凝土龄期满 14 天以上及强度达到 100%时，方可按顺序张拉钢绞线。预应力钢绞线张拉采用锚下张拉力和延伸量双控，以锚下张拉力为主，延伸量进行校核。锚具一般使用 OVM 系列，其具体的尺寸可参照产品说明书。

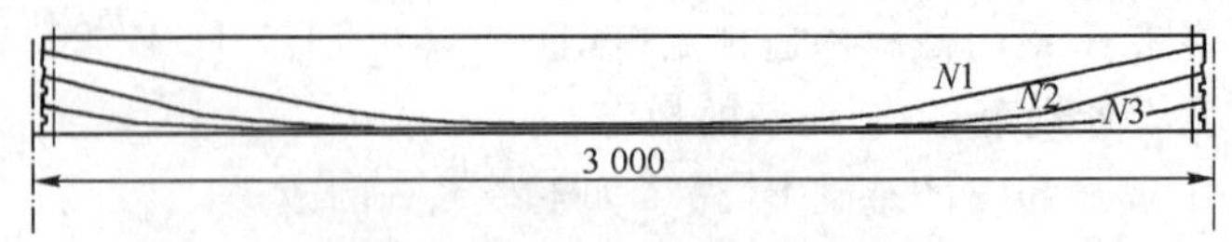

图 2.8.4　预应力钢束立面构造图

2. 先简支后连续 T 梁在墩顶的构造

如图 2.8.5 所示，墩顶纵向现浇连接段宽 1.5m（墩顶预应力 T 梁间距只有 0.4m）。在墩顶形成一个强固的横梁，以代替原来的端横隔板。预制主梁时，在各梁端预埋外伸 $\phi12$ 钢筋，与现浇接头混凝土的钢筋对应，采用双面焊连接。现浇湿接头钢筋除顶层采用 $\phi\geqslant25$ 的钢筋外，其余均采用 $\phi12$ 的构造钢筋相连接。有时根据计算，还需在顶面布置负弯矩预应力钢束，采用扁锚锚固。

3. 导梁法安装 T 梁流程图

对于先简支后连续的预应力 T 梁，一般用导梁法安装，其施工流程，如图 2.8.6 所示。

(1)首先在桥头拼装钢导梁，铺设钢轨，用绞车纵向就位。一般情况下铺双导梁。

(2)用双导梁上的龙门架将预制梁运至轨道平车上，经轨道平车运送至架梁孔位，用横椰(龙门架上桥盖梁)起吊，用滚筒横移就位。注意：①一般先吊装边梁，横椰加墩顶横撑以防其因重量偏心倾倒；②随即吊装紧靠边梁的第二根梁，并将两梁横隔板露出钢筋及时焊接，以保持稳定；③同样依次吊装其余各梁。

(3)用绞车纵向拖拉导梁至下一孔，在已架设的桥孔上铺设轨道，重复上一步骤，架设第2孔、第3孔，直至架完全桥，再拆除导梁。

(4)逐孔浇筑墩顶现浇段连续混凝土，张拉墩顶负弯矩预应力钢束。

(5)浇筑全桥桥面铺装混凝土，浇筑防撞墙混凝土，安装伸缩缝。

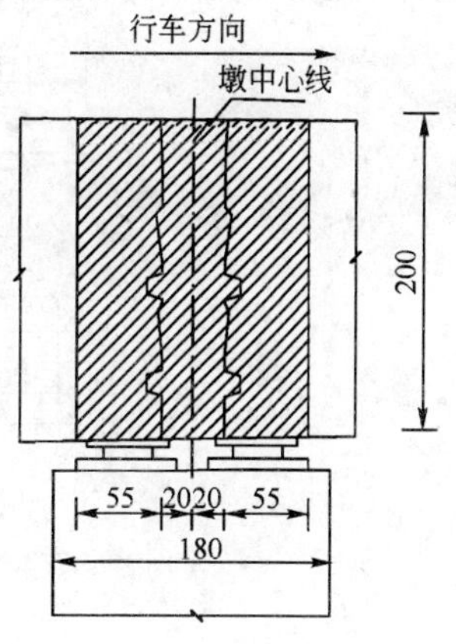

图 2.8.5 墩顶现浇连续段构造

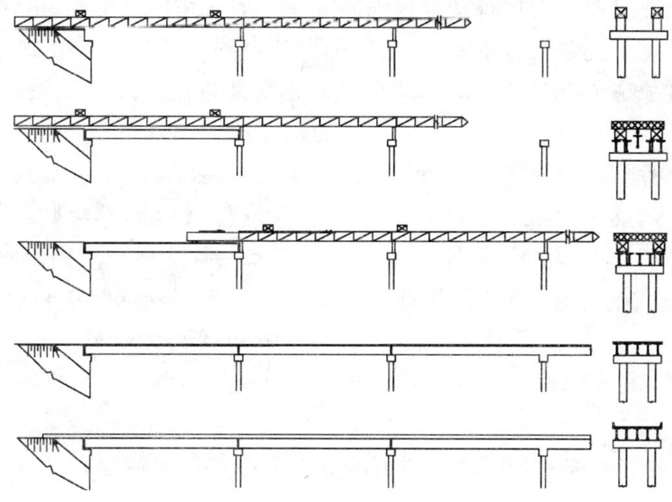

图 2.8.6 先简支后连续T梁施工流程图

25m、30m、40m跨径的预应力T梁，边梁的内外翼缘宽度(分别为80cm和114.5cm)不同，因而设计要求外翼缘每2.5m切缝宽1cm，深30cm，以防止预应力偏心引起梁身翘曲。这个缝会引起应力集中，导致梁板开裂，且钢筋也要切断是不利的。建议改进为一系列平面20cm×30cm的缺口，在梁安装完后再将钢筋焊接，补浇混凝土，恢复完整。

对于不切缝的预应力混凝土T梁的边梁，施工须注意：

(1)由于梁整体截面重心轴线对梁肋中心线略有偏心，如图2.8.7所示，首先张拉1、2束时已积累有一定的右侧偏心压力和由此引起的对梁肋(厚只有16cm)向左翘曲的偏心弯矩，因此下一束必须张拉左边靠外翼缘侧的预应力束4，然后再张拉靠内翼缘侧的预应力束5，其后依次为6、7，最后张拉3束。图示第4、6束应为靠外翼缘侧的预应力束，不要弄反了。

(2)吊装时为了避免起吊过程发生过大水平力，加重主梁的面外翘曲稳定性，不应采用简单的绳索兜吊法，如图2.8.8a)所示，这样水平分力会加重面外翘曲，而应采用扁担梁法，如图2.8.8b)所示。

(3)预制主梁时要注意消除施加预应力引起的过大上拱问题，为此应当：①保证T梁混凝土达到强度后才张拉;②预留恰当的预拱度。

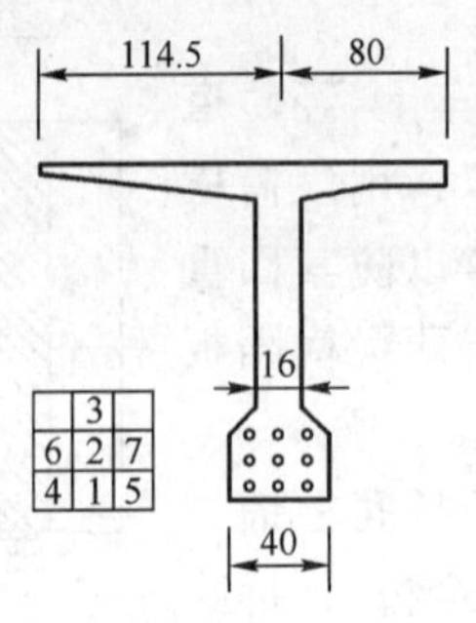

图 2.8.7　T梁横断面

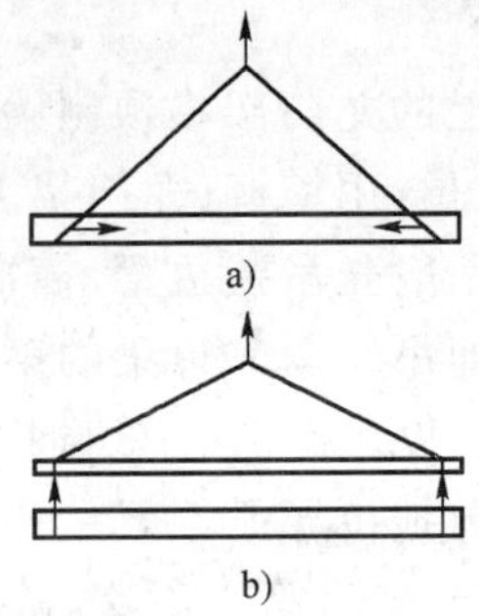

图 2.8.8　边梁的吊装

第九节　预应力混凝土组合梁

在预制安装的预应力梁上再现浇普通钢筋混凝土形成整体上部构造，称为预应力组合梁。其性能和钢梁与混凝土叠合梁基本一样，是一种十分合理的做法。早在预应力混凝土出现初期就已经有人提出了这个概念，20 世纪 50 年代就已对此作过详细的实验研究，并修过一些此类桥梁，如图 2.9.1 所示，但以后没有得到很好的推广。

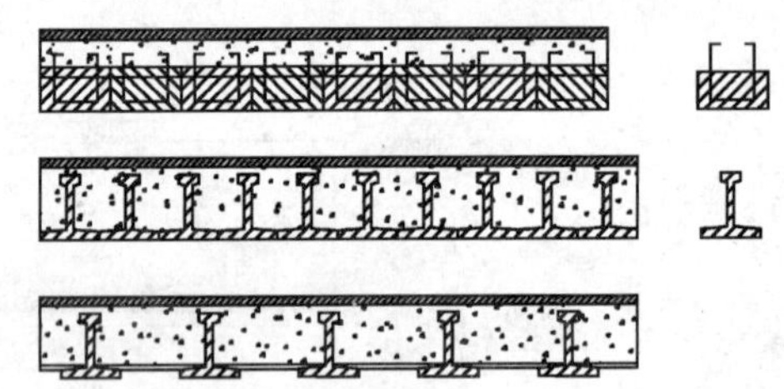

图 2.9.1　早期的预应力混凝土组合梁

国内一些立交桥梁采用预应力工型组合梁结构，近年来开始增多，交通部在 1993 年颁发布了 3 本有关这种桥型的公路桥涵标准图：JT/GQB005—93《装配式后张法预应力混凝土工型组合梁斜桥》；

JT/GQB006—93《装配式后张法预应力混凝土工型组合梁斜桥》；

JT/GQB007—93《装配式后张法预应力混凝土工型组合梁斜桥》。

其内容是：斜交角 0°、15°、30°、45°，桥面净宽 11.5m＋2×0.5m、9m＋2×0.5m、9m＋2×1.5m、9m＋2×1.0m、7m＋2×1.0m，荷载标准为汽车-20 级、挂车-100 和汽车-超 20 级、挂车-120。3 种标准图的跨径分别为 20m、30m、40m。

1999 年 7 月交通部对桥涵标准图进行了清理和复审，重申了使用中应注意的问题。对于上述的 3 本标准图，提出：

(1)工形组合梁预制时应设置反拱；

(2)工形组合梁预制起到架设时，不宜超过三个月；

(3)工形组合梁预制时应严格控制预应力管道位置，张拉和吊装时应采取措施，防止发生侧弯。

同时强调：各设计、施工、监理单位以及建设单位应准确使用标准图。今后凡在设计中采用标准图的要注明图号，严禁施工中随意变更部颁标准图的结构尺寸、钢筋规格、混凝土标号。

工型组合梁尤其在斜桥中具有很大的优势，总结优点是：

(1)可以充分发挥预应力混凝土和普通钢筋混凝土各自的抗拉和抗压能力；

(2)可以减少预应力混凝土的用量，节约预应力钢丝，减少预制安装重量；

(3)可以合理利用不同级别和配比的混凝土，发挥各自的最大强度。例如，预应力预制件部分可采用尽量高标号的混凝土，现浇部分采用较低标号的混凝土。

(4)容易适应当地条件需要，做成各种样式的桥形，包括弯坡斜桥。例如，将预制的预应力梁正置，将上面的现浇混凝土部分浇成弯形桥面即可形成弯桥。斜桥则可将预制预应力梁沿斜线错开布置。

(5)可以利用预应力梁作为现浇混凝土的模板。如果预制梁不是密布而是分开布置时，可以和钢叠合梁一样，利用预制梁的下翼缘搭设简单模架，和用预制混凝土搭板在上翼缘代替底模，从而省去所有支架。

由上可见，预应力组合梁有很好的经济效益，对于立交弯、坡、斜桥也很适宜。

值得指出的是，目前各地使用的很多的预应力 T 梁实质上也是一种组合梁，因为安装完了之后还要在上面现浇一层整体化混凝土(例如 8cm 厚)，而其中 6cm 是引入了强度计算的，只不过这一层非预应力混凝土的比例占得较小。

在正式的预应力工型组合梁中，预应力混凝土所占比例相对减小，而非预应力混凝土比例相对增大。研究表明：即使预应力混凝土仅占全部钢筋混凝土的 20%，仍能保持预应力混凝土的各种优点。

采用组合梁时，应注意结合面处的抗剪能力。预制梁预留剪力钢筋在运输或安装过程中应注意保护，保证其不受损坏。要考虑后浇混凝土的硬化收缩对预应力梁底缘预应力的影响，施工时应采取措施尽量减少后浇混凝土的收缩。

对预应力混凝土组合梁的设计计算，在此不再叙述。

第十节　上承式拱桥

一、有关拱桥的一般情况

拱桥主要受力构件为曲线形拱身，造型优美、宏伟，构造变化万千，在具体讨论各种形式拱桥之前，这里对有关拱桥的一般情况和概念作一简介。

拱桥是由曲线构件组成的结构，与前述梁桥不仅外形上不同，而且在受力性能上有着本质的区别，主要是在支撑处不仅产生竖向反力，还有水平推力，因而又称为推力结构。正是由于这个水平推力，使拱体内的弯矩和剪力大为减少，而主要承受轴向压力。拱体成为以压为主的压弯构件。所以，拱桥可以充分利用抗压性能好而抗拉性能差的圬工材料(砖、石、素混凝土)来建筑。与此同时，支撑拱桥的墩台必须承受拱脚处强大的推力，故对地基的要求较高。

拱两端的支撑称为拱脚，拱轴的最高点称为拱顶。自拱顶中心到拱脚中心间连线的距离称为拱的矢高(以 f 表示)，拱脚中心间的距离称为拱的跨度(以 L 表示)，矢高与跨度的比值 f/L 是拱的基本几何特征。

拱圈的分类及特点概述如下：

(一)从拱圈的铰接情况分(图 2.10.1)

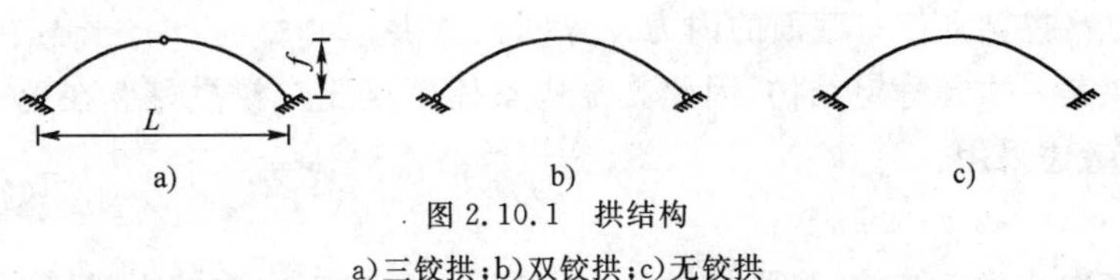

图 2.10.1　拱结构

a)三铰拱；b)双铰拱；c)无铰拱

在跨线桥中，多采用中等跨径的空腹式拱上建筑的两铰、三铰拱结构。

1. 三铰拱

三铰拱是一个静定结构，三铰拱的支撑反力和截面上的内力，均可由静力学的方程求出。例如：三铰拱的跨径 $L=16\text{m}$，拱矢高 $f=4\text{m}$，拱轴为抛物线，其方程式为 $y=\frac{4f}{L^2}x(L-x)$。坐标轴如图 2.10.2 所示。均布荷载布满左半跨，荷载强度 $q=10\text{kN/m}$，则：

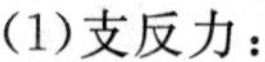

(1)支反力：

$V_A=10\times8\times12/16=60(\text{kN})$

$V_B=10\times8\times4/16=20(\text{kN})$

(2)水平力：

$H=(60\times8-10\times8\times4)/4=40(\text{kN})$

(3)k 截面的内力：

按拱轴线方程式计算得：

$y=3\text{m}$；切线角 $\theta=26°34'$。

$\sin\theta=0.447$　　$\cos\theta=0.894$

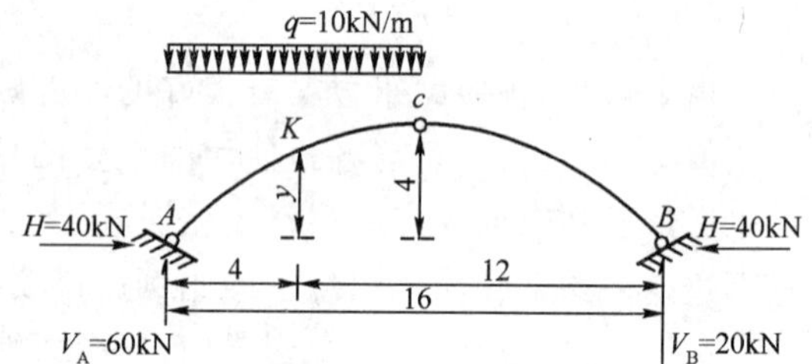

图 2.10.2　三铰拱

可计算 K 截面的内力(弯矩、剪力、轴力)：

$$M_k=M_k^0-Hy=(60\times4-10\times4\times2)-40\times3=40(\text{kN}\cdot\text{m})$$

$$Q_k=Q_k^0\cos\theta-H\sin\theta=(60-10\times4)\cos\theta-40\sin\theta=0(\text{kN})$$

$$N_k=Q_k^0\sin\theta+H\cos\theta=(60-10\times4)\sin\theta-40\cos\theta=44.7(\text{kN})$$

三铰拱是静定结构，因温度变化、混凝土收缩、支座位移等原因引起的拱的变形不会在拱体内产生附加内力，所以在软土地基或寒冷地区的跨线桥，可以采用。但由于铰的存在，构造复杂；降低了整体刚度，减小了抗震能力。尤其是拱顶的铰会使桥面出现转折，对行车不利。一般情况下，除人行跨线桥外，较高等级道路上跨的跨线桥主拱圈不宜采用三铰拱。

2. 双铰拱

双铰拱是一次超静定结构，计算时首先将水平支撑连杆去掉一根，其作用以未知力 H 代替，变为静定结构，则有一次超静定方程：

$$H\delta_{HH}+\Delta_{HP}=0$$

$$H=-\frac{\Delta_{HP}}{\delta_{HH}}=-\int\frac{M^0y}{I\cos\theta}\Big/\int\frac{y^2}{I\cos\theta} \tag{2.10.1}$$

式中：δ_{HH}——单位水平力 H 作用下的水平位移；

Δ_{HP}——单位荷载 p 作用下水平位移；

M^0——将拱当作同跨径，受同荷载简支梁计算时，x 截面的弯矩值；

y——x 截面的拱高；

I——x 截面的拱的惯性矩；

θ——x 截面拱轴切线的倾斜角。

推求出 H 后，拱轴上任一截面的内力计算同三铰拱。

由于两铰拱是一次超静定结构，因此其结构整体刚度比三铰拱好。在地基地质条件较差时，跨线桥可以考虑采用。

3. 无铰拱

无铰拱是三次超静定结构，需要将拱的中心切开，求出三个未知力，计算方法详见一般拱桥理论书籍。

无铰拱是3次超静定结构，其整体刚度大、构造简单、施工方便，在工程中使用最广泛。但由于超静定次数多，其结构变形特别是墩台位移引起的附加内力较大，所以跨线桥结构只有在地基良好的条件下采用。

（二）按主拱圈的立面线形分

可分为圆弧拱、抛物线拱和悬链线拱。

（1）圆弧拱拱轴线与恒载压力线不易吻合，拱体截面弯矩较大。在跨线桥中，只有桥梁的跨径很小时，考虑其施工放样简单，易于掌握的优点而采用。

（2）抛物线是均布荷载作用下的拱圈线形，当拱上建筑采用板梁式腹孔时，拱上建筑的恒载分布比较均匀，此时恒载的压力线接近抛物线。一般情况下，跨线桥采用矢跨比较小空腹式拱桥时，可采用抛物线拱圈。

（3）悬链线拱是以恒载压力线作为拱轴线的，是公路拱桥中最常用且较合理的拱轴线型。一般情况下，各种跨径的跨线桥均可采用悬链线拱。

（三）按主拱圈的横截面形式分

可分为整体实心板拱、分离实心板肋拱、空心箱形拱、空心箱肋拱、双曲拱。

（1）整体实心板拱为传统的拱桥截面形式，见图2.10.3a）。历代石拱桥无例外皆为矩形实心板式。

（2）分离实心板肋拱，见图2.10.3b），将整体板分为两片、三片，甚至更多片的分离板体，又称为肋拱，可以节省拱圈圬工体积。

（3）空心箱形拱，钢筋混凝土发展起来之后多做成空心箱形以节省材料，降低造价，见图2.10.3c）。

（4）空心箱肋拱与板肋拱相似做成分离的几条箱肋，见图2.10.3d）。

（5）双曲拱：以上4种截面无论整体的或分离的，都是处于同一水平上的矩形截面。20世纪60年代末期，我国江苏省出现了双曲拱桥，将拱圈分为多条预制拱肋，中间用预制的短块弧形拱波砌连，上浇整体化桥面混凝土，如图2.10.3e1）。这样不但使拱桥轻型化，解决了无支架施工问题，而且全部可用人力手工砌筑，无须重型机具设备，大大降低了拱桥的造价，因而得到全国普遍推广，一个时期内全国修建了数十万延米的大小跨径双曲拱桥，几乎达到了“无桥不拱、无拱不双”的程度。双曲拱桥在结构上的贡献则是打破了从古至今数千年流传下来的拱桥矩形截面的传统，创新为波形截面，在相同的材料耗用量情况下，使截面整体刚度大大提高，实为拱桥横截面形式的一次重大的革命。后来河南省还发展成为各肋、波皆处于一个弧线上复曲形式，如图2.10.3e2），为河南省跨径150m的湔河桥拱身截面，当时称为高低波式，拱圈整体刚度进一步加大。这个革命性的创新甚至影响到传统的石拱桥，也出现了许多非矩形板式截面。

遗憾的是，双曲拱的飞快发展正值文化大革命时期，各地对设计和施工在技术上忽视，要求和管理不严，再由于早期双曲拱桥截面整体性差，构件小而零碎，工序多，手工施工繁琐，质量不易保证，建成后许多座桥出现大量和严重裂纹，因而没过几年这种桥即遭淘汰。后期发展起来的飞鸟式截面、板肋合一结构等（图2.10.3e3、e4），克服了上述缺点，仍可以用于中小跨径。大跨径时，宜结合吊装能力与箱形拱桥作技术经济比较。

（四）按筑拱材料分

可以分为石拱、钢筋混凝土拱、钢拱、钢管混凝土拱。

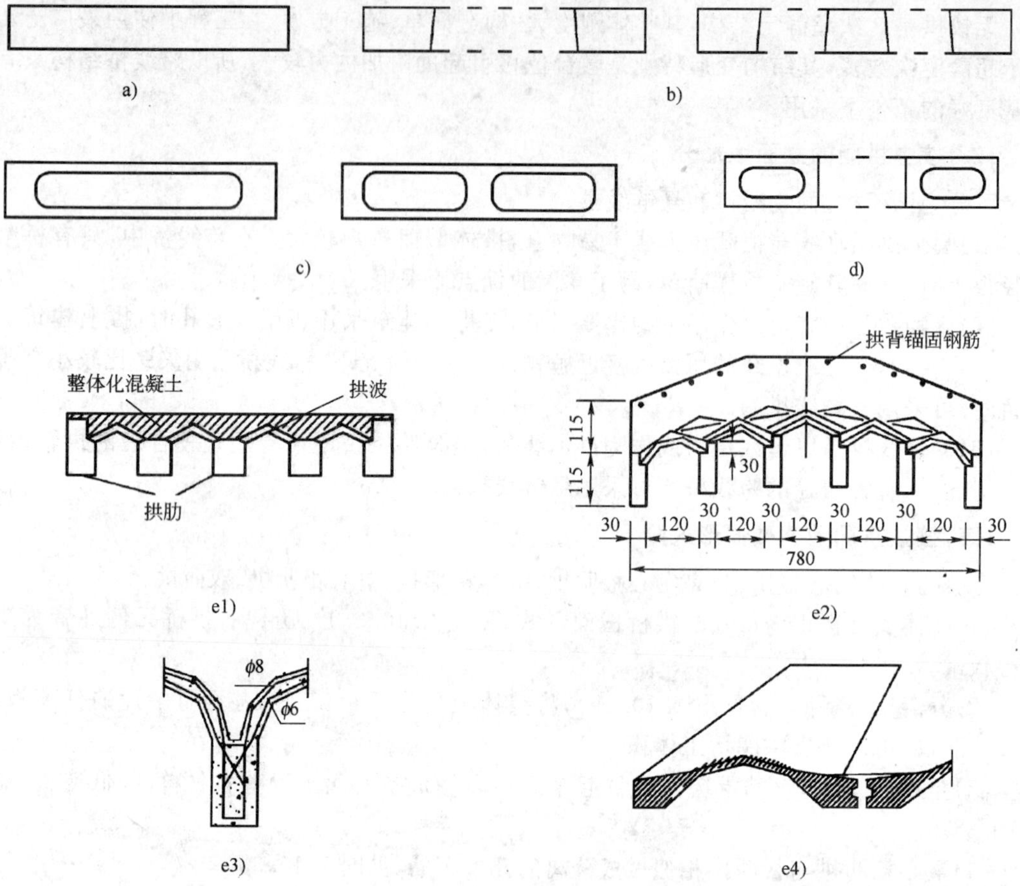

图 2.10.3　拱圈横截面形式的发展

1. *石拱*

用石料砌拱，是我国的民族传统，现尚健存的古石拱桥——赵洲安济桥(公元 605 年)举世闻名，它外形宏伟壮观，经久耐用，是中国人民的骄傲，见图 2.10.4。

图 2.10.4　安济桥(赵洲桥公元 605 年)

石拱桥可以就地取材，手工砌筑，造价低廉，而且承载潜力大，工程寿命长，在山区道路等丰产石料地区应作为首选方案。

建国初期，20 世纪五六十年代，我国公路大建石拱桥，创造了许多新的经验。历来砌拱皆须用加工精细的料石，1959 年江西省成功地用开山片石砌筑大跨径石拱桥，解放了拱石规格，节约了大量人工，加快了施工进度，进一步降低了拱桥造价，是对砌拱石料的一次重大革命。接着辽宁省实现了片石灌浆砌块吊装和整孔片石灌浆施工法，进一步提高和确保了片石拱的质量。片石拱用小石子混凝土砌筑，还可大量节省灰浆。这些后来被纳入了桥梁设计施工规范，全国普遍推广。现在除个别石拱桥镶面采用料石之外，其他几乎都已采用片石了。四川省还曾利用大河卵石砌筑多孔跨径 20m 总长达 416m 的大石拱桥，拱石规格的解放可说已达极数。

在国外，如德国、英国等的高等级公路上也偶见石拱跨线桥，图 2.10.5 所示为英国国道干线 A40 上的一例。我国目前跨线桥还甚少修建，宜在适宜条件下积极采用。从历史发展来看，石拱桥可以认为是古代桥梁文化的代表，尤其在中国。当高速公路经过某处时，如果忽然看见了一座石拱跨线桥，会使人联想到该地区可能是古代或近代石拱桥著名之乡，从而引发思古之幽情；或者在穿过了一连串的钢筋混凝土各种造型的跨线桥之后遇到了一座古朴的石拱桥，也会使人视觉焕然一新而萌发返璞归真之感。

图 2.10.5　英国 A40 国道上一座实腹式跨线桥

2. 钢筋混凝土拱

通过模板可以做成任何线形和纵、横截面形式，可塑性大，使用最为广泛，必要时还可施加预应力。

3. 钢拱

自身强度高，因而拱身截面小，恒载轻，宜于大跨径拱。中小跨径跨线桥有时也采用小型工字钢或钢箱拱，主要为了预制吊装简易，快速施工，尤其是城市跨街天桥。

4. 钢管混凝土拱

钢管中浇筑混凝土，混凝土由于四周受到约束，其抗压强度可提高 1.5～3 倍，钢管外周同时可承受拉力，因而形成一种新的优越的抗压弯材料。建筑部门早有采用，并已制定技术规范。20 世纪 80 年代四川省首先用以建造拱桥，同时发现它最利于拱桥的无支架施工。由于钢管强度高、刚度大、构件轻，因而可容易地先架立空钢管拱，然后再泵送混凝土进行填灌，十分简便可靠。由于它有效地解决了拱桥无支架施工的难题，因而很快在全国各地推广。1990 年广州在珠江上建成了主跨 360m 的丫髻沙大桥，是其代表作之一，采用两半拱竖、横两向转体施工，跨中合拢的方法，施工工艺也有许多创新。

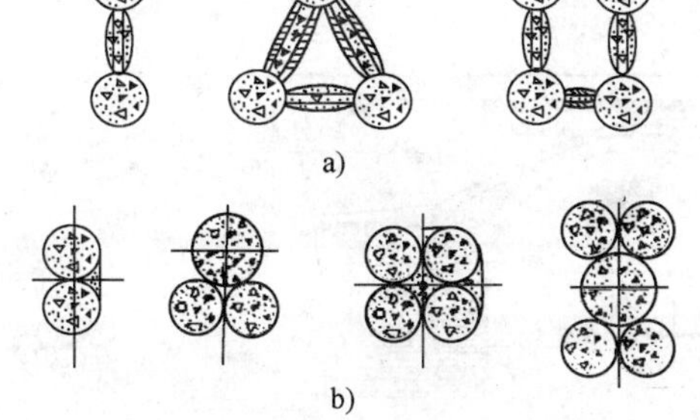

图 2.10.6　钢管混凝土拱拱肋做法

a)桁架式；b)集束式

钢管直径控制在 700mm 以内为宜，管壁厚 12～15mm。跨径大时可以多根管中焊腹杆组成桁架式拱肋，如图 2.10.6 中 a) 所示。有时也采用图 2.10.6b) 的做法，称为集束式，可以减少一些焊接工作量和腹杆用量，但刚度较低。

(五)按桥面系高程与拱身的相对位置分

可以划分为上承式拱、中承式拱、下承式拱。

拱身为曲线形，两端拱脚段纵坡很大，除了一些人行桥可在拱脚段设阶梯以供人们通行外，一般车行桥皆必须设置平顺的桥面。按照桥面相对于拱身的位置拱桥可以划分为：

1. 上承式拱

桥面设于拱顶之上，这时拱身上须设支撑桥面系的拱上建筑。

2. 中承式拱

桥面设于拱顶中部，这时拱身中段悬吊桥面系，下段支撑桥面系。

3. 下承式拱

桥面设于拱脚水平，桥面系全部由拱身悬吊。

二、各种拱桥形式

拱身为曲线形，两端拱脚段纵坡很大。如果是人行桥，常须在拱脚段设置阶梯，否则必须把拱身做得很坦，称为坦拱，矢跨比 f/L 达 1/8～1/10 以下。图 2.10.7 所示为一个人行坦拱的概念设计。坦拱拱身受力不利，拱脚推力很大，不经济。

如果是车行桥，可以在拱上作较为平顺的桥面以利车辆通过，这就成了上承式拱。最简单的上承式拱见图 2.10.8，在拱上架设一根通长的平顺的梁。这时除拱顶中部一段外，两边的梁由于拱体没有起到支撑作用，长度很大，断面要大，造价要高，因而车行桥甚少采用，但由于其线条简洁明快，造型优美，活载较轻的人行桥常多采用。

图 2.10.7　一座人行坦拱的概念设计

图 2.10.8　只设置通长行车道梁的上承式拱桥

一般的上承式拱桥则有比较完善但复杂的拱上建筑，既考虑拱身的受力，又照顾到施工的便易和造价的经济。可以分为实腹式、空腹式、桁架式、刚架式。

(一)实腹式

实腹式由拱背填料、侧墙、护拱以及变形缝、防水层、泄水管和桥面等组成，如图 2.10.9 所示。而图 2.10.10 所示为英国的高速公路跨线桥。

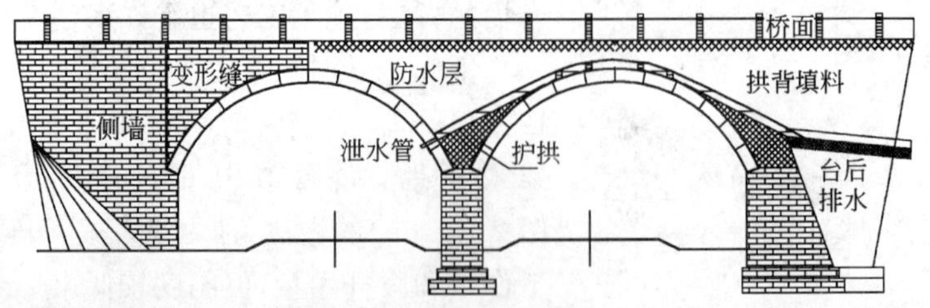

图 2.10.9　实腹式拱桥

拱背填料一般采用填充式。填充材料尽量就地取材，透水性要好，土压力要小，一般的砾石、碎石、粗砂或砂卵石等均可，分层填实。

图 2.10.10　一座高速公路实腹式跨线桥(英国)

拱背两侧侧墙主要承受拱背填料的水平土压力和桥面活载所产生的侧压力，须按挡土墙要求确定厚度，一般顶面为50cm以上，向下逐渐增厚，一般可取1∶4(H∶V)的坡度。侧墙一般用块、片石浆砌。侧墙与桥台间应设伸缩缝分开。

实腹式拱桥往往用片、块石浆砌护拱，以加强主拱圈的拱脚段。

(二)空腹式

空腹式由腹孔和支撑腹孔的墩柱等组成，如图2.10.11所示。腹孔的形式、构造、范围应结合主拱圈的类型、构造、几何尺寸，以及施工方法和桥位处的具体情况综合考虑，可以布置成梁式或拱式。一般钢筋混凝土拱多用梁式，因其重量轻。而圬工拱桥多用拱式，以便于采用与主拱圈相同的建筑材料。腹孔墩常采用横墙式或立柱式，横墙施工简便，一般用圬工材料砌筑或现浇，为了节省体积，可横向挖空。图2.10.12所示为一座英国的高速公路跨线桥。

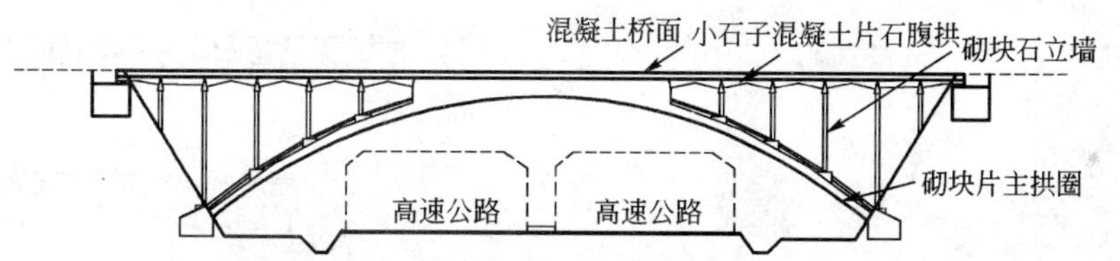

图 2.10.11　肋板拱桥体系总体布置

图 2.10.12　一座高速公路空腹跨线桥(英国)

浆砌片石圬工拱桥的横墙厚度一般不小于 60cm，现浇混凝土时一般应大于腹拱圈厚度的一倍。钢筋混凝土拱桥的腹拱墩是由立柱和盖梁组成的轻型钢筋混凝土排架或刚架式结构。立柱一般由 3～5 根预制钢筋混凝土柱组成，高超过 6m 时，应设置横系梁。立柱钢筋应向上伸入盖梁，向下伸入主拱圈，并予以可靠的锚固。

为了使横墙或立柱传递下来的压力能均匀地分布到主拱圈上，在横墙或立柱的下方还应设置底梁。底梁横桥向与拱同宽，纵向应较横梁或立柱宽 5cm 以上，以便施工放样。横墙的底梁无须配筋，而立柱的底梁一般配置构造钢筋。

腹孔的跨径不能过大，以免使腹孔墩的集中荷载增大，对主拱圈受力不利。

图 2.10.13 所示为一座钢筋混凝土双肋式空腹拱桥。

(三)桁架式

桁架式：拱上建筑和拱身组合在一起形成一个整体的空腹桁架，如图 2.10.14a)、b)所示，又称桁架拱。前述的实腹式和空腹史两种拱上建筑都作为拱身的荷载加在主拱圈上，承重结构只为主拱圈本身，因而主拱圈截面要大。桁架拱则将拱上建筑和拱圈本身结合成一个整体结构共同承受活载等外力，因而主拱圈截面可减小很多，构造大为经济合理。桁架拱的出现可视为拱桥纵截面形式的一次革命。桁架拱在 20 世纪 70 年代首先在上海、浙江、江苏等地发展起来，后来推行全国。拱圈在横向分成若干肋片，间距 1m 左右，架立后中间用横隔板连接，顶面浇桥面系连成整体。

图 2.10.13　钢筋混凝土双肋式空腹拱桥

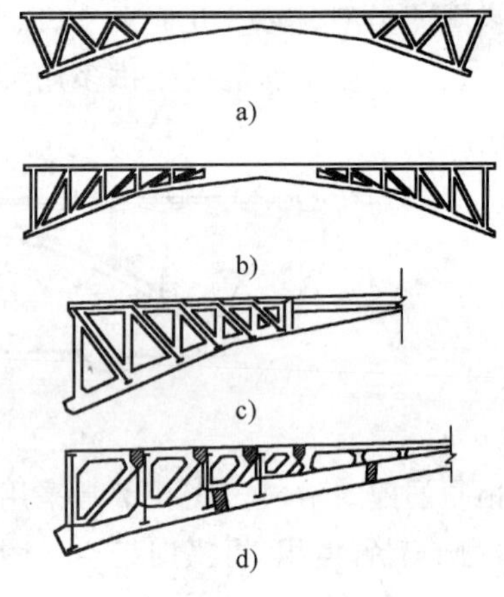

图 2.10.14　桁架拱桥

早期桁架拱桥设计计算时，将它作为双铰拱体系计算，拱顶段为实体，桁架各节点当作铰接，这样就简化为一个内部静定，外部一次超静定的图式进行分析，下弦(主拱圈)另计算次应力。实际施工时各节点都是固结的，难免发生二次弯矩，各斜杆又多承受拉力，因而建成后多处节点出现裂缝。后期有限元法电算推广之后，各节点按固结计算，可以得出更为精确的杆件内力，同时施工亦有改进。

(1)中小跨径时半片拱圈整体平卧预制，吊装后在拱顶合龙成拱；

(2)两边做成预制预应力拱片，与预制拱顶实心段吊装成拱，并施加纵向预应力，见图中 2.10.14c)；

(3)大跨径时分块预制预应力块件，吊装成拱，如图中 2.10.14d)。

图 2.10.15 所示为江苏省六合大桥，为典型桁架拱一例，7 孔跨径 40m。

图 2.10.15　江苏省六合大桥 7×40m(1979 年)

(四)钢架拱

拱上建筑本身形成一个斜腿刚架,故又称刚架拱,见图 2.10.16b)。早期较小跨径拱桥,两侧的拱上构造用一孔微弯拱肋取代,如图中 2.10.16a)所示,这时边支撑 A 处要承受甚大水平推力。后期尤其跨径较大时,改成一孔斜腿刚架,如图 2.10.16b),A 点只承受垂直支撑力,而且构件皆为直线形,更易于预制安装,成为最常采用的形式。和桁架拱一样,刚架拱的拱上建筑都参与主拱圈整体受力,因而用料经济,同时较桁架拱还有如下的优点:

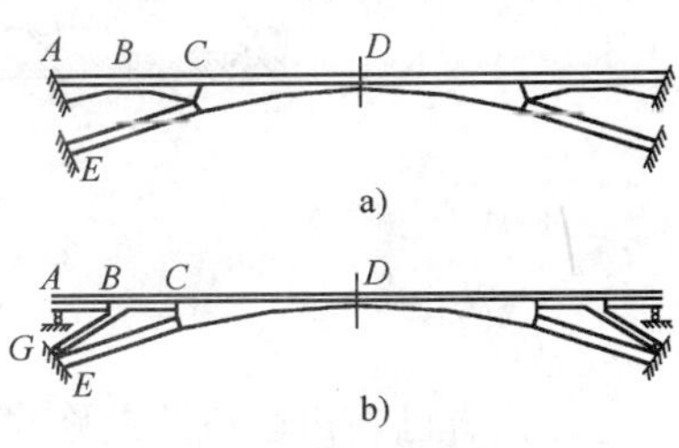

图 2.10.16　刚架拱的构造

(1)构件数量少,更为粗壮强劲,便于预制吊装,快速施工;

(2)所有构件皆为受压或压弯结构,无受拉构件,节点不易出现裂缝;

(3)两拱片之间在拱顶用纵横双曲面的预制微弯板与拱身相互之间连接成整体,再浇整体化桥面混凝土,益增整拱之刚度;

(4)建成后外形美观稳重,给人以力的感觉。图 2.10.17,为一座跨越高速公路的典型刚架拱桥。

图 2.10.17　跨越高速公路的刚架拱(甘肃省)

刚架拱是 20 世纪 80 年代交通部科研所总结双曲拱、桁架拱、斜腿刚构等之经验而发展起来的新型拱桥结构。它受力合理、施工便捷、造价经济,并制有标准定型图纸,因而可在全国普遍推广采用。

下面着重介绍中、小跨径的跨线拱桥较适宜的上承式拱几种形式的有关细节:石砌板肋拱、刚架拱、钢筋混凝土箱拱(也常用于中、下承式)。

三、石砌板肋拱桥

跨线桥多为中小跨径,当次要路线上跨高速公路时,桥宽一般较窄,采用石拱桥时,以湖南省开发的板肋拱最为经济简便。

如图 2.10.18a)所示,虚线为传统矩形石拱截面,如将虚线以下挖空只剩下图中影线所示两边各一矮肋,中间一大肋,底面一整体底板的断面,其外视底面和侧面与原来相同,强度经计算亦满足规范要求,而拱圈用料却可压缩约 30%,相应也可压缩墩台和基础的工程量。

如果拟使拱圈侧面保持轻盈的外貌,则可采用图 2.10.18b1)、b2)的做法,后者适用于宽桥,这时从侧面只看到一个薄薄的拱圈,如果再略色饰,当更为美观夺目。

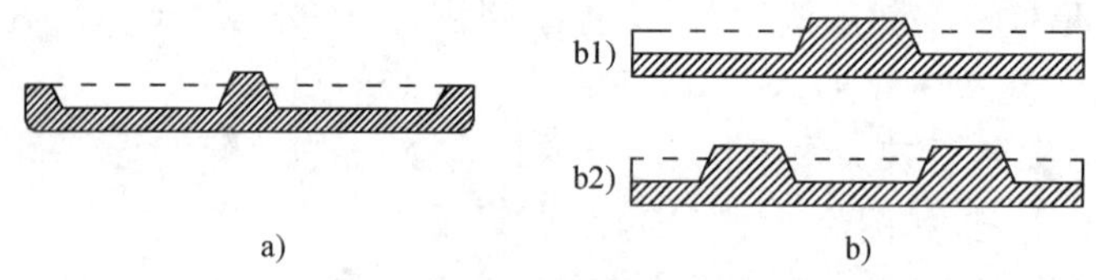

图 2.10.18 石砌板肋拱截面

a)厚重式;b)轻盈式

湖南省已在山区道路上修建了数十座这种截面的石拱桥,目前已在制订定型图。其计算方法与一般实体板拱相同,采用片石拱,小石子混凝土在土牛或拱架上砌筑。当跨径较大时,可先砌底板形成整体,到一定强度后再砌拱肋,可以减轻拱架负担。

四、刚 架 拱 桥

刚架拱桥基本由拱腿与实腹段合拢后组成裸肋,在裸肋的基础上架弦杆及斜撑形成刚架拱片,在刚架拱片之间设置横系梁,安装预制的肋腋板和悬臂板,现浇混凝土填平层和桥面铺装组合而成,见图 2.10.19。

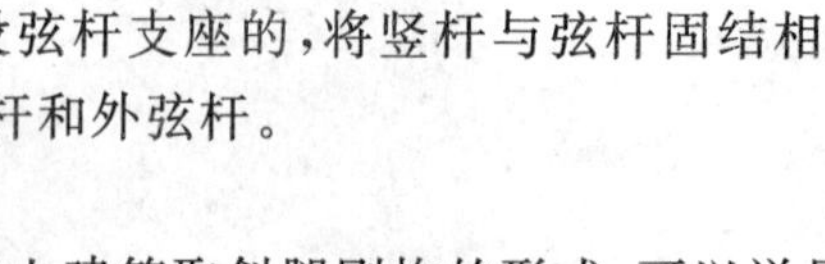

图 2.10.19 半跨刚架拱片

①-拱腿;②-实腹段;③-弦杆段;④-斜撑;⑤-横系梁

弦杆、拱腿和实腹段 3 部分的交接处为大节点,弦杆和斜撑的交接处为小节点。拱腿斜撑一般分别固结或铰结于墩台内,成为拱腿支座和斜撑支座,弦杆一般支撑于墩台的立墙上,成为弦杆支座。也有不设弦杆支座的,将竖杆与弦杆固结相连。一般情况下,还按与拱桥跨中的距离,将弦杆分为内弦杆和外弦杆。

刚架拱桥主要有如下一些特点:

(1)结构为多次超静定,主结构由拱肋构成主拱,拱上建筑取斜腿刚构的形式,可以说是拱与斜腿刚构的复合结构。在顺桥方向,将常规拱桥的主拱圈与拱上建筑部分组成整体受力结构,拱上建筑不是单纯的传递荷载,而是参与承受荷载;在横桥方向,通过肋腋板或微弯板将拱肋与现浇桥面组成整体的受力结构。结构杆件大部分为偏心受压构件,无纯受拉构件,从而充分利用了混凝土抗压能力强的特点。

(2)结构线条简单,造型优美、轻盈,适合于跨线桥结构。同时其构件吊装重量小,施工方便,预制装配化程度高,按体积比,预制装配率达 80%以上,安装速度快,工期较短。并且具有足够的承载力,自重约为同跨径双曲拱桥的 60%,使恒载推力减少,并对下部构造和地基承载力的要求相对降低一些，便于基础的形式选择和软土地基建桥。

(3)适用性强。刚架拱虽为拱式体系，但恒载推力较常规拱桥小，为控制桥梁的建筑高度，可将矢跨比选择得小一些，一般采用 1/7～1/10 之间，也容许桥台发生适量的位移。施工方法的适用性也较强，可采用预制吊装，有支架现浇，悬臂拼装，转体施工法等。

(4)材料用量指标低，经济效益高。25～60m 跨径的刚架拱桥上部构造的桥面用钢量一般为 38～45kg/m^2，混凝土用量为 0.4～0.5m^3/m^2。与同跨径的其他桥型相比，刚架拱桥的上部结构材料用量是适当的，见表 2.10.1。

主要桥型上部构造经济指标表 表 2.10.1

序号	桥型	跨径(m)	桥宽(m)	用钢量(kg/m^2)	用混凝土量(m^3/m^2)
1	刚架拱	50	净-7	41.58	0.48
2	刚架拱	70	净-12.5	55.7	0.52
3	桁架拱	50	净-7	44.19	0.52
4	双曲拱	50	净-9	25.8	1.02
5	肋拱	45	净-12.5	63.7	0.62
6	肋拱	70	净-9	85.86	0.62
7	箱形拱	70	净-9	38.13	0.88
8	连续梁	52	净-16	74.9	0.58
9	连续梁	70	净-21	94.7	0.63
10	T 构	70	净-9	89.1	0.67

(一)尺寸拟定

1. 刚架拱桥的外形布置

刚架拱的合理跨径是 25～70m，外形布置如图 2.10.19 所示。当跨径小于 30m 或弦杆配置预应力钢筋时，可不设斜撑；当跨径大于 60m 时，可增加斜撑支撑于拱腿上。实腹段的下底缘曲线一般采用二次抛物线。拱腿可根据跨径的大小设计，跨径 40m 以下时为直杆，更大的跨径时则与实腹段下缘相配合的微曲杆。

2. 矢跨比

刚架拱桥的矢跨比选择，无须像一般拱桥那样，去追求拱轴线与拱的恒载压力线一致，只须力求二者尽量接近即可。特别是采用无支架施工时，矢跨比一般以选用 1/7～1/10 为宜。如增大矢跨比，有利于减小拱脚推力，可以减少下部构造的工程量。

刚架拱片的横向刚度小，必要时可把拱腿加宽或加强横向联系。

3. 拱片数目及间距

对于双车道跨线桥，当跨径在 25m～70m 时，宜采用 3～4 榀拱片，间距 2～3.5m，不宜过大，以免影响荷载的横向传递。跨径较大时，宜采用较少的拱片数。

4. 节点确定

斜拱腿与弦杆的连接称为大节点，斜撑与弦杆的连接称为小节点。应根据结构的受力及桥梁的外观来确定，大节点一般在跨径的 1/4 附近，小节点在弦杆的中点附近。

5. 每个杆件截面尺寸

一般情况下杆件为矩形截面。其截面的参考尺寸：①拱顶肋高 H_1(不包括桥面铺装)取 1/90～1/100 主跨径；②拱腿肋高 H_2 取 H_1 加桥面铺装厚；③弦杆段高度 H_3 取 1.1～1.2H_2；④斜撑肋高 H_4 取 H_1；⑤拱顶与大节点、拱腿、弦杆段的刚度比取为 1：(8～10)：0.4：

(1.4～1.8)。当跨径较大时，拱腿采用变截面，一般从高拱腿第一或第二横系梁往拱脚逐渐加宽，也可采用提高拱腿混凝土标号的方法。

6.桥面系

桥面系是由预制板和现浇桥面组成。拱片间的预制板采用肋腋板或微弯板，边肋外侧用悬臂板。肋腋板是双向板，在结构上充分利用了薄膜效应，重量轻，采用广。而微弯板由于其本身刚度小，耐久性差，应用呈减少的趋势。

7.预拱度

为了抵消结构在恒载作用下产生的挠度，在施工时应预留与位移相反的预拱值，还须考虑构件产生的弹性压缩、混凝土的收缩、徐变，温度下降和墩台位移及施工支架变形等因素的预拱度校正值。拱桥预拱度的大小按有支架和无支架两种情况：

(1)支架吊装施工，预拱度取跨径的 1/800；

(2)有支架施工时，拱顶的预拱度取跨径的 1/800，再加上拱架在设计荷载作用下的弹性和非弹性变形值。

(二)拱片构造

刚架拱片是刚架拱桥的主要组成部分，施工阶段承受上部构造重量，营运阶段与桥面系联成整体，共同受力，并把上部的作用力传递到墩台上。

1.实腹段

上缘为直线，下缘为曲线，长度一般为 0.4～0.5 倍跨径。截面为“凸”字形，配置下缘受拉钢筋和上缘受压钢筋，用箍筋固定，箍筋直径应在 8mm 以上，间距在受力钢筋直径的 10 倍以下。跨径较大时，也可采用工字形、箱形截面。

2.拱腿

一般采用直杆，但从美观考虑，有时也采用与实腹段下缘同一曲线的曲杆或微弯杆，但曲率不能太大，因为过大的拱腿曲率，其负弯矩会增大。拱腿截面一般采用矩形，其截面配筋应注意几点：①拱腿靠近拱脚处，应加密箍筋；②纵向受力钢筋面积超过截面的 3%时，箍筋间距应不大于纵向受力钢筋直径的 10 倍；③在受力钢筋接头处，箍筋间距应不大于钢筋直径的 10 倍；④受力钢筋直径应大于 12mm。

3.弦杆

为等截面直线杆件，和实腹段一样，结构内形式为“凸”字形，受力状况接近梁，内弦杆为压弯构件，外弦杆以弯为主，有较小的拉力。配筋构造要求同钢筋混凝土组合梁，除按受力要求配筋外，尚应加强小节点处上下缘和杆件侧面的构造钢筋，以及大节点处弦杆上下缘和拱腿相交处圆弧部分的构造钢筋。刚架拱片容易产生裂缝的位置如图 2.10.20 所示。跨径较大时，也可采用工字形、箱形截面。

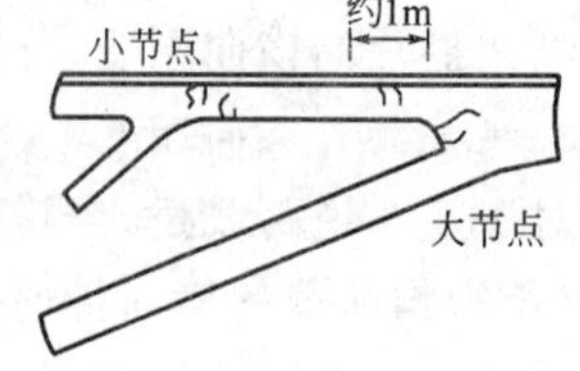

图 2.10.20 刚架拱片容易产生裂缝位置

4.斜撑

斜撑是等截面直线杆件，其截面形式为矩形。斜撑的作用是支撑弦杆，缩小弦杆段的跨度并对内弦杆提供轴力，其配筋要求同拱腿。

5.大小节点

大小节点处的杆件相邻边缘应用弧线过渡，同一杆件两边过渡线的起点应接近同一截面。沿过渡线边缘应设包络钢筋，包络钢筋锚固于弦杆中应有足够的锚固长度。各杆件主筋应顺杆件方向伸过节点中心截面，且应满足锚固长度要求。拉弯杆件的伸入主筋应带弯勾，并在大小节点附近加密箍筋，以承受局部应力。

(三)桥面系、横向联结系构造

桥面系由预制肋腋板或微弯板、悬臂板和现浇混凝土填平层及桥面铺装等组成。

1. 肋腋板

肋腋板的中间区域为平板，边部厚度局部减薄，并用加劲肋分成若干格间形成的变截面板，加劲肋的作用是改善板中心截面的受力。肋腋板长一般为拱片间净距的 1.2～1.5 倍，板的净矢跨比不宜小于 1/14。需要注意的是，板的格间孔尺寸不宜超过车轮宽度，因为尺寸太大会达不到用短肋加劲来减薄板厚的目的；尺寸太小会使格间孔数量增加，造成制模和浇筑混凝土的困难。肋腋板的配筋原则是中区密，边部稀。其周边应有钢筋伸出，以便邻板伸出的钢筋互相搭接，并与拱片伸出的钢筋连接，如图 2.10.21 所示。

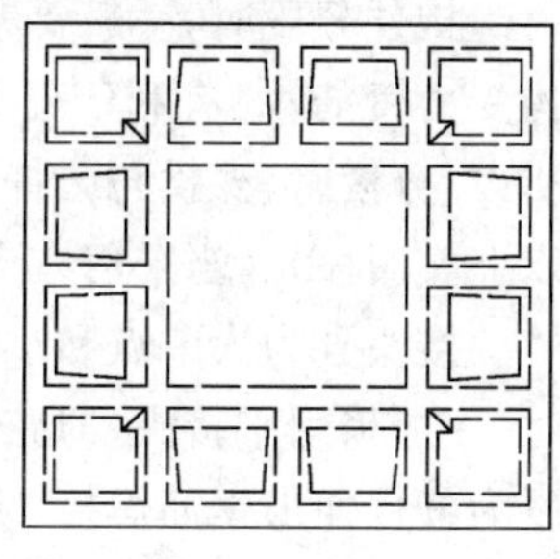

图 2.10.21　肋腋板一般构造

2. 微弯板

在横桥方向为圆弧形，预制成等截面形式，沿桥跨横向搁置在拱片上，因吊装要求，需沿弯曲向设 10cm 宽的加劲肋 2 条。微弯板厚一般为 8cm。配筋时，要注意横向弯曲钢筋的配置，以避免板顶出现纵桥向的裂缝，同时拱片内应伸出钢筋与微弯板伸出的钢筋焊接，如图 2.10.22 所示。

3. 悬臂板

其尺寸和配筋可参照微弯板，但要注意设置板顶横向水平受力钢筋与拱片和中部肋腋板或微弯板固定，如图 2.10.23 所示。

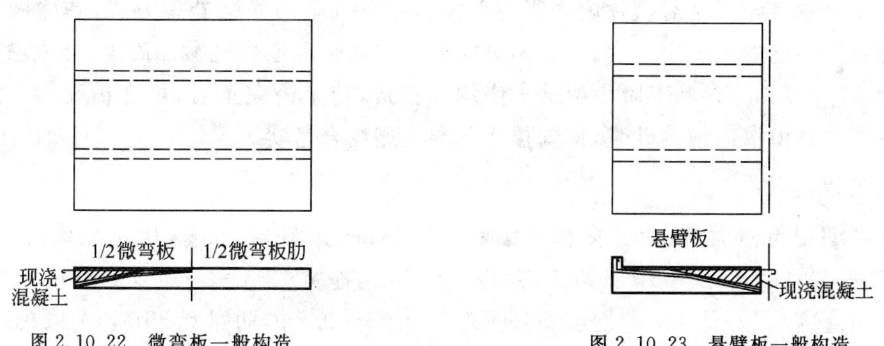

图 2.10.22　微弯板一般构造

图 2.10.23　悬臂板一般构造

现浇混凝土填平层及桥面铺装：采用肋腋板时没有填平层，桥面铺装一次浇成。而微弯板则首先要浇筑填平层，将微弯板之间与拱肋的接缝处的凹下部分用混凝土填平至微弯板顶，以便后期再浇筑桥面铺装混凝土，如图 2.10.22 和图 2.10.23 两图中影线所示。

4. 横向联结系

横向联结系也就是横系梁，其作用是把各刚架拱片横向联成整体，使之共同受力，并保证纵横的整体稳定。设在跨中、大小节点、弦杆端部等处，一般每隔 3～5m 设置一道，亦可根据跨径大小和肋腋板的长度而调整。斜撑一般不设置横系梁。横系梁高度与拱片凸形截面下部同高或矮 1～2cm，大节点处因实腹段截面高且受力大，横系梁也需加高。横系梁宽度一般 15～20cm。在实腹段和弦杆段应竖直安放；在拱腿段应卧式安放，这有利于加强横向刚度。尤其是肋腋板的刚架拱，横向联结刚度应在主拱片刚度的 1/4 以上，所以横系梁的配筋应注意纵向钢筋直径要粗一些，并注意箍筋要采用 135°弯勾封闭。

(四)构件划分及接头

为了便于起吊安装，整个刚架拱片必须划分成一些预制构件。划分时，还要考虑拼装的方便，接头的合理性。

构件分段时，一般要考虑：①现有设备的起吊安装的能力；②构件在吊装时，能充分利用结构受力钢筋；③有利于先成拱，以节省支架；④在保证质量的前提下，出模、翻身和吊装方便。所以，分段时，裸拱与弦杆一般分开预制，再根据起吊能力将裸拱分为 3 段以上(2 块拱腿，1 块以上实腹段)。当采用有支架施工时，分段不受限制。

接头分为大节点和小节点两处接头。大节点是弦杆、拱腿和实腹段相接处，在无支架施工时，一般采用干接头，即弦杆、拱腿和实腹段均为电焊钢板接头，以利于迅速成拱，弦杆与实腹段为杆件伸出钢筋焊接，现浇混凝土相联。小节点为斜撑与弦杆相接处，一般采用湿接头，即将预制件伸出的钢筋焊接，并现浇混凝土封固。

当裸拱分为 4 段以上时，在拱顶的接头一般为钢板电焊连接，拱片与横系梁也多采用干接头。接头的混凝土标号应比预制构件高一级。

(五)支座

刚架拱桥上部构造的支座，按所在部位和支撑的构件分为有弦杆支座、斜撑支座和拱腿支座。

弦杆支座设于桥台的立墙上，支撑外弦杆，并容许水平方向位移，可用油毛毡或板式橡胶支座。同时为满足变形要求，在弦杆端部和桥台相接处设置伸缩缝。

拱腿支座在一般情况下，应采用“先铰后固”的方法，即施工阶段拱腿支座为铰接，营运阶段为固结。这主要是考虑减少施工阶段墩台的位移和温度变化产生的不利影响。

斜撑支座铰接与固结对拱片内力影响不大。一般可采用固结处理方式，具体做法是将拱腿伸入墩台拱座处的预留槽口内，对于矩形截面的伸入长度取拱腿截面高度；伸入墩台内的长度一般为 30～50cm。在施工阶段两端支座均为铰接，待全桥完工后，再在拱腿两侧灌浆。如铰接则只需在预留槽内铺砌砂浆，使斜撑底部与支座结合密实。

(六)工程实例

辽宁省朝阳市南大桥，为一多孔连续斜腿刚构桥，如图 2.10.24 所示。该桥于 1991 年 4 月 20日开工，1992 年 9 月 10 日竣工，跨径 8 孔 50m，净宽 12m+2×1.0m，全长 444.8m。桥面弦杆建筑高度 0.3～0.9m，斜腿与斜杆高度为 0.85～0.5m，肋宽 0.35m。荷载标准汽车-20 级、挂车-80。斜肋之间的微弯板净跨 2.85m，拱度 1/16，建筑高度 0.24m，板厚 0.06m。

图 2.10.24　朝阳南桥全景

查设计图纸是采用交通部公路科学研究所与湖南省交通规划勘察设计院编制的定型设计图，净宽 9m+2×0.75m/1.0m/1.25m 三种断面，横桥向为 4 个拱片，由两个对接的拱片，中间 3 片微弯板组成，如图 2.10.25 所示。朝阳市交通局公路设计院经过多次咨询与计算，把定型图修改为横向 5 个拱片，4 块微弯板，增加横桥向净宽为 12m+2×1.0m，并同时进行桥梁下部墩台配套设计。

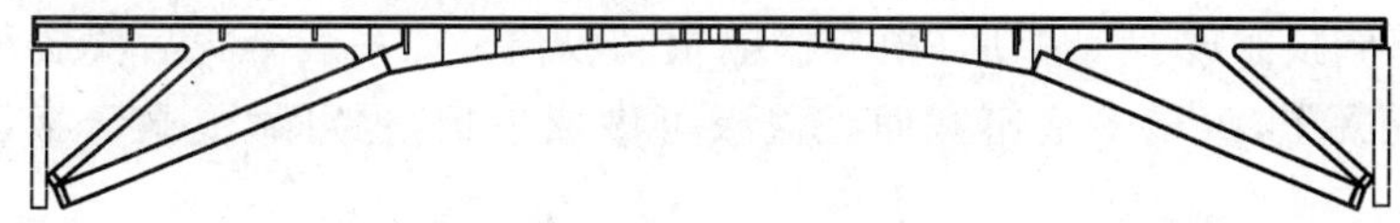

图 2.10.25 连续刚架拱桥

定型图在设计要点中指出：温度变化引起内力按降温 20℃，升温 30℃考虑。对施工要求除桥面填平层及接头为现浇混凝土外，其余均为预制混凝土构件。

每孔分八段预制拼装：即拱腿、斜撑、弦杆均为一段预制，实腹拱段分二段，在拱顶接头。实腹拱段与拱腿，弦杆与拱腿、拱顶之间，均用钢板接头，其余为钢筋焊接现浇混凝土。全部采用有支架安装施工方案。大桥拱肋安装合龙时温度 4℃～27℃。

2001 年 3 月，调查发现该桥各孔在跨中桥面均有不同程度下沉，局部孔下沉量达12.5cm。并且在拱顶部位发现裂缝，观察是微弯板下沉。分析主要原因是：微弯板与主肋仅靠一根 Φ8 筋连接，实质上是铰接。由于超载发生而横系梁出现了断裂现象，对拱片间的横向变形约束减弱，进一步造成微弯板破坏，而出现桥面下沉。因此，进行了加固处理，并使荷载标准提高到汽车-超 20 级、挂车-120(原桥梁设计规范)。

五、箱形拱桥

大跨径拱桥的主拱圈，宜采用箱形截面，可以节省圬工体积，一般情况下，截面挖空率可达全截面的 50%～70%，它的优点：

(1)与板拱相比，可节省大量圬工体积，减轻上、下部结构工程量。

(2)中性轴基本居中，能抵抗正负弯矩，能承受主拱圈各截面正负弯矩的变化。

(3)闭合的箱形截面，其抗弯、抗扭刚度较其他形状截面大，主拱圈的整体性好，截面应力比较均匀。

(4)主拱圈横截面可由几个闭合箱组成，施工时可以单箱成拱，单箱的刚度较大，构件间接触面积大，便于无支架吊装。

(5)预制箱室的宽度较大，操作安全，易于保证施工质量。

(6)预制构件的精度要求较高，起吊设备较多，适合于大跨径拱桥的修建。

国内箱形拱桥上部结构经济技术指标，见表 2.10.2。

国内箱形拱桥上部结构经济技术指标 表 2.10.2

跨径(m)	拱箱尺寸(cm)		每 m^2 技术经济指标		备注
	箱高	顶板厚度	混凝土(m^3)	钢筋(kg)	
60	130	10	0.78	58.9	桥面系构造为立柱式简支板 $F/L=1/8$
70	130	10	0.79	60.4	
80	140	10	0.83	65.61	
90	150	10	0.86	69.56	
100	160	12	0.88	71.96	

箱形拱桥施工可用支架现浇，而更常用的是无支架预制吊装，做法如下。

(一)拱圈组合形式

箱形拱截面由底板、箱壁、顶板、横隔板等组成。无支架施工时，为了减轻吊装重量，将主拱圈分为预制箱肋和现浇混凝土两部分。其组合形式有下面几种：

1. U 形肋多室箱组合截面

将底板和箱壁预制成 U 形拱肋(内有横隔板)，纵向分段吊装合拢后安装预制盖板，再现浇顶板及箱壁混凝土，组成多室箱截面。盖板可做成平板，也可做成微弯板，如图 2.10.26 所示。

U 形肋预制时不需顶模，仅在拱胎上立侧模预制成开口箱，但吊装时仍有足够的纵横稳定性。不足之处是现浇混凝土量大，盖板在参与拱圈受力时作用不大，且增加了主拱圈的重量。

四川省宜宾市岷江大桥，是主跨 100m 的 2 孔钢筋混凝土 U 形肋组合拱桥。主拱圈的矢跨比为 1/6，拱轴系数 3.5，主跨每平方米的桥面用料，混凝土 1.37m^3，钢筋 44kg。拱箱全高为 1.6m，由 6 个箱组成，全宽 8.0m。U 箱为 35 号钢筋混凝土预制构件，箱肋宽 1.3m，箱壁厚 9cm，底板厚 13cm。拱箱每隔 2.04m 设厚为 8cm 的横隔板一道。

2. 工字形肋多室箱组合截面

按工字形拱肋翼缘板的长度分为两种：一种是短翼缘工字形肋，拱肋合龙后在其肋上安装预制底板和盖板，再在其上现浇加厚层混凝土，形成闭合箱，如图 2.10.27 所示；另一种是宽翼缘工字肋，翼缘板对接后，即组合成箱形截面。

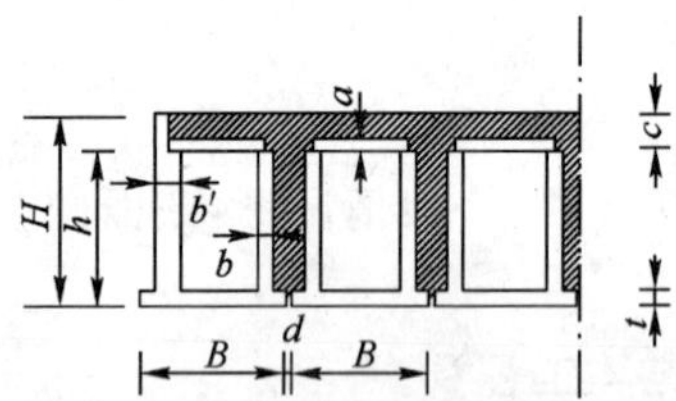

图 2.10.26 U 形肋多室箱组合截面

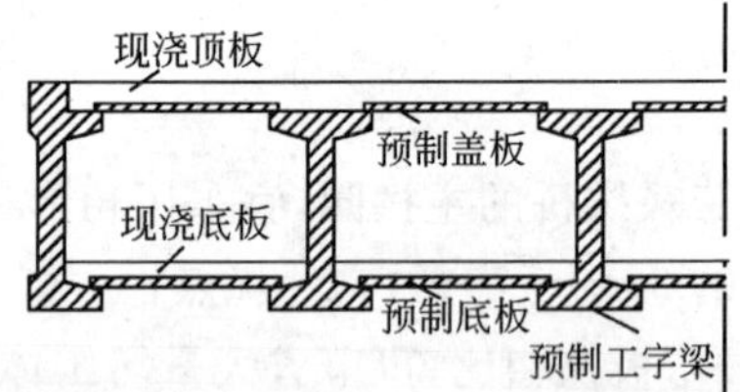

图 2.10.27 短翼缘工字形组合箱

3. 闭合箱组合截面

上述的 U 形肋及工字形肋的预制耗用模板较多，箱壁混凝土是立式浇筑，易出现麻面及蜂窝现象，为节省模板及提高混凝土质量，箱壁采用 3～4cm 厚的钢丝网水泥薄壁板，采用卧式浇筑，如图 2.10.28 所示。

在箱形拱各段的底模上，将箱壁板和横隔板按设计尺寸拼接好，分两次浇筑混凝土顶底板而形成闭口箱截面。为了加强箱壁板和横隔板分别与顶、底板的连接，除将上下部分嵌入现浇混凝土外，并设置环形剪力钢筋锚入顶底板中。多条拱肋吊装合龙后，再现浇腹板和顶板混凝土形成多室箱拱，如图 2.10.29 所示。

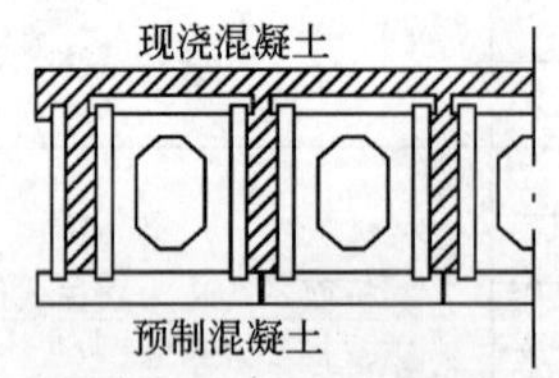

图 2.10.28 闭合箱截面

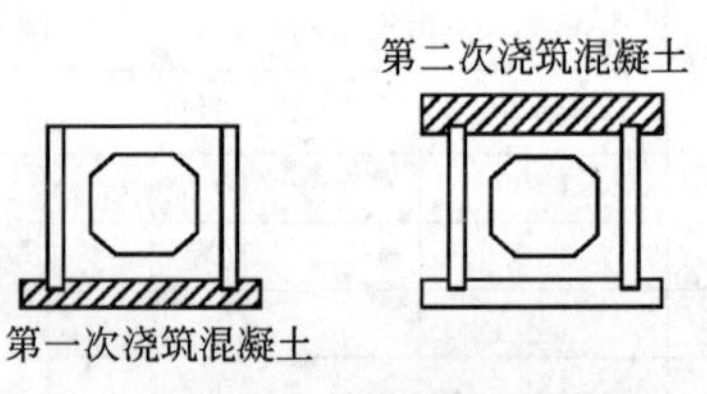

图 2.10.29 混凝土分两次浇筑示意

4. 单室箱截面

主拱圈由一个单室箱组成，如图 2.10.30 所示。在采用桁架悬臂法施工时，将箱壁和底板分开预制，整跨的箱壁和拱上立柱作为下弦杆和竖杆，加上临时的上弦杆和斜杆组成桁架式拱片。然后用横系梁和临时对角斜撑将 2 拱片组成一个整体框构。施工时用吊杆向外逐段悬臂拼装，先将箱壁合拢成拱，再安装顶底板及横隔板，接头处用现浇混凝土连接成整体，组成单室箱截面。顶板可做成预应力混凝土平板，在拱顶区段的顶板由于直接承受车辆荷载，其厚度要大一些。

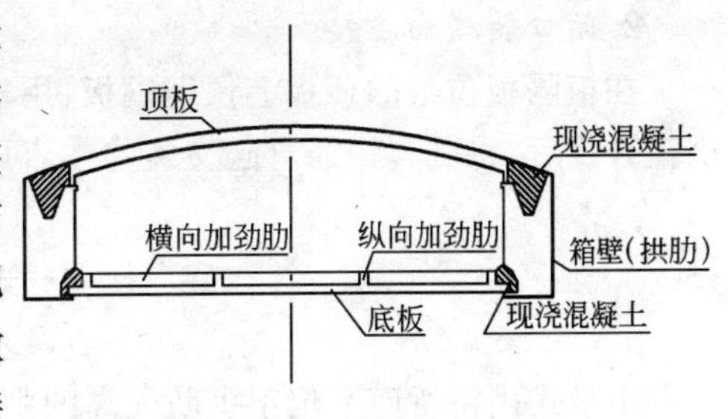

图 2.10.30 单箱室箱形截面

(二)拱肋分段及接头

无支架吊装拱肋，其纵向分段视跨径大小及吊装能力来确定。分段多，不但施工工序多，接头工作量大，而且也增加了拱肋稳定性控制和拱轴线调整的困难。一般情况下，宜少分段，以 3～5 段为宜。

拱肋的接头应满足刚度要求，保证接头点固结，且便于操作就位。

1. 拱座接头

一般的拱座接头在台帽上预留凹槽，槽深 30～40cm，并将拱箱端部接头处的箱壁或顶底板局部加厚，以适应局部应力的需要。凹槽内预埋钢板，待拱箱定位合龙后与拱箱壁、顶、底板内的预埋钢板焊接，然后用混凝土封填凹槽。

2. 中间接头

中间接头处的箱壁、板应同样加厚并预埋角钢，拼装时角钢平抵平接。角钢上钻有螺栓孔，可以定位及临时连接，定位合拢后，再在接头角钢上加盖钢板焊接，最后用混凝土封填。

(三)拱圈横向连接

多室箱形拱的组合截面，为了提高拱箱的整体性，箱室之间必须横向连接，一般有如下几种方式，见图 2.10.31。

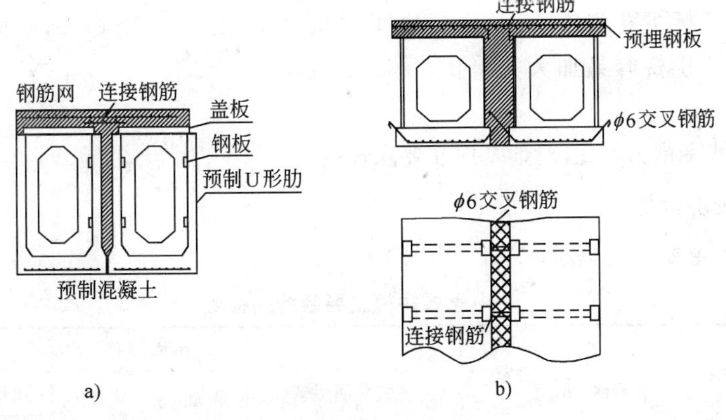

图 2.10.31 拱箱的横向连接

a)开口箱；b)闭口箱

1. 开口箱横向连接

在横隔板两侧的箱壁上、下预留孔眼，用短钢筋穿过，与横隔板上的预埋钢板焊接，并将拱箱之间的混凝土与顶板现浇混凝土一起浇筑，将箱上竖向钢筋外伸，埋入顶板现浇混凝土中，并沿顶板全宽设置通长钢筋网，浇筑在混凝土层中。

2.闭口箱横向连接

在横隔板位置的顶板上预埋钢板，用短钢筋搭焊连接，并在底板上预留横向分布钢筋，待拱箱合拢后，将分布钢筋弯起交叉勾住，再现浇混凝土。

第十一节 中承式拱桥

中承式拱桥桥面系位于拱肋矢高的中部，桥面系一部分用吊杆悬挂在拱肋下，一部分借助刚架立柱支撑在拱肋和桥墩上，因而是一种半悬吊、半支撑体系，如图 2.11.1 所示。在两拱墩的外侧各加一外斜杆以支撑边孔，和无桥台斜腿刚构相似，可抵消部分拱墩的横推力。更多的则是将两边孔做成半跨拱桥，如图 2.11.2，将取得十分优美的景观效果。

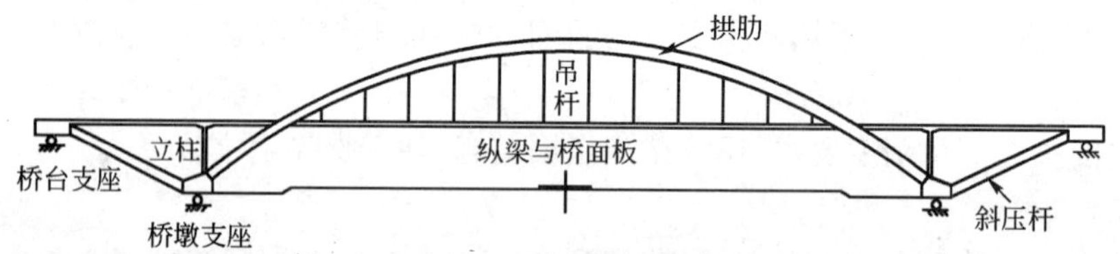

图 2.11.1 中承式钢筋混凝土拱桥体系总体布置

中承式拱一般有左右两片拱肋，中间通过桥面系，其与拱肋相交处拱肋间常设一固结横梁。

一、适用场合及特点

(一)适用情况

对于跨线桥来说，中下承式钢筋混凝土拱桥一般适用于以下情况：

(1)配合周围的景观。

(2)降低桥面的高度，有利于改善引桥及桥头引道纵断面，减少引道工程量。

(3)拱式跨线桥主孔跨度甚大，主桥墩承受水平推力很大，中承式拱桥容易加大矢跨比，可减少主跨的水平推力。

(4)由于有水平推力存在，对地基地质要求较高。

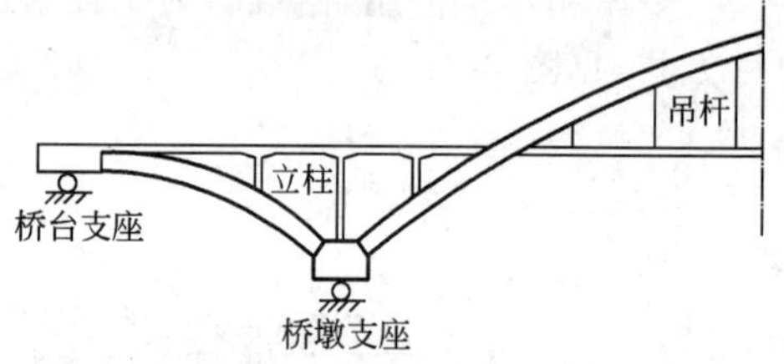

图 2.11.2 边跨为半拱式中承式钢筋混凝土拱桥体系

(二)主要经济指标

中承式拱桥主要经济指标，见表 2.11.1。

中承式拱桥主要经济指标表 表 2.11.1

序号	跨径 L_1/L_0 (m)	矢跨比	桥宽 (m)	拱肋截面形式	拱顶截面		主拱上部结构	
					高度 (m)	宽度 (m)	用钢量 (kg/m²)	用混凝土量 (m³/m²)
1	46.71/55	1/5	12.0	箱形、变截面	1.3	1.3	68.3	0.712
2	62/72	1/4	30.2	箱形、变截面	1.8	0.8	85.7	0.516
3	70/80	1/5	14.0	箱形、变截面	1.7	1.0	99.60	0.617

续上表

序号	跨径 L_1/L_0 (m)	矢跨比	桥宽 (m)	拱肋截面形式	拱顶截面		主拱上部结构	
					高度 (m)	宽度 (m)	用钢量 (kg/m²)	用混凝土量 (m³/m²)
4	65/90	1/4.5	12.0	箱形、变截面	1.8	1.0	76.41	0.647
5	69.12/100	1/3.64	10.0	箱形、变截面	2.0	1.0	149.0	0.671
6	76.92/100	1/4	12.0	钢管混凝土哑铃形	2.0	直径 0.75	206.5	0.694

注：表中 L_0 为净跨径；L_1 为中承式拱两固定横梁间的桥面纵长。

(三)施工特点

由于是半悬吊系统，其施工相对上承式拱桥要复杂。拱肋施工早期采用拱架现浇法，一般分环、分段浇筑，并在各段接缝面及拱顶等处预留接缝槽，待各段全部浇完后，封闭浇筑接缝槽，最后在拱体温度符合设计要求时进行封拱顶。

近年来，对于较大跨径拱桥多采用无支架施工，如悬臂法施工，一般设立临时塔架，利用缆索吊机与斜扣索相配合，进行逐段悬臂拼装。

桥面系的纵横梁可以在支架上就地浇筑，也可以预制拼装。如就地浇筑，可从已建成的拱肋上挂下临时吊杆以支撑支架及工作平台，然后安装模板，绑扎钢筋，安装预埋件，并浇筑混凝土，再用永久性吊杆将桥面系结构悬挂在拱肋上，然后拆除桥面模板及工作平台等。有的设计利用预应力桥面系来平衡中承式拱肋的推力，则须在安装拱架之后，在拱脚处设置临时拉索，待桥面系的纵向预应力施工完毕后，将临时拉索拆除。

如桥面系为预制拼装结构，可在桥下的工作平台上，将吊杆和桥面系横梁，连成槽形框架，再用缆索吊机将框架吊起，安装吊杆到拱肋相应节点上，之后安装纵梁及桥面系。应注意吊杆的防腐蚀问题。

由拱上立柱支撑的桥面部分施工与上承式拱桥相同，但其桥面系与拱肋相交处的固定横梁受力复杂，一般采用就地立模浇筑。

二、总 体 布 置

见图 2.11.1，主要承重构件是两个分开的拱肋。两拱肋一般是在两个竖直的平面内，也有向内倾斜而在拱顶处相交的两个平面内，又称提篮式拱。其横向稳定性将比竖直双肋拱系提高 1.3～2 倍。为了美观，个别拱肋平面还有向外倾斜的。

中承式拱肋的恒载分布比较均匀，拱轴线形一般采用悬链线或二次抛物线。拱肋的横截面一般为等截面，有时为了增强拱肋的横向刚度和稳定，将拱肋宽在拱脚段增大而肋高不变。常用矢跨比为 1/4～1/7，一般采用较大值以减少水平推力。

行车道一般布置在两肋拱之间，故拱肋的间距和拱上横联的位置均应满足行车净空的要求。一般 2～4 车道桥可以只设双片拱肋。桥宽很大时，也有在中间加设一片拱肋者。

中承式拱桥的拱肋一般采用无铰拱形式，以保证其刚度。

两肋间设横联构件，以将两肋联成整体。有时为了美观将桥面以上的横联构件取消，做成敞口式，此时必须采取措施来保证其横向刚度及稳定性，这些措施包括：加强拱肋自身的横向刚度，如加大桥面以下拱肋的宽度；加强固定横梁；加强桥面以下拱肋间的横向联结系；采用刚性吊杆，使之与横梁形成一槽形刚架，增加侧向弹性约束等。

悬挂桥面系的吊杆主要承受拉力。吊杆分刚性吊杆和柔性吊杆,刚性吊杆用钢筋混凝土或预应力混凝土制作,柔性吊杆用冷扎粗钢筋、高强钢丝或钢绞线制作。

吊杆间距一般根据构造要求和经济美观因素决定,间距大时,吊杆的数目会减少,但纵横梁的用料会增多,一般采用等间距 4～10m。

左右两肋的成对吊杆先吊起横梁,然后再在其上架设或现浇桥面纵梁、桥面系板、铺装层、人行道等形成桥面系,见图 2.11.3。

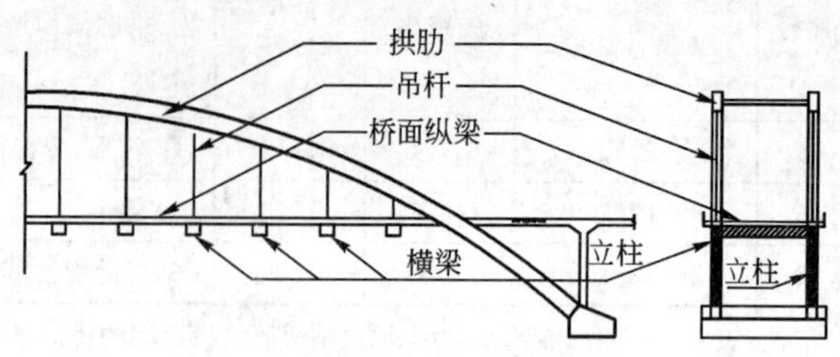

图 2.11.3　中承式拱桥吊杆与横梁总体布置

桥面板有时与纵梁连成整体,形成 T 梁或Π梁;也可在预制的纵梁上现浇桥面板形成组合梁。另一种方案是在横梁上密铺预制空心板或实心板来取代桥面板和纵梁两者的作用。桥面板一般为普通钢筋混凝土结构,亦可采用预应力或部分预应力结构。

为避免桥面系受拱肋变形的影响而参与共同作用,在桥面系与拱肋相交的侧面设置断缝,在其下的固定横梁上设置活动支座。

拱上横联可做成横撑、对角撑或空格式等形式。横撑的宽度不应小于其长度的 1/15。

三、构造细节

(一)拱肋构造

拱肋截面形状根据跨度、荷载和结构的总体尺寸,可选用矩形、工字形、箱形或管形,截面尺寸的比例及配筋方法基本上同上承式分离拱肋。

矩形截面拱肋一般用于中小跨径,拱肋高度约为跨径的 1/40～1/70,肋宽约为肋高的 0.5～1.0倍。工字形、箱形截面一般用于大中跨径。

拱肋截面一般按偏心受压钢筋混凝土构件设计和配筋。

(二)横联构件——横梁

中承式拱桥的桥面横梁可分为三类:固定横梁、普通横梁、刚架横梁。

1. 固定横梁

固定横梁设于拱肋与桥面相交处,是两拱肋之间的强大横联,既要传递垂直荷载,又要传递水平横向荷载,有时还须传递纵向制动力,受力情况复杂,而外形又须与拱肋及桥面系相适应。

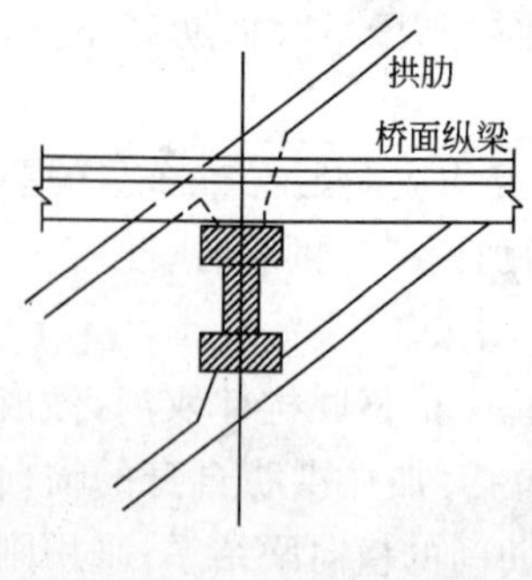

图 2.11.4　工字形固定横梁

在桥面与拱肋相交处附近,通行的空间受到拱肋的干扰,所以固定横梁较普通横梁长。其截面形式可根据具体情况而不同:①双对称工字形截面,外形尺寸一般与普通横梁基本相同,如图 2.11.4 所示;②不对称工字形截面,其下翼缘一直伸展到与拱肋的底面齐平,梁高平均达 1.5m 左右,宽 1m,而同一桥上的普通横梁的截面尺寸仅为 0.7m×0.7m 左右,可见其刚度相差悬殊;③三角箱形截面,除了有较大的抗弯刚度外,更有强大的抗扭刚度。一般情况下,还要考虑固定横梁上布置支座的要求。

2. 普通横梁

通过吊杆悬挂在拱肋之下的横梁称为普通横梁，截面可为矩形、“工”字形和“土”字形，跨度一般等于拱肋的中距，所承担的桥面荷载的长度即为吊杆的间距，由这两者决定横梁所需截面尺寸，一般为钢筋混凝土结构。普通横梁还要注意其与吊杆、纵梁或纵向桥面系联结的构造细节问题。

如图 2.11.5 所示，横梁与吊杆的联结分刚性联结和柔性联结。刚性联结一般用于与刚性吊杆如预应力混凝土吊杆相联，施工方法见后述。在与吊杆联结处，横梁内预埋竖向管道，预留预应力筋须伸出横梁之上，以便与吊杆中预埋管道连接，同时，还须预埋普通钢筋，与吊杆中伸出的普通钢筋焊接，然后浇筑混凝土形成刚性接头，最后再穿入预应力筋，建立吊杆中的预应力。与柔性吊杆联结时，横梁内只需预埋通过吊杆钢丝束或粗钢筋的套管和锚头的垫块即可。

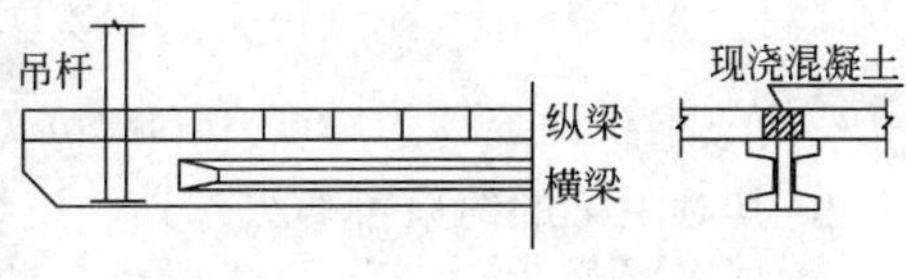

图 2.11.5 普通横梁构造

3. 刚架横梁

中承式拱的拱脚部分由拱上立柱和横梁组成拱上门式刚架，以支撑桥面纵梁。刚架上一般不设固定支座，以减少承受纵向水平推力。

拱上立柱与拱肋的连接，可分为刚性和铰接。刚接时立柱底部的钢筋应插入拱肋与拱肋的主筋绑扎牢固。铰接时一般采用混凝土铰，通常是在需要设置铰的位置将混凝土截面减少(颈缩)，使截面刚度大大减小，可产生结构所需要的转动，形成铰的作用。但应至少有一排钢筋插入拱肋，插入钢筋应注意锚固长度要求。

拱上相邻刚架的立柱高度相差较悬殊。靠近固定横梁的矮立柱，宜做成铰接。当立柱高度较大，超过纵向厚度的 20 倍时，可做成刚接。立柱内纵向弯矩值也甚小，可忽略不计。

(三)桥面纵梁及桥面板

如果采用支架上现浇横梁与纵梁，则宜形成整体格栅结构，如图 2.11.6a)所示，可以减小桥面系建筑高度。如果采用预制纵梁，由于横梁间距一般在 4～10m 之间，桥面纵梁多采用满铺 T 形梁、Π形小梁、空心板或实心板，并形成简支桥面连续或连续梁结构，具体做法如图 2.11.6 所示。

相邻的纵梁搭在平顶横梁上面，纵向留有 40cm 左右间距，梁端伸出钢筋，焊接后，浇筑接缝混凝土形成先简支后连续梁，见图 2.11.6b)。

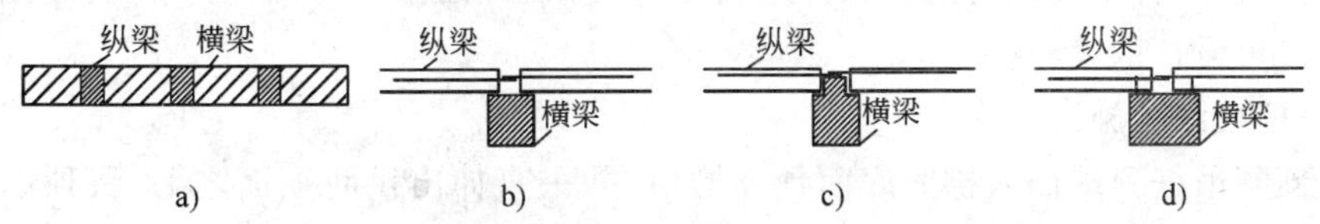

图 2.11.6 桥面纵梁与横梁连接示意

a)格栅；b)先简后连；c)桥面连续；d)框架

相邻的纵梁搭在凸形顶面横梁的两侧，纵梁建筑高度要高于凸起部分，并在高出部分的梁端伸出钢筋，焊接后，浇筑凸顶和梁端接缝混凝土，形成桥面板连续梁结构，见图 2.11.6c)。

相邻空心板搭在平顶横梁上面并留有纵向 40cm 左右间距，梁端伸出的钢筋焊接后，再与横梁伸出钢筋绑扎，然后浇筑接缝混凝土使板与横梁固结，形成框架结构，见图2.11.6d)。

图 2.11.7 为 T 形纵梁先简支后连续的做法示意。

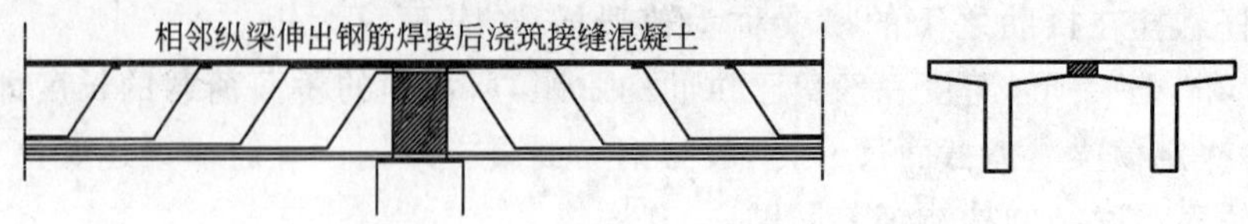

图 2.11.7　T 形桥面连续纵梁构造

简支梁桥面连续为厚度 8～10cm 的混凝土层，应能承受两边主梁的相当变位，并传递水平力，其对主梁的约束可略去不计。连续的长度宜控制在 100m 左右。

(四)吊杆

吊杆分为柔性吊杆和刚性吊杆。柔性吊杆一般用高强钢丝索或冷扎粗圆钢制造，仅承受轴向拉力，抗弯刚度微小，可以忽略不计。刚性吊杆一般用预应力、部分预应力或普通钢筋混凝土制成，其本身有较大的抗弯刚度，并与拱肋及桥面结构刚性连接，除承担轴向拉力之外，还须抵抗上下节点处的局部弯矩。

1. 柔性吊杆

高强钢丝索做的吊杆通常采用墩头锚，而粗钢筋则采用轧丝锚，钢丝和粗钢筋应有防腐措施。吊杆在桥面以上部分，外加钢管护套围护，防止直接碰撞。防腐措施有：

(1)在钢丝索或钢筋的护套内压注水泥浆，并用密实的混凝土封锚头，封锚混凝土内应有钢筋，以防止混凝土脱落并限制混凝土的裂缝。考虑水泥浆会因吊杆受拉开裂，有时改注黄油。

(2)用热挤聚乙烯防腐层，为防止行人有可能用刀刃利器割伤，可在人行道以上 2.5m 高范围内设钢套管或用 12 号铅丝缠绕，外涂红丹及油漆并粘贴反光标志。

(3)在高强钢丝索的外面用沥青膏或环氧沥青胶浆等涂料及玻璃丝布包裹，一般用三层沥青膏和三层玻璃丝布。

(4)锚头用防锈涂料，外加防尘罩。防尘罩可随时打开检查，并便于重新张拉以调整吊杆的拉力。

防腐层所用的涂料均应掺炭黑以防老化。为防止车辆撞击吊杆，应在靠行车道一侧设置防撞栏杆。

2. 刚性吊杆

为减少刚性吊杆承受的弯矩，吊杆顺桥向尺寸应设计的小一些，而横桥向为了增强拱肋的稳定性，尺寸可设计的大一些。

刚性吊杆要注意施工顺序：

(1)将预制吊杆顶端插入拱肋底面预开槽口，并一直伸出拱肋顶面之上，将顶部伸出钢筋与拱肋中预埋钢筋绑扎牢固，并将力筋套管接长，将其临时封闭，然后浇筑吊杆与拱肋的连接混凝土。

(2)同时将吊杆下端插入横梁上预留槽孔，并一直伸出横梁底面之下，再将下部伸出钢筋及力筋管道与垫板焊接，然后提升吊杆，使垫板与横梁底密贴，绑扎吊杆与横梁的预留钢筋，浇筑接缝混凝土，使吊杆与横梁连成一体。

(3)待吊杆与拱肋及横梁现浇的连接混凝土达到设计的强度时，穿入吊杆预应力筋、张拉、锚固，并在管道内压浆，最后封闭拱肋顶部的预留槽。

四、工 程 实 例

如图 2.11.8 所示，沈阳市长青桥，为三联孔钢管混凝土中承式拱桥，跨径 120m＋140m＋120m，两边还各有 2 孔跨径 50m 上承式钢筋混凝土拱桥，桥宽 32.5m，六车道，建于1997 年。

图 2.11.8　中承式拱实例：沈阳长青桥(1997)

主拱拱轴为悬链线，净矢高 35m，矢跨比 1/4。拱肋上、下弦钢管各为 2ϕ700×10mm，竖、斜腹杆 1ϕ24.5×10mm、横联 ϕ300×10mm 组成桁架式，高 3.6m，宽 2.0m。拱顶设一道 H 形横系梁，两边各设一道 K 形横系梁联成整体。上、下弦杆内填 C50 混凝土。拱脚部分自桥面以上 1～2m 范围往下加强为实体段，并在拱脚以上 6.5m 范围在拱肋外包 10cm 钢筋混凝土，两肋间并设 X 横撑。两边孔情况类似，矢跨比 1/4.5，拱肋高 3.0m，宽 1.8m。

全桥设 118 根吊杆，用 ϕ5 高强钢丝、镦头锚。

吊杆悬吊横梁，中间段长 18m，两边悬臂 7.25m，总长 32.5m，为预应力箱梁，尺寸外貌 1.1m×1.8m(宽×高)，内腔 0.7m×1.2m。

行车道板为矩形实心板，长 3～7m，宽 2.5～3.0m，简支安装，再与横梁固结形成连续桥面。

第十二节　下承式拱桥——系杆拱

中承式拱的桥面高程是按桥位的客观需要而定的。如果将桥面降低到拱脚的水平就成了下承式拱。此时如果进一步将两拱脚用预应力梁或筋作为系杆连结起来，使系杆承受拱脚推力，形成无推力拱，就成为系杆拱，如图 2.12.1 所示。普通下承式拱与中承式拱除桥面系高程不同外，其余结构上都相同，本节着重介绍系杆拱。

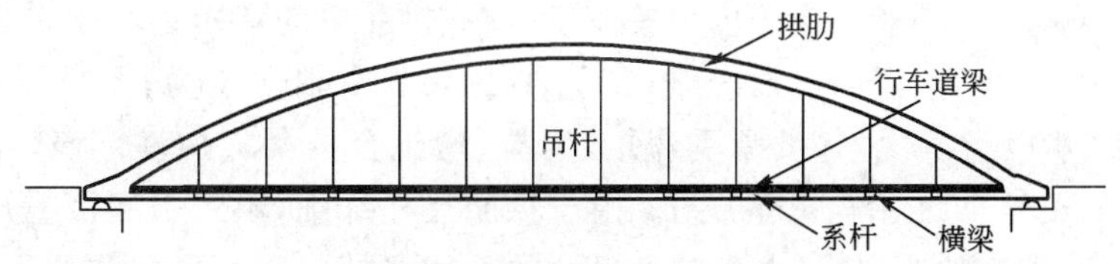

图 2.12.1　无推力拱式组合体系桥

系杆拱是外部静定内部 3＋n(吊杆数)次超静定结构，兼有拱桥的较大跨越能力和简支梁桥对地基的良好适应能力，当墩台基础处地质条件不良易发生沉降，但又要求保证较大的跨度时，系杆拱是较优越的桥型。

一、主要类型及构造特点

系杆拱是拱肋和系杆的组合结构。根据二者相对刚度的不同，可以划分为柔性系杆刚性拱、刚性系杆柔性拱、刚性系杆刚性拱3种体系。

(一)柔性系杆刚性拱(图2.12.2)

拱肋与系杆组合结构的各部件都要按相互之间的刚度比分配到一定的弯矩。对于系杆拱，若系杆的抗弯刚度相对较拱肋抗弯刚度小到一定程度，如$EI_{系杆}/EI_{拱肋}$在1/80～1/100时，就可以忽略系杆承受弯矩的能力，认为组合体系中的弯矩均由拱肋承受，系杆只承受拉力。这就属于柔性系杆刚性拱桥梁。适用跨径为20～90m，矢跨比一般1/4～1/5，拱肋本身的高度可取为(1/25～1/50)倍跨径。

图2.12.2　柔性系杆刚性拱

这种体系出现较早，曾得到广泛的应用。但向大跨径发展和承受更重的荷载时，就必须加大拱肋尺寸，系杆与拱肋连接部位更趋复杂化。与其他拱式组合体系相比，用料较多，施工不便，通常只用于90m以内的中小跨径。

早期系杆用钢筋混凝土制作，就地现浇法施工，具体步骤为：

(1)搭设临时支架至系杆底面设计标高，架设系杆模板；

(2)搭设拱肋、吊杆支架；

(3)安装拱肋、吊杆、系杆的钢筋骨架，同时安装模板；

(4)按拱肋的浇筑先后顺序，浇筑拱肋混凝土，待达到落架强度后卸架；

(5)在桥跨上加相当于桥梁恒载和活载强度的临时荷载，将各吊杆和系杆钢筋临时拉紧，使之受到拱肋传递的恒载、活载强度；

(6)在吊杆和系杆钢筋被拉的状态下，浇筑吊杆和系杆的混凝土。待卸去临时荷载后，这些构件的混凝土中出现压应力，从而避免后期出现受拉和收缩裂缝；

(7)最后形成桥面系。

后来系杆发展改进，采用预应力混凝土制作，预应力钢束的张拉应与拱肋和桥面系施工进程相协调，无须另加临时荷载。恒载下预应力筋的永存应力与容许应力之比应小于0.85。

对于系杆来说，预应力混凝土的混凝土只起钢丝的保护作用，因而最后的发展只以钢丝束作柔杆，外加钢套管或环氧树脂包裹层防护即可，大大简化了施工，降低了造价。

(二)刚性系杆柔性拱(图2.12.3)

这种体系外形有粗大的系杆和纤细的拱肋。系杆与拱肋的刚度比$EI_{系杆}/EI_{拱肋}$一般大于80。由于内力按刚度分配，拱肋中的弯矩远小于系杆承受的弯矩，因而可以忽略，认为拱肋只承受轴向压力；系杆不仅承受拱的推力，还要承受弯矩，为拉、弯组合的梁式构件。该体系以梁(系杆)为主要承重结构，柔性拱肋对梁进行加劲。由于拱肋尺寸纤细，不致引起沉重压抑感，在建筑艺术上具有较轻巧美观的造型，又由于较大尺寸的刚性系杆使立面形状重心下移给人以稳定感和安全感，而且施工方便，因此适用于建造城市及高速公路的跨线桥。

图2.12.3　刚性系杆柔性拱

由于刚性系杆在两端点简支，而在各吊点为弹性支撑的大梁，其跨度远远大于简支梁，建筑高度又比同跨度的连续梁小得多，系杆的高度一般取跨径的 1/25～1/35。柔性拱部分矢跨比常取 1/5～1/7。拱肋本身截面高度常取跨径的 1/100～1/200。

强大的刚性吊杆，反过来说，也通过吊杆对拱肋加劲，因而虽然是柔性拱肋，也不会发生面内"S"形失稳变形。一般跨度在 100m 以内时，拱的稳定性有充分保证。

刚性系杆是作为偏心受拉构件设计的，有抵抗拉力和弯矩的能力，施工中可以充分利用这种特性，使施工方便简单。除搭架现浇施工以外，常采用预制装配施工方法，以便于采用工厂预制大部分构件的块件和采用预应力工艺技术。刚性系杆柔性拱常见的预制拼装施工步骤为：

(1)搭设临时墩。

(2)将刚性系杆划分为较大节段，并用先张法布置预应力钢筋，以满足运输吊装对构件强度的要求。当采用连续梁顶推法时，可按顶推连续梁配筋。

(3)在临时墩上拼装系杆，相邻梁段钢丝束用扣环和销杆连接，然后用设置在接缝中的千斤顶将被连接部分同时张拉，浇筑接头混凝土；或用短钢丝束连接相邻块件，但块件端部要加厚，短钢丝束的预应力损失也较大。

(4)利用已拼装(或顶推)就位的梁段作为脚手架，进行拱肋的拼装工作；或采用缆索吊装加背扣索方法拼装；由于拱肋尺寸较小，常常也可以用吊机直接起吊拱肋预制段安装，接头多采用扣环式钢筋混凝土湿接头。拼装完后，应立即拼装两肋间的横撑，以保证拱肋的横向稳定性。

(5)安装吊杆。混凝土吊杆一般应在起吊前施加预应力，以满足细长构件在运输和起吊过程中的强度要求。吊杆与拱肋和系杆一般用短钢丝束连接。若系杆是在脚手架上拼装的"串连梁"，也可以把吊杆直接夹在梁段之间，利用串连梁端面在预应力作用下产生的摩阻力来保证吊杆与系杆之间的连接。

(6)安装行车道块件，制作桥面系等。

(三)刚性系杆刚性拱(图 2.12.4)

当拱肋和系杆的刚度比 $EI_{拱肋}/EI_{系杆}$ 在 1/80～80 时，系杆和拱肋均有一定的抗弯刚度，荷载引起的弯矩在系杆和拱肋之间按刚度分配，共同承担轴力和弯矩，计算模型不忽略这些内力因素，故更接近真实状况。由于拱肋和系杆均为刚性，这种组合体系的刚度较大，适合于设计荷载大的情况。由于拱肋和系杆受力较均匀，二者的尺寸可作适当比例的配合，使之外形协调美观，且在构造上不致使钢筋过分集中于系杆，以克服钢筋布置上的困难，连接部位的构造布筋也较容易。矢跨比通常取 1/5～1/6.5。

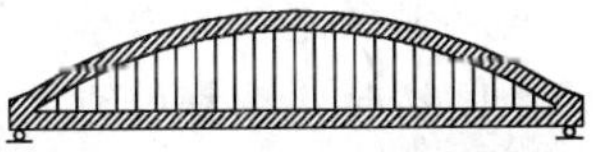

图 2.12.4 刚性系杆刚性拱

施工方法可用满堂脚手架，又可整体拼装和整体顶推就位，选择施工方案的余地较大，施工时的吊装和稳定性也易保证。

图 2.12.5 所示为江苏省丹阳市云阳桥，是跨径 70m 的系杆拱。其构造较为特殊，桥宽 4 车道＋2×2m 人行道，总宽 24.5m，采用了 3 条刚性拱肋，通过吊杆承吊 3 条刚性纵梁，上铺横梁和桥面系，纵梁内设无粘结预应力筋 22 束 6×7ϕ5 钢绞线作为系杆，因此纵梁是刚性的而系杆是柔性的。拱肋为箱梁，高 1.5m、宽 1.0m，拱轴线为悬链线，拱轴系数 m＝1.0，拱矢比 1/5，吊杆间距 5m。

宽桥如用双肋承吊横梁，横梁截面将甚庞大，因此用 3 肋式是合理的，造型也较新颖。

图 2.12.5　江苏省丹阳市云阳桥(跨径 70m,1990)

3 肋承吊刚性纵梁,使纵梁和拱肋共同承受活载,也较一般承吊横梁(此时横梁以上的桥面系都是拱肋的活载)经济,纵梁中用无粘结筋作系杆,避免梁身混凝土受拉,是很好的做法。

由于吊杆间距仅 5m,因此纵梁高度不须太大。由于纵梁本身不受拉,因此两端不须和拱脚固结,宜用简支。

(四)具有斜吊杆的系杆拱

该体系又称尼尔森体系,可用于拱肋刚度与系杆刚度的各种比值范围。如图 2.12.6 所示,斜吊杆与拱肋和系杆的锚固稍显复杂,但结构刚度大幅度提高,并能降低拱肋中的弯矩,使轴力成为决定拱肋截面尺寸的主要因素,大小接近普通有推力拱体系的轴力,可充分发挥混凝土的抗压特性,缩小拱肋尺寸。另外,斜吊杆体系还能减少系杆的弯矩,与竖吊杆体系的活载弯矩相比约为 $M_X/M_S=1/1.6\sim1/6$,轴力却无明显变化,与拱肋相似,轴力控制截面设计,使系杆的配筋得以简化。与竖吊杆体系相比,可使钢筋混凝土总体积节约 10%～15%。

图 2.12.6　斜吊杆无推力拱式体系

尼尔森体系的力学特征概括如下:

1.拱肋及系杆内力

拱肋及系杆的轴力与竖吊杆体系相比没有明显变化,由均布荷载 q 产生的水平分力约为(图 2.12.7)

$$H=qL^2/(8F)\text{。}$$

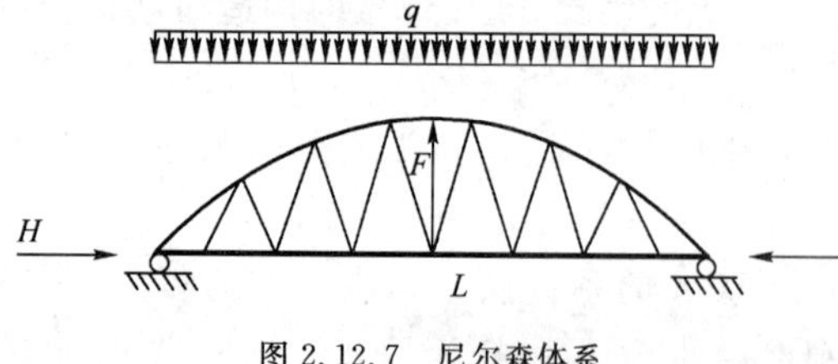

图 2.12.7　尼尔森体系

计算截面的轴力影响线纵距略大于竖吊杆体系,但经布载后的作为设计用的轴力并无大的差异。由于弯矩减少,轴力对截面设计起主要作用,可以设计出经济截面。

2.吊杆布置及设计要点

如果适当选择吊杆间距和倾角,吊杆可以作为纯受拉杆件设计。吊杆间距通常为 10～15m。当采用无交叉的斜杆时,一般只引起斜杆轴力变化,但若斜杆拉力过大,会使斜杆与拱肋和系杆的连接复杂化。此时,宜采用交叉的斜杆布置方案。若斜杆采用柔性的钢丝制成时,由于吊杆的下限应力低,应力变幅颇大,其安全系数应由疲劳强度决定。

3. 挠曲性能

最大挠度与竖吊杆体系相比仅为35%～70%，非常小。在竖吊杆体系的挠度影响线中，有面积大致相等的正负影响线面积，斜吊杆体系中则只有正的影响线面积。因而不产生反向挠度，是一种活载挠度变化极小的桥型。

4. 动力特性

工程上有关键意义的低阶固有振动频率高于竖吊杆体系，一般为后者的1.5～4.0倍，相应的振动刚度比为2.25～11.8倍，故动力特性优于竖吊杆体系，不易产生振动，适宜于建造大跨度结构。

(五)具有倾斜拱肋的系杆拱

拱肋平面向桥轴内侧倾斜时，可以简化拱顶横向联结系，提高拱身面外稳定性，加强景观效果。拱身与竖直平面的夹角不宜过大，一般控制在6°～12°，此时结构体系成为空间体系，超静定次数与横撑数目、吊杆数目及边界支撑条件相关。由于内力(主要是拱肋弯矩)受到空间耦合作用而改变，拱轴系数 m 值不能简单地沿用平行拱肋数值，必须考虑空间耦合作用产生的影响。当倾角小于5°时，其内力与稳定性和竖直拱肋无甚区别。

当拱肋内倾达到两肋拱顶接触时，又称为提篮拱，形成一个特殊美观的造型，图2.12.8为沈阳市区一座单钢管提篮拱桥正视图，显示两边钢管混凝土拱肋向内倾斜的情况。

图2.12.8 沈阳市一提篮拱桥正视图(单钢管混凝土拱、主跨35m，1995)

由于体系为空间结构，拱肋截面内力除通常平行拱肋的面内力 M、Q、N 外，还有面外弯矩、剪力和扭矩，这种力学体系特征概括如下：

1. 拱肋内力

面外弯矩和剪力视倾角大小而定，当倾角不大时，面外内力与面内内力之比值通常小于10%，设计截面时可以忽略不计。倾斜拱肋若采用与竖直拱肋相同的拱轴系数 m 值时，竖向均布荷载作用于拱肋上时(相当于拱肋恒载作用)，其弯矩的比值约为平行拱肋的1.2～3.5倍；与拱肋平行的均布荷载作用于拱肋上时(相当于桥道恒载和活载作用)，其弯矩的比值约为平行拱肋的0.7～0.9倍。所以，拱肋的 m 值需要考虑空间耦合作用的影响。截面扭矩是倾斜拱肋体系设计截面时不可忽略的因素，特别是当端横梁与拱肋固结时，端横梁的固端弯矩投影转变为拱肋的面外弯矩和截面扭矩。

2. 吊杆布置

吊杆布置常为尼尔森体系形式，以消除增加的一部分面内弯矩，其布置要点同斜吊杆体系，挠曲性能也与斜吊杆体系相似。

3. 拱系的稳定性能

由于拱肋倾斜，改变了拱肋的稳定条件，其横撑不再只起风构作用而是为稳定提供有利条件，加上柔性吊杆的非保向力影响，拱系的面外稳定系数比平行拱肋大为提高。因此，特别适用于大跨径条件，可克服竖直拱肋体系在大跨径时面外稳定性储备不多的弱点。

二、构 造 细 节

具有竖直吊杆的无推力拱式组合桥由桥跨上部结构和墩台（下部结构）两大部分组成。一般情况下，无推力拱式组合体系均为下承式桥梁，适合跨度大建筑高度小的设计要求。由于下部结构不承受推力作用，可以按照梁式墩台设计。

（一）总体布置及尺寸拟定

表 2.12.1 列出了预制拼装钢筋混凝土无推力拱式组合体系桥梁的主要经济技术指标。一般情况下，按持久状况构件容许应力计算时，刚性系杆柔性拱经济指标较优，尼尔森体系与刚性系杆刚性拱的指标相近，柔性系杆刚性拱较差。按极限状态法设计时，若跨度大于 90m，刚性系杆刚性拱及尼尔森体系显示出较大的优越性。

无推力拱式组合体系桥技术经济指标 表 2.12.1

结构体系	跨度(m)	钢材		混凝土		备注
		(t)	(kg/m²)	(m³)	(m³/m²)	
柔性系杆刚性拱	55	46		248		
柔性系杆刚性拱	55			320		
刚性系杆柔性拱	55	28		233		
刚性系杆刚性拱	70		111.9		0.503	
尼尔森体系	55	46		248		
尼尔森体系	55	44		231		

（二）拱肋截面尺寸及配筋

1. 柔性系杆刚性拱

拱肋构造基本与下承式有推力体系者一致，截面一般采用工字形或箱形，高度取 1/25～1/50 倍跨度，宽度约为肋高的 0.4～0.5 倍。若采用无横撑布局时，肋宽应适当加大。工字形截面拱肋腹板厚度应满足设吊杆的构造尺寸及保护层要求，且不小于 0.3m；箱形截面腹板和翼板厚度一般不小于 0.25～0.3m，以便于布置钢筋和浇筑混凝土。对箱形拱肋还必须在吊杆处和按一定间距设置内隔板，保证拱肋截面局部稳定的需要，厚度多为 0.2～0.3m，在无吊杆处可以挖空。在吊杆处的内隔板宜沿杆件方向设置，其厚度还应满足吊杆与箱肋固结的需要。一般情况下，吊杆与拱肋的锚固点可以封死，特殊重要的吊杆锚固处可以设置专门的封闭构造以便于检修。预制吊杆的连接构造与普通拱桥相似。

拱肋纵向受力钢筋一般按上下对称布置，吊装过程中需要的钢筋设在拱肋下缘。工字形截面的箍筋应分别在翼板和腹板中设置成闭合箍形式，并应有交叉。箍筋间距不宜大于纵向主筋直径的 15 倍。

2. 刚性系杆柔性拱

柔性拱肋在保证一定的强度和稳定性的情况下，应尽量减小截面高度，使之成为只受轴力作用的构件，这样拱肋预制节段重量也较轻，仅需要轻型拱架或吊车就可施工，增加经济效益。

由于吊杆常为等间距布置，拱肋可以采用二次抛物线作为拱轴线。为施工和运输方便，可以采用在吊杆节点处分段，以折线形拱轴线代替平滑曲线，吊杆之间的拱段为直线形状。对于柔性拱肋而言，用直杆代替曲杆的附加弯矩可以忽略不计。拱肋高度多采用1/100～1/120倍跨度，有时可压缩到1/140～1/160倍跨度。为增加拱肋的横向稳定性，肋宽必须大于肋高，一般取1.5～2.5倍肋高。由于肋高较小，柔性拱肋截面常为实心矩形断面。拱肋本身的横向刚度大，若采用钢筋混凝土吊杆，就可以和横梁一道组成半框架，拱肋间常可不设横梁，就足以保证侧向稳定性。因此，刚性系杆柔性拱桥可以设计成敞口桥，使之视野开阔，桥型简洁美观。

3. 刚性系杆刚性拱

从力学观点来看，这种体系在受力和用料上应该是最经济合理的。拱肋轴线一般采用二次抛物线，有时也可以用折线形。拱肋高度1/50～1/80倍跨度，宽度0.8～1.2倍高度。拱肋与系杆的截面常设计成相同的几何形状，便于支撑节点处的连接。截面多采用工字形和箱形。为了便于施工，拱肋可采用等高度截面。如为便于支撑节点拱肋和系杆的内力传递均匀起见，亦可以采用变高度拱肋，使支撑节点处拱肋和系杆的高度接近。拱肋配筋及构造要求可参照柔性系杆刚性拱的要求。

(三)系杆构造及配筋

在系杆拱设计中，最关键的问题是系杆的设置，既要考虑系杆与拱肋的连接，保证系杆能与拱肋共同受力，又要考虑系杆与行车道部分独自受力变形，互不影响，为此两者间应设断缝，并将行车道板简支在横梁上。这样受力明确，应用较多。

系杆制作有四种：

(1)采用型钢制作金属系杆，金属系杆需要防锈处理；同时温度变化时外露系杆与拱肋钢筋混凝土的表面吸温及线胀系数有差别，会产生附加内力，故使用较少。

(2)采用独立的钢筋混凝土系杆。每根系杆分为两部分，沿吊杆两旁穿过，自由地搁置在横梁上。由于系杆与横梁重叠搁置，建筑高度可能受到限制，一般宜尽量把系杆尺寸做得宽、矮以增加柔性，所以常用于柔性系杆刚性拱中。钢筋混凝土系杆在使用中会出现裂缝，对钢筋寿命有影响，故不宜在有冰冻和腐蚀性条件的桥址使用。这种构造允许桥面系不设横向断缝。

(3)采用预应力混凝土系杆。系杆截面形式应与拱肋截面形式一致，以便于连接。预制系杆节段时可以预留孔道，或预制成槽形断面以便集中敷设预应力钢束。行车道部分根据系杆的布置可以设横向断缝，也可以不设，从桥面的平顺性考虑，以不设为宜。

刚性系杆，在营运阶段属于偏心受拉构件，当只有恒载作用时，属于偏心受压构件。设计时通常以偏心受拉控制，故宜设计成箱形或工字形截面。由于沿系杆长度方向的截面弯矩绝对值相差很小，宜将普通钢筋尽量靠近截面上下缘布置，并布置成对称或较对称的形式。同时，沿截面高还应布置适当数量的分布钢筋，防止裂缝扩展。

(4)直接用钢丝束作系杆。近年使用最多，可工厂预制，十分方便。

(四)系杆预应力施工工艺

对刚性预应力混凝土系杆，一般按预应力混凝土梁布筋，如采用无黏结预应力技术，可为系杆装配式施工提供较为方便的条件。

预应力钢束的张拉一般应分期分批进行。由于施工过程中拱肋传递给系杆的推力是随工况逐步增加的，所以预加应力宜与施工中逐步增加的拱脚水平推力同步，以使系杆中产生的恒载拉力与预加应力互相平衡，避免过度集中施加预应力时可能出现压杆失稳、截面压应力超限及截面局部开裂。对应于一期和二期恒载，预应力钢束也应分为两期张拉，每期又可划分为与工况对应的批数。

一期预应力需考虑的内容有：

(1)一期恒载产生的系杆拉力，即形成系杆拱体系后，拱肋、系杆(纵梁)、横梁及行车道板的自重在拱脚部位产生的水平推力。

(2)平衡一期恒载的系杆本身(纵梁)弯曲拉应力。

(3)一期预应力的损失。

(4)一期的预应力储备量。

二期预应力是在系杆拱的外部静定体系形成以后张拉。此时，一期恒载产生的拱脚推力已经与一期预应力抵消。二期恒载产生的拱脚水平推力、系杆的弯曲拉应力，活载所需之永存预应力等都必须在二期预应力中施加。同时，由于一期预应力是随工况的进展而逐步施加的，因此对拱肋内力一般无明显影响。但因装配成型的拱肋在其自重的作用下必然存在一定的正弯矩，故需在二期预应力施加过程中，有意识地加大张拉吨位，使系杆产生压缩变形，造成两拱脚对称地向跨中相对移动微小位移，从而在拱肋中形成附加的负弯矩，以抵消拱肋自重产生的正弯矩。

(五)系杆与拱肋连接

系杆与拱肋的端部连接非常重要，它必须保证二者连接的可靠性和结构与计算模型的相似性。由于这个部位尺寸有限，受力集中，应力分布复杂，所以与普通结构相比有其特殊性。

1. 应力分布状况

柔性系杆刚性拱的系杆只承受拱的推力，拱肋根部弯矩为零，竖向力由支座承受，拱脚受力十分明确，故下面主要针对刚性系杆柔性拱和刚性系杆刚性拱叙述。

对具有刚性的系杆，由于同时承受轴力和弯矩，故与拱肋之间的传力机理比较复杂，要从理论上精确求出这里的应力分布是困难的，只能采用实验和结合有限元分析结果，定性地找到这个连接区域的应力分布状况，再据此配筋，并采取加强构造措施，以策安全。

由模型试验及有限元分析结果，可得出如下主要结论：

(1)主拉应力迹线在拱肋处平行于拱轴线，与系杆连接处逐渐向系杆轴线方向倾斜。系杆在角隅处截面的下缘主拉应力趋于零，而角隅处主拉应力迹线是弯曲的。主压应力迹线的主流是从拱肋一直向支点及附近延伸，如图 2.12.9 所示。

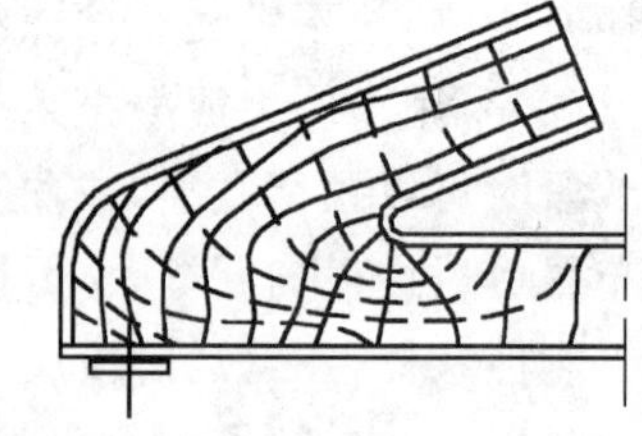

图 2.12.9　连接区域主应力迹线状况

(2)高压应力区在角隅和支点附近，两者中间有一个位于系杆轴线附近的低压应力区。

(3)当拱肋轴线与系杆轴线和支点中线不交于一点时，角隅处附近的系杆截面上缘有较大的拉应力出现，其值约为稍远处截面上缘拉应力的 1.5 倍左右，且集中范围不大。由此可知，拱肋水平推力在梁拱联接点处主要是由梁上缘传递的。

2. 构造原理

(1)拱肋主筋：在联接点处宜上下缘均衡配置，即除按计算应力配筋外，受压侧也与受拉侧等量配筋。为使水平推力传递给梁时成为尽量均匀的拉力，应将拱肋上下缘主筋沿拱脚的倾角向支点方向延伸，直达加劲梁(系杆)的底部，以使系杆上缘应力减小，下缘应力增加，使之较均匀分布。

(2)系杆主筋：由于拱肋水平推力主要是传递给系杆上缘的，所以系杆上缘主筋直径不宜过小。上下缘主筋应尽量延伸到支点附近，使高应力区的应力能够向低应力区传递。

(3)局部加强构造：拱肋越接近与系杆结合的部位，出现的与拱肋轴向垂直的主拉应力越大，此处箍筋应适当加密。为抵抗结合部位由于系杆的集中拉力而出现的支撑节点主拉应力，应沿主拉应力方向设主拉钢筋；当设置主拉钢筋的长度能够满足克服预应力损失的要求时，以施加预应力较好，利于提高结构的整体刚度。

支点部位的局部承压构造问题可参照梁式桥处理。

支撑节点部位钢筋密集，焊点多，需特别重视焊点集中处钢筋的高残余应力和发生脆断的可能性，因此除应考虑混凝土浇筑工艺要求外，还须可焊性能和屈服性能良好的钢筋。

(六)支撑结点构造

1.柔性系杆刚性拱支撑节点

对于一般的中小跨度，系杆内的受拉钢筋可用螺母和钢垫板锚固在节点端部，也可以把系杆中的钢丝束末端散开，以锚固长度的构造形式分散锚固于节点混凝土中。斜向配置主拉钢筋多为普通钢筋，如图 2.12.10 所示。

对于大跨度，多采用预应力系杆。除了主筋锚固在系杆端部外，还要局部加密梁端部的非预应力钢筋，以分散局部应力和加密角隅处竖直非预应力钢筋，以抵抗此处的局部主拉应力。为了承受支撑节点范围内的主拉应力，宜加设数条垂直于拱肋轴线方向的短预应力主拉钢束，这样可以简化局部配筋。

2.刚性系杆柔性拱支撑节点

支撑节点处理较困难，这是由结构受力性质和构件尺寸决定的。构造上的基本要求是应保证拱肋和系杆钢筋末端的可靠扣接，能将拱肋的内力均匀地传递给系杆钢筋。

如图 2.12.11 所示，对于工字形或矩形柔性拱肋，由于刚性系杆中受力钢筋通常为上、下对称布置，可以将系杆钢筋末端形成半圆环状的连接形式。该半环传给环内混凝土以径向压力。为了加强这个压力的传递，还可在环内布置横向分布钢筋。拱肋钢筋伸至系杆钢筋半圆环内部的混凝土核心中。在钢筋半环底部即支座局部承压部分布置有分布钢筋网；节点范围内布置斜向箍筋以承受主拉应力。这种构造形式可通用于高度较大的刚性系杆中，布置的钢筋环可采用较大半径弯转(不小于钢筋直径的 10 倍)，以保证可靠的锚固。

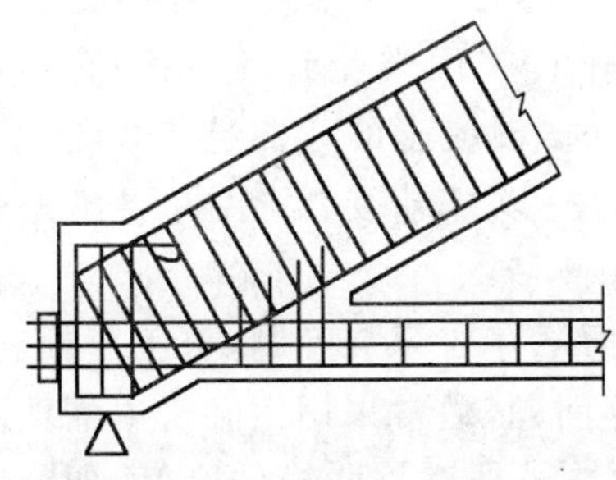

图 2.12.10 柔杆刚拱支撑节点构造

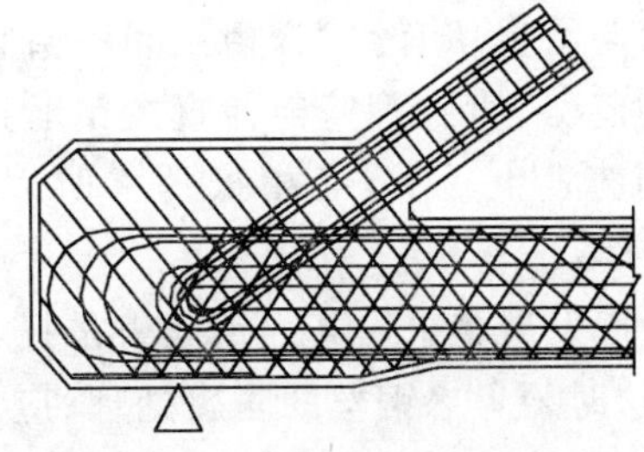

图 2.12.11 刚杆柔拱支撑节点构造

一种简单的做法是在柔性拱肋根部采用管状劲性钢筋与刚性系杆连接。管状劲性钢筋支撑在金属垫板上，垫板下的混凝土用若干层分布钢筋网予以加强。刚性系杆的受力钢筋在支撑节点混凝土加宽范围内呈不同角度由下至上逐渐弯起，最后达到与拱肋轴线垂直，就是钢筋末端的方向与拱肋纵向力和支点反力共同作用下的压力线相垂直的效果，这样可减少焊点集中的影响。

3. 刚性系杆刚性拱支撑节点

系杆与拱肋常为等宽，对支撑节点处理带来方便。系杆高度常为拱肋高度的 1.4 倍左右。系杆和拱肋钢筋尽量上、下缘对称布置，以满足抵抗正负弯矩的要求。在拱肋钢筋末端的下面，在混凝土体中布置有分布钢筋网。沿跨长方向布置箍筋，在支撑节点处配置有密排的竖向及斜向箍筋，沿构件高度设防收缩分布钢筋。为承受支点主拉应力而布置较密的斜向钢筋，如图 2.12.12 所示。随着跨径和荷载增加，系杆采用预应力配筋应更合适。

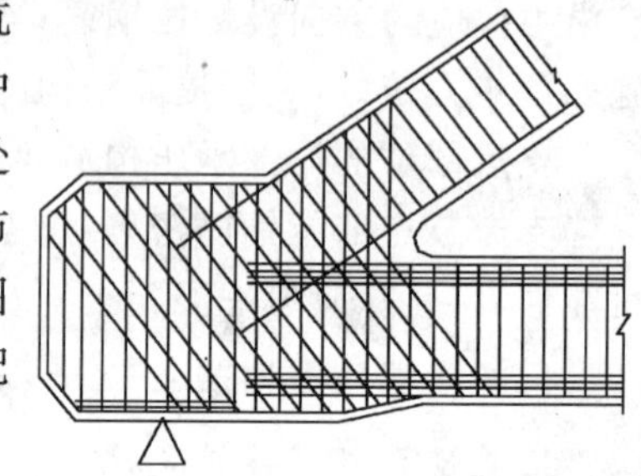

图 2.12.12　刚杆刚拱支撑节点构造

(七)吊杆及节点

1. 吊杆构造原则

吊杆一般是长而细的构件，主要承受轴向力而不承受弯矩，设计时顺桥向尺寸应较小，使之具有柔性，而横桥向为了增加拱肋稳定性，其尺寸可较大。

当采用钢筋混凝土吊杆时，可按轴向受拉构件设计。施工中应使吊杆钢筋在受力状态下再浇混凝土，施加的力以在承受恒载和活载作用下不开裂为准。待混凝土养生达到强度要求后，可随恒载的增加而逐步卸去给吊杆钢筋预加的力，以避免长细杆件可能出现的受压失稳现象。这样，在恒载加完后，吊杆混凝土仍有一定的压应力储备，避免或减少以后在活载作用下出现的裂缝。

当采用预应力混凝土吊杆时，可以采用现浇法或预制安装法，其经济性是显而易见的。

(1)采用现浇法时，可随恒载的增加而逐级(或逐根)对称张拉预应力钢束。恒载加完后，最后调整各杆预应力，使杆中储备的压应力基本均匀。这种预加力的方法只能采用后张法，而后张法对长细杆件更容易引起失稳，施工时应特别重视。

(2)采用预制时，可减少施工荷载的加载和卸载调整工作，因而简化施工，还可视需要采用先张或先张与后张相结合的方法。先张法的预应力钢筋与混凝土黏着较好，有足够多的钢筋与混凝土的接触点，此时吊杆产生的压屈现象只发生在个别接触点之间，相当于减小了压杆长度，因而大大提高了压杆临界力。反之，后张法在开始张拉时，由于钢丝束与管壁留有空隙，相互间不直接接触，混凝土吊杆在两端受到集中预加力，必将产生弯曲趋势，直到管壁与伸直的钢丝束有个别接触点时，混凝土的弯曲趋势才与钢丝束的伸长趋势发生联系，互相抵消。所以，后张法临界力应以杆端受压控制，要比先张法小得多。

近期发展多采用高强钢丝束吊杆，明显优势是截面不存在开裂问题，可工厂预制，施工简便，这时须考虑钢丝的防腐处理、应力腐蚀及疲劳等问题，通常采用钢套管内灌注水泥沙浆、玻璃纤维布缠绕涂刷环氧树脂等方法。钢丝束柔性吊杆对拱肋横向刚度，即稳定性无重大贡献。

2. 吊杆与拱肋连接节点

当吊杆与拱肋采用钢筋混凝土连接时，吊杆内的受力钢筋绕埋在拱肋混凝土中的钢管上弯转，并将钢筋末端扣接锚固。钢管外径应满足吊杆主筋的弯转规定。或将吊杆钢筋末端环绕拱肋内的粗钢筋弯转，然后焊牢，以形成扣环。但应注意焊点钢材性能的相似性和可焊性，以免造成脆性破坏，如图 2.12.13 所示。

当跨径不大时，选用圆钢作吊杆。此时，可把钢吊杆直接悬挂在埋入拱肋的槽钢或其他劲性钢筋上，如图 2.12.14 所示。

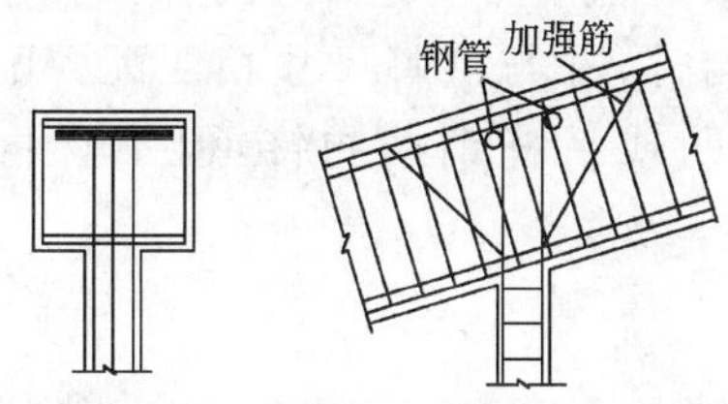

图 2.12.13 吊杆与拱肋连接构造

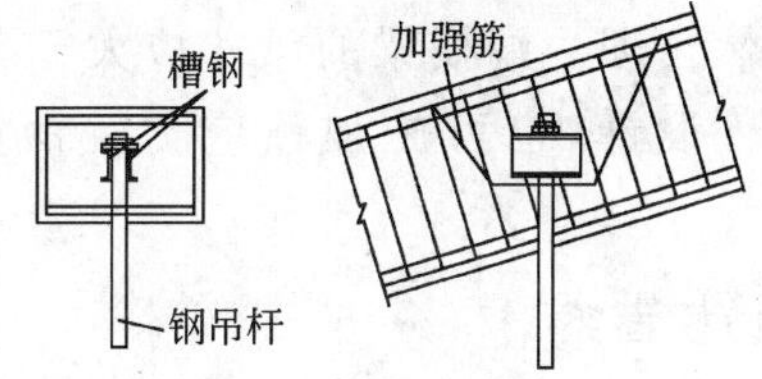

图 2.12.14 吊杆与拱肋连接构造

当采用预应力混凝土或预应力钢丝束作吊杆时，可在拱肋中预埋穿束管道。锚头处应设置钢垫板，钢垫板下设数层水平钢筋网和一段环绕预埋管道的螺旋箍筋，以将锚头集中力迅速传至混凝土中，并保证拱肋不出现沿吊杆方向的裂缝。

对箱形拱肋截面，每根吊杆处应设一块竖直向隔板，以保证吊杆钢筋或预应力束有足够的锚固长度和利于吊杆力对拱肋的全截面分布。对预应力吊杆，应在拱肋顶部留有锚固孔洞，待全桥完成后，视需要作永久性封头或作封盖以便于检修及调索。

为了加强吊杆与拱肋的连接，应在拱肋内设置与吊杆大致成 45°角的吊筋。

3. 吊杆与系杆连接

与刚性系杆连接时，由于系杆高度较大，可能允许把吊杆钢筋末端伸入混凝土很长，因而在下端的扣接没有困难。

对于柔性系杆，吊杆下端一般不直接与之连接：一则因柔性系杆高度小，截面内布满钢筋，连接处理非常困难；二则因此时必须将横梁支撑在系杆上，对于柔性系杆，这是不允许的。正确的做法是将吊杆与横梁相连接。横梁高度很大，对连接处理不困难，只需注意钢筋扣接或锚固可靠和集中力作用区域的局部承压及可能出现的主拉应力等问题即可。

(八)横向联结系

横向联结系可以提高拱肋的横向稳定性，同时可以改变纵向失稳波形，截面可设计成矩形或箱形，可沿拱轴线径向布置或竖直方向布置。受力是以轴向压力和自身恒载为主，配筋原则上可照此进行。与拱肋交接处宜采用平滑或折线过渡，避免角隅处应力集中产生裂缝。

拱肋与横向联结构件交接部位应设横隔板或浇筑成实心段，以便横向联结构件的钢筋末端有足够的锚固长度，并利于整断面传递内力。

横向联结系构件顺桥向的布置有单数布置和双数布置两种，以单数布置居多，即拱顶布置一根，然后向两端分别对称布置，如图 2.12.15 所示。这种布置的主要特点是可以改变纵向失稳时的

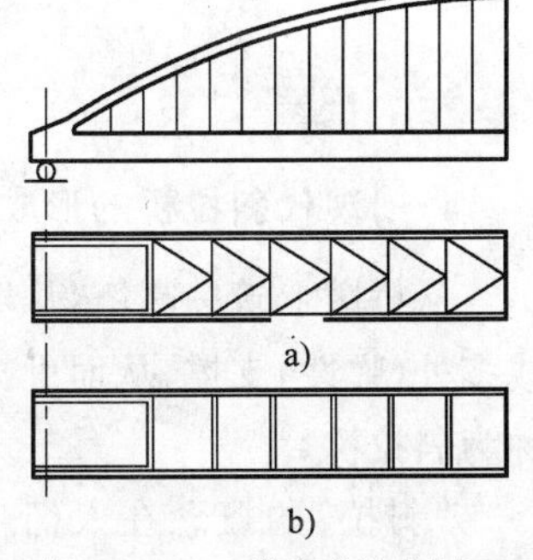

图 2.12.15 横向联结系布置

波形，并缩短波长，从而提高结构稳定性。图示为密布式，为节省造价，提高拱顶通透性，也可全拱只设3～5处。

端横梁也属于横向联结构件，将两片拱肋和系杆系统联结在一起，使之不产生横桥向的相对位移，同时也约束2片拱肋顺桥向的相对位移，所以它是系杆拱桥的重要构件。它将拱肋以及系杆(刚性)形成组合框架结构，保证了结构的整体稳定性，同时也承受了桥道梁传递的恒载及活载。

用空间杆系程序计算的端横梁截面内力中有扭矩存在，其代数值约为恒载拱脚弯矩的10%～20%；当两拱肋向桥轴线侧面倾斜时，扭矩最大值有时可达30%。因此，用箱形截面显然合理。端横梁的尺寸应大于其他横向联结构件，并与拱脚尺寸相匹配。配筋按抗弯构件设计，也可施加预应力。钢筋末端应与拱肋或系杆钢筋扣接，但不宜再增加焊点。

(九)桥面系

桥面系的行车道板(梁)是支撑在横梁上的。从建筑高度和美观考虑，行车道块件通常采用挂梁设计，即支点部位有牛腿构造。普通牛腿部位均有支座，而系杆拱中的牛腿部位常不设支座，仅以油毛毡等简易代替。行车道常与横梁及两相邻块件用粗钢筋联系在一起，形成能够承受负弯矩的连续结构，如图2.12.16所示。这时，行车道块件可偏安全地用简支梁配筋；牛腿按构造要求配筋，此处应重视抗主拉应力钢筋的安全度；梁端顶部预留钢筋出头或留明槽，待2相邻梁及横梁联结妥善后再浇接头混凝土。

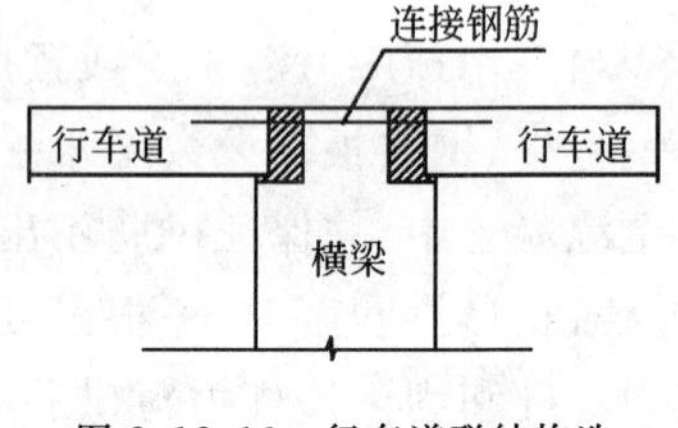

图2.12.16　行车道联结构造

伸缩缝设在端横梁靠墩台一侧，桥跨内一般不再另设伸缩装置。

桥面安装完毕后，应在各吊杆处复测桥面高程，作吊杆的张拉力调整工作，然后浇筑桥面混凝土。吊杆张拉力的调整要考虑到桥面二期恒载完成后的设计高程，故应计及吊杆的弹性伸长量。二期恒载对拱肋产生的挠度相对较小，可以忽略不计。

人行道视与拱肋的相互位置而有两种布置方式：当人行道在拱肋以外时，可按实际人行道宽度布置；当在拱肋中时，可在与拱肋相遇处局部加宽绕过拱肋。

第十三节　斜　拉　桥

一、概　　述

(一)现代斜拉桥的形成和特点

从桥墩上筑一高塔，从塔上向两侧的主梁斜向伸出拉索拉住主梁，以向主梁中部提供一处或多处(弹性)支撑，从而可提高主梁的承载能力，省略中间的支墩，加大桥梁的跨径，这种结构称为斜拉桥。

“斜拉”的概念在人们生活中和其他结构中经常遇到，如由衡边塔柱上伸出的用以悬挂无轨电车天线的悬臂都用斜索拉住端部以提高其支撑能力等，用在桥梁上则中国古代为战争需要在护城河上修建的“吊桥”就可认为是斜拉桥的启蒙(图 2.13.1)。欧洲在 19 世纪工业革命中期，英法等国就曾建成几座用铁链斜拉的木桁架桥，但不久即坍毁，原因是当时还不能明确地计算这种结构的内力以及拉索变形大而强度低，直到第二次世界大战后的 1956 年，才由德国工程师 Dischinger 设计建成世界第一座现代斜拉桥——瑞典 Strömsund 桥，钢梁主跨 182m(图 2.13.2)。这以后就逐步发展成多种式样和大小不同的跨径，而风行全世界，形成一种崭新的桥梁结构体系。现代斜拉桥所以能获得成功的发展，主要是基于在技术上解决了下述三大关键问题：

图 2.13.1 中国古代护城河上的吊桥

(1)电算技术的发展解决了高次超静定结构的详细力学分析设计计算问题；

(2)悬臂施工法的出现解决了大跨、深水桥梁主梁的施工问题；

(3)高强钢丝的出现解决了拉索的材料质量问题。

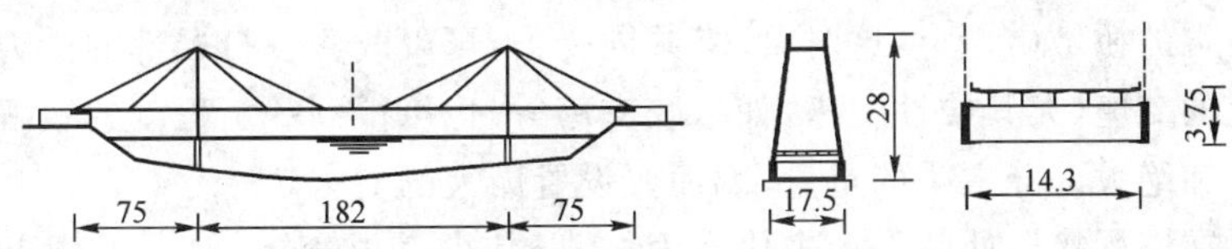

图 2.13.2 瑞典 Strömsund 桥

由于这些原因，一个国家或地区能否自力更生设计施工斜拉桥已经成为衡量这个国家或地区桥梁建设能力和水平的一个标尺。

斜拉桥之能广泛、快速地在世界各地流行还由于其自身特有的优点：

(1)由于用上面张拉的拉索取代下面支撑的桥墩，因而可少做水中基础而获得大跨径桥梁，跨越深水基础时尤其有利。

(2)由于主梁可用多索在中间支撑，因而梁身可以变得很薄，还可以减少大桥两端引桥的长度。

(3)由高耸的造型各异的索塔，薄的梁身，倾斜的拉索组成新颖独特而又宏伟纤秀的造型提供很好的景观优势。

(4)与悬索桥同为悬吊结构桥梁，但具有更多的优点，主要是：

①每根拉索下端直接锚在主梁上，无需庞大的主缆，更无需两端庞大的锚碇，因而造价大为降低。

②每根斜拉索和主梁、索塔皆组成三角形结构，而悬索桥的吊杆、主缆和主梁皆组成四边形铰接结构，因而悬索桥的静力尤其重力稳定性皆大大低于斜拉桥。

(5)倾斜拉索的水平分力对混凝土主梁形成免费预应力对梁身受力极为有利。

(6)在许多情况下，大跨以及小跨斜拉桥由于墩少梁薄，皆具有很大的经济竞争力。

(二)斜拉桥的结构体系和改进内力的结构措施[1]

斜拉桥的索塔、主梁、拉索三大部件的造型、布局、材料等各有发展，可说是变化多端，但从结构上主要从三大部件之间的组合方式上可以概括划分为四大基本结构体系,见图 2.13.3。

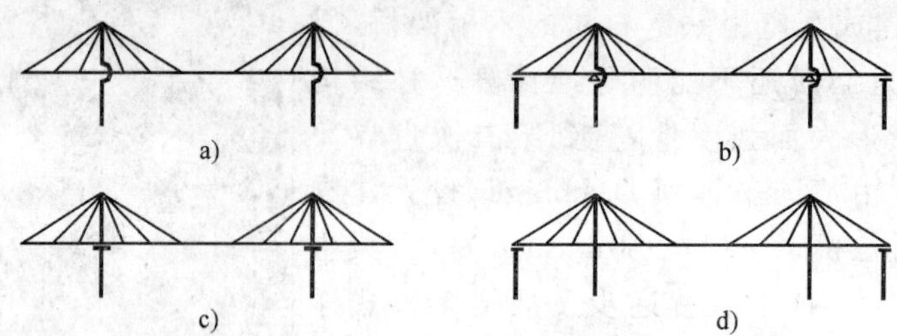

图 2.13.3　四种基本结构体系

a)漂浮体系;b)支撑体系;c)塔梁固结体系;d)刚构体系

(1)悬浮体系:又成为漂浮体系,主梁由拉索悬挂在索塔上,梁与桥墩之间不设支撑,这种体系最利于地震地区采用,由地震通过索塔基础传来的动能须经过诸多柔性拉索的缓冲迟滞才能传到墩身,对整个桥体的影响最小。

(2)支撑体系:主梁在索塔和两端桥墩上设置竖向支撑部分加设横向支撑(以约束梁身横向摆动),这是一般地区最常见的结构体系。

(3)塔梁固结(塔墩分离体)体系:这时整个塔梁索形成一个整体,有如一根连续梁放置在中间的塔墩和两端的桥墩(台)上,这时梁、塔共同受力,可以改善各自根部的受力状态,而地震力通过墩(台)上的支座(尤其柔性支座,如橡胶支座等)也可得到一定程度的缓解,但塔墩处因须支撑全部塔身和绝大部分主梁的重量,因而要设置庞大的支座。

个别斜拉桥在塔梁接合处曾设铰来代替固结,以减少塔根弯矩,但那里弯矩本来就不大,设铰后反而恶化了梁身弯矩,且使索塔施工困难,因而甚少推广。

(4)刚构体系:即塔梁墩固结体系,这时桥梁总体可得到最大的刚度,跨中竖直变形减小,塔梁弯矩进一步降低(因墩身参与承担一部分),但与一般刚构桥梁一样,跨径要受到桥墩温度应力的限制。此外,对地震也较其他体系敏感。

为了改善结构的受力,在斜拉桥发展过程中还曾采用过一些如下的结构措施,其中有一些现在仍经常采用,见图 2.13.4。

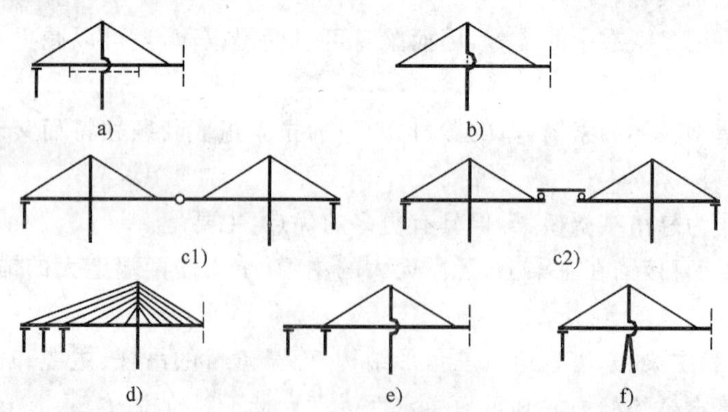

图 2.13.4　改善内力的结构措施

(1)在桥墩处加设纵向水平约束:对中小跨径斜拉桥,斜拉索本身就提供水平约束,对特大跨径尤其是悬浮体系斜拉桥,有时纵向力包括风力、地震力能引起很大纵向位移,就须加设纵向弹性约束。

(2)漂浮体系在塔墩处加垂直拉索:通常情况下塔墩处主梁都呈负弯矩,只当靠塔两边的拉索相距甚远时才有采用。

(3)在跨中设单铰或挂孔:早期斜拉桥有这样做的,主要是可以简化设计或施工。但这样会降低整体刚度且铰或挂孔两端有断缝,影响行车平顺,尤其后期徐变使那里变形加剧,现在已很少这样做了。

(4)边孔加设辅助墩:索塔最高处向外的拉索锚固在梁端,其下面是边墩,是固定不动的,因而最能控制塔端的横向位移,同时也对控制梁中部的挠度最有利,因而这根边索特称为背索,后来发现,如在边孔(一般都在浅水区或旱地)靠近边墩再建 1、2 个辅助墩,控制那里的主梁不发生垂直位移,也能起到更大的提高跨中主梁刚度的作用,同时大大地降低塔根弯矩,因此大跨斜拉桥多在边孔加设辅助墩。实际计算表明,加设 1～2 个辅助墩效果最明显,3 个以上效果就不大了。

(5)加设外边孔:边孔长度一般约为中跨长度之 0.4～0.45 倍,即短于中跨,当中跨受载时,主梁作为连续梁,边跨将发生上挠,边墩将发生负反力。因此,有条件时,如边跨之外还有引桥等时,通常可将边跨外延一孔,与主桥墩连续,以消除边墩负反力,降低边跨上挠度,同时也就降低了中跨的下挠度,提高整个桥体的刚度,好处甚大,而其多耗用的造价只不过主桥与引桥主梁的差价,是十分合算的,因而常有采用。

(6)塔墩采用倒 Y 形:主要用以消除塔墩根部可能出现的过大弯矩,倒 Y 形实际相当于将塔墩顺桥向宽度加宽,但将中部挖空,耗料不增加,同时还可得到更好的造型。

以上是一些主要的措施,随着斜拉桥的继续发展,这种措施也在继续发展中。

(三)斜拉桥的发展阶段

斜拉桥诞生以来的 50 年中已经经历了 4 个主要发展阶段[3]:

(1)稀索阶段:由塔两边向主梁只拉出少数几对索,早期甚至只有一对索,这时拉索断面须作得很大,施工较难,梁高也须很高。

(2)密索阶段:拉索加密,梁上索距一般 6～10m,最小有达到 4m 者,梁变为多点弹性支撑,梁身大大减薄,达到的跨径的 1/100～1/200,甚至更低,梁重减轻,拉索也变得很细,易于控制安装,桥梁整体造价也大幅降低。

(3)主梁柔薄化阶段:密索为降低主梁高度创造了重要条件,优化计算表明,主梁重量为影响斜拉桥造价的第一因素[2],主梁重量减小,拉索用量、索塔尺寸以及塔墩台、基础尺寸皆相应降低,从而全桥造价皆得以降低,因此各国设计者皆努力注重压缩主梁,无论是钢梁或混凝土梁或其他材料梁型的断面尺寸。对于大跨径(主要是大于 200m 以上的跨径)斜拉桥,在采用柔薄主梁时应检验其风动稳定性。

(4)现在可以说进入到了第 4 阶段,向大跨径和特大跨径进军的阶段:目前混凝土斜拉桥跨径已发展到 530m(挪威 Skarnsund 桥,1991),钢斜拉桥已由 856m(法国诺曼底桥,1994)到 890m(日本多多罗桥),到 1 018m(中国香港昂传洲桥,2007),到 1 088m(中国江苏苏通大桥),根据研究,斜拉桥的极限跨径,由多种因素约束,首先是塔根处主梁所承受的两侧拉索传来的水平压力。就此点而言,不加任何特殊措施斜拉桥的跨径由目前的材料(钢和混凝土)就可做到 1 800m[4],因此斜拉桥的跨径还有很大的发展余地。

(四)中国斜拉桥

中国是在 1975 年开始引进斜拉桥的,首先由交通部重庆公路科研所设计修建了四川云阳试验桥，跨径 75m，上海市政设计院设计修建了新五试验桥，跨径 54m，以后全国逐渐全面推广。我国由于国土辽阔，因此虽然起步较国外晚了 20 年，但修建斜拉桥已多达约 200 座，数量为世界各国之最(国外斜拉桥总计约 400 座)，因而积累的经验(包括教训)也最为丰富，在跨径方面，如上所述，也居于世界前列。我国斜拉桥的特点是：

1)一开始就发展混凝土结构，而国外斜拉桥则主要发展钢结构，甚至索塔都用钢来建筑，只是后期才开始推广一些混凝土桥。与钢斜拉桥相比，混凝土斜拉桥主要有如下一些优点：

(1)主要材料用砂石料和水泥，可以就地取材，当地群众可直接受益，只须少量外购钢材，造价较低廉，最适宜于发展中国家推广采用。

(2)混凝土索塔受压，钢筋混凝土主梁主要受压弯，拉索受拉，各种材料都恰好发挥承载能力，因而结构组合合理，用料可以做到很节省。

(3)斜拉桥的水平分力恰好为混凝土梁提供免费的预应力。

(4)混凝土主梁比钢主梁重得多(一般为钢主梁的 4 倍以上)，因而拉索的恒载索力与活载索力之比大得多，桥体刚度大，活载变形小，稳定安全，拉索的应力变幅也小，因而可采用稍大的安全系数(如一般采用的 2～2.2，可提高到 2.5)。

(5)混凝土主梁可以容易地做成任何需要的流线形截面，而且自重大，有两倍于钢结构的振动衰减系数，因而其抗风稳定性常常是可靠的。

(6)混凝土斜拉桥的后期养护维修费用比钢桥少。

混凝土梁比钢梁每延米的造价低得多，但因重量较大因而要耗用较多的较昂贵的拉索，因而抵消了一部分梁身造价的节约。跨径越大抵消就越多，直到一个临界跨径二者达到平衡，逾此则钢斜拉桥造价将低于混凝土桥，这个临界跨径称为混凝土斜拉桥的经济跨径，随一个国家或地区的物价水平而不同。欧洲根据 Leonhardt 估算约为 700m，我国由于砂石料和人工低廉，据笔者的估算则可达 800～1 000m[3]。目前混凝土斜拉桥已达到的最大跨径：欧洲为 530m(挪威)，中国为湖北荆江长江大桥，500m(2002 年)。

2)与大跨径的同时，在公路、水利、城建等部门也同时发展了不少中小跨径包括 50m 以内的小跨径斜拉桥，城建部门修建的小跨径斜拉过街天桥尤多。事实证明，在许多情况下，小跨径斜拉桥也占有很好的经济优势，尤其是景观优势。图 2.13.5 所示为沈阳一座小跨径斜拉桥。

图 2.13.5　小跨径斜拉桥示例：沈阳一跨街人行桥

3)在发展过程中,我国也作出了一些创新的、世界领先的成果[3]:

(1)四川省交通科研所和广东省合作建成世界第一座钢管混凝土斜拉桥——广东南海紫洞桥,主跨140m,采用空间桁架形式,这是极有发展前景的斜拉桥新形式,见图2.13.6。

图2.13.6 广东南海紫洞桥(1996年)(钢管混凝土斜拉桥)

(2)重庆交通学院和贵州省合作建成世界第一座斜拉—悬索协作桥——贵州乌江大桥,主跨288m,结束了世界上对这种桥型各种疑虑和争论不休的停滞状态,是超长跨径桥梁中最具显明优势和发展前景的新一代桥型的开端(1997年),见图2.13.7。

图2.13.7 贵州乌江桥(1997年)(世界第一座斜拉悬索协作桥,混凝土主梁)

(3)重庆交通学院率先建成了一座玻璃钢斜拉桥过街天桥(1986年),主跨27.4m,特点是:①世界上第一次用弹塑性材料玻璃钢修建斜拉桥,造价低于钢桥,而养护费用低廉;②首创独塔半索面斜拉桥的新形式,国外到1992年,西班牙Alamillo桥才见此种形式;③索塔向内倾斜,造型十分优美,见图2.13.8。

图2.13.8 重庆交通学院跨街人行桥(1986年)(玻璃钢斜拉桥,独塔单索面)

(4)同济大学开发，浙江、福建、安徽、江苏等省修建、发展起来的斜拉—桁架桥，新桥型，具有低塔、结构轻型、建筑高度低，可以悬臂施工等优点，极利于平原和软土地区修建，见图 2.13.9。

图 2.13.9　斜拉桁架桥(1990 年)(安徽合安洛上源河桥)

4)我国斜拉桥主要还存在如下一些缺点需进一步改进：

(1)对拉索防腐工作尚存不足，尤其是早期修建的斜拉桥，已有多座须换索甚至必须拆除重建。

(2)虽然已有一些如上所述的成就，但就我国国土范围之广，已建斜拉桥数量之多来说，技术上的发展提高仍嫌不足，仍然与世界水平有相当差距，总的来说，还停留在"跟踪"模仿、学习的阶段，还必须努力创新。

(3)对大量既有斜拉桥的定期检测、维修、养护还重视不够，还未形成普遍的制度。

(4)还须加强斜拉桥经济分析工作，进一步降低造价。

(五)跨线桥采用斜拉桥的前景

跨线桥多属于旱地施工的中小跨径桥梁，由前述可知，斜拉桥尤其混凝土斜拉桥在这样跨径范围也有很大的技术经济优势，尤其是景观宏伟优美，因而在城市区域或郊野公路上的跨线桥都多有采用。图 2.13.10 所示为 2002 年沈阳市新建的老道口跨越沈山铁路编组站的公和斜拉桥，独塔单索面混凝土梁，主跨 114×120m，移动平台法施工。

图 2.13.10　沈阳跨沈山铁路编组站的公和桥(2002 年)(独塔单索面跨径 114×120m)

在旱地，中小跨径斜拉桥还有许多设计、施工方面的优点：

(1)设计比较简易、拉索数量少、超静定次数不大，有时用解多元方程的程序，PC-1500 之类的简易计算器即可解算。

(2)跨径 200m 以下的混凝土斜拉桥，一般不必计算风振，荷载汽车-超 20 级、挂-120 时对 7 度烈度的地震也不必验算。

(3)施工可采用简易方法，如支架法、移动支架法、移动平台法、吊装法(小跨径孔吊装，后装拉索)等，从而可大大加快建设速度，降低造价。

因此，后文将着重介绍跨线桥所经常采用的中小跨径斜拉桥有关知识，关于大跨径和特大跨径斜拉桥，请参见其他文献，如参考文献[3]等。

二、索　　塔

索塔为斜拉桥三大主要部件之一，为偏心受压结构，用钢筋混凝土建造最为经济，近年发展有用钢管混凝土者，如前述广东南海紫洞桥，也十分合理。国外初期多用钢塔，近期也开始流行混凝土塔。

索塔高耸于桥面之上，最为显眼，为斜拉桥的标志性建筑，因而也是斜拉桥景观造型的重点，下面介绍国内外曾出现的许多新的造型，以启发思路，进一步创新。

(一)常规索塔形式

早期斜拉桥都将主梁从两边吊起，称为双索面，从横桥向来看，最原始的形式是门形塔，两边直立两塔柱，顶部连以横梁，见图 2.13.11a)。这时拉索是倾斜的，对主梁呈现横向拉力是不利的，构造也较复杂，于是改进成如图 2.13.11b)的形式，中塔柱外张再变成竖直，此时索面变成垂直。下塔柱外张，对于宽桥，将使基础过宽，否则须做成分离式，因此又将桥面以下塔柱内收，以减基础工程量，如图 2.13.11c)所示，称为宝瓶式。图 2.13.11b)、c)塔身皆须分为上中下三段塔柱，在拐弯处布设两根横系梁，索面是一个垂直的平面。

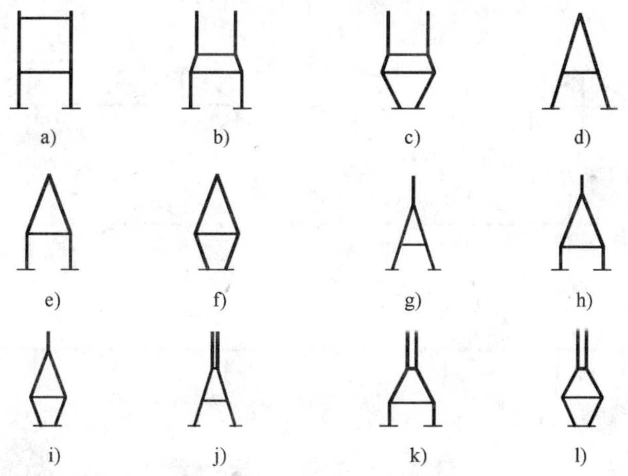

图 2.13.11　索塔的常规形式(横桥向)

a)门形；b)改进门形；c)宝瓶形；d)A 字形-1；e)A 字形-2；f)钻石形；g)倒 Y 形-1；h)倒 Y 形-2；i)宝塔形；j)花瓶形-1；k)花瓶形-2；l)花瓶形-3

为了美观，将上塔柱顶端合到一起，成 A 字塔，如图 2.13.11d)、e)、f)所示，图 2.13.11f)又称钻石式。这时主拉索上端锚头，沿两倾斜上塔柱斜向布置，下端锚头沿主梁两侧水平布置，故将形成两个扭斜面。这时只须一个横系梁。

再进一步变化则是将塔顶作一竖直立柱，拉索上端全部锚在其上，如图 2.13.11g)、h)、i)所示。图 2.13.11g)、h)又称倒 Y 形，图 2.13.11i)又称宝塔形。索面为竖扭面，这适用于大跨高塔，只须一根横系梁，计算表明，这种将拉索从中间向两边分射布出的形式能提高结构的抗扭基频，从而提高抗风稳定性 15%～25%。当为单索面斜拉桥时也常用此种塔形。

有时特大跨斜拉桥还将中间竖立的上塔柱分成靠近的两根柱再相互连成一体，形成三箱式截面，如图 2.13.11j)、k)、l)，主要为了美观，同时便于布索。但此做法将使上塔柱构造复杂化，多耗材料资金，且重量加大，不利于抗震，一般中小跨径斜拉桥不宜采用。

索塔顺桥向造型变化则很少，最简单是等截面单柱式，用于中小跨径，如图 2.13.12a)所示；钢管混凝土索塔常采用等截面以便制造，跨径大时塔根弯矩较大，因而将塔身向下逐渐加宽成变截面，见图 2.13.12b)；反之，跨径较小时如用箱形截面，由于塔顶两侧拉索锚固需最少约 6m 的宽度，因而也有采用上宽下窄的做法，如图 2.13.12c)，可取得独特的造型效果。大跨径和特大跨径斜拉桥又需加大塔身刚度时(如多塔斜拉桥之中间塔)，需用两股的 A 形或倒 Y 形，如图 2.13.12d)、e)所示。

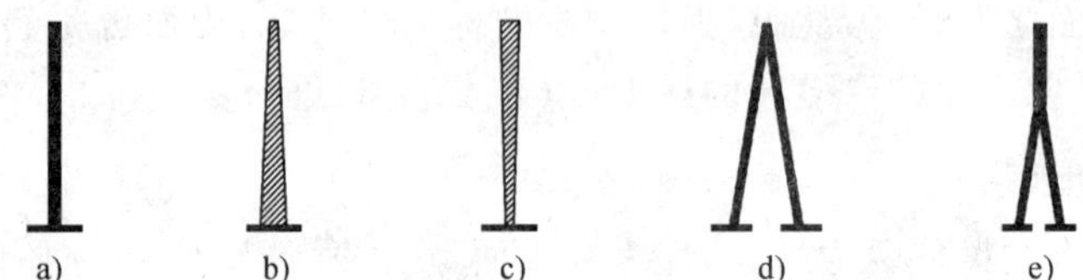

图 2.13.12 索塔的常规形式(顺桥向)

a)等截面；b)变截面；c)变截面；d)A 字式；e)倒 Y 式

索塔顺桥方向的布置可以有单塔、双塔以及多塔，有些跨海长桥的方案有大跨多塔达一、二十跨者，各塔一般等跨等高，以简化设计和施工。一些中等规模桥梁也常根据当地地形、地质、通航等要求做成不等跨和不等高者，称为高低塔式，见图 2.13.13。跨线桥一般最多双塔即可满足需要。

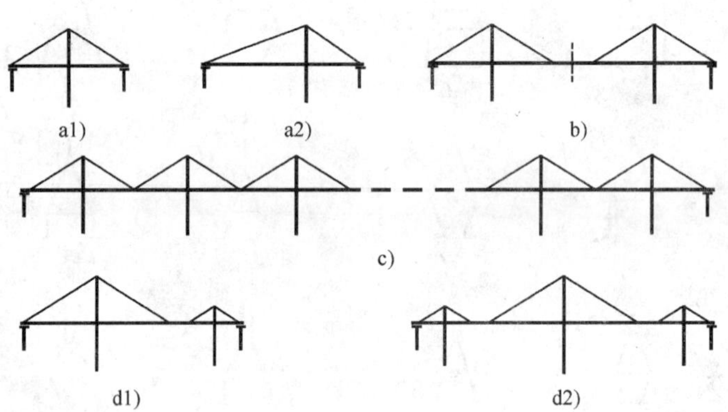

图 2.13.13 索塔顺桥向布置

a1)独塔；a2)独塔；b)双塔；c)多塔；d1)高低塔；d2)高低塔

(二)新颖索塔造型

由于索塔是斜拉桥最突出、最显著的结构部件，因而设计者常常集中心智，提出独出心裁的新颖造型，以求得进一步优美超凡的景观效果，中小跨径斜拉桥包括跨线桥，在美化塔型上更有广阔的前景。

最早出现的是将直塔做成倾斜的斜塔，如澳大利亚的 Batman 桥，主跨 205.74m，塔向河心倾斜，见图 2.13.14a)。后来发展成向岸边倾斜的，如意大利的 Arno 河桥，主跨 206m，塔身自重可以平衡部分主跨拉剁索力，受力较为合理，见图 2.13.14b)。更进一步则发展成只有主跨侧有拉索而边跨不设拉索形成所谓“半索面”斜拉桥的，如西班牙的 Alamillo 桥，主跨

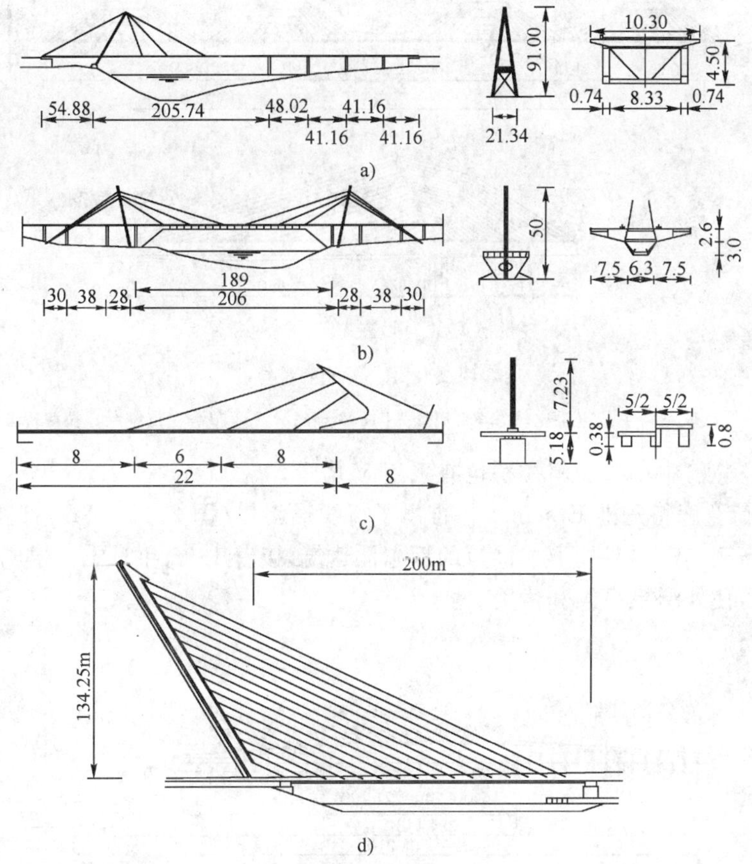

图 2.13.14　斜塔斜拉桥

a)澳大利亚 Batman 桥(1968 年),塔向河心;b)意大利 Arno 河桥(1969 年),塔向岸边;c)山东淄博市桥(1989 年);d)西班牙 Alamillo 桥(1992 年),塔向岸边半索面

200m,见图 2.13.14d)。我国也已建成多座斜塔斜拉桥,除前述重庆交通学院玻璃钢斜拉桥外,还有山东淄博市桥,索塔混凝土 L 形,主梁为钢—混凝土组合梁,见图 2.13.14c)。图 2.13.15 所示为福建厦门大学后门一座斜塔半索面弯坡斜跨线斜拉桥,构思巧妙,造型独特美观,集斜拉桥先进技术之大成,为一极有价值的标志性桥梁建筑。

图 2.13.15　福建厦门大学后门跨街桥

斜塔的进一步发展就成为 V 形塔,多用于大跨和特大跨斜拉桥,可以减小塔高,减小拉索对竖直线的倾角,改善主梁受力,并取得十分宏伟的景观效果,图 2.13.16a)所示为广东琼州海峡联络工程主航道桥的一个采用多跨 V 塔斜拉桥的比较方案。V 塔两斜肢的交点位置视桥跨、桥面高出水面以上高度等情况而定,图 2.13.16a)所示为置于桥面以下墩顶适当高度处者。图 2.13.16b)所示为波兰布洛克市维绿丘拉河 V 形独塔斜拉桥方案,V 塔两肢从桥面伸出。

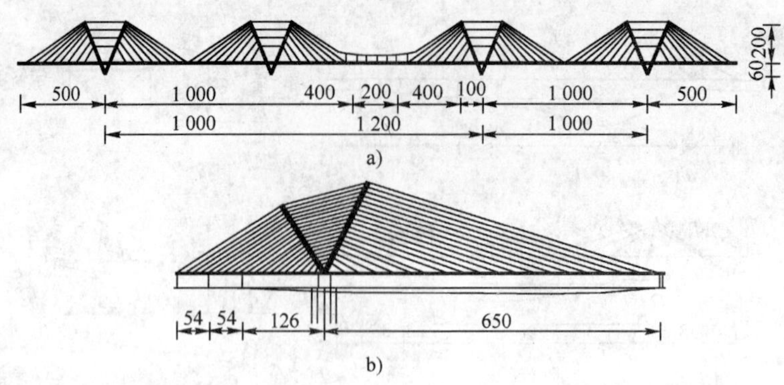

图 2.13.16　V 塔斜拉桥

a)广东琼州海峡联络桥主航道桥比较方案(周念先 1996 年);b)波兰布洛克市维绿丘拉河桥方案(1998 年)

为求造型美观,中小跨径斜拉桥也有采用 V 塔者。

1995 年,荷兰鹿特丹港 Erasmas 桥推出了折线形斜塔(图 2.13.17a),打破了传统索塔的直线形,造型新颖,获得好评,形成港口的标志性建筑,接着 1996 年日本又建成滨名湖桥,将索塔改成弧线形,使外形更显柔和优美。

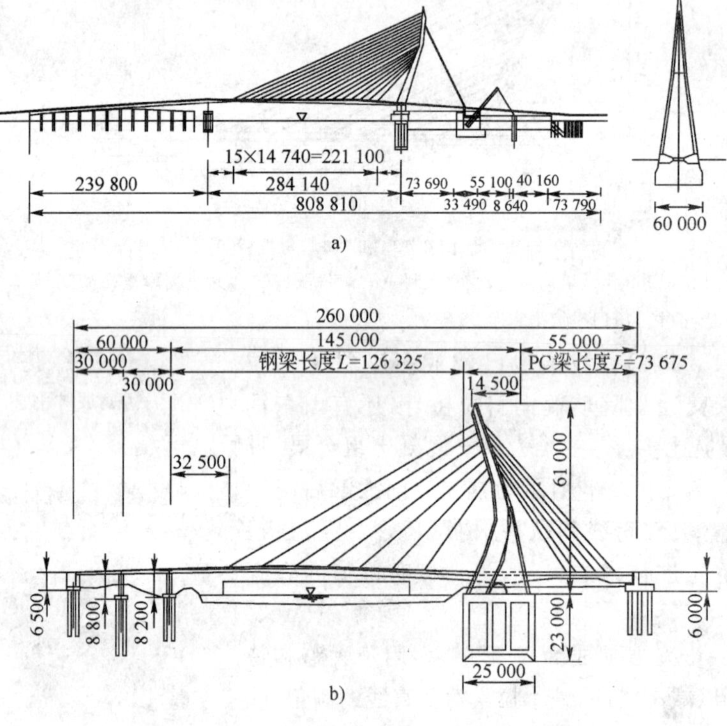

图 2.13.17　非直线形索塔

a)荷兰鹿特丹港 Erasmas 桥,折线形(1995 年);b)日本滨名湖桥,弧线形(1996 年)

在横桥方向,湖南长沙黑石渡浏阳河桥采用了三柱式塔,使塔式面貌一新,桥总宽 24m,采用单箱双室截面,三柱的三个索面桥各布置在箱梁的三个腹板上,三柱下面直连三柱直径 2m 的大直径灌注桩墩上,结构简练,造型优美,见图 2.13.18。美国 Houston 的 Baytown 桥,由两座并列的相同跨径的斜拉桥组成,两桥皆采用菱形塔,并连在一起,别具一格,见图 2.13.19。

图 2.13.18　湖南长沙黑石渡浏阳河桥(1994 年)三柱式

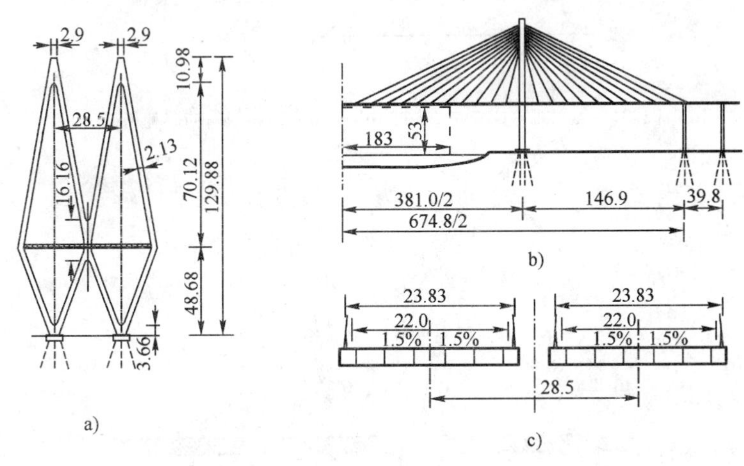

图 2.13.19　美国 Houston 的 Baytown 桥(1989 年)

a)双菱形塔;b)半立面;c)并列主梁

从纵、横两方面的空间造型来看,我国湖南省南县南华渡桥又建成了四立柱式塔(1996 年),结构和上述三柱式塔相似,简洁新颖,见图 2.13.20。法国和美国建成四斜柱式桥,图 2.13.21 所示为法国设计的美国哥伦比亚市的 East Fork White River 河桥,特点是主梁采用厚仅 22.5～30cm的Π形。我国辽宁省沈阳建成了浑河鸟岛桥,索塔顺桥向为 V 字形,横桥向为 A 字形,独创一格,别开生面,见图 2.13.22。

图 2.13.20　湖南省南县南华渡桥(1996 年)四柱式

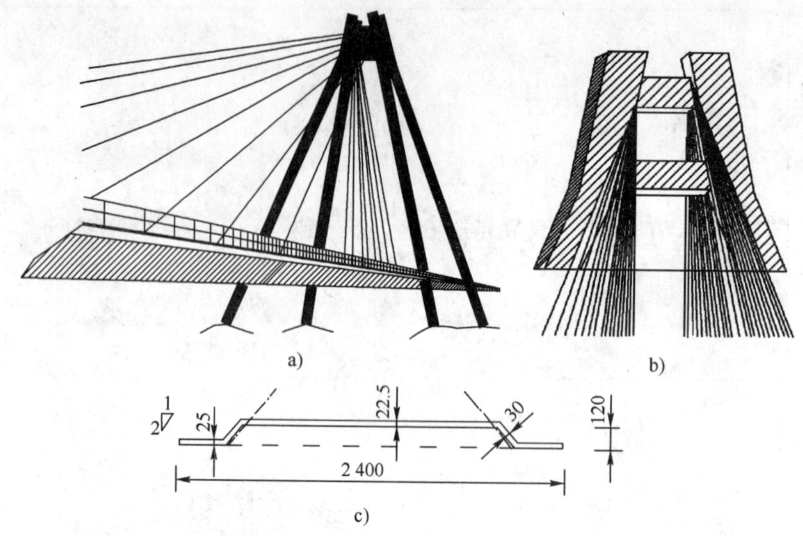

图 2.13.21 美国哥伦比亚市 East Fork White River 桥，四斜柱塔(1999 年)

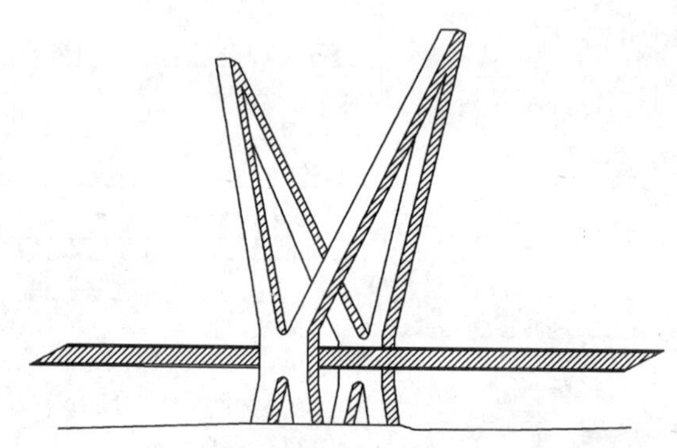

图 2.13.22 辽宁沈阳浑河鸟岛桥 V-A 塔形(2006 年)

还应指出，除了上述的这些比较复杂的结构变化之外，有时就是一些简单的改变也可取得新颖显著的景观效果。如图 2.13.23 所示，日本神户大桥的 H 形索塔，双塔 485.2m，桥面以上塔高 119.5m，取消了常规的塔顶横梁而将塔腰横梁加厚，上下做成圆弧，即取得了十分醒目的特殊效果。图 2.13.24 所示为中国澳门第三大桥西湾桥的一个中国方案，双塔斜拉桥，由于桥宽大而采用三柱塔三索面以利于主梁受力，并将三柱顶横梁下面做成圆弧形形成 M 形代替澳门(英文名 Macou)，简洁新颖而又寓意宜人，这个方案后来在 11 个投标方案中以标价最低而中标。

由上述可见，塔形美化优化，途径甚多，繁简皆可，皆在设计者运用匠心，锐意创新，务以既能增近美观又能符合结构力学要求者为上乘之选，因为这样能降低成本，在经济上也更具竞争力。

(三)低塔斜拉桥

常规斜拉桥拉索的倾斜度 $V:H$ 以 1:2 在技术经济上较为适宜，据此双塔斜拉桥索塔高度约为主跨的 1/4，即主跨 100m 时塔高应在 25m 左右。1980 年按法国 C. Menn 教授设计建成的穿越瑞士 Ganter 山谷的主跨 174m，全长 678m 的大桥却打破了这个传统，把塔高减到

图 2.13.23　日本神户大桥 H 形索塔(1996 年)

桥面以上只有 11.10m,为跨径的 1/15.7,为常规塔高的 1/3.9,开启了一种斜拉桥的新形式——低塔斜拉桥,见图 2.13.25。由于塔低,主跨中部拉索倾斜过大,效率甚小,因而略去,故跨中无索区较长,梁高须适当增大。再由于索数减少,塔根处主梁正弯矩相应减小,负弯矩相应增大,因而梁高也须局部增大。反过来看,这也相当于在连续梁桥或刚构桥的墩顶处布设体外索(斜拉索)以降低全桥主梁尤其墩顶处主梁的过大高度,结果形成了一种斜拉桥与连续梁或刚构相协作的新的结构体系,用一些钢束来换取梁的高度,在经济上并无大的出入,而在技术景观上却赢得了一种轻盈优美的斜拉桥新桥型,见图 2.13.26。主跨 174m 的混凝土连续梁或刚构桥在墩顶处梁高一般应为 8.5～9m,而本桥只为 5m,减小约 45%,常规斜拉桥梁高一般等厚 1.5～2m 即可,而本桥跨中梁高 2.5m,略增约 25%。

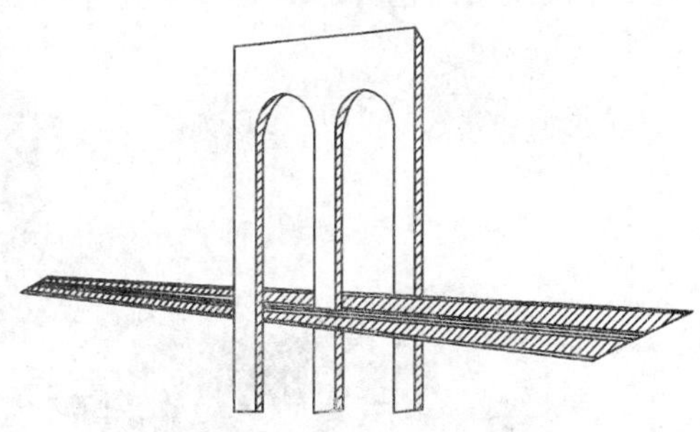

图 2.13.24　中国澳门第三大桥 M 形索塔(2004 年)

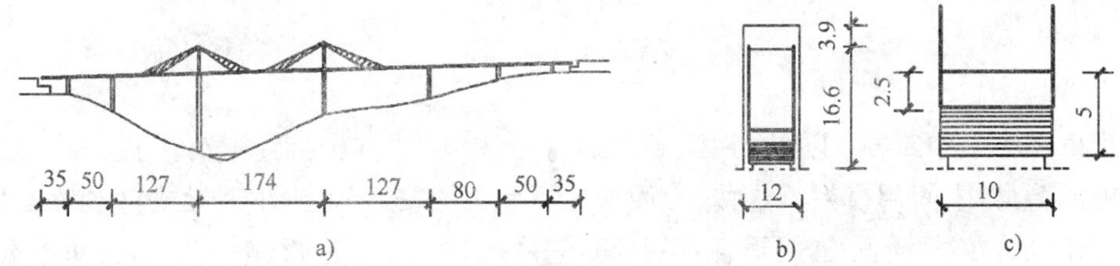

图 2.13.25　瑞士 Ganter 桥(1980 年)

a)侧视;b)塔顶横断;c)跨中横断

由于低塔斜拉桥优点很多,因此世界各地多有修建,尤其日本,在 20 世纪 90 年代以后一连修建了十余座,跨径在 90～275m 之间,我国近年也多有采用,跨线桥皆为中小跨径,当拟建斜拉桥时我们推荐优先考虑低塔斜拉桥的方案。

这里还要介绍 C. Menn 教授于 19 年之后,1998 年设计建造的另一座著名的低塔斜拉桥:

图 2.13.26　瑞士 Ganter 桥

穿越 Suniberg 山谷的高架桥，4 塔主跨 140m，全长 526m，结构、纵横外观见图 2.13.27。除了低塔之外，主要特点是其塔墩的优美造型。由于高架桥墩身已很高，不宜采用通常的高塔而改用低塔，塔墩两柱与主梁外缘刚结，桥面以上塔高甚小而取消顶横梁，桥面以下两塔柱间距根据弯矩需要逐步缩窄，到下部右逐步放宽，形成两根柔和的曲线。塔身顺桥向宽度在桥面以上的上段因锚固拉索的需要宽度较大(为了压缩这个宽度采用了索鞍式，节省了塔上锚头)，桥面以下则又按受力需要而逐步缩窄，全部构造按结构力学要求布设而又形成一个十分简洁优美的敞口花瓶形的造型，是一个十分值得学习的范例。

图 2.13.27　瑞士 Suniberg 高架桥纵横外观图

a)侧影；b)塔顶横断

三、主　　梁

跨线桥多为中小跨径，主梁以用混凝土最为经济。早期双索面斜拉桥的混凝土梁两边各设一小矩形箱梁，中间用横系梁连接，上面浇筑桥面板或安装预制的 T 梁或Π形桥面板，如图 2.13.28a)所示，拉索锚固在矩形箱梁中间，进一步发展到为两侧梯形或三角形箱，如图 2.13.28b)和 c)所示，最后简化为两侧两个实心矩形或梯形梁，见图 2.13.28d)，这种断面受力明确，目前使用最为广泛，大小跨径皆宜。为了进一步减轻梁体圬工体积和简化施工，还向薄板式断面发展，如图 2.13.28e)所示，个别特殊情况下也有采用多室箱形断面。

对于单索面斜拉桥，梁体抗扭必须依靠梁体本身，拉索不能提供任何帮助，因而必须采用箱型截面，见图 2.13.28g)和 h)，三索面时，如图 2.13.28i)所示。

有时跨越繁忙公路、街道、铁路时，为了快速施工以免干扰交通，中小跨径跨线斜拉桥也有采用钢梁的。通常两边各设一片工字梁，用钢横梁连接，上焊钢面板，其上再铺设沥青道面，见图 2.13.29a)。当为人行桥时上面可简化为铺设橡胶道面，当跨度大或荷载大时，每侧可用两片工字钢焊成小箱梁，见图 2.13.29b)。如常规工字钢尚不满足要求，则须自行用钢板焊接。

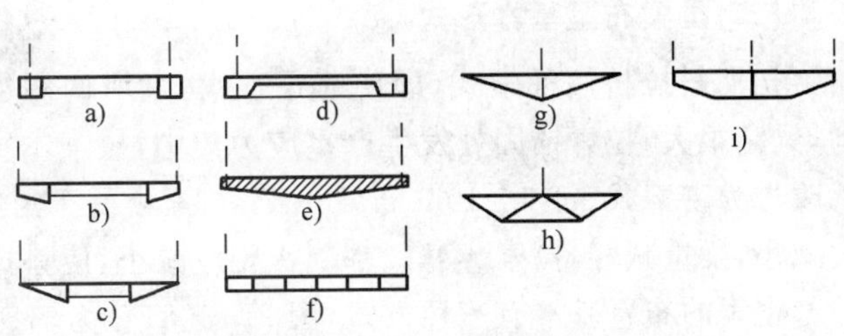

图 2.13.28 混凝土主梁的各种形式

a)矩形箱梁；b)梯形箱梁；c)三角形箱梁；d)实心梁；e)薄板梁；f)箱梁；g)三角形箱梁；h)梯形箱梁；i)多室箱梁

有时还可不用钢面板而用混凝土面板使与工字钢梁形成组合梁，用组合断面来承受后期活载，对受力有利。此时钢梁顶面必须密布剪力键以确保和混凝土的结合整体性，同时因钢梁须承担混凝土面板的较大的重量可能须多用一些钢材。组合梁的另一优点是刚度较大，变形较小，易于与其上的沥青桥面铺装相结合，常用于车行桥梁。

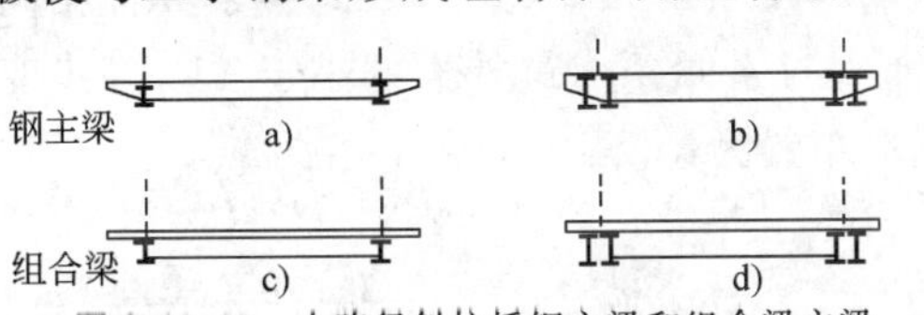

图 2.13.29 小跨径斜拉桥钢主梁和组合梁主梁

a)两侧单片工字钢梁；b)两侧双片工字钢组成小箱梁；c)同 a)，但桥面板为混凝土；d)同 b)，桥面板为混凝土

四、拉　　索

(一)斜拉索的一般构造

现代斜拉索两端用锚具锚固在索塔和主梁上，穿过塔身和主梁段称为过渡段，应在塔身和梁身内预埋钢套筒，然后中间段为索体，见图 2.13.30a)。

拉索必须很好的防腐，国内外不少早期修建的斜拉桥因拉索腐蚀而不得不花费大量资金进行拆换，甚至全桥报废。目前拉索大多由工厂订制，厂内已做了完善的防腐，质量应可信赖。在卷盘运输过程中，外面还包了一层保护薄膜，以防防腐层损坏，工地安装过程亦必须严格注意勿损坏防腐层，例如，打开卷盘，拉出拉索时应在桥面上放置多个滚筒使拉索在滚筒上通过，而不能在桥面上硬拖硬磨，如有损坏必须按原样修复。

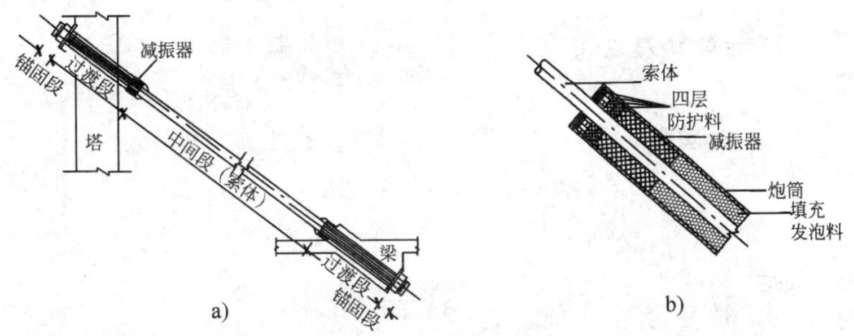

图 2.13.30 斜拉索的一般构造

a)一般构造；b)套筒的密封

拉索两端套筒，尤其下端套筒必须严密封闭以免进水。早期曾采用灌注砂浆，但日后换索会有困难，也曾采用灌注油脂，但日久也会老化开裂，近期改进的做法如图 2.13.30b)所示，套筒底部填充发泡料，见水后形成蜂窝状泡体，轻而密封不渗水，其上安装橡胶制减振器，可缓解拉索的涡旋激振，顶面设四层沥青和树脂防护料，以确保雨水不致顺拉索淌入。

桥面的钢套通常加长到垂直高度高出桥面 1.5m 以上，以防汽车撞击和人手触摸。

(二)拉索布置基本形式

初期斜拉桥用稀索式，即使跨径很大，索塔两侧也只布设 1～2 对索，这样主梁受力很不利，梁高很大，拉索锚固处发生严重应力集中，拉索本身也很庞大，制作施工皆困难，以后很快就改进为密索式，每 6～10m 布置一根索，索小易于制作和安装，应力集中减小，尤其梁高可大大减小，梁重减轻，拉索、索塔、基础皆相应减小，使斜拉桥变得更为经济。

密索的布置基本有三种方式，图 2.13.31a)为辐射式，各索皆集中通过塔顶，这时塔顶须设索鞍，制造较为麻烦。图 2.13.31b)为半扇形，拉索布置在上塔柱一段长度内，其间距只要满足施工安装和拉索操作就可以，最小 2m，多则 4m。图 2.13.31c)为竖琴式，各拉索平行布置。由于最外一根拉索一般控制倾斜度为 1:2($V:H$)，其倾角为 26.57°，因此各索具皆相同倾度。从用料来说，拉索的经济倾角为 45°，前两种布置拉索倾角由最外索的小于 45°，逐步变化到最内索的大于 45°，因而拉索用量较第三种竖琴形布置为经济。

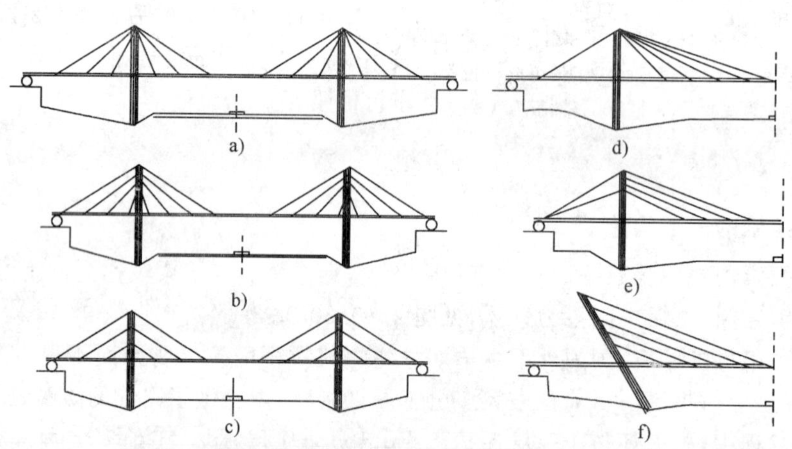

图 2.13.31　拉索布置基本形式(一)顺桥向

a)辐射形；b)半扇形；c)竖琴形；d)背索式；e)星形；f)半索面

可以简单地计算经济倾角：如图 2.13.32 所示，主梁距塔根距离 L 处有一拉索长 l，与水平倾角 θ、索力 T、T 的垂直分力应当等于主梁节段以及活载总重 G，即：

$$T\sin\theta = G$$

拉索材料容许应力$[\sigma]$，应有面积 $A=T/[\sigma]=G/([\sigma]\sin\theta)$

拉索用量 W 即为：$W=LA=L/\cos\theta\cdot G/([\sigma]\sin\theta)=2LG/([\sigma]\sin2\theta)$

取$\dfrac{\partial W}{\partial\theta}=\dfrac{2LG}{[\sigma]}\dfrac{2\cos2\theta}{\sin^2 2\theta}=0$

即 $\cos2\theta=0$，$\theta=45°$时 W 有极小值。

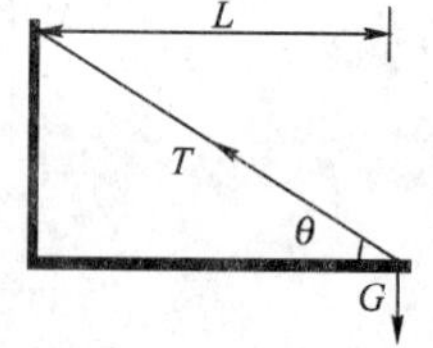

图 2.13.32　拉索计算简图

上述三种布索在索塔两侧的拉索数量是相等的，亦即拉索是从索塔向边跨和主跨成对放出的。有时边跨很短，为了平衡中跨主梁，还常加重断面，边跨主梁在中部可以不设拉索，这时就只在塔顶设一根或几根拉索拉到边墩上，称为背索，见图 2.13.31d)，由于边墩处主梁是固定的，因此此拉索控制塔顶水平位移以及主梁跨中垂直挠度最为有效。如图 2.13.31e)所示，再在背索下面加设一根拉到边墩的索，有时称为星形布置。如果边跨侧一根索也不设就成了半索面斜拉桥。

从横桥方向看，基本上采用双索面，如图 2.13.33a)、b)所示。有时采用单索面，如图2.13.33c)所示。个别有用三索面的，见图 2.13.33d)。

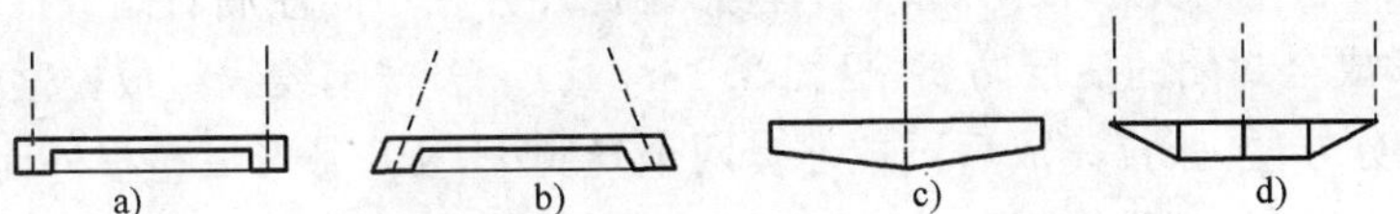

图 2.13.33　拉索布置基本形式(二)横桥向

a)垂直双索面；b)倾斜双索面；c)单索面；d)三索面

(三)拉索的主要类型和防护

早期曾用钢丝绳，但因其强度低、变形大、易锈蚀，当高强钢丝生产出来之后已被淘汰。高强钢丝拉索国外也曾开发多种形式，国内则主要采用平行钢丝索和钢绞线索两种形式，并有工厂专门生产，可以直接订购。

1. 平行钢丝索

目前国内外多采用 Φ5 钢丝，强度 1 860MPa，经热渡锌处理后强度略有降低至 1 670MPa，多根平行集组成一根索。最初外国成六边形，因容易激起涡旋风振后将六角处各去掉 1～2 根，使外围成圆形，便大大改善。每索钢丝视受力需要有数十根至数百根，允许拉力可数十吨至五六百吨。由于钢丝相互平行组集，不能绕在转盘上远运，因此很多在工地自制，后来试验发现，如果扭转节距大于 5m，扭角小于 4°，就可保持弹性模量和疲劳强度不受损失，而扭转后就可以盘绕运输了，因此目前广泛采用这种大节距扭绞平行钢丝索，工厂定型预制，并做好缠绕高强复合带和热挤 PE 外套双层防护，使用十分方便，见图 2.13.34a)、b)。

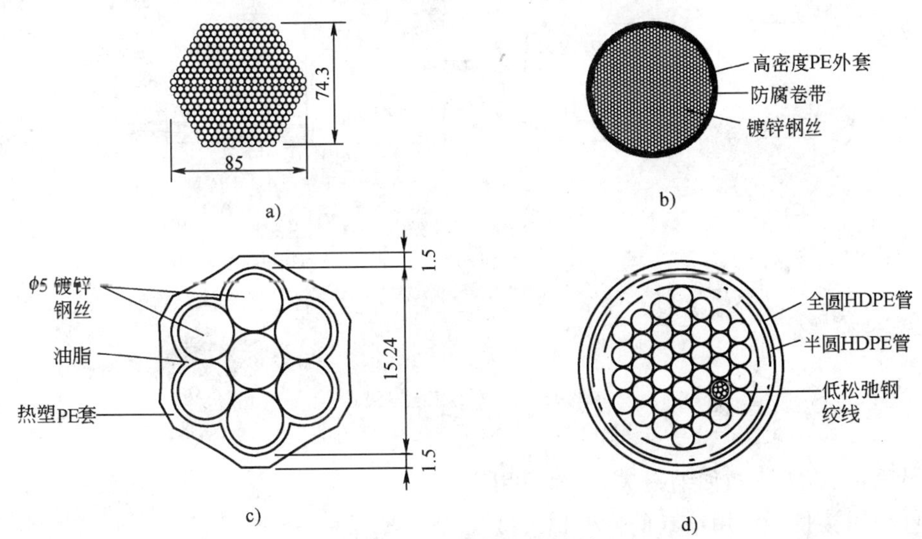

图 2.13.34　现代常用斜拉索

a)早期平行钢丝索，外形成六角形，不利于风振；b)后期厂制圆形平行钢丝索；c)单根钢绞线，三层防护；d)整根钢绞线拉索，外作整体防护

2. 钢绞线索

近年钢绞线也逐步推广使用于斜拉索，钢绞线可由 2～19 根钢丝扭绞组成，最常用者为 7 根。以一根稍粗的直钢丝为中心，其余钢丝围绕在绞线机上进行螺旋状绞合，再经低温回火处理而成。如果绞制成型过程还通过一个模子拔制，则称为拔模钢绞线，此时钢丝经过挤压也压扁，内部空隙和外圈直径都大为减小，密度提高，而周边面积较大，易于锚固。每根 7Φ5 钢

绞线，破坏强度按 1670MPa 计，破断拉力可达 225.4kN，安全系数如取 0.45，使用拉力可达 100.9kN。

钢绞线在工厂制作时先单根防腐，除单丝热镀锌外并在中间注满石蜡或油脂，外面再以热挤 PE 套管包，形成全封闭的三层防腐，见图 2.13.34c)。多根钢绞线组成拉索时，可以单根张拉，单根锚固，十分方便，张拉完成后再在外套两个半圆 HDPE 管形成整根外面的防护。

钢绞线因单根绞制，其弹性模量略有降低。

(四)锚具

锚具是将拉索锚固在索塔或主梁上，使不能移动同时传力，视钢丝束为平行钢丝或钢绞线而有所不同。

平行钢丝索早期曾使用热铸锚，先作一内腔为上口较下部为小的锥形金属锚杯，将钢丝端部围成弧形插入杯中，再将熔融的铝或锌合金铸入杯中，冷凝后即将锚杯和钢丝结为整体，熔融合金的温度在 400℃以上，因此称为热铸锚。这种锚具能够发挥钢丝的全部抗拉强度，但疲劳强度则有很大损失，主要由于高温局部改变了钢丝性能，再加入口处钢丝与锌合金之间发生磨耗损失。现在热铸锚已基本不用。

后来瑞士开发了镦头锚，先用金属制成适当厚度的圆板，其上开孔略大于钢丝直径，将钢丝穿过孔后露出端部用一手提镦头器镦成球形头或平头，底面大于圆孔，故钢丝不能脱出。我国于 1980 年也开发了这种锚头，称为 DM(镦锚二字汉语拼音的第一个字母)系列，如图 2.13.35a)所示，迄今应用很广，其优点：

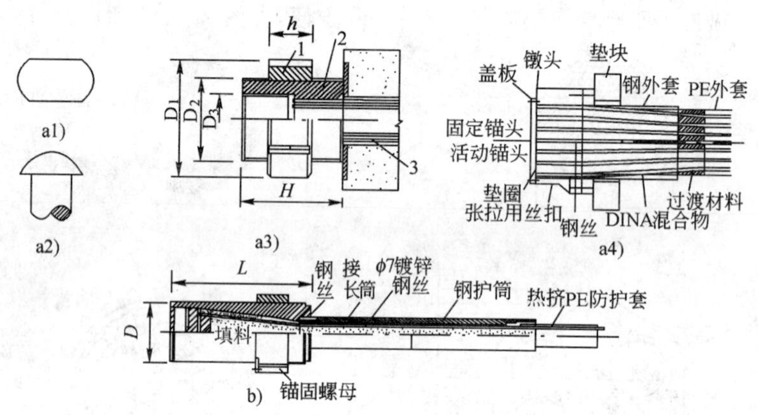

图 2.13.35 平行钢丝索锚具

a1)平台镦头；a2)蘑菇形镦头；a3)DMSA 形镦头；a4)DINA 形镦头；b)冷铸锚

(1)锚固可靠，无张拉回缩损失，因而可用于短索；

(2)可利用接长器利用锚具的内外螺纹接长，简便可靠；

(3)特长拉索亦可张拉，当张拉伸长值超过千斤顶行程(15～20cm)时，可用临时螺母锚固，千斤顶回油后继续张拉。

联邦德国又开发了冷铸锚，将热铸锚的填料改为环氧树脂和钢珠的混合物，在常温或不超过 100℃的较低温度下铸凝而成，经试验这种温度不影响钢丝的抗疲劳能力，能承受高的活载变幅(High Amplitude)，因此又称为 HiAm 锚。后来瑞士又作了改进，利用镦头锚再加冷铸，性能更为良好。分析认为，锚固的机理是锚杯内钢丝通过钢丸之间的拱的作用逐步将力传到锚杯，正常荷载下钢丝拉力尚未传递到镦头版上，国产冷铸锚如图 2.13.36b)所示，目前普遍使用。

有时同一根拉索可以一端采用镦头锚，他端采用冷铸锚。

钢绞线拉索须将每根钢绞线用夹片单独锚固在同一块锚板上。国外开发有多种专利锚具，如瑞士的VSL体系，德国的Dywidag体系，我国开发者有OVM(或HVM)200和250型两种，前者锚筒灌油脂，夹片承担全部恒、活载，后者在安装张拉完了之后锚筒灌砂浆，夹片基本不承担活载，构造如图2.13.36所示。

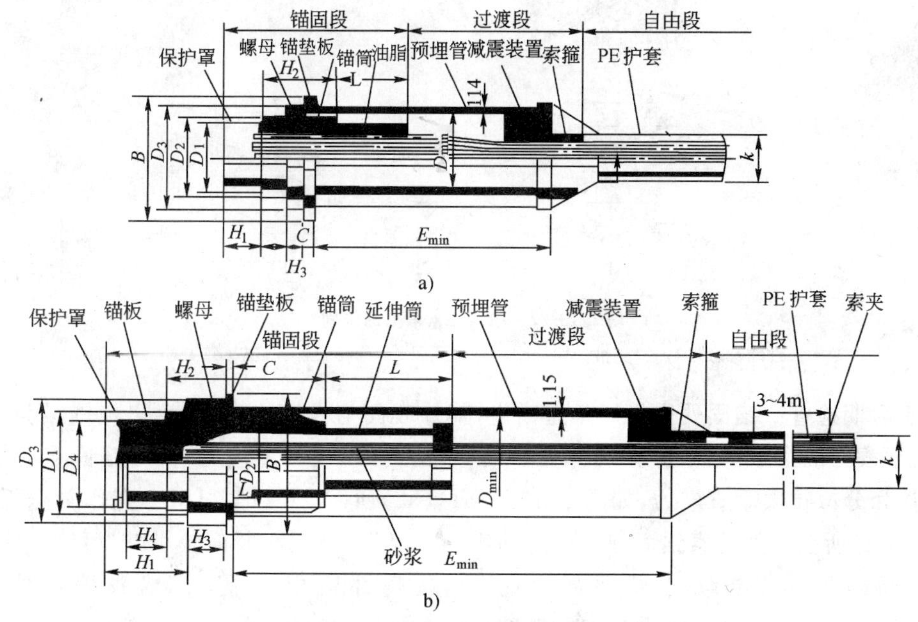

图2.13.36 钢铰线拉索锚具

a)OVM(HVM)200型；b)OVM(HVM)250型

各种锚具固定端和张拉端构造略有区别，订购时应由厂家提供详细图纸、说明书和样品。

拉索在索塔上的锚固方式，对于中小跨径斜拉桥，索塔多采用实心断面，拉索可成对锚固在上塔柱两侧，此时塔柱混凝土受压，十分有利，而且施工简易，见图2.13.37a1)，塔顶尺寸一般为1.5m×2.0m即可。拉索可以左右两侧交错布置(图2.13.37a2)，但上下两拉索应掉换错开方向，这样可以把索塔所受拉索互错引起的扭力降到极低，计算证明甚至不超过素混凝土的抗剪强度。另一布置(图2.13.37a3)，一侧拉索居于索塔正中，另一侧分为两股，居于左右，这样使受力对称、但将使施工复杂化。另一做法是塔身断面采用箱形，成对拉索在塔顶锚固处设对拉钢梁，以使拉力抵消，不传到混凝土塔壁上(图2.13.37b)，但两侧拉索索力是不会相等的，钢梁会上塔壁支撑牛腿上，左右移动，这会增加设计施工的困难。第三种是直接将拉索锚固在箱梁的两壁上，由于拉索一般是外斜的，箱梁四壁皆会受到庞大的拉力，拉索总拉力往往是万吨级的，箱梁还须设置同样拉力的预应力钢丝来承受这个拉力，并在中部加一横隔形成双室以增大刚度，见图2.13.37c)。由于在箱内张拉，还须满足安装锚头和操作所需的空间，这个空间即箱梁内腔顺桥向宽度应不小于5m，如果壁厚采用1m，则箱梁外部宽应不小于7m。除了尺寸庞大之外，其最不合适之处还在于：混凝土本来是抗压材料，却用它去抗扭，为此又不得不用大量预应力钢筋把它压回来，形成物资和资金的浪费，因此不推荐此种做法。对于中小跨径跨线斜拉桥，采用实心截面索塔和(图2.13.37a2)交错锚固方式应是最佳选择。

拉索在主梁上的锚固视梁体而异，如为箱梁，可以锚于顶板，也可以锚于底板，后者锚头外

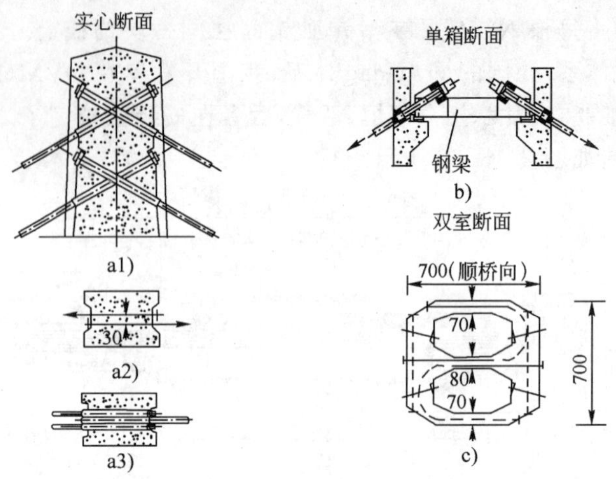

图 2.13.37　拉索在索塔上的锚固

a1)断面形式;a2)交错锚固;a3)对称锚固;b)对称拉梁法;c)锚于箱壁法

露,但便于后期检查。锚固处应设三角型锚垫,其外表面与拉索方向垂直,以便锚具与之密贴传力。由于索力的集中,锚垫应作局部分析,密布钢筋,以便分散应力,同时锚固点应设横隔梁,以承受和分散拉索垂直应力,如图 2.13.38a1)、a2)所示,个别情况下也有作斜隔板的,如图 2.13.38a3)所示。如拉索锚固在梁两边的实心断面上,当实心断面较小时,可锚于底面,如图 2.13.38b)所示。当实心断面甚大时,可在底部留出锚孔,将锚头缩入梁内,见图 2.13.38c2)。由于锚孔的方向,位置皆必须精确,因此通常用钢板焊成锚箱,安装在模板上,浇筑混凝土时与梁身即连成整体。注意挖空深度和面积不能过大,以免梁身过度削弱,并布筋困难,必要时应作局部应力检算。当主梁为钢梁时,通常沿钢腹板外面用钢板焊成斜向锚箱,内焊横向锚垫板,以支撑锚具。

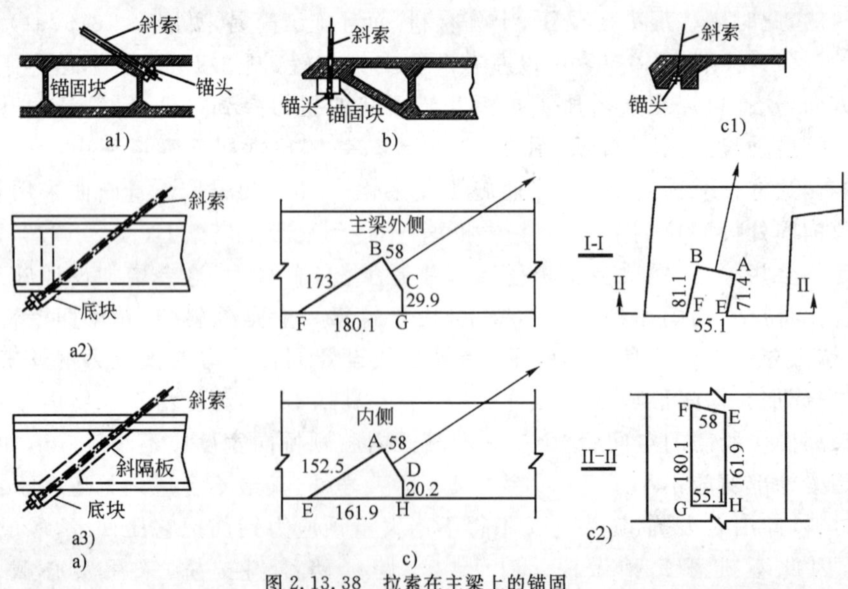

图 2.13.38　拉索在主梁上的锚固

a)穿过箱梁;a1)锚于顶板;a2)锚于底板;a3)斜隔板;b)锚于梁边小实心梁;c)锚于梁边大实心梁;c1)锚头缩进梁内;c2)梁体挖空大样

五、设 计 要 点

跨线桥一般为中小跨径，当确定采用斜拉桥方案之后，由于其结构体系、索塔造型、拉索布设、主梁结构等千变万化，完全可以发挥设计者的聪明才智，根据当地条件，选择最佳的总体形式，并结合创新，作出最好的设计。

当总体形式决定之后，即应确定各部结构尺寸进行初步计算，下面着重对中小跨径斜拉桥介绍其设计要点。

（一）恒载状态的确定

1. 各部结构尺寸的初步拟定

主梁：双索面时通常采用梁板式；单索面采用箱梁式，梁高通常可采用主跨的1/100～1/150。跨径很小采用板式时板厚不宜小于40cm。

索塔：推荐采用实心断面交错锚固方式，塔顶断面顺桥向1.5～2m，横桥向1.2～1.8m，独柱塔时适当加大。塔身顺桥向宽度，当跨径小塔身较矮时，可用等宽，跨径大，塔身较高时，可向下适当加宽，横桥向一般用等厚，独柱塔时可向下适当加厚。

拉索：通常采用半扇形布置，塔上索距2～4m，梁上索距5～8m，拉索截面积，可先按索力的垂直分力 T_V 应承担主梁节段和拉索自身重量的原则拟定，即

$$T_v \geqslant \mu G + \frac{1}{2}W \tag{2.13.1}$$

式中：G ——拉索所悬吊梁身节段的恒重；

μ——考虑活载等的加大系数，汽车-超20级标准时可取1.25～1.3，汽车-20级标准时可取1.20～1.25；

W——拉索本身的重量，理论表明索塔和主梁各承担1/2，见后；

如令：T、l、θ——拉索的索力、长度与水平倾角；

A、r、σ——拉索钢丝面积、单位重、抗拉强度；

k——拉索强度安全系数，考虑疲劳影响，一般用0.4～0.42，冷铸锚可提高到0.45，安全系数不宜过低，一面恒载拉力过低，钢丝在空中悬垂度大，降低结构整体刚度。

λ——考虑拉索由于防护、锚头等的重量增加系数，一般取1.05。

于是由式(2.14.1)可得：

$$T_v = T\sin\theta = k\sigma A\sin\theta$$

$$\geqslant \mu G + \frac{1}{2}Alr\lambda$$

所以

$$A \geqslant \frac{\mu G}{k\sigma\sin\theta - \frac{1}{2}lr\lambda} \tag{2.13.2}$$

当等索距时，虽然各节段重量 G 相等，但各索倾角 θ 和长度 l 不同，各索面积仍是不同的。

2. 第一次试算

按上述初步拟定的结构尺寸进行第一次恒、活载内力计算，采用有限元法，可利用通用桥梁计算程序或斜拉桥专用程序。当结构规模较小，如跨街独塔斜拉桥只有2～4对索时用PC－1500计算器即可计算。

3. *第二次试算，施加拉索初张力*

上述计算的结果是在拉索未施加任何初张力的情况下得出的，可能各关键截面内力都很大，主梁的挠度变形也很大，这些挠度正是由于各拉索受力所产生，因此如将各拉索索力作为预施的初张力加到各索里去，主梁理应恢复到原来线形。预施初张力的方法最合理的是采取温度降低法，按钢丝的温度伸缩系数将索力折合成两端固定时的温度降低值。但实际上拉索两端——索塔和主梁并非绝对固定的，其本身也有弹性变形发生，因此尚不能完全恢复到原线形。根据一个实例的计算，须将初张力增大到117％方可大体恢复到原线形，增大到124％还可得到跨中适当的上拱度，因此可以增大到120％～124％，再次进行第二次计算。

4. *调整梁塔和拉索截面积，第三次计算，确定恒载状态索力*

根据第二次计算结果就可检算梁、塔和拉索的初拟断面是否过小或过大，并予以调整，检算关键断面可取：

(1)主梁在塔根部：跨径1/4、1/2、3/4、端点等截面弯矩，根部断面压力(由拉索水平分力引起)。桥跨大时过大弯矩可以预应力解决，但根据经验，跨径200m以内斜拉桥如适当选择断面和调整初张力，普通钢筋混凝土即可通过，这样可简化施工，降低造价。

(2)索塔：取塔腰、塔根断面，检算弯矩和压力，布置普通钢筋。

(3)拉索：检算每根拉索的断面，按照厂制拉索的丝数选择最接近的规格和型号。

断面调整之后再按调整后的断面进行第三次计算。一般情况下，梁、塔断面皆可通过(因其断面应力尚可在配筋过程进行调整)，而拉索则可能还有个别索出入较大，尚须做进一步的调整计算。此外，这样得出的主梁线形虽有上拱度但不一定是一根圆滑的弧线，但其与圆滑弧线之差是毫米级的，外观和内力皆无影响。这个计算结果即可认为是斜拉桥的成桥状态，得出的索力即为成桥状态亦即恒载状态下的要求索力。由于调整索力的大小即影响斜拉桥尤其主梁的内力，为了探求最佳的恒载合理索力，曾经提出了多种方法。这里介绍的是较为简单适用的“零处索力法”[3]，其原理基本同于刚性支撑连续梁法。

(二)进行后期活载等静、动力计算

在前面得出的恒载状态上施加汽车荷载、风力、地震力等进行常规的静动力计算。根据经验，跨径小于200m的混凝土斜拉桥一般可不作风振计算，但拉索本身的涡振应考虑。地震7级烈度以下可不作检算。

(三)拉索的修正弹性模量 E

所有计算过程皆须明确各结构部件的弹性模量。拉索在自重作用下是弯曲的，是拉不直的，在两端拉力作用下，除了材料弹性伸长外其曲率也降低(越拉越直)，也会伸长，其总伸长量是非线性的，其表现出来的非线性弹性 E，称为修正弹性模量，以与钢材弹性模量 E_0 相区别，其关系为

$$E_1 = \frac{E_0}{1 + \dfrac{r^2 l^2}{12\sigma^3} E_0} \tag{2.13.3}$$

式中：r——拉索材料单位长度重量；

l——拉索长度；

σ——拉索应力。

公式(2.13.3)称 Ernst 公式。由式(2.13.3)可见，拉索修正弹性模量与其应力有关，应力越低越松弛，E_1 越小，反之则越大。

(四)拉索静力计算

拉索倾斜地锚固在索塔和主梁上，在自重下发生松弛呈曲线形，可以精确地导出其弹性挠曲线方程式[5]，但计算牵涉悬链线系数，甚为复杂，我们已经找到了一个简单而又精确的静力计算方法，可以解决设计和施工的有关系数，兹介绍如下[5]。

1. 拉索无应力长度

施工时拉索下料，必须先算出其无应力长度。

设计和施工都力求拉索沿弦线形成一根直线，如图 2.13.39a)，拉索下端锚固于主梁上的 O 点，上端锚固于索塔上 A 点，令弦线长 $\overline{OA}=L_C$，设拉索的无应力长为 L_{co}，两端的恒载初张力为 T_c，则有：

$$L_C = L_{CO} + L_{CO}\frac{T_C}{A_0E_0}$$

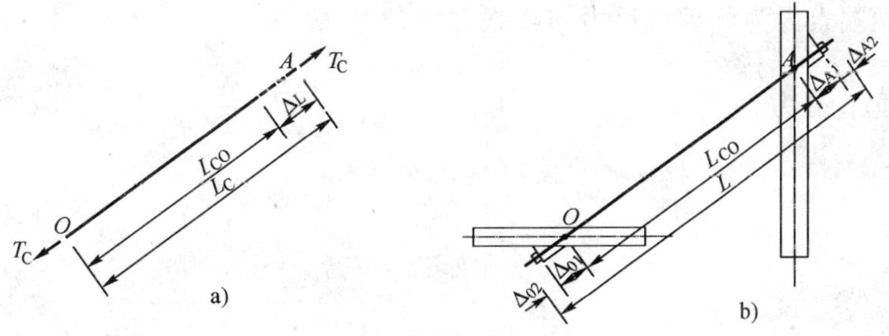

图 2.13.39　拉索长度计算

a)无应力长度；b)下料长度

式中：A_0——拉索钢丝断面积(无应力状态)；

E_0——拉索钢丝弹性模量。

由此可得：

$$L_{CO} = L_C\Big/\left(1+\frac{T_C}{A_0E_0}\right) \tag{2.13.4}$$

2. 拉索下料长度 $l_料$

下料长度应为无应力长度加上两端构造长度(图 2.13.40)，包括：

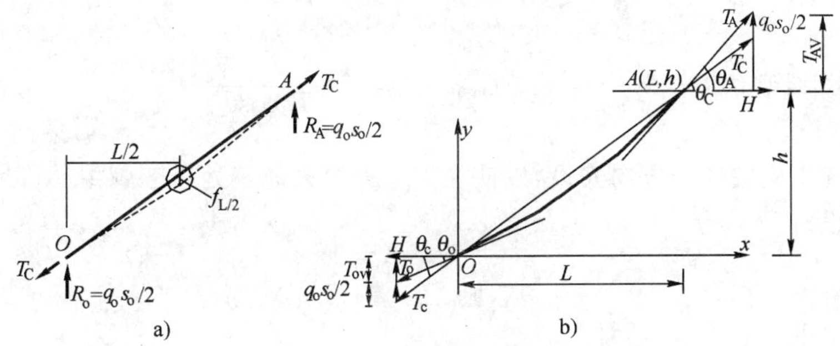

图 2.13.40　拉索两端索力

a)弦向初张力和索重反力；b)索端合力

(1)计算节点到锚垫板之间的距离，梁、塔端各为 Δ_{01} 和 Δ_{A1}，由设计图算得；

(2)锚垫板和锚头占用以及施工张拉预留长度 Δ_{02} 和 Δ_{A2}，按所采用锚头和张拉设备确定；

(3)下料时温度和设计温度之差的休整长度 Δl_t。

于是拉索下料长度 $l_{料}$ 应为

$$l_{料}=L_{c0}+\Delta_{01}+\Delta_{02}+\Delta_{A1}+\Delta_{A2}+\Delta 1_{t} \tag{2.13.5}$$

工厂订购时应给出 $L_{c0}+\Delta_{01}+\Delta_{02}$ 之值(设计温度下两端锚板之间的长度)。

3.拉索两端索力

拉索两端索力为恒载初张力和拉索自重反力之合力。拉索自重由主梁、索塔各承担一半，可简易证明如下：在图2.14.39b)中，令拉索自重在梁、塔锚固点 O、A 处引起的垂力反力各为 R_0、R_A，拉索自重为 $W=lr\lambda$(见前)，由于弦向力通过 O、A 点，故有：

$$\left.\begin{aligned}&\sum M_0=0\quad R_A l=\overline{W}\frac{l}{2}\quad \text{所以 } R_A=\frac{\overline{W}}{2}\\&\sum M_A=0\quad R_0 l=\overline{W}\frac{l}{2}\quad \text{所以 } R_0=\frac{\overline{W}}{2}=R_A\end{aligned}\right\} \tag{2.13.6}$$

于是拉索两端索力为此垂直反力与初张力之合力，故得：

$$\left.\begin{aligned}&\text{梁上 } O \text{ 端垂直分力} && T_{ov}=T_c\sin\theta-\frac{\overline{W}}{2}\\&\text{水平分力} && T_{OH}=T_C\cos\theta=H\\&\text{合力} && T_0=\sqrt{T_{OV}^2+T_{OH}^2}\\&\text{梁上 } A \text{ 端垂直分力} && T_{AV}=T_C\sin\theta-\frac{\overline{W}}{2}\\&\text{水平分力} && T_{AH}=T_C\cos\theta=H\\&\text{合力} && T_A=\sqrt{T_{AV}^2+T_{AH}^2}\end{aligned}\right\} \tag{2.13.7}$$

4.拉索两端切线倾角

拉索两端切线方向应与受力的方向一致，故有：

$$\left.\begin{aligned}&\text{梁上 } O \text{ 端切线倾角} && \theta_0=\frac{T_C\sin\theta-\overline{W}/2}{T_C\cos\theta}\\&\text{塔上 } A \text{ 端切线倾角} && \theta_A=\frac{T_C\sin\theta-\overline{W}/2}{T_C\cos\theta}\end{aligned}\right\} \tag{2.13.8}$$

两端拉索导管应按这个方向安设，以使在出口处拉索能正处于套管中心，以易于预制橡胶减振装置的安设。

六、施 工 要 点

(一)索塔

索塔施工通常采用如下方法：

(1)模板逐节上浇法，如断面形式较为规则，常采用滑模施工；

(2)竖转法，先卧地预制再竖转直立，一般用于较小索塔；

(3)节段吊装法，如钢管混凝土索塔，最宜采用。

(二)主梁和拉索

1. 基本原理

主梁施工总是伴随着拉索张拉的，主梁逐段施工安装，该段拉索张拉也跟着进行，直到全部成桥，交付使用。通常施工可以分为四个阶段，以双塔斜拉桥悬臂施工为例：

(1)安装阶段：每安装一个节段须对该节段的拉索施加一定的拉力，此时节段的标高应符合设计预定。

(2)合龙前阶段：一个索塔两侧主梁节段皆安装完了，准备合龙，此时各索中的索力和标高称为合龙前索力和标高。在安装过程，当安装后一节段时以前各节段索力和标高都将发生变化，已不是原来安装时的索力和标高了。合龙前索力和标高十分关键，一旦合龙，桥梁形成整体，以后的桥体内力和线形就基本定型了，因此如合龙前索力与标高和设计不符，应在此时调整，合龙前调整索力也较容易。

(3)合龙阶段：合龙即是将跨中那一段梁体浇完或装完，将全桥连成整体，此时虽不张拉新索，但因跨中增加一段梁重，原有各索的索力和标高将有变化，这时的索力称为合龙索力。

(4)成桥阶段：合龙之后加铺桥面铺状，安设栏杆人行道等二期恒载，全桥完成，此时各索索力称为成桥状态索力，亦即设计时计算确定的成桥恒载索力。以后全桥就在这种索力状态下承受各种静、动力活载作用。❶

由此可见，设计除了算出成桥状态索力和线形之外，还应算出前面 3 阶段的每一阶段索力和标高。不给出第一阶段安装拉力和梁高就无法进行施工，以后 2、3 以及 4 阶段索力和标高主要校核，求出各阶段索力方法主要有：

(1)倒析法：从成桥阶段起，去除二期恒载重量就得合龙阶段索力；去除跨中合龙段就得合龙前索力；主梁从最后一个节段起逐步向前按段拆除就得前一节段张拉力，各阶段主梁标高亦同时得出。这个方法用得比较普遍。

(2)前进法：按经验暂时估定每节段张拉的索力和标高，进行上述 4 阶段计算，直到成桥，记录每安装后一个节段时对以前各节段索力和标高的影响。第一次估算成桥状态结果与设计成桥状态相比较，调整各节段张拉力再次计算，多次调整直到符合设计成桥状态为止。

在施工的每一步骤皆要检测索力和主梁标高是否与设计预计相符，称为“双控”。大跨径斜拉桥施工过程还曾发生断梁事故，因此还须预埋仪器检测主梁内力，称为“三控”。斜拉桥的施工检测工作必须给以足够的重视。

2. 施工方法

大跨径斜拉桥多用悬臂施工法，又分悬臂浇注法和悬臂拼装法两种，但需特制挂篮设备，造价昂贵。中小跨径斜拉桥尤其跨线桥一般可采用支架法，做法有 3 种：

(1)满堂支架法：妨碍桥下交通，耗用支架材料多，一般只用于短小的边跨和无交通要求的情况。

(2)活动支架法：在轨道上设双排支架，上设施工平台，在其上浇注或吊放主梁节段，进行张拉，完成一段后将支架连同平台整体往前推移至下一节段，见图 2.13.41a)。

(3)活动平台法：在桥孔下适宜位置建几个临时墩，墩上安放纵、横梁形成施工平台，其长

---

❶ 对于大跨径混凝土斜拉桥，这个阶段只能称谓竣工阶段，成桥阶段要待徐变、收缩完成之后，一般计算到 5 年之后。

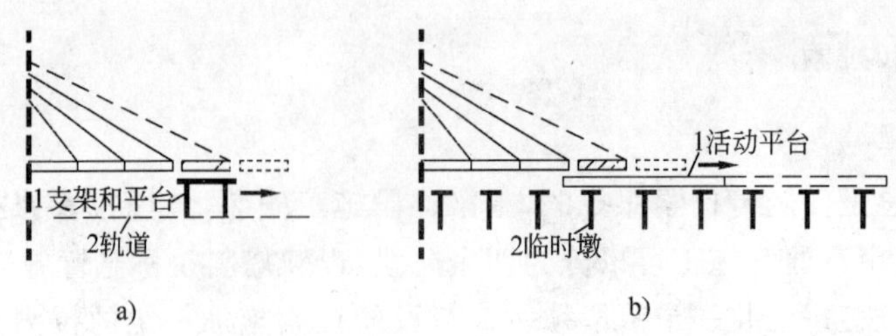

图 2.13.41　支架施工法(只示中跨)

a)活动支架法;b)活动平台法

度应大于两个墩距以便在墩顶推进,在平台浇注或吊放主梁节段,进行张拉,平台范围内各节段完成后将平台推移至下一墩位处继续施工,见图 2.13.41b)。沈阳公和桥独塔跨径 114m+120m,跨铁路编组站,即采用此法施工。

其他还可采用纵向顶推法、横向转体法等[3]。

参考文献

[1] 王伯惠论文选集.北京:人民交通出版社,2004.

[2] 王伯惠.三十年来的我国圬工拱桥.辽宁省公路学会论文集,1979.

[3] 王伯惠,张亚军著.无梁板桥.北京:人民交通出版社,1997.

[4] 王伯惠.斜拉桥的结构体系和技术特点.辽宁省交通科学研究所研究报告 80101,1980.

[5] 王伯惠.大跨径斜拉桥方案优选.北京:人民交通出版社,1980.

[6] 王伯惠.斜拉桥结构发展和中国经验(上).北京:人民交通出版社,2003.

[7] 王伯惠.斜拉桥的极限跨径.公路,2004.

[8] 王伯惠.斜拉桥静力计算.公路,2004.

[9] 尼尔斯 J.吉姆辛(丹麦).缆索支撑桥梁—概念与设计.北京:人民交通出版社,2002.

[10] 舒惠芷,蒋正国,舒江.我国第一座多脊骨梁桥在烟台建成——介绍一种新桥型结构"多脊骨梁桥.公路,2001,10.

[11] 王国鼎等.无桥台桥梁研究报告,1997.

[12] 王国鼎.无桥台斜腿刚构桥——适用、经济、美观的新桥型.公路,2000,3.

[13] 金文成,高荣雄.无桥台斜腿刚构桥的优化.公路,2000,7.

[14] 顾懋清,石绍甫.公路桥涵设计手册 拱桥.北京:人民交通出版社,2000.

第三章　桥墩的适宜形式

两条路线立体相交时，下穿线的车辆和行人必须从上跨线的跨线桥下穿过，车上的驾驶员和乘客很远就看到了跨线桥的外貌，越行越近，直到在桥的两座桥墩之间的桥孔下穿行过去。因此，现代高速公路上跨线桥的桥墩，除了须满足结构力学和交通工程等常规要求外，还必须在景观上给予充分重视，给通行者以美的感觉和享受。与此同时，还应当应用先进的理论和技术，使桥墩建筑更加经济和安全。

要做到桥墩美观而又经济，主要要遵循如下的原则：

1.作为桥梁下部构造的桥墩，首先必须与上部构造相互配合，达到全桥外形景观协调和谐。例如，当上部构造梁高甚大时，如采用十分纤细的桥墩，将显得头重足轻，不够稳定；反之，如梁高甚薄时，如采用厚硕的重力式桥墩，又将给人以笨拙的感觉。

2.墩身本身应具有优良的结构造型，既符合结构力学的要求，又符合经济适用的原则。造型新颖的桥墩已不断涌现，本章将重点介绍，同时还需要广大桥梁工作者不断继续创新。

3.墩身的简易适度装饰。耗用很多资金去追求墩身华丽的外表是浪费性的，不应当的，但一些简而易行的措施却常常可以取得美化的效果。例如，在薄壁墩的平面上设置一条或多条凹缝（只须在浇筑混凝土的模板适当位置上钉一个木条），就可克服表面的单纯平淡，而给人以新颖的感觉。

下面将先从最基本的重力式桥墩谈起，逐步介绍墩身结构的各种发展变化。

第一节　重力式桥墩

重力式桥墩一般是实体圬工桥墩，主要靠自身的重力来平衡外力，从而保证桥墩的强度和稳定。它外形稳重、抗推刚度大，跨线桥中的矮墩或制动墩常有采用。在石料丰富地区，采用石砌或料石镶面，更加美观，如图 3.1.1 所示。

镶面石也可以有多种不同的选择。用细琢石可以得到精细华美的外貌，而粗料石则可加重古朴稳重的感觉。镶面石如采用尖尾形如图 3.1.2，先砌筑 3～4 层再内浇混凝土，还可省去模型板，同时大大加强其与混凝土的连接。

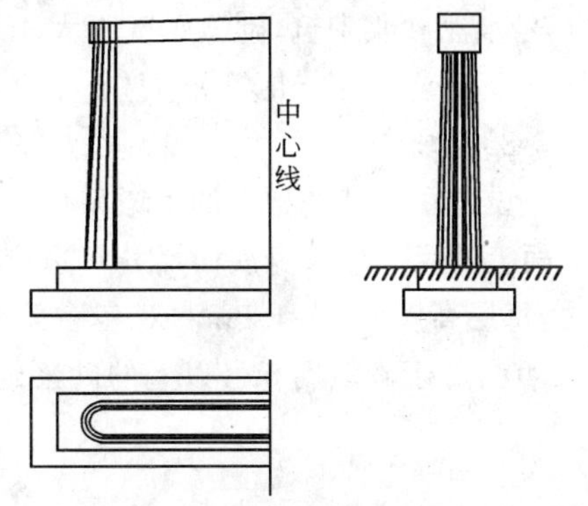

图 3.1.1　浆砌片石重力式桥墩

一、构造及特点

重力式桥墩由墩帽、墩身和基础 3 部分组成。

1.墩帽

墩帽直接支撑桥跨结构，应力较集中，因此应采用 C20 以上的混凝土，加配 $\varphi8 \sim \varphi12$mm 构造钢筋，间距 20cm 左右。小跨径墩帽除严寒地区外，可不设构造钢筋。

在墩帽放置支座的部位，一般设支撑垫石，其形状及尺寸视上部构造要求而定。若采用板式橡胶支座就应考虑后期更换支座所需的位置。当桥墩上相邻两孔的支座高度不同时，可用支座垫石调整。垫石内的钢筋网应根据支点反力的大小计算确定。不设支撑垫石的墩帽，在支撑部位也要加钢筋网，用 ϕ8mm 钢筋中心距离 5～10mm 的方格组成。墩帽的平面尺寸必须满足桥跨结构及支座布置的需要，并考虑安装上部构造时的施工要求。

当桥面较宽时，为了节省桥墩圬工，减轻结构自重，可选用悬臂式钢筋混凝土墩帽，见图 3.1.3。墩帽高度视受力大小和钢筋排列的需要而定，悬出部分部分高度向两端头可逐渐缩小到 30～40cm。

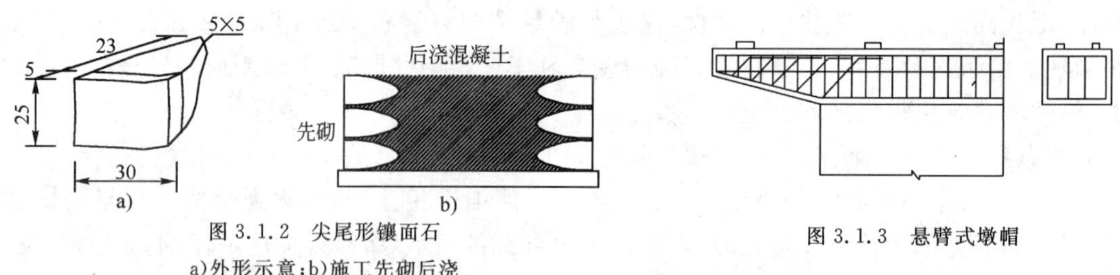

图 3.1.2 尖尾形镶面石

a)外形示意；b)施工先砌后浇

图 3.1.3 悬臂式墩帽

2. 墩身

重力桥墩的墩身用 C15 的片石混凝土浇筑，也可用浆砌块石和混凝土预制块砌筑。用于梁式桥的墩身宽度，小跨径桥一般 60～80cm，中跨径桥一般 80～100cm，大跨径桥的墩身顶宽视上部结构类型而定。墩身侧坡一般采用 20∶1～30∶1，小跨径且桥墩不高时也可不设侧坡。墩身截面形式一般采用圆端形或尖端形，矩形也比较常用，但其棱角过于分明，对桥下行车不利，且容易受损。

石砌桥墩适用于盛产石料地区，符合就地取材、降低造价的原则，但它多靠人力施工，施工进度缓慢。采用标号不低于 25 号的石料，一般桥梁用 5 号以上砂浆砌筑。

混凝土桥墩便于机械化施工，多用 C15 以上混凝土浇筑，并可掺入不多于 25%的片石。

混凝土预制块桥墩的特点是基础工程与预制工作可平行作业，从而加快施工速度，并可节省模板，在具备吊装机具的工地可采用。预制块件的大小，随吊装机具的起重能力及运输条件而定。块件的形式、规格宜尽量少，以简化施工。预制块件用不低于 15 号混凝土制作，用 5～10 号水泥砂浆砌筑，砌缝厚度不大于 1.0cm。一些混凝土预制块为空心块，砌筑后可用低标号混凝土或小石子混凝土填塞。

3. 基础

设置在天然基础上的桥墩采用 C15 或 C15 以上片石混凝土，也可采用浆砌块石。基础在平面上的尺寸较墩身底面尺寸每边应放大 0.25～0.75m。基础可做成单层或 2～3 层台阶式的，每层高度 0.5～1.0m。对各台阶的坡线与竖直线的夹角 θ(刚性角)的要求：对于混凝土 $\theta \leqslant 40°$，对于砌块用 5 号以上的砂浆砌筑时 $\theta \leqslant 35°$，对于石砌 $\theta \leqslant 30°$。

二、设计与计算

1. 拟定桥墩各部尺寸

首先根据上部构造的宽度选定墩顶长度，再按相邻两孔支座的尺寸和距离并加上支座边缘至墩顶边缘的距离选定墩顶宽度，然后按照选定的墩身两侧的斜度向下放坡，从而定出墩身底面尺寸以及基础平面尺寸和厚度。

悬臂式墩帽的尺寸除应符合上述构造要求外，配筋量需根据荷载大小，通过计算确定。

尺寸拟定之后，即可进行验算。若算得桥墩的强度及稳定性安全系数过高或过低时，则需重新拟定尺寸，重新验算，使其能满足上部构造要求，又能满足安全经济的原则。

2. 计算与验算

凡墩身在横截面尺寸突变处(如基础顶面和基础底面等)，都必须进行截面强度、偏心距、稳定性的验算。

将恒载和规定的活载及可能出现的外力按规范要求进行最不利组合，分别按顺桥向和横桥向计算出各截面的内力(弯矩 M、轴力 N)。然后，进行截面强度验算。

圬工设计规范规定，构件采用分项安全系数的极限状态设计，其设计原则是，荷载效应不利组合的设计值小于等于结构抗力效应的设计值，以方程表示为

$$S_d(\gamma_{so}\varphi\sum\gamma_{si}Q)\leqslant R_d\left(\frac{R^j}{\gamma_m}a_k\right) \tag{3.1.1}$$

式中：S_d——荷载效应函数；

Q——荷载在结构上产生的效应；

γ_{so}——结构的重要性系数，计算跨径 $L\leqslant 50$m 时，取 $\gamma_{so}=1.0$；

γ_{si}——荷载安全系数，对于结构自重，根据其与活载效应同号、反号分别取 1.2、0.9，对于其他荷载取 1.4；

ϕ——荷载组合系数；

R_d——结构抗力效应函数；

R^j——材料或砌体的极限强度；

γ_m——材料或砌体的安全系数；

a_k——结构的几何尺寸。

轴心或偏心受压时，截面强度和稳定验算按下列公式计算：

强度验算时 $$N_j\leqslant \alpha AR_a^j/\gamma_m \tag{3.1.2}$$

稳定验算时 $$N_j\leqslant \varphi\alpha AR_a^j/\gamma_m \tag{3.1.3}$$

式中：N_j——计算纵向力；

A——截面面积，对于组合截面按强度比换算；

R_a^j——材料的抗压极限强度；

γ_m——材料的安全系数，可查规范表格取值；

φ——受压构件纵向弯曲系数。

$$\varphi=\frac{1}{1+\alpha'\beta(\beta-3)^2\left[1+1.33\left(\frac{e_0}{\gamma_w}\right)^2\right]} \tag{3.1.4}$$

式中：α'——与砂浆强度有关的系数；2.5 号砂浆，$\alpha'=0.0025$；5 号砂浆、混凝土，$\alpha'=0.002$；

e_0——纵向力偏心距，对于组合截面为纵向力到换算截面重心轴的距离，其值不得超过规范中的规定；

γ_w——截面或换算截面在弯曲平面内截面的回转半径；

α——纵向力偏心影响系数，按下式计算：

$$\alpha=\frac{1-\left(\frac{e_0}{y}\right)^m}{1+\left(\frac{e_0}{\gamma_w}\right)^2} \tag{3.1.5}$$

式中：y——截面或换算截面重心至偏心方向截面边缘的距离；

m——截面形状系数，对圆形取2.5，对箱形或矩形取8.0。

$$\beta=l_0/h_w \tag{3.1.6}$$

式中：l_0——构件计算长度，可根据两端结合情况，查规范表取用；

h_w——偏心受压构件矩形截面在弯曲平面内的高度，即轴心受压构件矩形截面的短边边长。

对于一座具体的重力式桥墩，计算首先进行横、顺桥向内力汇总及组合，一般情况下横桥向内力不控制设计，而只验算顺桥向内力值。再按照上述公式验算各截面的：①偏心距 e_0，检查是否满足要求；②强度、稳定是否满足要求；③对基底截面，验算基底应力是否满足现有土层地质承载力要求；④对整体桥墩进行抗倾覆稳定性验算以及抗滑动稳定性验算。

第二节　薄　壁　墩

薄壁墩是对重力式墩的一种改进，重力式墩的厚度一般都须1m及以上，薄壁墩厚度可压缩至35～40cm，如图3.2.1所示。除了可加大桥下净空，提高通透度外，纤细轻巧的墩身，挺拔秀劲，更增美观。由于墩身减薄，工程量节省，基础可简化，节省经费，软弱地基也可使用。

桥墩除了承受垂直力外，还要承受温度、制动力、风力等纵向水平力，厚度减薄后，为了保证纵向抗弯强度，薄壁墩通常采用钢筋混凝土建造。

一、构造及特点

薄壁墩一般都做成矩形截面，从端面看去，线条简洁、棱角明晰，给人以力的感觉。有时也将端部做成圆弧形或三角形，前者能使视觉感觉柔和，时有采用，而后者则会使快速行近的车辆产生躲让以防碰撞的心理，增加行车压力，因而使用较少。

在横桥向，墩身宽度则视上部构造而定，上部构造如为简支梁式，墩宽必须甚大，才能满足主梁布置的需要。图3.2.1所示为墩宽和上部梁宽几近相等的一座薄壁墩。这种墩宽车行其下透视度很差，改进的方法是将墩壁减窄，墩顶盖梁向两边作出悬臂。

图3.2.2所示为将墩身略为缩窄的一座已建成实桥薄壁墩。它是对重力式墩的一种改进。该桥桥墩中距14.1m，墩高4.8m，壁厚0.35m，为墩高的1/13.7。全墩圬工体积为12.56m^3，比一般重力式桥墩节省圬工体积74%。

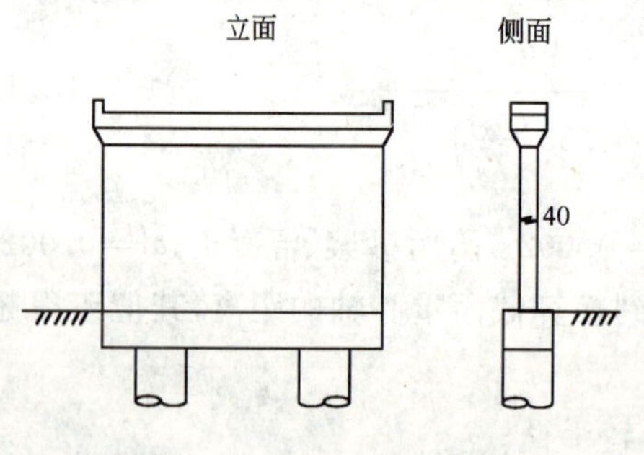

图3.2.1　简支梁桥的薄壁墩

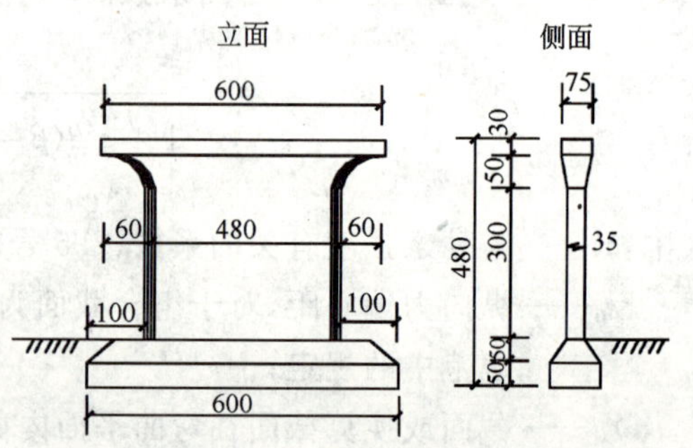

图3.2.2　墩身略为减窄的薄壁墩实例(cm)

进一步的改进则有如图 3.2.3 各种做法。图 3.2.3a)示墩身进一步减窄，盖梁悬臂进一步加长，因而须用预应力式；图 3.2.3b)示墩身采用倒梯形以取得美化效果，还可使盖梁不用预应力，墩身中部为了美化设假缝一条，或者直接做成通缝分为两肢；图 3.2.3c)示改为分离的两片(或更多片)倒梯形薄壁墩，这除了上述优点外还可进一步提高桥下透视度。

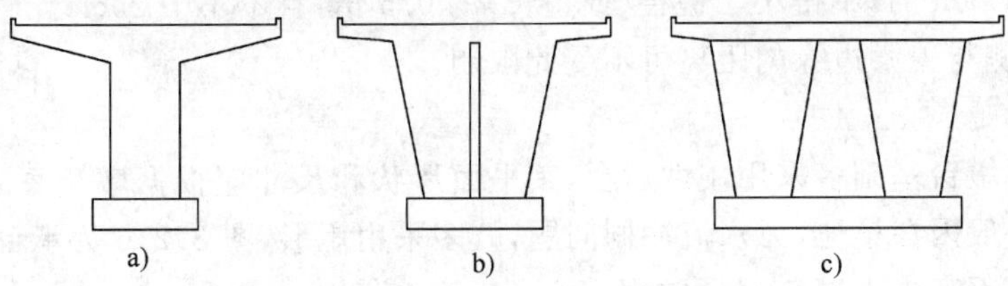

图 3.2.3 简支梁桥薄壁墩的一些改进做法

a)预应力盖梁；b)倒梯形薄壁；c)分离式倒梯形薄壁

上部构造如果为连续梁桥，采用箱梁，由于梁的底宽较窄，只须设两个甚至一个支座，因此横桥向墩身自然减小，且不需要盖梁，薄壁墩的形状就简单多了，一般采用图 3.2.4 的做法就可得到美观经济的效果。

二、设计与计算

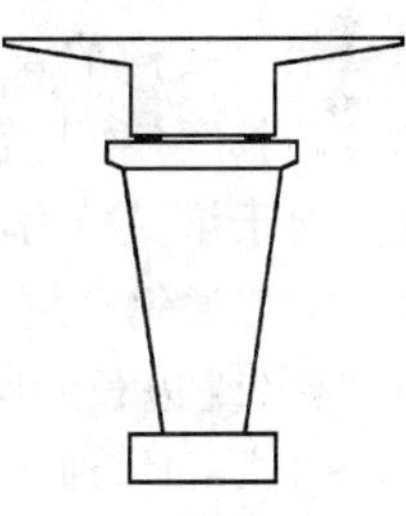

图 3.2.4 连续箱梁桥的薄壁墩

薄壁墩也是实体墩，但纵向柔度大，强度和稳定性验算基本和一般重力式实体墩相同，特殊之处是：

(1)横桥向较长的薄壁墩，还要验算墩身平面的弯曲强度。

(2)顺桥向按一般重力式实体墩验算(扩大基础)基底应力和稳定性；如为桩基础时，应验算墩身与桩顶承台结合面的偏心受压强度、裂缝宽度等。桩基一般不作抗滑动和抗倾覆稳定性验算，但桩顶水平位移应计入桩顶位移的影响。

三、群桩布置与承台

桩基础根据施工方法的不同可分为预制打入桩、钻孔灌注桩两类，而挖孔桩属于灌注桩类，常用的仍然是钻孔灌注桩。

1. 桩的布置

桩的布置应根据荷载的大小、地基土质条件、桩的承载力等因素确定。当采用钻孔灌注桩时，中小桥常用单排式。多排式多用于水平推力较大的桥梁墩柱中，其排列一般为行列对称式或梅花式，见图 3.2.5。

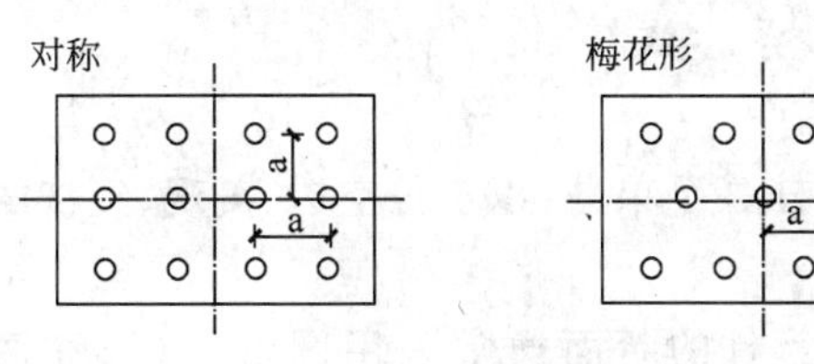

图 3.2.5 桩的平面布置

考虑到桩土共同作用及施工需要，各种桩在平面上的中心距离应满足：

(1)钻(挖)孔摩擦桩不应小于成孔直径的 2.5 倍；

(2)支撑在岩石上的嵌岩桩，不宜小于桩径(或边长)的 2.5 倍，支撑或嵌固在基岩中的钻孔桩不得小于实际桩的 2.0 倍。

(3)锤击沉入桩不小于桩径(或边长)的 0.3 倍，对于软土地基宜适当放大；震动沉入砂土内的桩，桩尖处不得小于桩径（或边长）的 4 倍。

(4)桩的最大中心距一般也不应超过 5～6 倍桩径（或边长）。

承台边缘至桩外侧的距离应满足：

(1)桩径>1.0m 的，不得小于桩径的 0.3 倍，且不小于 50cm；

(2)桩径≤1.0m 的，不得小于桩径（或边长）的 0.5 倍，且不小于 25cm。

(3)桩柱外侧与盖梁边缘的距离可不受此限制。

2.承台的构造

公路跨线桥墩台基础多采用刚性承台，其平面形状和尺寸应根据墩身底面形状及桩的平面布置确定。一般因在旱地，无水流冲刷问题，故多采用矩形，图 3.2.6 为承台配筋图。

承台的厚度不宜小于 1.5m，通常用 1.5～2.5m（盖梁式承台可小于 1.5m）。混凝土标号为 C15～C20。高承台不宜小于 C20。

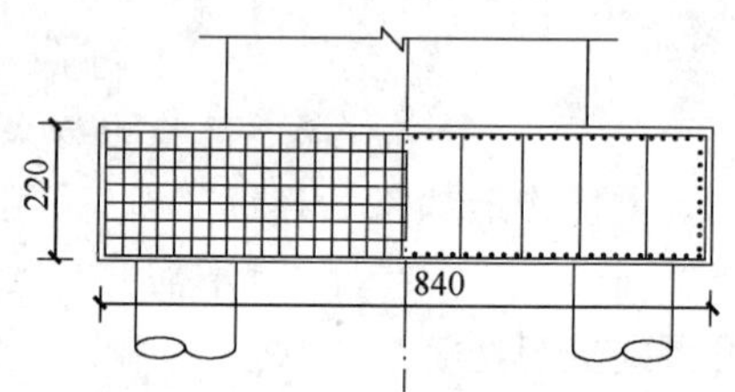

图 3.2.6 承台配筋构造

3.桩与承台的连接

钻孔桩多将桩顶及主钢筋伸入承台，如图 3.2.7a)、b)所示。桩身伸入承台内深度可采用 10～20cm；直接承受上部结构的盖梁式承台可不伸入。桩顶主筋伸入承台的长度，对于光圆钢筋不小于 $30d$（设弯钩），螺纹钢筋（不设弯钩）不小于 $40d$，d 为主筋直径。对于承受拉力的管柱与承台的联结和主筋的伸入长度应符合受力要求。对于不承受轴向拉力的普通钢筋混凝土锤入桩及预应力混凝土桩，可不破桩头，将桩顶部分直接埋入承台内。当桩径（或边长）小于 0.6m 时，埋入长度不小于 2 倍桩径 D（或边长 b）；当桩径或边长为 0.6～1.2m时，埋入长度不应小于 1.2m；当桩径（或边长）大于 1.2m 时，埋入长度不应小于桩径（或边长），如图 3.2.7c)所示。

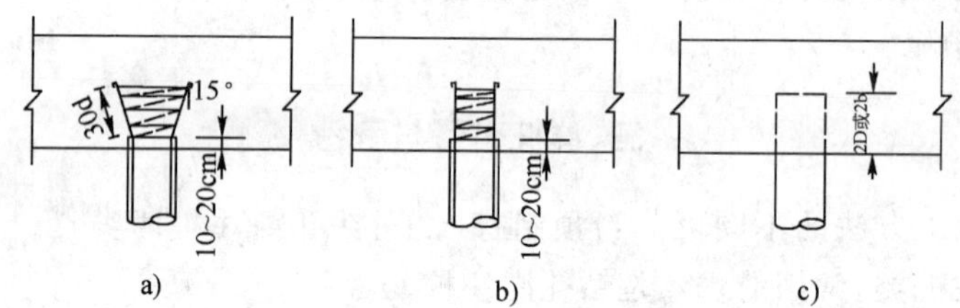

图 3.2.7 桩与承台的联结

第三节 柱 式 桥 墩

柱式墩着重从横向压缩重力式桥墩的宽度，形成多柱甚至单柱，以求得空透、美观、经济的效果，和分离式薄壁墩相比，断面较为圆浑厚重。

图 3.3.1 实体桥墩横截面形式

柱的断面通常采用圆形，以及如图 3.3.1 所示其他各种形式，主要是为了美观和多样化，避免千篇一律。这些形式作大了就成为重力式墩，做小了就成为柱式墩。外形不宜过于复杂，以免增大模板制作困难。除圆形墩外，其余长形墩一般只用于斜交角小于 15°的跨线桥。

和薄壁墩相似，多柱墩加盖梁适用于简支梁式上部构造，单柱墩适用于连续箱梁式上部构造，下面以圆柱墩为主介绍柱式墩的有关问题。

一、单 柱 墩

1.适用条件

单柱墩可以说是桥墩最简洁的外观形式，最精练的结构，能极度压缩下部结构占用的桥下空间，更适宜于跨线桥常见的斜桥、弯桥，如图3.3.2所示一实例。

图 3.3.2　单柱墩连续箱梁桥

从功能上分析，圆形单柱墩是最常用的一种形式，可适用于横向较窄桥梁，包括底宽较窄的箱梁桥，以及交叉口附近，有多向交通流或与被交道路斜交角度大于或等于15°的斜梁。圆形桥墩的外形对桥下行车的视觉效应最好，能适应不同角度的视线，达到视觉柔和的目的。而矩形、尖端形、工字形等，由于有棱角，在桥下有多向交通流，或与被交道路斜交角度大于15°时，跨线桥的整体视觉效果就相对较差。

矩形单柱墩的应用比圆形稍少，它由于棱角分明，视觉效果较差。但对于上部结构也是棱角分明的等截面连续箱梁桥，如采用矩形单柱墩，从整体上看尚可。在设计车速不是很高的城市道路跨线桥中，常多采用矩形墩，而在高速公路跨线桥中，多采用圆形墩。

矩形墩宜用于正桥，或斜交角度小于5°的桥梁。它受力方向明确，节省混凝土工程量，模板制作简单，施工方便。

圆端形、尖端形、椭圆形墩适用于横向较宽桥梁，以及斜交角度小于15°的桥梁。尖端可起导向和修饰作用，椭圆形则模板、钢筋等施工皆较麻烦。

图3.3.3所示为一座采用圆形单柱墩的箱形连续梁斜跨线桥的实例。图中所示单柱支撑在双室箱梁的中肋上，只设一个支座，支撑处在箱梁内应设较为强大的内横梁，以利于横向传达支撑反力，另外，在两端桥台处应设双支座，以确保桥梁的整体抗扭稳定性。

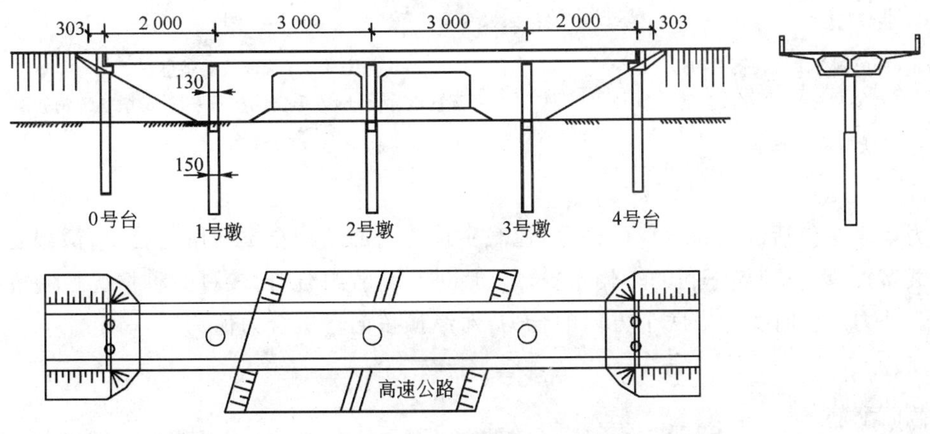

图 3.3.3　单柱墩跨线桥型布置

如果在单柱墩顶上须设两个支座来支撑箱梁，则须将支座顶部扩宽，实践中有如图 3.3.4 所示的一些做法。图 3.3.4a)所示为墩顶沿弧线扩展，圆柱墩可扩展成蘑菇形，矩形墩可扩展成圆端形，图 3.3.4b)、c)多用于矩形墩，沿小夹角斜线扩展，显得纤细清秀，图 3.3.4c)扩展成蝴蝶形，桩顶部凹下一个高度是为了后期置换支座时便于安置千斤顶。

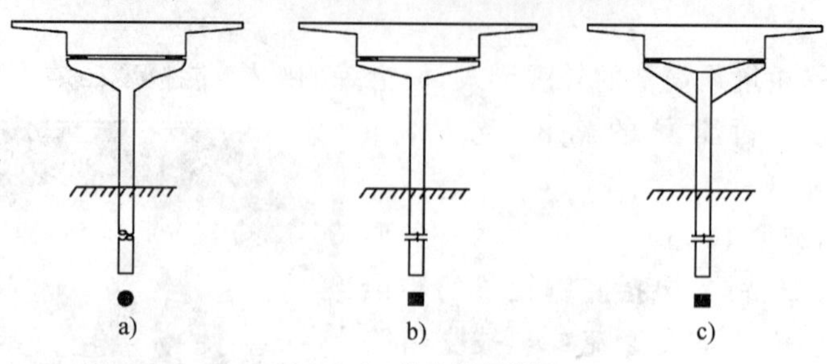

图 3.3.4　独柱墩顶扩展

a)蘑菇形；b)尖角形；c)蝴蝶形

2.构造要求

圆柱式钢筋混凝土单柱墩的构造如图 3.3.5 所示。墩柱配筋的一般要求为：纵向受力主钢筋直径应不小于 12mm。截面积应不小于混凝土计算截面积的 0.4%；净距应不小于 5cm，净保护层不小于 2.5cm；箍筋直径应不小于 6mm；在受力钢筋接头处，箍筋间距应不大于纵向钢筋直径的 10 倍或构件截面的较小尺寸，亦不大于其余段的箍筋间距。

墩顶如安装大吨位盆式支座，应设方形混凝土支座垫石，高度不大于 5cm，其下设置钢筋网。一般做成略小于墩柱直径的圆形，钢筋直径采用 6～8mm，钢筋网片数量由局部承压构件计算确定，如图 3.3.6 所示。

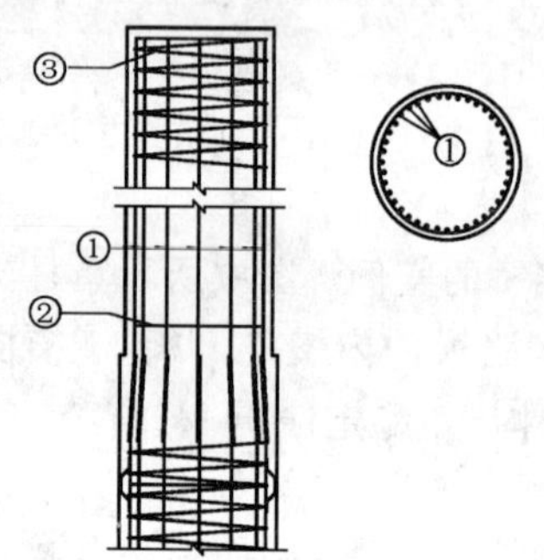

图 3.3.5　圆柱墩桩柱钢筋构造

①主筋；②圆箍筋；③螺旋箍筋

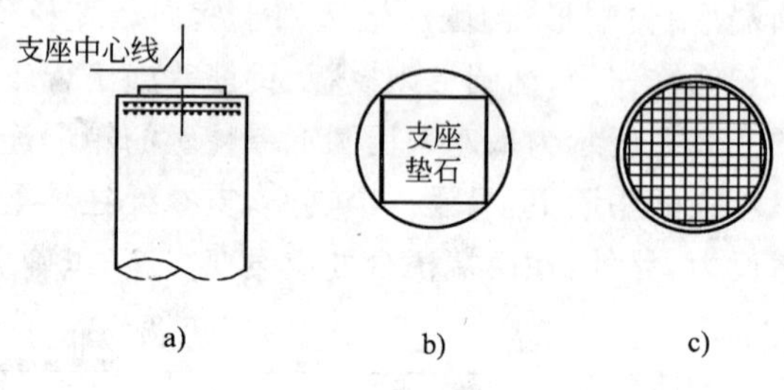

图 3.3.6　墩顶支座垫石

a)圆柱墩立面；b)方形支座垫石平面；c)墩柱顶钢筋网

3.设计与计算要点

1)外力

外力计算中包括恒载和活载两部分：恒载中包含上部结构自重和墩身自重；活载要按设计标准荷载布置，以得到最不利的车辆布置。然后进行荷载组合，比较哪一种情况控制桩长和桩的内力。外力组合时要考虑两个方向的合力，对纵横桥向弯矩合力值为

$$\sum M=\sqrt{M_x^2+M_y^2}$$

2)截面配筋

按钢筋混凝土偏心受压构件计算，计算公式可参见《公路钢筋混凝土及预应力混凝土桥涵设计规范》有关章节。

3)裂缝宽度验算

钢筋混凝土圆形截面偏心受压构件的计算裂缝宽度可按下列公式计算：

$$\delta_f = K_1 K_2 K_3 \gamma \frac{\sigma_g}{E_g}\left(100 + \frac{4 + 0.2d}{\sqrt{\mu_z}}\right) \tag{3.3.1}$$

式中：K_1——钢筋表面形状影响系数，光圆钢筋 $K_1=1.0$，螺纹钢筋 $K_1=0.8$；

K_2——荷载特征影响系数，按下式计算：

光圆钢筋：$K_2=1+0.5\frac{S_1+S_2}{S}$

螺纹钢筋：$K_2=1+0.3\frac{S_1}{S}+0.5\frac{S_2}{S}$

S_1——活载作用下的内力，kN；

S_2——恒载作用下的内力，kN；

S——全部计算荷载作用下的内力，kN；

主力作用时：$S=S_1+S_2$

主力加附加力作用时：$S=S_1+S_2+S_3$

S_3——由于附加力引起的内力，kN。

K_3——截面形状系数，对圆截面 $K_3=1.0$；环形截面 $K_3=1.1$；

γ——中性轴至受拉边缘距离与中性轴至最大拉应力钢筋中心的距离之比，如图 3.3.7 所示，按下式计算：

$$\gamma = \frac{2R - x}{R + r_g - x} \leqslant 1.2 \tag{3.3.2}$$

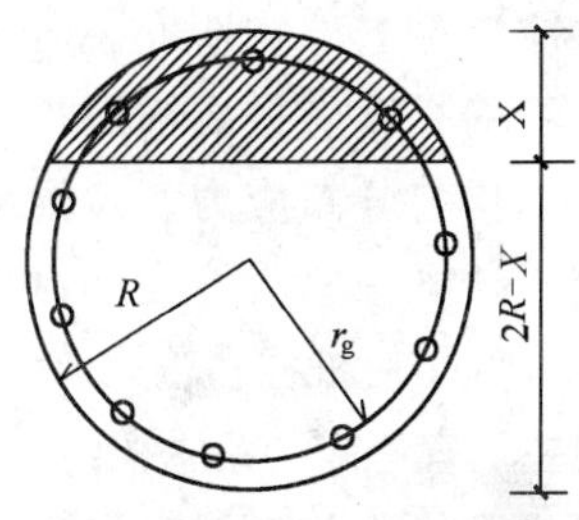

图 3.3.7 圆截面 r 计算图

当 γ 大于 1.2 时，取 1.2；

σ_g——钢筋最大拉应力，MPa；

d——纵向钢筋直径，mm；当钢筋直径不同时，取大直径；

μ_Z——纵向钢筋直径的有效配筋率，按下式计算，但不应小于 0.5%，

$$\mu_z = \frac{A_g}{A_z}$$

A_g——纵向钢筋的总面积；

A_z——与纵向钢筋相互作用的混凝土面积，可取：

$$A_z = 4\pi r_g (R - r_g)$$

E_g——钢筋的弹性模量，MPa。

另外，有些单柱墩与连续箱梁在墩顶连结成一体，如前图 3.3.2 所示，这样就形成刚构体系。其设计和受力计算应按刚构分析，在此不详述。

二、多 柱 墩

1.适用条件

当桥宽较大或箱梁底宽较大时，应采用双柱墩以保持结构的横向稳定性，一般应在各柱顶加设盖梁，当柱身甚高时还可在柱腰设横系梁连接在一起。如图 3.3.8a)所示，上部结构是连续箱梁，双柱墩省去了盖梁。装配简支梁的双柱墩，如图 3.3.8b)所示。

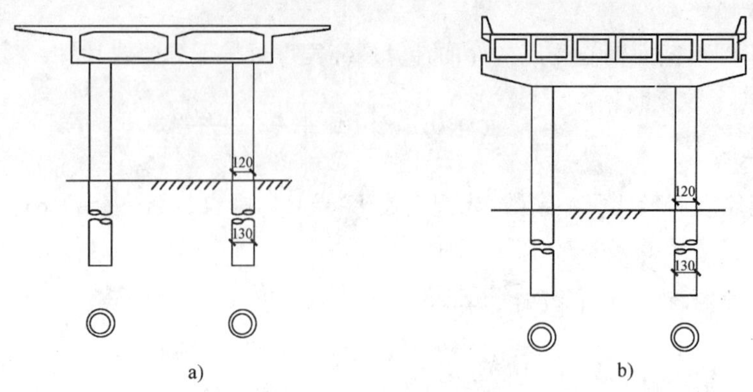

图 3.3.8　双柱墩桥型布置

a)连续箱梁；b)空心板

有些双柱墩以及多柱墩在地面处设有系梁，实无必要，建议取消，以节省工程量。

2. 构造及要求

盖梁横截面形状一般为矩形或 T 形（正、倒两种），底面形状有直线形和曲线形两种。直线形施工较简单。曲线形施工较复杂，但材料较节省。盖梁宽度以上部结构形式、支座间距和尺寸，同时加上支座边缘至盖梁边缘的最小距离拟定，也要满足抗震规范的有关要求。盖梁高度一般为梁宽的 0.8～1.2 倍。长度应大于上部构造两边（空心板边梁、T 梁边肋）间的距离，并应满足上部构造安装时的要求。设置橡胶支座的桥墩应预留更换支座所需的位置，即支座垫石的高度应按端横隔板底面与墩顶面之间的距离能安置千斤顶来确定。支座下应设置钢筋网以均匀分布应力。盖梁悬臂端高度最小不应小于 30cm。各截面尺寸与配筋需通过计算确定。盖梁一般就地浇注，也可预制安装和采用预应力盖梁。

为了使桩柱和盖梁或承台有较好的整体性，桩柱顶一般应嵌入盖梁或承台 15～20cm。端部露出主筋宜弯成与铅垂线约 15°倾斜角的喇叭型，并伸入承台和盖梁中，长度要满足锚固要求。若盖梁或承台尺寸有限制，主筋局部也可不弯成喇叭形。单排桩基的主筋应与盖梁主筋连接。此外，在喇叭形主筋外围还应设置直径不小于 8mm 的箍筋，间距一般为 10～20cm，如图 3.3.9 所示。

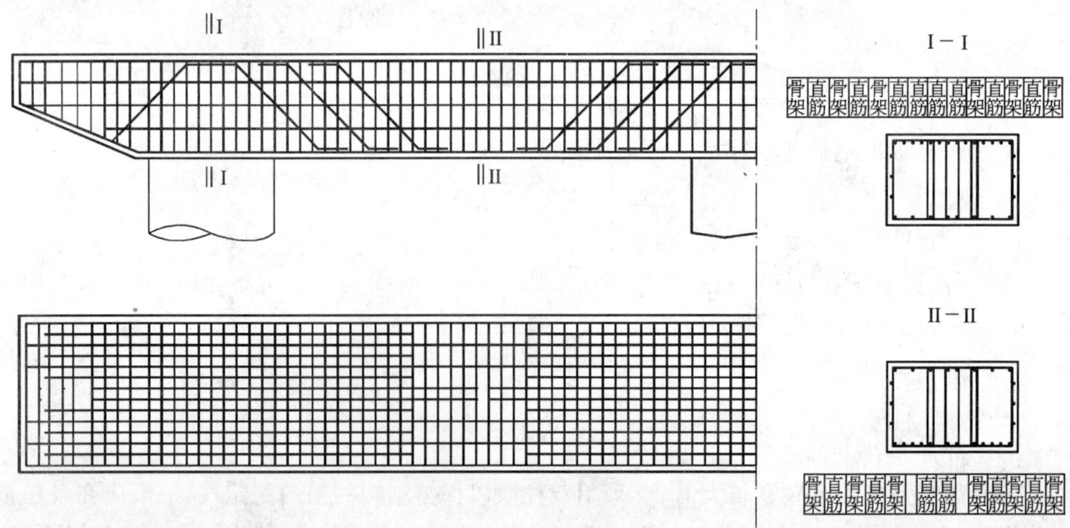

图 3.3.9　盖梁钢筋构造图

当用横系梁加强桩柱的整体性时，横系梁的高度可取为桩径的 0.6～0.8 倍，宽度可取为桩径的 0.4～0.6 倍。横系梁一般不直接承受外力，可不作内力计算，按横截面积的 0.1%配置构造钢筋，伸入桩内与桩主筋连接。

3.设计与计算要点

多柱墩的设计可分为墩柱和盖梁两部分。墩柱设计与单柱墩相同，不再多述。

盖梁设计时，桩柱钢筋伸入到盖梁内，与盖梁钢筋绑扎成整体，盖梁与桩柱刚接呈刚架结构。当盖梁刚度与桩柱刚度之比大于 5 时，为简化计算，可以忽略刚接的影响，按简支梁或双伸悬臂梁计算和配筋。多根柱盖梁可按连续梁计算。当盖梁计算跨径与梁高之比，对于简支梁小于 2，对于连续梁小于 2.5 时，应按深梁计算。当刚度比小于 5 或桥墩承受较大横向力时，盖梁应作为横向刚架的一部分进行计算。计算盖梁内力时可考虑柱支撑宽度的影响。

1)外力计算

外力计算中包括恒载和活载两部分。恒载中包含：上部结构自重（上部主梁、桥面铺装、人行道、栏杆）和盖梁自重。

活载分为 4 种情况进行分析：

(1)根据规定的计算荷载、验算荷载及人群荷载等，分别按其在盖梁上可能产生的最不利情况，求出支点最大反力（汽车荷载要乘以冲击系数）作为盖梁的活载。

(2)活载横向分布计算。当活载对称布置时，按杠杆法计算；当活载非对称布置时，按刚性横梁法计算。当盖梁为多根柱支撑时，其内力计算可考虑桩柱支撑宽度进行负弯矩峰值削减。

(3)盖梁在施工过程中，荷载的不对称性很大，各截面将产生很大的弯矩，因而要根据实际的架桥施工方案可能出现的施工荷载进行组合，对各截面的受弯、受剪进行验算。构件吊装时，构件重力应乘以动力系数 1.2 或 0.85，并视构件具体情况作适当增减。施工阶段应力计算按临时组合验算，当采用预应力混凝土盖梁时，施工阶段计算更重要。

(4)桥墩沿纵向的水平力有制动力、温度力、支座摩阻力以及地震力等。设有油毛毡支座和钢板支座的桥墩，其所受的水平力按其刚度分配；设有板式橡胶支座的桥墩，应考虑支座与桥墩的联合作用。

2)内力计算

跨线桥桩柱式墩盖梁通常采用双悬臂式，计算时的控制截面选在支点和跨中截面。在计算支点负弯矩时，采用非对称布置活载与恒载反力；在计算跨中正弯矩时，采用对称布置活载与恒载反力。桥墩沿纵向的水平力以及上部结构活载的偏心对盖梁将产生扭转，计算中应加以考虑。

3)截面配筋计算

当采用钢筋混凝土盖梁时，其配筋验算方法与一般钢筋混凝土梁配筋相同，即根据弯矩包络图配置受弯钢筋，根据剪力包络图配置斜筋和箍筋。在配筋时还应计算各控制截面扭矩所需要的箍筋及纵向钢筋。当采用预应力混凝土盖梁时，预应力钢筋及普通钢筋的配置同预应力梁。

第四节　各种异形墩

在生产实践中，国内外桥梁工作者还提出了许多造型新颖美观、施工便易、经济适用的桥墩形式，重点介绍如下：

一、V形墩系列

从基础承台上直接伸出两个斜臂形成V形以支撑主梁，称为V形墩。顺桥向或横桥向皆可采用。

图3.4.1是一顺桥向V形墩桥的构造，两斜臂之间的张角θ视桥墩高度、桥墩长度等而异，可在45°～100°之间选定，斜臂顶端可与主梁刚接，亦可分离，上设支座，但此时双斜臂之间应设拉杆以平衡斜臂外张的水平力。斜臂底部通常与承台固结，横桥向视桥宽可设双排或多排。

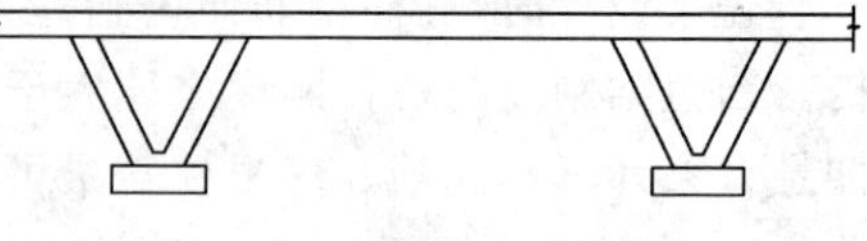

图3.4.1 顺桥向V形墩示意

图3.4.2是一座纵桥向V形墩桥的实例。由图可见，这种桥墩配合上部构造给出了一个十分雄伟壮丽的全桥造型。V形墩缩短了桥孔的跨长，将全桥变成更多跨的连续，对主梁受力十分有利。

图3.4.2 湖南长沙湘江南大桥(6孔160m,1998年)

图3.4.3是横桥的V形墩的示意图，图3.4.3a)所示为窄桥或箱梁桥的情况，采用单V形；图3.4.3b)示宽桥或简支梁桥的情况，采用双V或多V形，上设盖梁，与V形墩斜臂刚结。

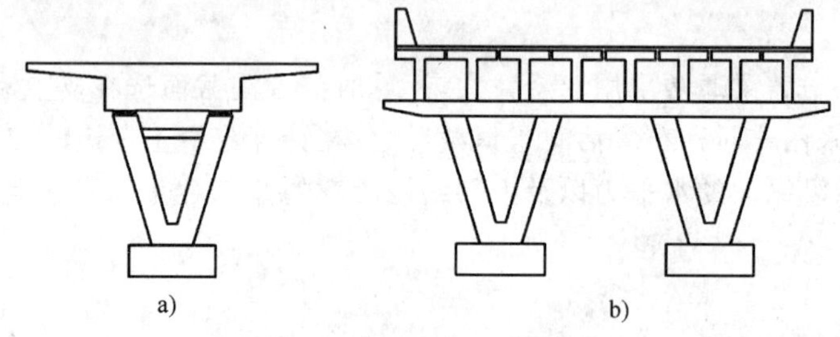

图3.4.3 横桥向V形墩示意

a)单排V墩，上为箱梁；b)双排V墩，上为简支梁

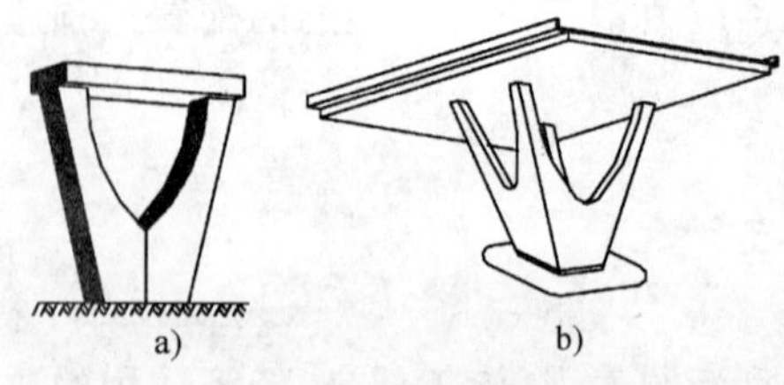

图3.4.4 V形墩的特征

a)粗硕造型的V形墩；b)纵横向V形结合墩

上述V形墩的斜臂一般皆用钢筋混凝土制作，断面较比纤细，以显挺拔秀劲。个别情况下也有采用较为粗硕混凝土断面的，如图3.4.4a)，用于城市跨线桥跨越交通繁华的街道处，给通行的车、人以醒目的标示，并借以防撞，这种造型也给人以新颖安全和古朴浑厚之感。更个别的情况还有纵横向结合在一起的V形独柱墩，如图3.4.3b)所示。图3.4.5所示为一座

具有纤细双向 V 形斜臂的优美造型的桥墩。

图 3.4.5　双向 V 形墩(人行桥,英国)

二、Y 形墩系列

当桥墩较高,V 形墩两斜臂张扬过大,不甚适度时,可做成 Y 形,下段为独柱,只有上段张开成 V 形。由于斜臂较短小,因而断面比 V 形墩更为纤细,一般皆做成支撑墩,两斜臂端设支座,臂间设拉杆,而较少与上部构造固结,因为固结时要分担上部构造承受的弯矩,当结构纤细时,其分担贡献是微小的。

和 V 形墩一样,Y 形墩也可顺桥向和横桥向设置,如图 3.4.6 和图 3.4.7 所示。图 3.4.7c)所示为辽宁省阜新市一座四车道连续箱梁桥的某投标方案:半桥上部构造采用斜腹板单室箱梁,下为 Y 形墩,灌注桩单桩基,上下部结构外形曲线柔和顺适,形成整体,造型美观,造价经济,因而一举中标。图 3.4.8 和图 3.4.9 分别是顺桥向和横桥向 Y 形墩实例。

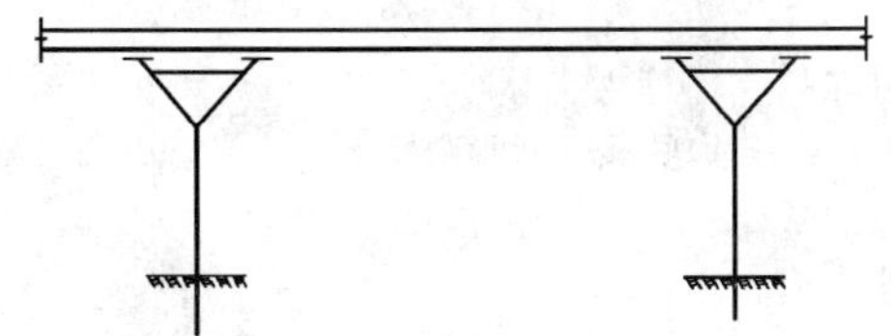

图 3.4.6　顺桥向 Y 形墩示意

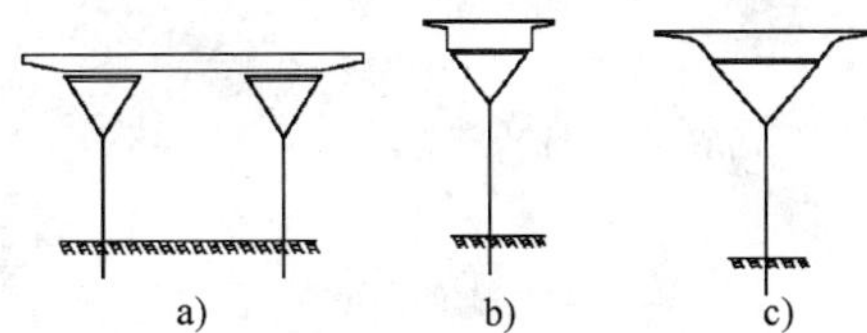

图 3.4.7　横桥向 Y 形墩示意

a)简支梁下的双排 Y 形墩;b)连续箱梁下的单排 Y 形墩;c)辽宁省阜新市一座 Y 形墩箱梁桥中标方案

在有些情况下,箱梁底截面只须设置一个支座,因而桥墩顶部不必分岔,但由于墩身甚高,为了加强横向稳定性,将墩脚扩宽做成两肢,这就成为倒 Y 形墩,而别具一格,如图 3.4.10a)所示。另一些情况下,箱梁底面需要设置两个支座,也要将墩顶分成两肢,这就形成了正、倒 Y 相结合的又一新颖造型,如图 3.4.10b)所示。

Y 形墩两悬臂之间的拉杆也可作为美化的一个考虑点,例如做成凹弧形薄壁式,如图 3.4.11b)。美国一座桥 Y 形高墩作一个舌形薄板来取代拉杆,使桥墩造型犹如一朵盛开的

图 3.4.8　顺桥向 Y 形墩(江西丰城赣江桥主跨 55mm+4×70mm+55m)

图 3.4.9　横桥向 Y 形墩(大连香甘立交桥)

百合花,取得了很好的效果,见图 3.4.11c)。

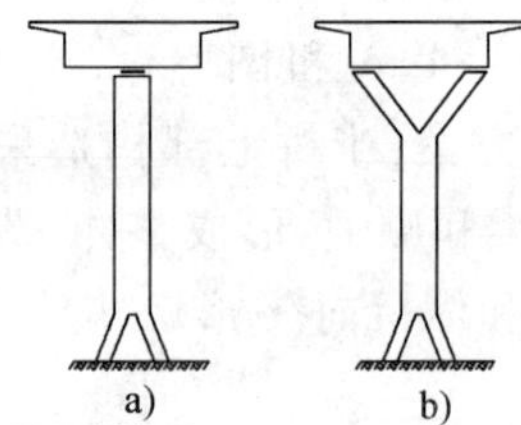

图 3.4.10　Y 形墩的发展变异

a)倒 Y 形墩;b)正倒 Y 形结合墩

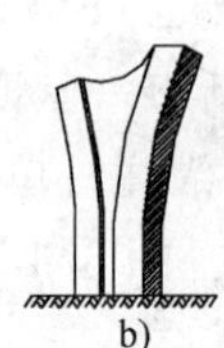

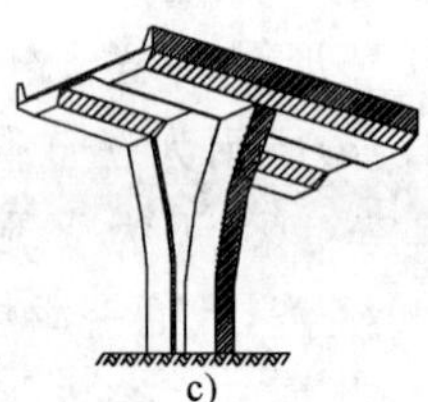

图 3.4.11　Y 形墩斜臂间的联结

a)联杆;b)联板;c)舌形联板

三、X 形墩系列

正、倒 Y 结合墩如果中段直立墩身很短时就形成了另一种造型——X 形墩,如图 3.4.12a)所示。将墩身两侧构件适当分开一定距离,又可得到一个新的形式,如图 3.4.12b)所示,新加坡某桥先采用了这种墩形获得好评,国内陕西安康汉江桥也推广了这种墩形,如图 3.4.13b)所示。如将 3.4.12b)式中间全部填实成为一个整体薄壁就形成了另一种 X 形薄壁墩,也属于 X 形墩的系列,如图 3.4.12c)所示。

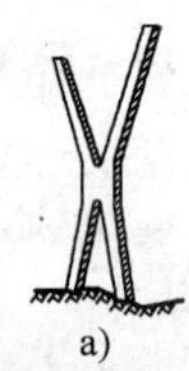

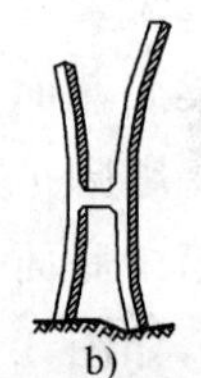

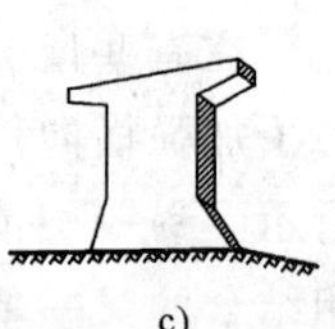

图 3.4.12　X 形墩

a)基本形式;b)中部分开式;c)薄壁 X 墩

图 3.4.13　X 形墩实例

a)公园桥；b)陕西安康汉江桥(主跨 9×44m)

四、其他异形墩

在一些情况下，桥墩必须跨越某些地面或地下障碍物，如地上双线铁路、地下各种管线，那些地方皆不允许设置墩身和基础时，就须设置 Π 形墩，如图 3.4.14a)所示。

图 3.4.14b)是另一个实例。日本一座跨线桥则采用了一种 Γ 形偏心墩的做法来克服这个困难，道路在墩柱一侧的悬臂上通过，悬臂下面的地区不能设墩。

这些跨线桥桥墩因地制宜，别出心裁的做法也同时取得了景观上的良好效果。

图 3.4.14　其他异形墩

a)Π 形墩；b)Γ 形墩

第五节　排架桩式墩

一、早期的排架桩式墩(台)

20 世纪 60 年代初期，辽宁省盘锦、海城地区积存了大量大跃进时期遗留下来的钢筋混凝土空心电柱，上端直径 30cm，下端直径 12cm，长 8～11m，在工厂离心法旋制做成，质量甚好，当时研究利用作为打入桩，建造地方道路上桥梁的墩台。一般用于双车道桥桥宽 8m，跨径 20m 以内的中小桥，桥台通常双排桩，每排 5 根，桥墩视跨径大小可采用单排或双排。

这是最早创始的排架桩式桥台，构造如图 3.5.1 所示，实例见图 3.5.2。电柱桩锤击入土 6～7m，地面以上 3～4m，桩顶设钢筋混凝土墩帽，宽 80cm、高 40cm。由于桩柱连通，一柱通天，这比前述的已经十分简洁精练的一般柱式墩还要经济，因为：①取消了桩基顶面的承台；②横向密布 5 根细桩，墩帽配筋大为简化；③施工快速简易。打桩时必须在桩顶设替打，以防空心桩头开裂。

这种排架桩式墩台，当时在辽宁省修建了多座，主要是为了处理和利用积存的电柱桩。当时辽宁省交通厅还拟设厂研制适于桥用的略带锥形的空心管桩，后经调研，设厂的投资未获解决，因而作罢。

二、单排灌注桩排架式墩的发展

20 世纪 60 年代后期，我国钻孔灌注桩技术蓬勃发展，施工方法由人工而过渡到机械化，

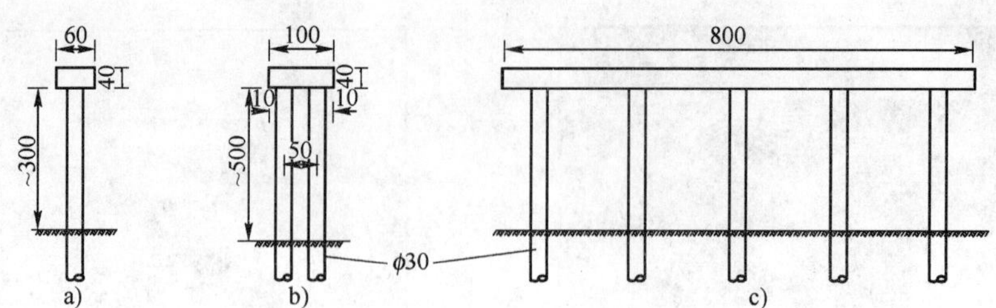

图 3.5.1　早期的排架桩式墩(打入电柱桩)

a)单排桩;b)双排桩;c)横桥向

a)

b)

图 3.5.2　排架桩墩实例

a)电柱桩(辽宁);b)方桩(陕西汉中)

桩径由最初的 50～70cm 逐步发展到 1.0～1.5m,桩深由 20m 左右逐步发展到 40～50m,全国桥梁基础几乎达到无一不采用灌注桩的程度。用灌注桩制作排架桩式墩台也开始自然而然地流行和推广,甚至有很大横推力的拱桥桥墩也采用排架桩式墩。辽宁的经验,跨径 30m、净宽 7.5m+2×1.0m 的连孔拱桥用单排 3 根 ϕ150 灌注桩即可,而跨径 15m 者只须单排 2ϕ120 根桩,见图 3.5.3。

图 3.5.3　灌注桩墩拱桥(辽宁水利,跨径 15m,桩墩 2ϕ120)

20 世纪 80 年代以后,板式橡胶支座流行了起来。这种支座能传达水平剪力,同时其本身也产生一定的水平剪切变形,它与其上的主梁混凝土底面和其下的墩帽混凝土顶面之间是不产生滑移的,因而可通过位移将水平力传达到相邻墩台。如图 3.5.4 所示,主梁与橡胶支座顶面之间、橡胶支座顶、底面之间、橡胶支座底面与墩台顶面之间皆是成对剪力，其符号相反而大小皆相等。图示 i 墩顶的这个剪力为 T_i，j 墩顶的这个剪力为 T_j，解算这些剪力的原理如下：

如图 3.5.4 所示，主梁上有水平制动力 H，引起 i 和 j 墩墩顶的反力各为 T_i 和 T_j，有：

$$H = T_i + T_j \tag{3.5.1}$$

令：δ_i、δ_{ir}、δ_j、δ_{jr}——i、j 墩顶面作用的单位力引起 i、j 墩顶面及其橡胶支座的水平位移，亦即各该单元的柔度；

δ'_i、δ'_j、——i、j 墩顶包括橡胶支座在内的总柔度，即

$$\delta'_i = \delta_i + \delta_{ir} \qquad \delta'_j = \delta_j + \delta_{jr} \tag{3.5.2}$$

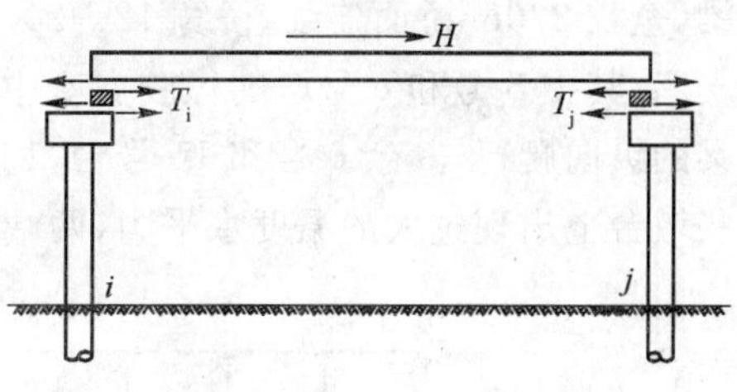

图 3.5.4 水平力作用下橡胶支座和墩顶的水平位移

在 H 作用下，主梁向着力方向发生水平位移 Δ，由于梁与支座之间，支座与墩台顶面之间不产生滑移，故

$$\Delta_i = \Delta_j = \Delta \tag{3.5.3}$$

式中：Δ_i、Δ_j——i 号墩和 j 号墩支座顶面水平位移。

由于：

$$\Delta_i = T_i\delta'_i = \Delta_j = T_j\delta'_j$$

可得：

$$T_j = \frac{\delta'_i}{\delta'_j}T_i$$

又：

$$H = T_i + T_j = \left(1+\frac{\delta'_i}{\delta'_j}\right)T_i = \frac{\delta'_i+\delta'_j}{\delta'_j}T_i$$

所以

$$T_i = \frac{\delta'_j}{\delta'_i+\delta'_j}H = \frac{\delta'_j}{\sum\delta'}H \tag{3.5.4}$$

式中：

$$\sum\delta' = \delta'_i + \delta'_j$$

同样可得：

$$T_j = \frac{\delta'_i}{\delta'_i+\delta'_j}H = \frac{\delta'_i}{\sum\delta'}H \tag{3.5.5}$$

如果令：K'_i、K'_j 各为 i、j 桥墩顶面水平总刚度，即

$$K'_i = 1/\delta'_i \qquad K'_j = 1/\delta'_j$$

$$\left.\begin{aligned}
&\text{上式化为} && T_i = \frac{H}{K'_j}\Big/\left(\frac{1}{K'_i}+\frac{1}{K'_j}\right) = \frac{K'_i}{K'_i+K'_j}H = \frac{K'_i}{\sum K'}H \\
&\text{及} && T_j = \frac{K'_j}{\sum K'}H \\
&\text{又} && \Delta_i = \frac{T_i}{K'_i} = \Delta_j = \frac{T_j}{K'_j} = \Delta = \frac{1}{\sum K'}H
\end{aligned}\right\} \tag{3.5.6}$$

式中：$\sum K' = K'_i + K'_j$。

可见，水平力按两墩的总刚度(包括橡胶支座)分配，亦即两墩共同承担水平力，多墩时结果也是一样。由于桥上制动力(以及桥头土压力)等水平力都可由多墩共同承担，这就为进一步减细墩柱创造了条件。

20 世纪 80 年代同时也普遍推广了多孔简支梁桥桥面连续的做法(见第二章)，以消除桥面过多接缝对行车舒适度的影响。简支梁桥如果桥面不连续，则各孔梁身的温度伸缩量由各

孔之间的接缝分别容纳。当桥面连成整体后，整体多孔梁长的伸缩量将统一传到梁的两端，形成相当大的伸缩量，这时大容量的伸缩装置也开发和从国外引进来，以适应工程的需要。

在上述钻孔灌注桩、橡胶支座、桥面连续、大型伸缩缝等技术日臻成熟之后，多孔柔性墩(台)桥梁新结构就应运而生。

辽宁省 20 世纪 80 年代初期开始研究了这种结构的理论分析方法[4~6]，并于 1986 年在盘锦市的辽河大桥第一次建成了这种形式的桥梁[5]见图 3.5.5。全桥 11 孔，跨径 30m 预应力简支梁，全长 330m 桥面连续，桥宽 12+2×1.5=15(m)，中墩为 3Φ150 灌注桩排架式墩，上设橡胶支座，其中 5 号和 6 号墩的橡胶支座中心钻孔埋设螺栓使梁与支座及墩铰接，以防止营运过程梁的纵向爬行，其余 0 号和 11 号台，1 号、2 号、9 号、10 号墩上皆设滑板橡胶支座以避免在这些墩台上出现过大的温度水平力，两端桥台上设伸缩量 12cm 的齿式钢板伸缩缝。

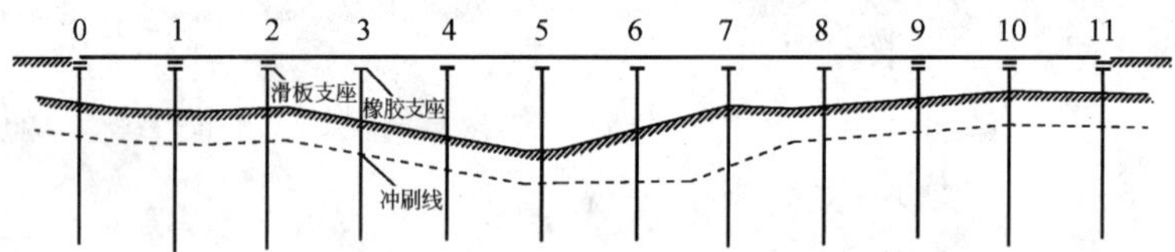

图 3.5.5　辽宁盘锦辽河大桥示意图(1987)(国内第一座多跨柔性墩台桥梁)

在国外，也是在 80 年代早期，河南省交通厅工程处承建科威特布比延大桥，由法国设计，采用了这种桥型布置，称之为“弹簧梁”。1985 年广东省九江大桥国际招标时，德国一公司投标方案为全桥 1677.5m 一联，跨中两孔跨径 103.5mT 形刚构，两侧 77.5～51.5m 跨径连续梁，下设橡胶支座，两端桥台处设伸缩量达 510mm 的毛勒伸缩缝，全部主梁采用等厚 4.2m 箱梁。

综上所述，这种桥型的结构构思特点是：

(1)全桥桥面主梁做成整体一联(如为简支梁应采用桥面连续的方法)，只在桥两端桥台处设伸缩缝，以为高速车辆提供最为平顺的行车道面，两端伸缩缝的伸缩能力按桥长和当地气候条件而定。当前工厂已能提供伸缩量 106cm(按 8cm 一级递增)及以上的伸缩缝，意味着一联梁长可达 3500m 以上。

(2)跨中两孔主梁宜做成与桥墩固结或铰接，以防止营运过程主梁可能发生的纵向爬行，相邻数孔可设板式橡胶支座，以使各墩共同联合承受水平力。温度变化时，主梁是以中部某点(按各墩刚度而定，可计算求得)为变形零点不动向两端伸缩的，越靠两端伸缩量也即墩顶水平位移量越大。一般情况下，跨中墩身高，两端墩身矮，即其刚度大、水平位移大时，将发生很大的墩身弯矩，因而靠两端的几个墩、台宜采用滑板支座，使不承受太大的水平力。

以上是对特长大桥说的，高速公路的跨线桥一般不过 3～5 孔，全长 100 余米，情况简单得多，建议做法：

(1)全桥墩台皆采用最为简洁精练的单排排架桩式，墩柱形式可采用上述各节介绍的薄壁、圆柱、异形柱、Y 形、V 形等任何一种。

(2)全桥 100 余米长做成一联，桥面连续。

(3)主梁与墩台之间全部设板式橡胶支座，只有当桥长在 150～200m 以上时，才须考虑在两端几个桥墩、桥台上设滑板支座，视当地气温条件计算决定。

(4)两边孔设锥坡，桥台细节见下节，台柱可采用圆柱或薄壁柱式。如高度在 5m 以上，必要时还可加大台顶板式橡胶支座的厚度以进一步提高桥台的总柔度，可以使桥台由于温度等水平力引起的弯矩控制在容许值以内(桥墩亦然)。

(5)桥两端设伸缩缝。如排架桩式桥台不设锥坡，而设分离式挡土墙，则伸缩缝设在桥台和挡土墙之间，见第四章图4.5.3。图3.3.3即可作这种跨线桥的一个典型实例。

由上可知：柔性排架桩墩式桥用作跨线桥是一种十分合理的选择，它技术先进，造型美观，施工快速，造价经济，须予说明的是：

(1)一些技术人员误解“柔性”二字，以为桥墩柔弱，车行其上会变形很大，来回晃荡不安全。实际上，结构力学上“柔度”是指刚度的倒数，任何弹性结构都不会是绝对刚性的，也即是都有一定的柔度。以前常用的重力式墩台刚度很大，单独作用，一般不考虑其柔度。现在的柱式墩台，刚度较小，柔度较大，利用其柔度，通过上部构造和支座使相邻桥墩共同承受水平力，这是结构力学上发掘多墩联合作用的一种先进计算方法，实际上桥体抗水平力的刚度是单墩的若干倍(视相连的墩数而定)，水平位移是很小的。

(2)桥两端的伸缩量十多厘米乃至几十厘米的伸缩缝是为主梁的温度伸缩所设的。温度伸缩是全年的、长期的、缓慢的变形，它不会引起任何晃动。另外，伸缩量的大小是由主梁连续长度和当地气温条件决定的，与墩台柔度无关。

(3)墩顶的水平位移值可按照规范规定进行校核。车辆荷载与同时作用的外力计算桥墩的水平位移值不允许超过下式的规定：

$$\Delta < 0.5\sqrt{L} \qquad (3.5.7)$$

式中：L——相邻墩台间最小跨径长度m，跨径小于25m时，以25m计；

Δ——墩顶计算水平位移值，cm。

第六节　墩(台)基础有关问题

跨线桥一般在旱地修建，且多属于中等跨径，墩(台)基础较为简单，通常在地基情况良好时采用天然基础。地基情况一般时采用桩基础，这两种基础的设计方法和施工要求，JTG D62—2004《公路钢筋混凝土及预应力混凝土桥涵设计规范》皆有明确规定，在此不赘述。下面简介国内近年来在实践中的一些经验，主要在灌注桩基础方面。

一、尽量压缩桩基数目，减小承台，直到桩基与墩柱直接连通，一柱通天，取消承台(图3.6.1)

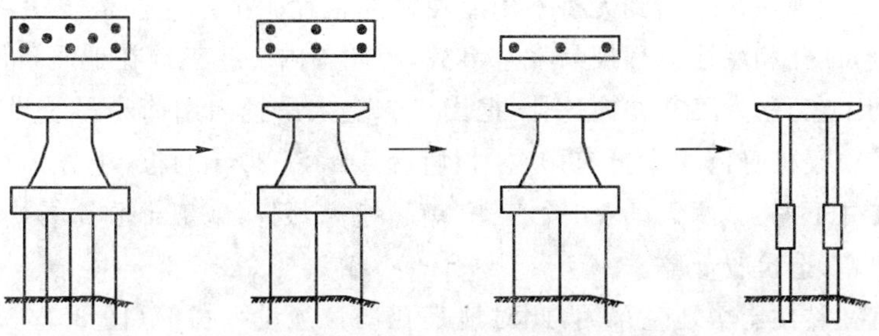

图3.6.1　压缩基桩数目直至无承台的排架桩式墩

目前国内灌注桩基的设计和施工技术都大大地发展，直径 3.5m 以上的实心或空心桩，长 100m 以上的深桩，都属常见，那种细而短的群桩基础应当逐步被淘汰，因为：①需要一个庞大的承台；②施工期长；③事故率增大。灌注桩有许多优点，而其一个主要的缺点就是施工过程出现塌孔，断桩等事故的几率大，处理困难，桩数越多，事故出现的可能性越多。

跨线桥一般为中等跨径的桥梁，因此更无必要采用很多桩组成的群桩基础。原来是 3 排桩的应改为 2 排，2 排的应改为单排，宁可加大桩径和桩长，而要减少桩数，最后做到一个墩柱一根桩，取消承台，不但经济，而且施工快速。

当做成一桩一柱式无承台的桥墩之后，就形成了一种轻型而又新颖的排架桩式墩，可以利用柔性墩台桥梁的理论来设计，以取得更大的技术经济效益。

二、桩柱结合时利用桩顶护筒扩大桩径的优点

灌注桩施工时为了防止地表土坍塌，都必须安设护筒，其直径一般须大出桩径(15～20)cm×2，以免施工过程受到钻头伤害，长度视土质一般为 4～8m，甚至更长。因此，形成的桩身，当设计直径为 100cm 时，顶段 4～8m 为 130～140cm，设计直径为 150cm 时，顶段直径达 180～190cm，形成一个相当宽阔的圆形平台，对上接圆形、矩形或其他形状的墩柱都十分有利，墩柱的宽度甚至可大于下面的设计桩径。例如，当桩径 100cm，护筒直径 130cm 时，上面可接矩形薄壁 50cm×120cm；而桩径 150cm，护筒直径 180cm 时，上面可接矩形薄壁 70cm×165.8cm，这对选择和布置墩柱的形式皆十分有利，见图 3.6.2，从第四章还可看到，这对桥台的轻型化也十分有利。

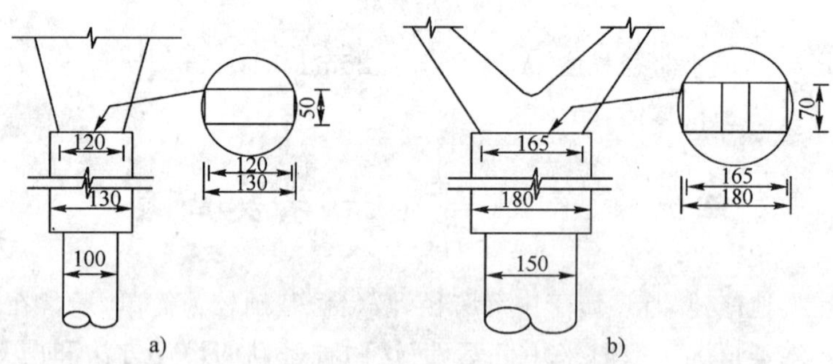

图 3.6.2　在护筒加大了的桩头上布置墩柱

a)薄壁墩柱；b)V 形墩柱

三、条件允许时尽量推广挖孔桩

我国自 20 世纪 60 年代钻孔灌注桩创始以来，技术不断改进，桩的规模也越来越大，使用范围也越来越广，到现在几乎达到无桥不用灌注桩的程度。由于灌注桩须使用钻孔机械和泥浆等设备和物资，钻孔和灌注过程极易发生事故，因此国内一些工地在地质条件甚好的桥位又开发了挖孔桩的工艺，用人工在井内挖孔，挖出土方盛入吊桶内用简易吊装设备，如卷扬机或拉链葫芦吊出。由于桩身体积十分有限，一根直径 1m、深 20m 的桩，土方体积不过 15.7m^3，即使一个工人在井下挖土，两天(5～6 个工班)就可挖完，因而施工十分简易快速，而且不须钻孔机械等特殊设备，造价较低廉。

挖孔桩最宜在黏性土壤地基采用，此时地表孔口只须设一护筒(图 3.6.3a)，如系砂性土壤，容易坍塌，则须边挖边作护砌。具体做法：先用钢板制作一个直径略小于挖孔孔径的截锥形模板，高 1m 左右(视土质而定)，每挖深 1m，即将模板放入新挖桩段，在模板与井壁之间浇

筑混凝土形成护壁。这样挖一段护一段，直至桩底成孔，这种护壁称为“梯套式”，见图3.6.3b)。重大桥梁桩基深入风化岩层的亦宜采用挖孔桩，如1997年建成的江西南昌八一大桥，主跨2×160m斜拉桥，索塔为4根ϕ400cm大直径桩；北岸塔基2根桩用钻孔，2根桩用挖孔，皆用钢护筒打穿覆盖层进入风化岩层。风化岩层不漏水，挖孔进行十分顺利(图3.6.3c)。1998年建成的广东华南大桥通航孔，跨径190m连续刚构，基础采用ϕ300群桩，水中施工，也用钢护筒长12～18m，打入到风化红砂岩层面层，人工挖孔一直嵌入岩层内9～10m，全桥40多根桩同时开工，只用3个多月即顺利完成，水下挖孔桩基施工亦十分圆满成功[1]。

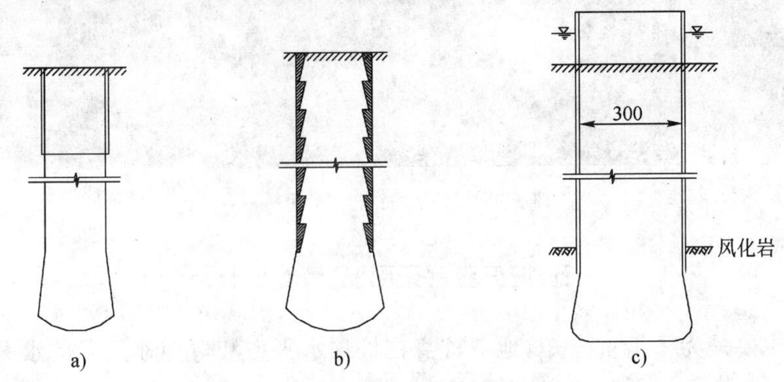

图3.6.3　挖孔桩

a)黏土地基，孔口护筒；b)一般地基，梯套式护壁；c)重大桩基或水中施工，钢护筒打入到岩层，挖孔嵌岩

跨线桥多属中小跨径，通常都是旱地施工，最有采用挖孔桩的条件，应当积极推广采用，以节约造价，加快施工。

挖孔桩还有如下优点：①井壁和井底情况清楚可见，有利于验证原设计条件和地质情况；②和钻孔桩相比，无泥浆护壁，基底亦无泥浆沉积，更利于保证桩身支撑力；③不存在断桩、塌孔以及掉钻头诸问题；④基底可适当向外扩大，以提高桩基支撑力。

四、多孔长桥避免柱多如林之弊

建国初期，我国开始修建大量公路桥梁，那时首要考虑的因素是造价经济和施工快速，美观尚不能提到议事日程上，但就已经有不少专家提出了必需注意防止“长桥短孔、墩密如篦”问题。直到20世纪80年代，桩柱式墩流行起来之后，还出现了不但“长桥短孔、墩密如篦”，还由于一个桥墩变为几根柱，同时出现了“柱密如林”的桥梁设计，不能不说是十分遗憾的事。实例之一是辽宁省原沈大高速公路临近大连的后盐立交桥。该桥为跨越铁路计划中的编组站跨线桥，要求轨顶以上净高8.4m，致使立交设计线距地面高达14m左右。跨线工程总长1372.37m，其中两端路堤长838.88m，桥头路堤高达9.5m。其余为桥，长533.49m，共分为35孔，平均每孔只有15.2m。其中，跨铁路3孔跨径23.4m+33m+23.4m，跨地方道路2孔23.4 m，为预应力简支梁，其余30孔均采用空心板梁，最大跨径13.5m，最小跨径只有8.32m。全桥宽26m，分为东西两半。桥墩除两座跨线孔由于斜交且位于1 000m半径弯道上，采用单柱墩外，其余皆采用3柱式，一排6根桩。这种“长桥短孔”已经形成“墩密如篦”了，再加宽桥(桥宽为跨径之1.9～3.1倍)、高墩(墩高为跨径之1.04～1.68倍)、多柱(每墩6柱)，更加形成了墩柱密如森林之弊，建成之后，过往见者无不提意见，群众形容为“灯光都透不过去”，这是一个十分值得吸取的教训。改进的方法是不难的，墩高9.5～14m，每半幅采用一个Y形墩，即可将原来180根墩柱减到60根，减去2/3。如再将跨径增大到常见的20m左右，20孔即可，墩柱只需 40 根，为原来的 2/9，即大可改观了，今后各地修建长大跨线桥必须注意这个全桥布局的景观问题。图 3.6.4 是另一个这种情况的实例。

图 3.6.4　桥下“桩密如林”另一例

五、桩身应合理配筋、节约钢材

桩身配筋主要是为了抵抗弯矩，地下桩身在桩顶水平力和弯矩作用下的水平位移和弯矩，如图 3.6.5 所示。由于水平位移激发了桩周土壤的抗力，地下桩身的弹性位移曲线是波浪形的，很快就达到第一弹性零点，其深度一般只有 3～5m，以下即为反方向的很小的位移。图示一根深 10m、直径 1.0m 的桩，桩顶承受水平力 $Q_0=30\text{kN}$，弯矩 $M_0=135\text{kN}\cdot\text{m}$，其桩顶位移（最大）1.67mm，弹性零点深只有 3.5m，桩身最大弯矩 161.3 kN·m，位于 1.18m 深度处，以后急剧下降到深 8m 左右以下，接近于零。桩身配筋一般都是按最大计算弯矩来进行的，由图 3.6.5 可见，桩身下段根本不需要那样多的钢筋，有些设计图把桩基竖直钢筋全部一通到底，显然是浪费，应当改进，合理的做法应按弯矩变化分段配筋，为了简化，通常采用如下做法，已充分安全。

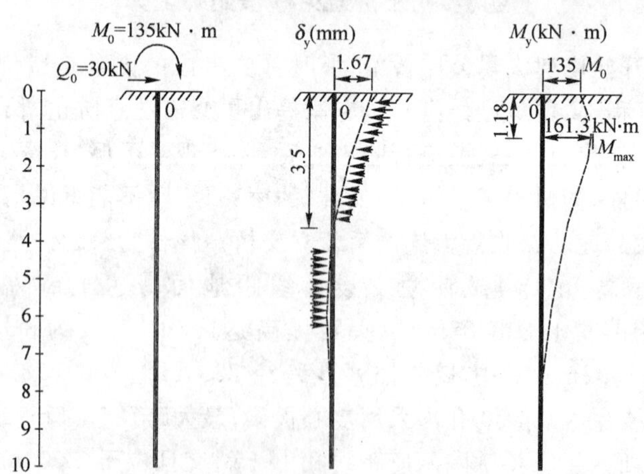

图 3.6.5　桩顶水平力和弯矩作用下桩身水平位移和弯矩

（1）地面以下 8～10m 截除 1/2；

（2）地面以下 16～20m 全部截除（短桩），或再截除余下的 1/2；

（3）保持 4 根钢筋到底以便确定标高和避免灌注混凝土时钢筋上浮。

参考文献

[1] 王伯惠,上官兴著.中国钻孔灌注桩新发展.北京:人民交通出版社,1998.

[2] 江祖铭,王崇礼.墩台与基础.北京:人民交通出版社,1994.

[3] 马尔立著.公路桥梁墩台设计与施工.北京:人民交通出版社,1998.

[4] 王伯惠.柔性墩台桥梁设计新方法.沈阳:辽宁交通科学研究所,1985.

[5] 王伯惠.辽河桥排架桩式墩台计算.沈阳:辽宁省公路学会桥梁工程学会,1987.

[6] 王伯惠.柔性墩台梁式桥设计.北京:人民交通出版社,1990.

第四章　桥台的适宜形式

桥台是桥梁结构与路堤填土相衔接的构造物，既要承受恒、活载的重力和压力，又要承受台后路堤填土的主动水平土压力和行走在路堤上的车辆引起的活载水平土压力。当填土甚高而活载又甚大时，这个土压力会达到相当大的数值，由此常会引起桥台发生向河心的倾倒、滑移，以及由于基底尤其基底前缘应力过大而发生沉陷。

早期多使用重力式桥台，利用桥台圬工本身的重量来保持桥台抵抗倾覆、滑移和沉陷的稳定性，为此，桥台的长度必须作得相当长，基底面积必须作得相当大，因而将耗用大量的圬工。典型的如U形桥台，一座3～4m高，8.5m宽的U形桥台即将耗用250～400m^3的圬工，台高增大时圬工数量迅速增大，国内个别工程采用U形台甚至有达数千立方者，因此桥台技术发展的方向是在保持强度和稳定性的前提下力求结构的轻型化。

对于大跨长桥，桥台即使耗资略多，但所占全桥总造价的比重尚不致很大。跨线桥多为小跨径短桥，如采用两个庞大的桥台就占去很大的资金比例，显然不合理，因此跨线桥更应考虑技术先进的轻型桥台结构。

此外，从景观方面考虑，厚重桥台对大跨长桥会显得稳重，而对跨线桥这样的小跨短桥就显得笨拙，也以结构轻型的桥台为协调般配。

本章将从重力式桥台开始，沿着结构轻型化这一发展方向依次叙述我国在桥台技术方面的一些主要成果。

第一节　重力式桥台

一、U 形 桥 台

1. 构造概要

U形桥台的前墙为与路堤顶面同宽的挡土墙，同时支撑桥跨的主梁构造，两侧为顺路堤方向向后延伸的侧向挡土墙，两者连结形成U形，故名。如为正桥，前桥与侧墙为正交；如为斜桥，前墙沿斜交方向修筑，与侧墙斜交。

由于侧墙只挡住路堤顶面宽度以内的土体，从顶面向下的两侧边坡的土体尚未被挡住，因此还须在两边侧墙之外填土做成一锥形溜坡来使边坡土体稳定，如图4.1.1所示。锥坡表面坡度，当采用自然坡度时，取1∶1.5～2.0；当采用块石铺砌时，取1∶1。这时，侧墙顶面长度应埋入锥体顶面最少50cm，底面则宜适当向内收缩以减少圬工工程量。

两侧侧墙之内的填土应用沙质土壤填筑并在下部设排水层，及时将土体水分引至侧墙后的土堤中排出，同时还须在前墙和侧墙中设排水管，以确保不致积水浸泡路堤土壤，增大土压力，和在冬季冻胀，引起冻害。前墙和侧墙内侧还应涂刷沥青防水。

U形桥台常用片石或块石砌筑，料石镶面，也有用混凝土者。

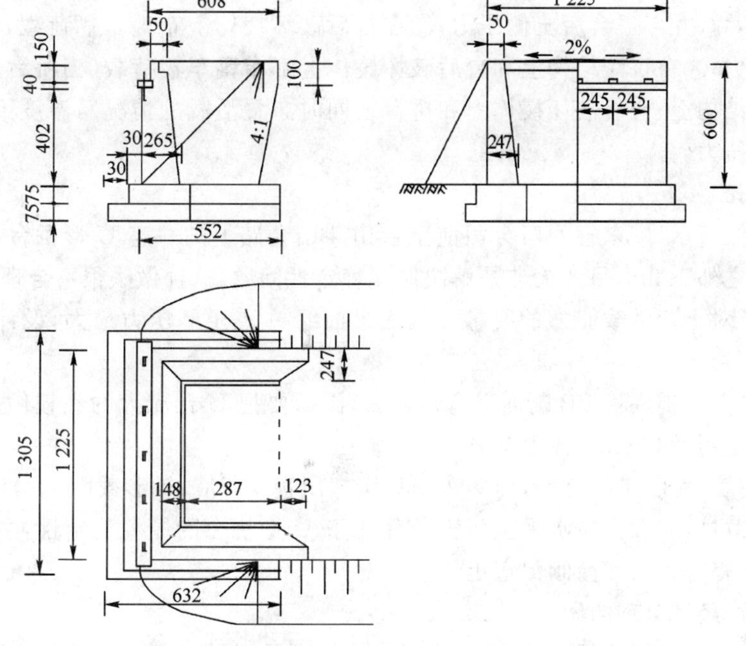

图 4.1.1 片石混凝土 U 形台

主要尺寸拟定见图 4.1.2。桥台防护墙顶宽 b_1，对于片石混凝土砌体不小于 50cm；对块石、料石砌体及混凝土不小于 40cm。前墙任一水平截面的宽度，不宜小于该截面至墙顶高度的 0.4 倍。背坡一般采用 5∶1～8∶1，前坡为 1∶10 或直立。侧墙顶宽 b_3 一般为 60～100cm。任一水平截面的宽度，对于片石砌体不小于该截面至墙顶高度的 0.4 倍；对块石、料石砌体及混凝土不小于 0.35 倍。如桥台内填料为透水性良好的砂性土或砂砾，则上述两项可分别相应减少为 0.35 和 0.3 倍。台帽和基础尺寸的拟定可参照桥墩进行。

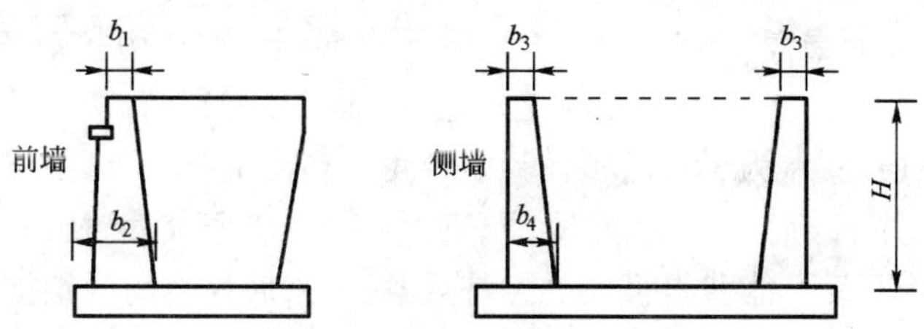

图 4.1.2 U 形桥台尺寸

2. 计算要点

U 形桥台的计算与桥墩相似，需要验算台身截面强度、地基应力以及桥台稳定性。在受力上，桥台与桥墩不同的是，桥台要承受台后填土的侧压力，而且这种土侧压力对桥台的尺寸影响很大。当 U 形桥台两侧墙宽度不小于同一水平截面前墙全长的 0.4 倍时，桥台台身截面强度验算可把前墙和侧墙作为整体考虑受力。否则，台身前墙应按独立的挡土墙进行验算。

台后土侧压力，一般以主动土压力计算，其大小与压实程度有关。计算桥台前墙前端的最大应力、向桥孔方向的偏心距和桥台向桥孔方向的稳定性时，按台后填土尚未压实考虑（摩擦角取较大值）。土压力的计算范围，当验算台身强度和地基承载力时，计算基础顶至桥台顶面范围内的土压力；当验算桥台稳定性时，计算基础底面至桥台顶面范围内的土压力。

当计算荷载组合时，活载在桥台的布置要考虑三种情况：①在桥跨结构上布置车辆荷载，温度下降，制动力，并考虑台后土侧压力；②在台后破坏棱体上布置车辆荷载，温度下降，并考虑台后土侧压力；③在桥跨结构上和台后破坏棱体上都布置车辆荷载(当桥台尺寸较大时，还要考虑在桥跨结构上、台后破坏棱体上和桥台上同时布置活载的情况)，温度下降，制动力，并考虑台后土侧压力。

3. 实例讨论

如图 4.1.3 所示，广东省的新会司前至台山斗山公路上的一座 U 形桥台，其基础前缘伸出台身的胸墙之外 1.9m，目的无非是解决倾覆稳定性问题，这种做法很不合理：

(1)加大了对土基承载能力的要求。基底最前缘 A 点土基压力最大，设计要求允许承载力 250kPa。

(2)不经济。基础底板 BB 断面受弯矩最大，因而要把 U 台庞大的底板做成钢筋混凝土，设计底板混凝土用量 384m^3，耗用钢筋 5t。

(3)台身胸墙设 3∶1 的背坡，而两边的翼墙却用直立背坡，矩形截面。

以上皆应改进：为保证在水平土压力等作用下 U 形桥台的倾覆稳定性，主要应加大台后的垂直力，以获得有利的平衡倾覆弯矩。

正常、有效、经济合理的做法：

(1)采用整体式底板，如图 4.1.2 平面图中虚线所示，其好处是：底板本身重量加上其上的填土重量都可以成为抗倾覆的平衡垂直力；加大了底板面积，降低了土壤的平均压力。

(2)两侧翼墙亦用有背坡(可同胸墙 3∶1)的梯形截面。首先，台高 10m，胸墙、翼墙同样承受土压，而胸墙为梯形断面，翼墙为矩形断面。当翼墙长度甚短(2～3m)，按两边嵌制板计算，矩形截面也许可通过，而本桥台翼墙长达 9.5m，故翼墙仍需设背坡做成梯形截面；其次，有背坡的梯形截面较矩形截面增加的圬工部分也增大了抗倾覆的平衡垂直力。

(3)如果这样做了之后抗倾覆稳定系数仍然不足，则可以适当向后延长翼墙和底板，或做成悬臂式翼墙，如图 4.1.3 虚线所示。

(4)双层底板可以每层厚 75cm，下层比上层伸出 50cm，按压力扩散角 30°考虑，每个上层压力皆可均匀传递到下层，不存在超强弯矩问题，因而无须配钢筋。

这样，除了最下层底板，为了提高整体稳定性可以使用混凝土外，上层底板以及台身、翼墙全部可以采用浆砌片石，而不必用混凝土。这个桥台上层底板及以上的混凝土体积达 1 590m^3，改用浆砌片石后又能获得很大的经济效益，原来底板耗用的钢筋混凝土也可不用了。

原来设计的锥坡亦不合理，如图 4.1.4a)所示。

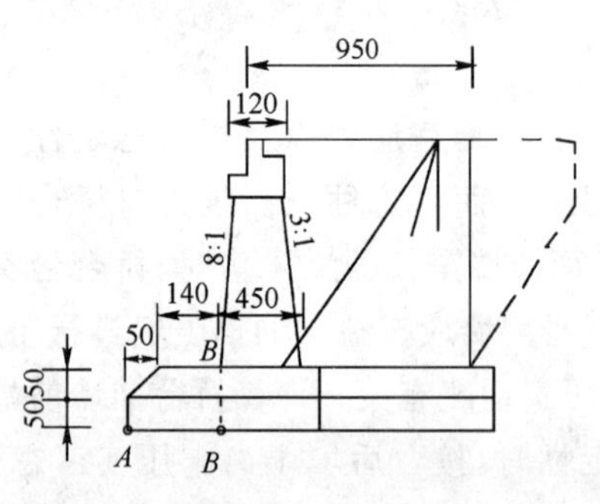

图 4.1.3 某混凝土 U 形台设计(广东)

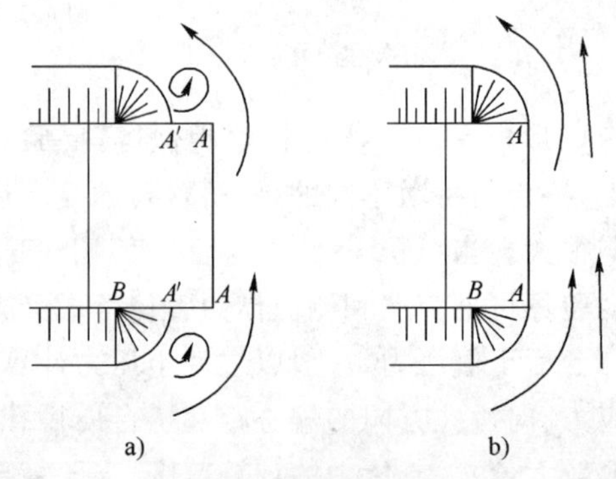

图 4.1.4 锥坡坡脚设置做法

锥坡的功能在于保证路堤填土与桥台稳定结合，同时起到调治构造物的作用，顺畅水流。因此，一般常规做法是锥坡脚的前沿皆与桥台前沿（*A* 点）一致，即有利于水流顺畅，又可获得最大的 *BA* 长度，以减缓锥坡坡面坡度，或者在既定锥坡坡面坡度的情况下，可减短翼墙或耳墙的长度，见图 4.1.4b)。本设计的锥坡脚前沿 *A* 点却退到桥台前沿的 *A*′点，以保持沿桥轴线方向的锥坡坡度为 1∶1。这样做法，如果洪水期地面有迳流过桥，则在桥台前沿上下游 *A* 点处皆会形成旋涡，阻滞水流，影响冲刷；即使桥下只是一个小水沟，洪水期水流不会泛岸，但如将锥坡坡脚亦延至 *A* 点，也可以减缓坡面坡度，简化锥坡表面铺砌。（一般情况下坡度 1∶1.5即可不用专设浆砌片石铺砌，而只铺草皮即可），本桥锥坡坡脚退至 *A*′点后，坡面纵坡达1∶1，耗用浆砌片石达 93m^3。

4. 一些改进

从图 4.1.1 可以看到：U 形桥台两侧侧墙的下部有一大部分是埋在锥坡土方里的，在锥坡表面线以下部分侧墙内外都是土，无须再用侧墙去挡内部的土堤，这一部分侧墙圬工完全可以省去。为此，在 20 世纪 60 年代大修石拱桥的年代，辽宁已提出将侧墙改为变高度的形式，如图 4.1.5a) 所示为混凝土桥台的情况，由前墙两侧悬出底面为阶梯形或斜线形的上部侧墙。如图 4.1.5b) 所示为圬工桥台的情况，侧墙沿锥坡表面线做成分段阶梯形，在王宝河桥、碧流河桥、建昌桥等大型拱桥采用，都取得很好的经济效果。由于侧墙墙身下部的截面比上部大得多，这样改进可省去侧墙圬工 2/3 的体积。

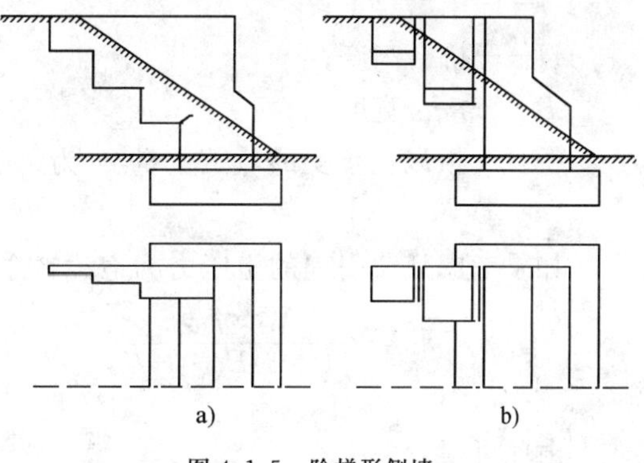

图 4.1.5 阶梯形侧墙

a)混凝土 U 形桥台；b)石砌 U 形桥台

二、八字形桥台

台身两侧为独立的翼墙，一般与台身分开砌筑。翼墙张开角度一般为 30°～45°，并可根据需要适当变动角度。翼墙除挡路堤土外，还起引导水流作用。它适用于不宜做溜坡的跨线桥，如图 4.1.6 所示。由于其外形和内力皆与 U 台不同，所以另成一个类型。

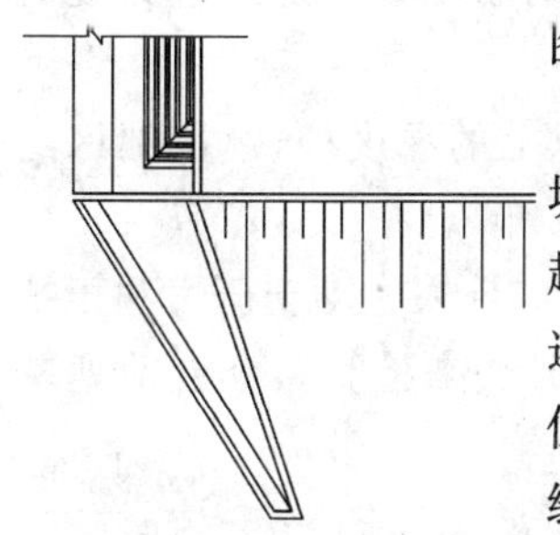
图 4.1.6 八字墙桥台

八字翼墙只挡路堤边坡土方，因而其高度在与前墙接触处与路堤同高，向外顺边坡表面倾斜直至地面，高度越来越矮，墙后土压也越来越小，因而墙厚也可越来越薄。对比 U 形桥台两个甚至比前墙还大的侧墙来说，可以节省一半以上的圬工体积，因而是一个改进。但这时前墙单独承受土压，截面较 U 台者有所增大；与翼墙之间的接缝常会漏水，甚至漏土，营运后期还常发生翼墙歪沉的事故，设计施工应引起注意。

三、L 形 桥 台

把前墙和底板连成整体形成 L 形，利用底板以上路堤填土本身的重量来保持桥台的抗倾稳定性，是十分简单而又经济的做法，而且由于桥台本身重量很轻，基底面积又容易做得很大，因而更宜于软土地基情况下采用，如图 4.1.7 所示。这类桥台国外常有修建，我国在 20 世纪 70 年代大修双曲拱桥时期采用甚广。由图 4.1.7 可见，在拐角 *B* 点处会发生相当大的拉力，为此 L 形桥台常用混凝土或钢筋混凝土构筑，同时将 B 处做成倒角。

下面可以近似地估算这种桥台所需的底板长度 L，台后土压力 E_a 按 JTG D62—2004《公路钢筋混凝土及预应力混凝土桥涵设计规范》公式为

$$E_a = \frac{1}{2}\xi\gamma H^2 B \tag{4.1.1}$$

式中：ξ——压实土的静土压力系数。台后应填排水性能良好的砂土，由桥规附表 2 可查得 $\xi=0.25$；

γ——土壤容重；

H——桥台高度；

B——桥台宽度。

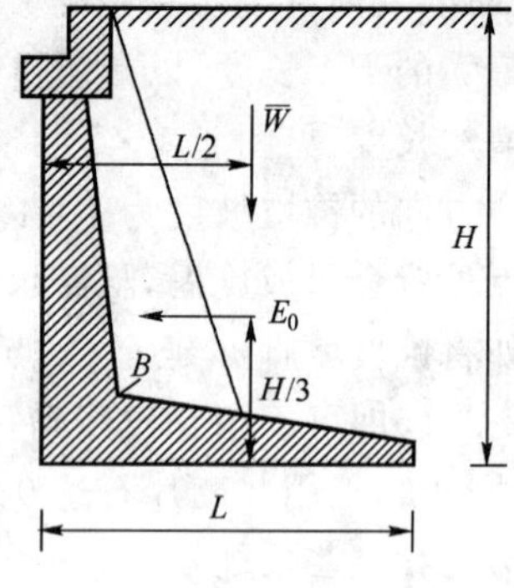

图 4.1.7 L 形桥台示意

桥台底板以上承受的填土重量 $\overline{W}$ 为

$$\overline{W} = HlB\gamma \tag{4.1.2}$$

如果考虑活载引起的土压力为恒载者之 s 倍，要求绕 A 点的抗倾覆安全系数为 k_1，则

$$k_1 = \frac{\overline{W}\cdot l/2}{(1+s)E_a\cdot H/3} = \frac{HlB\gamma\cdot l/2}{(1+s)\dfrac{1}{2}\xi\gamma H^2 B\cdot H/3} = \frac{3}{(1+s)\xi}\frac{l^2}{H^2} \tag{4.1.3}$$

由此可得：

$$l = \sqrt{\frac{(1+s)\xi k_1}{3}}H \tag{4.1.4}$$

当取 $s=0.3$、$\xi=0.25$、$k_1=2.0$ 时，$l=\sqrt{\dfrac{1.3\times0.25\times2}{3}}H=0.465H$，对一常见的高 6m 的桥台，底板长只不过 $0.465\times6\approx3$m 左右，是完全可行的。

再令基底抗滑移的安全系数为 k_2，则

$$k_2 = \frac{\overline{W}\cdot f}{(1+s)E_a - E_b} \tag{4.1.5}$$

式中：f——基底与土壤之间的摩阻系数，按 JTG D62—2004《公路钢筋混凝土及预应力混凝土桥涵设计规范》表 3.4.2，亚黏土，取 0.35；

E_b——台前土抗力，基础底面一般皆在原地面以下 1.5～2m 以上的深度处，冰冻地区这个深度还要大。

该规范规定，当基础可能向河心方向移动时，基础前方土壤反力应计入主动土压力和土抗力。这个土抗力如何计算无明确规定。这里参照桩基计算采用的 m 法来检算。令台前地基土的比例系数为 m，则台前某深度 H_b 处的土压力强度 P_b 为

$$P_b = \xi_b\gamma_b H_b + \Delta m H_b \tag{4.1.6}$$

式中：Δ——桥台向其前方滑移的距离；

γ_b——台前土基土壤单位重，取与台后相同，$\gamma_b=\gamma=18\text{kN/m}^2$；

H_b——基础底面入土深度，取 1.5m；

ξ_b——台前地基土主动土压力系数，取 0.35。

则台前总土压力 E_b 为

$$E_b = \left(\frac{1}{2}\xi_b\gamma_b H_b^2 + \frac{1}{2}\Delta m H_b^2\right)B = \frac{1}{2}(\xi_b\gamma_b + \Delta m)H_b^2 B \tag{4.1.7}$$

代入式(4.1.5)：

$$k_2 = \frac{Hl\gamma f}{(1+s)\cdot\frac{1}{2}\xi\gamma H^2 - \frac{1}{2}(\xi_b\gamma_{b+}\Delta m)H_b^2}$$

简化得

$$l = \frac{k_2}{2f}\left[(1+s)\xi - \left(\xi_b + \frac{\Delta m}{\gamma}\right)\frac{H_b^2}{H^2}\right]H \tag{4.1.8}$$

由此式可得，在给定的允许滑移量 Δ 情况下所需的底板长度，即

$$\Delta = \left\{\left[(1+s)\xi - \frac{2f}{k_2}\frac{l}{H}\right]\left(\frac{H}{H_b}\right)^2 - \xi_b\right\}\frac{\gamma}{m} \tag{4.1.9}$$

由此式可得，在已知底板长度 l 的情况下台身前移的位移量。

Δ 允许值，桥规无规定，如取与桩基允许值相同，即 $\Delta=0.6\text{mm}=6\times10^{-4}\text{m}$，和台前地基土比例系数 $m=1\times10^4\text{kN/m}^4$，其余同前例，代入式(4.1.8)即得

$$l = \frac{2}{2\times0.35}\left[1.3\times0.25 - \left(0.35+\frac{6\times1}{18}\right)\left(\frac{1.5}{6}\right)^2\right]\times6 = 0.806\times6 = 4.84(\text{m})$$

较倾覆稳定要求的底板为大。

如果按前面倾覆稳定要求，取 $l=3\text{m}$，可以由式(4.1.9)算出此时的水平滑移量为

$$\Delta = \left\{\left[1.3\times0.25 - \frac{2\times0.35}{2}\times\frac{3}{6}\right]\left(\frac{6}{1.5}\right)^2 - 0.35\right\}\times\frac{18}{1\times10^4}$$
$$= 42.3\times10^{-4}(\text{m}) = 42.3(\text{mm})$$

显然过大。

为了加大底板抗滑力，缩短底板长度，常采用在底面下加设齿槛或设倾角，如图 4.1.8a)所示，在前端设齿槛，多用于拱桥，拱脚横推力很大，桥台有向后滑移的可能时。图 4.1.8b)和 c)示在中部或后端设齿槛。图 4.1.8d)示阶梯形基础。图 4.1.8e)所示为基底倾斜的情况，则多用于梁式桥，且由于圬工单位重较土壤为大，这些做法更利于抗倾覆稳定。

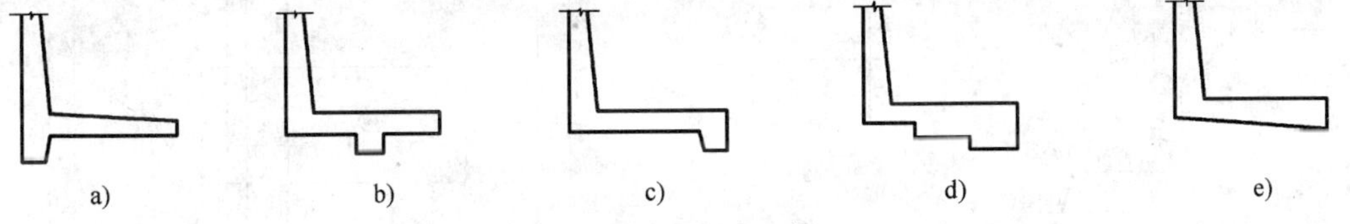

图 4.1.8 L 形桥台示意

a)前端设齿槛；b)中部设齿槛；c)后端设齿槛；d)阶梯形基底；e)基底倾斜

实际上如果台后土压要逼使桥台基底向前滑移破坏时，台前土壤应达到被动土压状态，被动土压力为

$$E_b = \frac{1}{2}\xi_b\gamma_b H_b^2\cdot B$$

式中：ξ_b——被动土压系数，$\xi_b=\text{tg}^2\left(45°+\frac{\varphi_b}{2}\right)$，$\phi_b$ 为台前土壤内摩擦角，按桥规附表 2，取 28°，

则 $\xi_b=2.77$。

代入式(4.1.5)可得

$$k_2 = \frac{Hl\gamma\cdot fB}{(1+s)\cdot\frac{1}{2}\xi\gamma H^2B - \frac{1}{2}\xi_b\gamma_b H_b^2 B} = \frac{2lf}{\left[(1+s)\xi - \xi_b\left(\frac{H_b}{H}\right)^2\right]H}$$

所以

$$l=\frac{k_2}{2f}\left[(1+s)\xi-\left(\frac{H_b}{H}\right)^2\xi_b\right]H \tag{4.1.10}$$

将前例有关诸值代入得

$$l=\frac{2}{2\times 0.35}\left[1.3\times 0.25-\left(\frac{1.5}{6}\right)^2\times 2.77\right]H=0.434H=2.60\text{m}$$

所得值较考虑台前土抗力者为小。

以上近似计算中基础稳定安全系数皆取 2,规范规定仅为 1.3～1.5。

目前桥规对基础滑动稳定的检算方法尚欠明确,建议进一步修正,为基础计算方法的统一和协调计,规定一个容许水平滑移量,按 m 法计算台前土抗力是较为合理可行的。

四、肋板式桥台

在 L 形桥台的基础上,在台后加设一或多道三角形肋板,可以减薄前墙和底板厚度,适用于台身高、宽,底板甚长的情况。用石砌圬工时也多采用肋板式,见图 4.1.9。肋板宽度,钢筋混凝土时 25～30cm,石砌时 30～50cm,图 4.1.10 所示为一桩基肋板桥台实例。

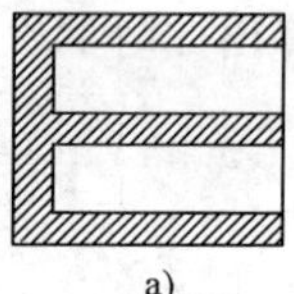

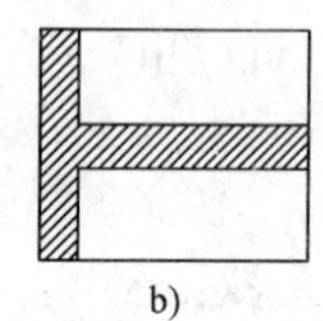

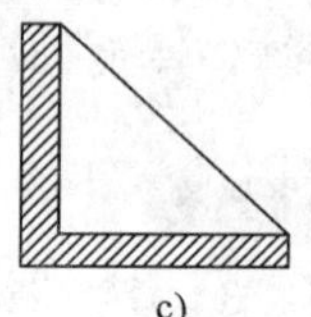

图 4.1.9 肋板式桥台

a)平面多肋;b)平面单肋;c)立面

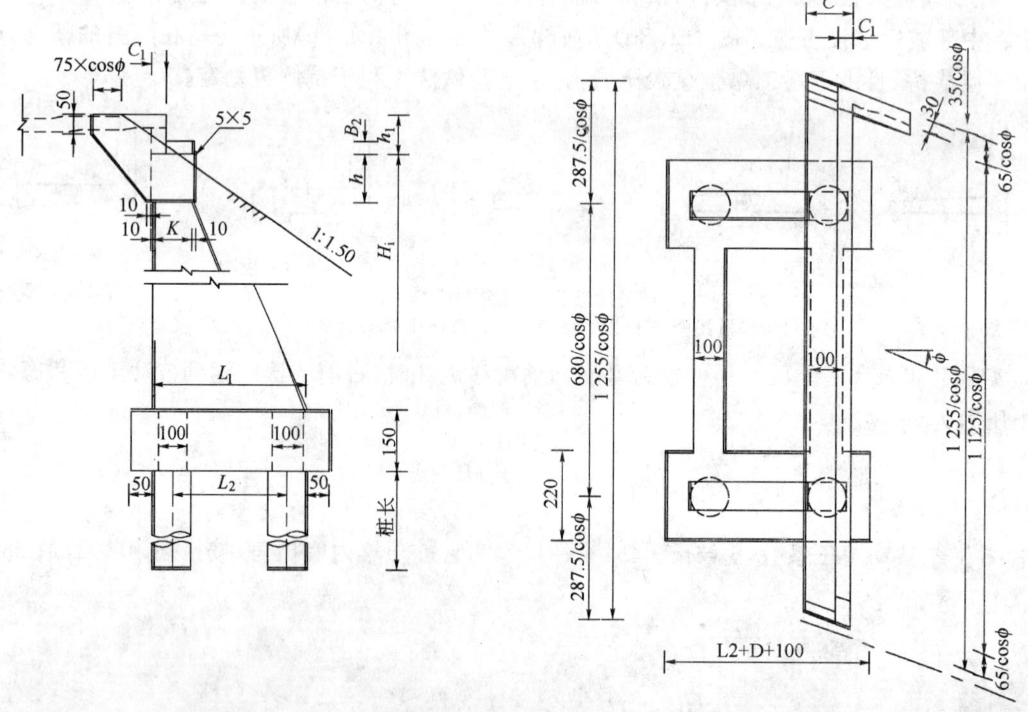

图 4.1.10 双排桩基肋板式桥台

第二节　铰接式轻型桥台

一、原苏联四铰式轻型桥台

1. 构造概要及发展

上述重力式桥台虽然迭经改进，但仍然圬工体积很大，对于一座小桥的两座桥台要耗用十分庞大的圬工，自然是很不经济的，人们都在寻找桥台轻型化的方法。50年代原苏联的工程师们提出了一个做法，如图4.2.1a）所示，把桥台做成一字形，用锚栓把梁的两端和台帽连接起来，这样两侧桥台的土压就可以通过主梁的支撑作用而相互对顶达到平衡，使桥台不致发生倾覆。此外，还在基础上设几根支撑梁，使两侧桥台基础对顶，不致发生滑移。这样，桥台、主梁、支撑梁形成一个四铰式框架结构，因而又称为四铰式轻型桥台。在经过一座试验桥的测试和几座实验桥的考验之后，进行推广，并写成一本书，后经翻译成中文介绍到中国。

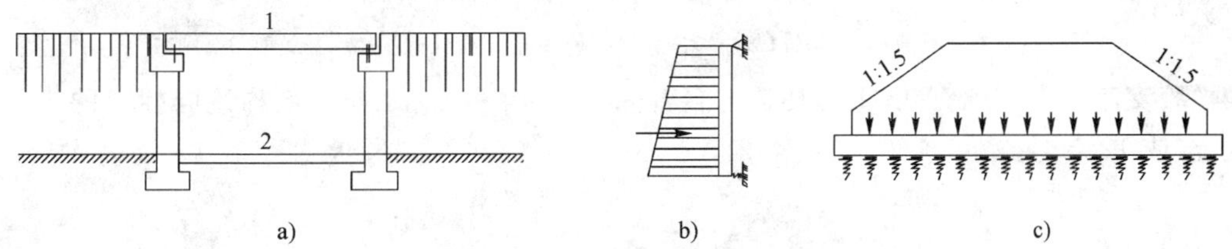

图4.2.1　原苏联四铰式轻型桥台

a）构造；b）桥台厚度计算；c）桥台立面计算

利用主梁通过锚栓对桥台起支撑作用使桥台相互对顶以抵消土压的构思是很聪明的，就以图4.2.1a）的桥台为例，重力式桥台一个需圬工约215m^3，轻型桥台只需72m^3，节省2/3的圬工。因此，一传到中国以后就大受欢迎，得到普遍推广，并制定了标准图，在各地推广过程中还有一些发展和改进。

（1）桥台只做成与路基同宽，与一般桥台一样，两端采用与台身设断缝分开的八字墙或带耳墙和锥坡，耳墙由台身、耳墙和边柱三部分组成。设计时耳墙按受水平土压力的悬臂板计算；边柱除承受耳墙重量所产生的弯矩外，尚应计算耳墙上水平土压力对柱身所产生的扭矩和竖直荷载，见图4.2.2a）。

（2）做成多孔连续，如2孔8m，辽宁省曾作到5孔6m。当时对究竟能用到多大的跨径和连续作多少孔，在理论上还研究得不够，只是在实践中摸索，直到以后对柔性墩台连续梁做了深入研究之后，才弄清了这个问题[3]，跨度20m、30m乃至更大都可以，跨数及总跨长主要由墩台温度应力决定，见图4.2.2b）。

（3）支撑梁按经验布置，一开始用15cm×15cm钢筋混凝土梁，3m左右一根，后改成石砌梁。由于实测基础位移很小，在地基土壤较好的地方一般取消。当过水通道底有铺砌或整体式基础时，皆可改为分离式基础并加石砌倒拱式铺砌，既可扩大地基承压面积又可加大过水面积，如图4.2.2c）所示。

为了保持轻台的稳定，台帽和上部主梁必须通过栓钉可靠的连接在一起。栓钉的数量和直径由桥台传递的水平力计算确定，锚固长度宜达台帽底面。主梁和台帽之间可设油毛毡或

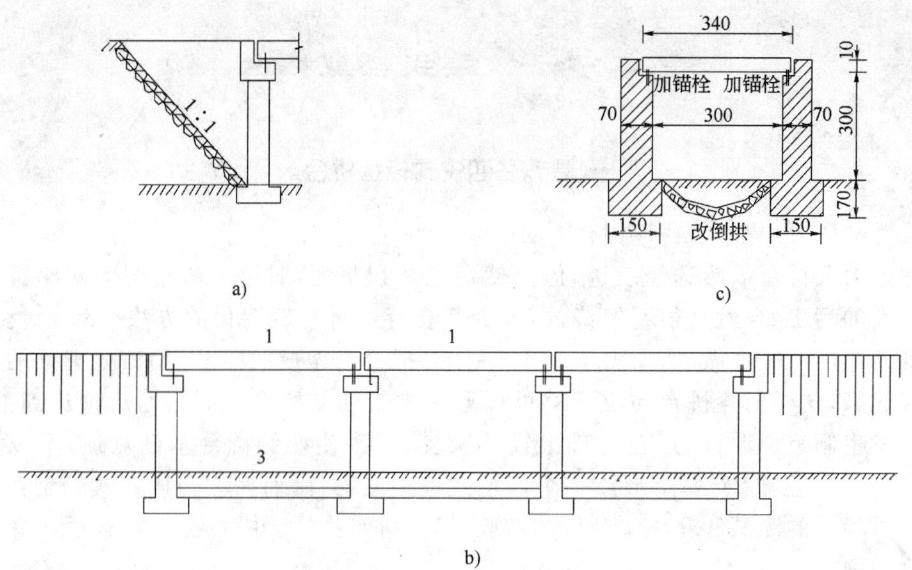

图 4.2.2 对原苏联轻型桥台的一些改进做法

a)锥坡(或八字翼墙)式轻型桥台桥;b)多孔轻型桥台桥;c)整体式基础或基底铺砌改倒拱

板式橡胶支座支撑。栓钉孔、上部构造与台背间的连接缝均需用与上部构造同标号的小石子混凝土(或 12.5 号砂浆)填实,如图 4.2.3 所示。

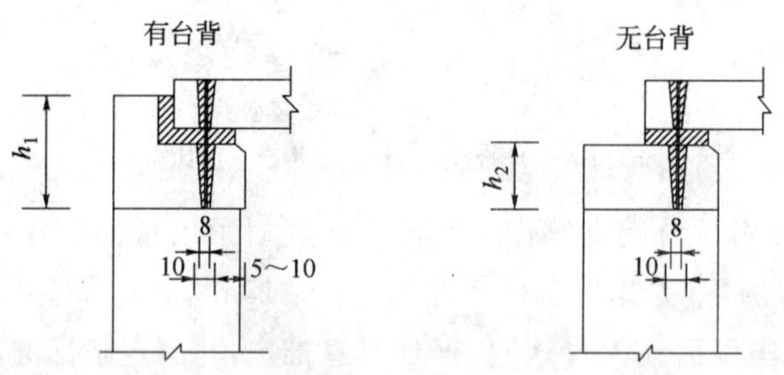

图 4.2.3 上部构造与台帽间锚固构造

2.设计要领

这种桥台的设计要领为:

(1)锚栓尺寸和数量由传达的土压力确定。

(2)桥台厚度由上、下两端简支,承受土压的梁计算确定,如图 4.2.1b)所示,一般厚度为 50～70cm,可以石砌,也可以用混凝土或钢筋混凝土。

(3)桥台横路堤方向成一字形,两侧具有与路堤相同的边坡,以使能充分承受土压(包括后期活载引起的土压)。这样,如果路基宽 12m,两侧边坡 1∶1.5,台高 5m,台身就是一堵长 27m、高 5m、厚 0.7m 左右的薄壁梁,再加基础,见图 4.2.1c)。因此,可把它当成弹性地基上的有限长梁来验算台身的立面强度,有一个专门诱导的公式如下。

桥台结构尺寸如图 4.2.4,台身两侧虽有斜坡,但整个台身和两侧一字墙连同基础当作一根宽 b(基础宽度),高 H(台身高加基础高),长 L(台身长加两侧一字翼墙长)安置于弹性地基上的矩形等截面长梁考虑,以简化计算。当台身中部长 B_0 范围内作用有竖向均布荷载 P 时,梁的中点将发生最大弯矩 M,其值为

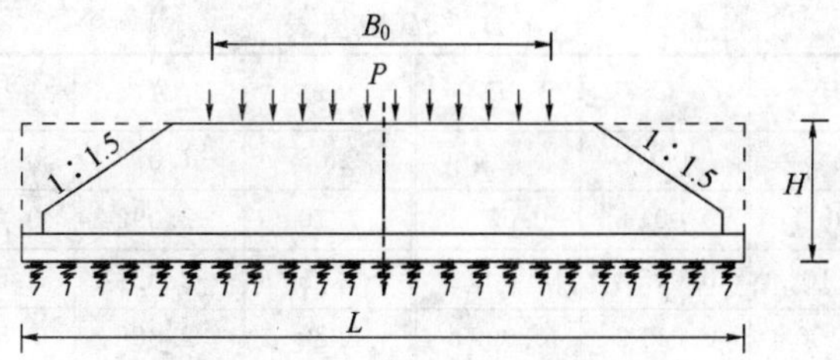

图 4.2.4　轻型桥台台身计算图式

$$M=\frac{P}{\alpha^2}\cdot\frac{B_{B1}\cdot C_{L/2}-C_{B1}\cdot B_{L/2}}{A_{L/2}\cdot B_{L/2}+4C_{L/2}\cdot D_{L/2}} \tag{4.2.1}$$

式中：　α——弹性地基梁计算系数，$\alpha L<4$ 即作有限长梁考虑，$\alpha=\sqrt[4]{\dfrac{K_0 b}{4EI}}$；

K_0——地基土弹性抗力系数，由试验确定，如无试验资料，可参考弹性地基书籍取用，或参照表 4.2.1；

b——地基梁宽度，采用基础纵桥向宽度；

EI——地基梁圬工弹性模量和竖截面惯性矩，$I=\dfrac{1}{12}bH^3$；

A、B、C、D——双曲线函数，其值随以桥台中点为坐标原点的横坐标与 α 之乘积而变，见表 4.2.2，脚标 B_1、$L/2$ 即示 $x=B_1$、$L/2$ 时之系数值；

P——台身顶面作用的竖向均布荷载强度。

台身和基础圬工因无论石砌或现浇混凝土在施工过程皆未硬化成型，其自重不会在台身引起内力，故只计算以下几项：

(1)台顶承受的上部构造重量，分布宽度 B_0 按上部构造宽度计。

(2)上部构造传来的车辆荷载，分布宽度 B_0 按车辆外轮或履带外边缘计。

(3)人行荷载，分布宽度按人行道宽度计。计算时可分两次进行：

①先按全宽布满人行荷载；

②车行道上布满人行荷载。

检算总弯矩应为上三项之叠加。

土壤弹性抗力系数 K_0　　表 4.2.1

基 础 性 质	土 壤 名 称	K_0(kg/cm^3 或 10^4kN/m^3)
松散土壤	流砂、松散砂、湿黏土	0.1～0.5
中等密实土壤	块砂、松卵石、潮湿黏土	0.5～5
密实土壤	密实块砂、密实块状卵石	5～10
极密实土壤	坚实黏土、碎石	10～20
坚实土壤	松散有裂缝的岩石、石灰岩、砂岩	20～100
人工基础	桩基础	5～15

注：表列数值引自原苏联《铁路员工技术手册》第二卷第二册“弹性理论、结构理论及土壤力学”，人民铁道出版社，1957 年版，较为可信。我国 JTG D62—2004《公路钢筋混凝土及预应力混凝土桥涵设计规范》采用桩基计算 m 法，亦源自原苏联规定地基土抗力沿深度的比例系数，侧向为 m，竖向为 m_0，单位为 kN/m^4，与这里的抗力系数 k_0 的关系应为 $k_0=ym_0$，y 为计算深度，与本表值比较，y 约在 5～10 之间，较为合理。某些书籍(如文献 5)给出的数值似嫌过大。

A、B、C、D 数值表 表 4.2.2

αx	A	B	C	D	αx	A	B	C	D
0.00	1.0	0.0	0.0	0.0	2.06	−1.873 4	0.852 8	1.703 3	1.333 2
0.06	1.0	0.060	0.001 8	0.000 1	2.10	−2.092 3	0.773 5	1.735 9	1.401 9
0.10	1.0	0.10	0.005 4	0.000 2	2.15	−2.381 4	0.661 8	1.771 8	1.489 7
0.15	0.999 9	0.150	0.011 3	0.000 6	2.20	−2.688 2	0.535 1	1.801 8	1.579 1
0.20	0.999 7	0.20	0.020	0.001 4	2.24	−2.946 6	0.422 4	1.821 0	1.651 5
0.24	0.999 5	0.240	0.028 8	0.002 3	2.30	−3.356 2	0.233 5	1.840 8	1.761 4
0.30	0.998 7	0.299 9	0.045 0	0.004 5	2.36	−3.792 2	0.019 1	1.848 5	1.872 2
0.36	0.997 2	0.359 8	0.064 8	0.007 8	2.40	−4.097 6	−0.138 6	1.846 1	1.946 1
0.40	0.995 7	0.399 7	0.080	0.010 7	2.45	−4.496 1	−0.353 4	1.833 9	2.038 1
0.45	0.993 2	0.449 4	0.101 2	0.015 2	2.50	−4.912 8	−0.588 5	1.810 5	2.129 3
0.50	0.989 5	0.499 0	0.124 9	0.020 8	2.54	−5.259 3	−0.792 0	1.782 9	2.201 2
0.54	0.985 8	0.538 5	0.145 7	0.026 2	2.60	−5.800 3	−1.123 6	1.725 2	2.306 5
0.60	0.978 4	0.593 4	0.179 8	0.036 0	2.66	−6.366 1	−1.483 5	1.647 4	2.407 8
0.66	0.968 4	0.655 9	0.213 4	0.047 9	2.70	−6.756 5	−1.759 9	1.582 7	2.472 5
0.70	0.960	0.694 4	0.244 4	0.057 1	2.75	−7.258 8	−2.101 2	1.486 5	2.549 3
0.75	0.947 3	0.742 1	0.280 3	0.070 2	2.80	−7.775 9	−2.477 0	1.372 1	2.620 8
0.80	0.931 8	0.789 1	0.318 6	0.085 2	2.84	−8.194 5	−2.796 5	1.266 7	2.673 6
0.84	0.917 1	0.826 1	0.350 9	0.098 6	2.90	−8.847 1	−3.307 9	1.083 8	2.744 3
0.90	0.893 1	0.880 4	0.402 1	0.121 1	2.96	−9.515 8	−3.858 8	0.869 0	2.803 1
0.96	0.858 7	0.932 9	0.456 5	0.146 9	3.00	−9.966 9	−4.238 5	0.706 9	2.834 6
1.00	0.833 7	0.966 8	0.494 5	0.165 7	3.05	−10.531 7	−4.761 1	0.481 7	2.864 4
1.05	0.798 0	1.007 6	0.543 8	0.191 8	3.10	−11.111 9	−5.302 3	0.230 3	2.882 3
1.10	0.756 8	1.046 5	0.595 2	0.220 3	3.16	−11.804 5	−5.989 8	−0.108 3	2.886 2
1.14	0.719 6	1.076 0	0.637 6	0.244 9	3.20	−12.265 6	−6.471 1	−0.357 4	2.876 9
1.20	0.656 1	1.117 3	0.703 5	0.285 2	3.25	−12.838 3	−7.098 8	−0.696 0	2.850 7
1.26	0.582 4	1.154 5	0.771 6	0.329 4	3.30	−13.404 8	−7.754 9	−1.067 8	2.806 8
1.30	0.527 2	1.176 7	0.818 3	0.361 2	3.34	−13.850 1	−8.30	−1.388 8	2.757 7
1.35	0.450 8	1.201 2	0.877 7	0.403 6	3.40	−14.500 8	−9.150 7	−1.912 1	2.658 9
1.40	0.355 6	1.221 7	0.938 3	0.449 0	3.46	−15.123 8	−10.089 6	−2.487 6	2.527 2
1.44	0.290 7	1.234 8	0.986 5	0.487 5	3.50	−15.519 8	−10.652 5	−2.901 4	2.419 5
1.50	0.166 4	1.248 6	1.062 0	0.549 0	3.55	−15.988 1	−11.440 3	−3.453 7	2.260 8
1.56	0.026 8	1.254 5	1.137 1	0.614 9	3.60	−16.421 8	−12.250 6	−4.045 9	2.073 5
1.60	−0.075 3	1.253 5	1.187 3	0.661 5	3.64	−16.740 5	−12.914 2	−4.549 1	1.901 7
1.64	−0.184 9	1.248 4	1.237 4	0.709 9	3.70	−17.162 2	−13.931 5	−5.354 4	1.604 9
1.70	−0.364 4	1.232 2	1.311 8	0.786 3	3.76	−17.506 7	−14.972 0	−6.221 4	1.257 9
1.76	−0.562 8	1.204 2	1.385 0	0.867 3	3.80	−17.687 5	−15.676 1	−6.834 3	0.996 9
1.80	−0.706 0	1.178 9	1.432 6	0.923 7	3.85	−17.851 3	−16.564 9	−7.640 3	0.635 2
1.85	−0.898 0	1.138 9	1.490 6	0.996 8	3.90	−17.938 7	−17.459 9	−8.490 9	0.232 1
1.90	−1.104 9	1.088 8	1.546 4	1.072 7	3.94	−17.948 0	−18.177 9	−9.203 7	−0.121 7
1.94	−1.281 5	1.041 1	1.589 0	1.135 4	4.00	−17.849 8	−19.252 4	−10.326 5	−0.707 3
2.00	−1.656	0.955 8	1.649 0	1.232 5	4.06	−17.603 0	−20.316 9	−11.513 8	−1.362 2

原苏联提出者之所以采用这个算法是由于台身与一字翼墙相连成整体，因而形成相当长的长梁之故。由于一字翼墙当桥下有水流时影响流水顺畅，当桥下通车的跨线桥时又影响视距，故后期推广过程甚少使用，一般皆改为分离式八字翼墙或台身带耳墙设锥坡，这时台身本身宽度即梁长一般不大，墙体可作为刚性考虑，不用检算立面强度。按弹性地基理论划分的标准是：

当 $\alpha L<0.8$ 时，按刚性梁考虑；

当 $1.2<\alpha L<4$ 时，按有限长梁即短梁考虑，即按上述公式计算；

当 $\alpha L>6$ 时，按无限长梁考虑，实际上一般不发生这种情况。

二、桩基轻型桥台

1. 构造概要

在钻孔灌注桩技术发展起来之后，国内桥梁几乎无一不用灌注桩，这样也就逐渐发展起来了灌注桩基轻型桥台。做法一般有两种：

(1)薄壁式桩基轻台，如图 4.2.5a)平面和侧面。

(2)肋壁式桩基轻台，台身还带有 2 或 3 条矩形或梯形肋，用于桥台较高，台壁需要加强时。图 4.2.5b)为梯形肋壁式，用于特高型桥台，须设双排桩和 Π 形承台。通常可以只用单排桩，矩形肋，平面如图 4.2.5c)所示。

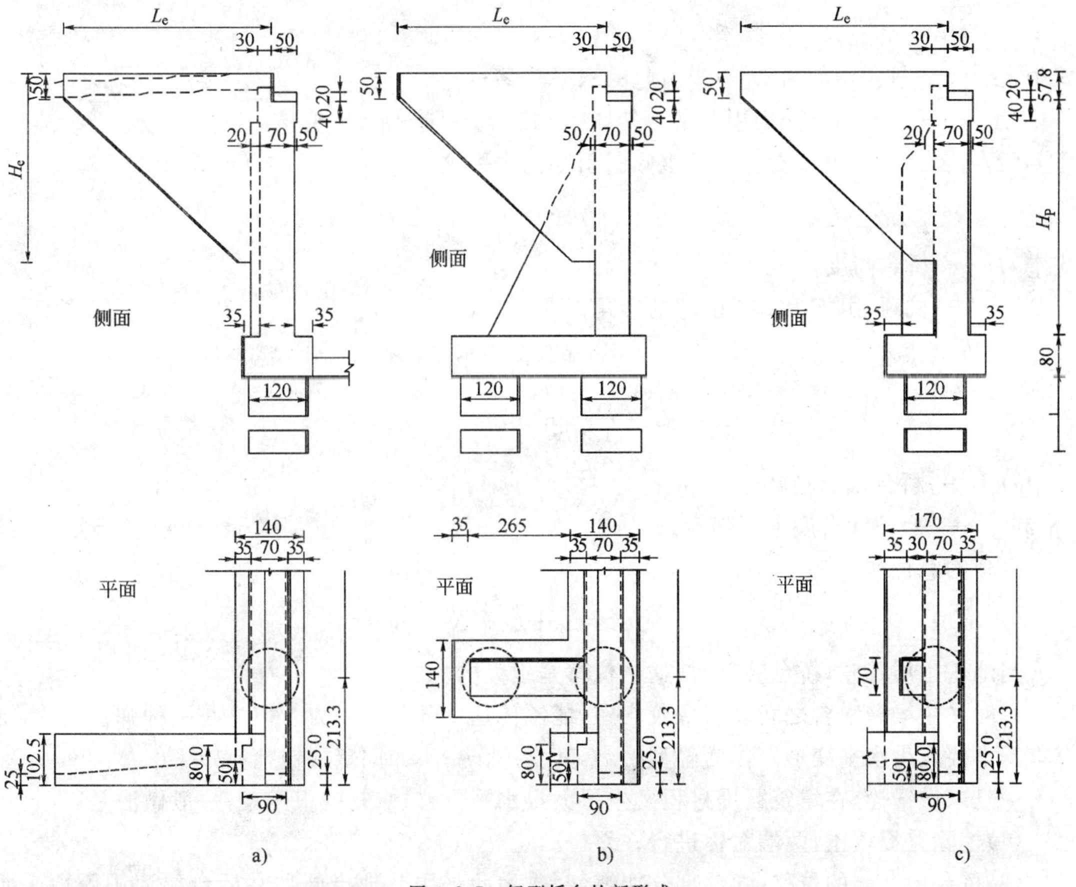

图 4.2.5 轻型桥台的新形式

a)薄壁式轻型桥台；b)肋壁式轻型桥台(双排桩)；c)肋壁式轻型桥台(单排桩)

2.设计要领

这种桥台的精确计算方法请参见文献[1]和[2]，其关键仍然是需将主梁和桥台用锚栓连接以起支撑作用。如果不连接，桥台在路堤土压作用下必然发生向河心极大的变形，台顶的变形由3部分组成，见图4.2.6。

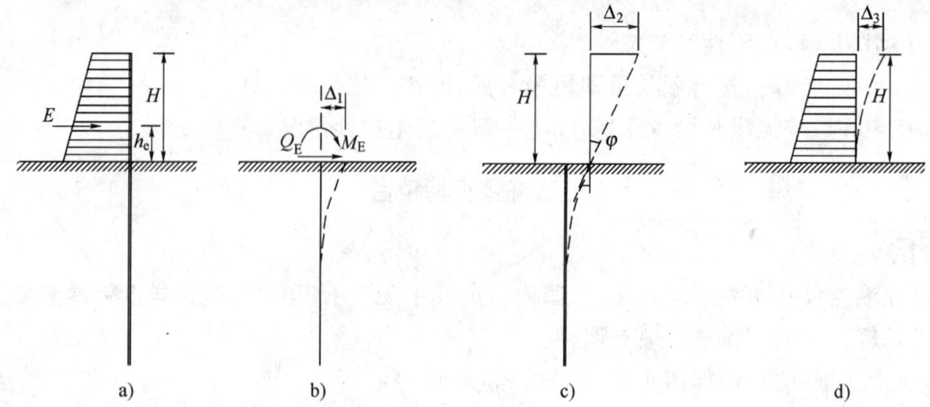

图4.2.6 桩基轻台的水平位移

a)承受路堤土压力图式；b)桩顶位移部分；c)由桩顶转角引起的台身倾斜部分；d)台身作为悬臂梁发生的位移部分

(1)桩顶由土压引起的水平位移，见图4.2.6b)：

$$\Delta_1 = \Delta_{Q_E} + \Delta_{M_E}$$

式中：Δ_{Q_E}——桩顶由剪力 $Q_E = E$ 引起的水平位移；

Δ_{M_E}——桩顶由土压力引起的弯矩 $M_E = E \cdot h_e$ 引起的水平位移。

(2)桥台顶由于桩顶受土压发生倾斜引起的水平位移，见图4.2.6c)：

$$\Delta_2 = H\phi$$

式中：H——桥台高度；

ϕ——桩顶，由 E 和 M_E 引起的倾角。

(3)桥台作为悬臂梁在土压作用下，本身发生的水平位移，见图4.2.6d)：

$$\Delta_3 = \frac{H^4}{120EI}(11q_1 + 4q_2)$$

式中：EI——桥台截面刚度；

q_1 和 q_2——台顶和台底土压强度。

台顶的总位移为

$$\Delta = \Delta_1 + \Delta_2 + \Delta_3$$

当地基土质甚软，桥台甚高时，这个位移是很大的。

有时在主梁和墩台之间设有橡胶支座，能够传达一部分水平力。但这是一种弹性支撑，支撑本身也要发生水平变形。作为轻型桥台，其支撑作用不如固定式锚栓有效。

一旦未设锚栓，在填筑路堤过程发生了大量水平位移，修复就很困难，一般做法是：

(1)挖除路堤填土，两端对称进行；

(2)桥台向河心的位移，弹性部分能够恢复，为此采用其他措施如在桥台靠河心侧填土或用千斤顶将桥台恢复正位，此时还应检查台身和桩基是否开裂；

(3)在主梁上钻孔直达墩台帽，安设锚栓；

(4)两侧路堤重新均匀填土施工。

就图 4.2.5 中的三种轻型桥台而论：

(1)上部构造支座位置最好能设置在台壁中线靠路堤一侧，使上部构造恒重对桥台能产生向后的平衡弯矩以抵消部分土压作用，最为有利。

(2)路堤甚高采用肋壁式时，只要按轻型桥台的要求设了锚栓，仍以单排桩基为合理，无须双排桩基。

(3)桩顶承台埋于土面以下，由于承台很长，一般土壤情况下皆能提供足够的土抗力，不用另设支撑梁(桩身也能承受部分水平力)。如果地基土质特软，也可考虑设置，由计算确定，如图 4.2.7 所示。

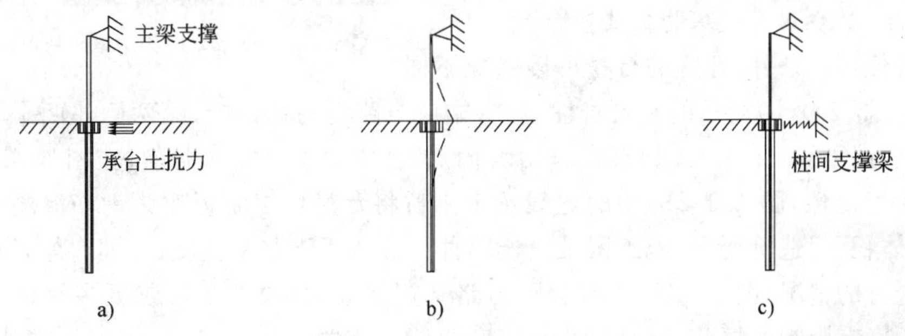

图 4.2.7　桩顶支撑梁问题

a)承台可提供相当大土抗力；b)土基过软，桩顶承台位称过大时；c)桩基间支撑梁提供弹性支撑

如图 4.2.7a)所示为考虑承台土抗力的情况；图 4.2.7b)所示为土质过软，桩头和承台位移过大，强度不满足要求的情况；图 4.2.7c)所示为桥台桩与相邻桥墩基桩设有支撑梁情况，考虑桩顶位移，支撑梁为弹性支撑。

3.实例和经验

我国在 20 世纪 70～80 年代普遍推广铰式轻型桥台，迄今曾出现一些质量事故，值得设计施工注意。

辽宁等地一些台身 5～6m 高的石砌或素混凝土轻台曾出现台身在中部出现横断裂缝，其原因是没有按图 4.2.1b)所示的竖向简支梁检算梁身的受弯强度。因此，4～5m 以上高桥台应作台身竖向受弯检算，适当配置受拉钢筋。

广东省台山市桥梁发生向河心偏移的事故，是由于采用了桩式轻型桥台没有在主梁和台帽之间设置锚栓，失去了主梁的支撑作用是无法控制台顶的水平位移的。这种薄壁式桥台，即使坐落在桩基上，也不能靠自己的重力来平衡水平土压力，何况桩基本身在土压力作用下还要发生桩顶水平位移和转角。

当采用八字翼墙或肋板式桥台，台身甚短，不按弹性地基梁验算横桥向强度时，桥台基础如用石砌，下层宜改用混凝土，并靠近底面布置适量防裂钢筋。

第三节　埋置式桥台

一般为了降低跨线桥两头路堤高度，在跨线主孔之外常设一孔或多孔引桥。引桥多在旱地，且无跨线或其他功能要求，其联结桥台之端孔常常皆作锥坡与路堤相连，并伸入桥孔之内。跨河桥这种情况更为普遍。这时常常采用埋置式桥台以节省圬工。

埋置式桥台是用两片或多片顺路堤方向的梯形薄壁墙埋置在路堤土方中，路堤端部的土方依靠伸入桥孔的锥坡来保持稳定，路堤两侧边坡的土方亦依靠两侧的锥坡来保持稳定，见图4.3.1。

图 4.3.1　埋置式锥坡桥台

埋置式桥台的思路是完全取消了一般桥台所固有的横向挡土的前墙，桥头路堤土压靠台身前、后的锥坡和路堤土方自相平衡，桥台只是主要起负担上部构造的作用，台壁只承受很薄的宽度(一般只50～70cm)范围内那点土压力，相当于肋板式桥台没有了前墙，其结构自然极度简化，圬工也大量节省，节省主要是淡化了桥台的挡土功能来获得的，参见图4.1.10双排桩基肋板式桥台。

根据桥位不同条件，埋置的台身可以做成不同情况，如图4.3.2a)、b)所示的全台身埋置，台帽应与路堤同宽，在台帽两侧建两个小耳墙挡住侧坡露出土方。图4.3.2a)式梯形台身斜坡向后，图4.3.2b)式则向前，较图4.3.2a)式有较大的抗倾覆稳定性，图4.3.2b)中的虚线示个别桥将台身圬工肋板改为钢筋混凝土框架的情况，可节省体积，但造价要高，施工困难。这两种一般适用于路基宽度(亦即台帽长度)不太大，只设两片台身的情况；图4.3.2c)、d)所示为路基宽度甚大，须设3片或更多片台身或锥坡伸入桥孔的长度有限制的情况，这时靠路基宽度两侧各布置一片台身，后带较大的耳墙，台身上部一段亦露于锥坡土方之外，图4.3.2d)所示为台身上部露出段直立，下部埋入段更向前移，以进一步提高抗倾覆稳定性。

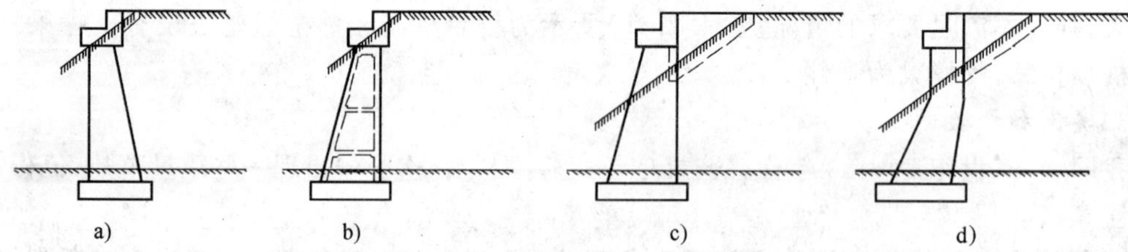

图 4.3.2　埋置式桥台几种不同布置

a)全埋式梯形台身斜坡向后；b)全埋式梯形台身斜坡向前；c)半埋式，台身如图b)式；d)半埋式，台身上部露出段直立，下部埋入段前移

台身一般不需另设翼墙，仅由台帽两端的耳墙与路堤衔接。台身多用片石混凝土、浆砌块石或钢筋混凝土，台帽悬臂部分及耳墙侧为钢筋混凝土。台前溜坡一般用石砌护坡加以防护，此时，还可考虑台前溜坡对台身的主动土压力。这类形式桥台外观亦甚好，适用于地质较好，台高4～10m的多孔桥。

第四节　排架桩式桥台

一、结构优化

这种桥台和上一章所述的排架桩式桥墩是同步发展起来的。先有打入细的空心电柱桩双柱式桥台，在灌注桩发展起来之后，由于桩径的增大，有足够的抗弯和抗剪刚度和强度，因而也由双排桩减为单排桩。图 4.4.1 所示为灌注桩排架式桥台的早期做法，图为双车道 20m 跨径桥梁的桥台，桩基用 Φ120cm 桩 2 根，上接 Φ100cm 台柱 2 根，钢筋混凝土台帽两侧带耳墙，桥头设锥坡。

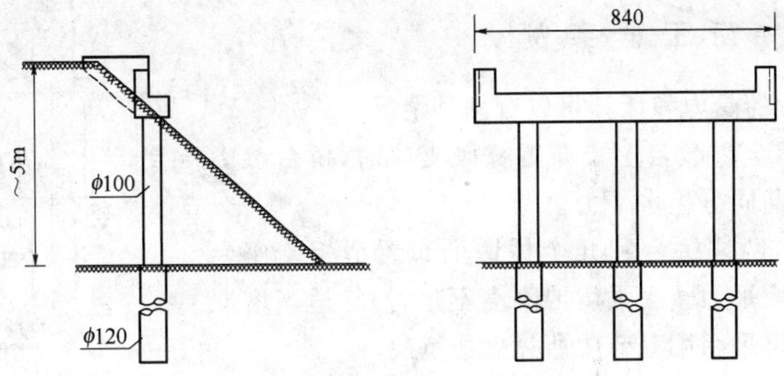

图 4.4.1　单排排架桩式桥台的发展(一)圆形台柱

当跨径加大，台身加高时，也可改成两根较大直径的单排桩而不用双排 4 根桩，以简化施工和取消承台，同时可采用如下措施：

(1)将锥坡向前水平延伸一段(一般 3～5m)后再降坡，见图 4.4.2a)。则台柱皆可作为埋在土体中的桩身考虑(可按变截面桩计算)，这就大大减小了台顶的水平位移。锥坡表面铺砌，坡度 1∶1，无需 1∶1.5。

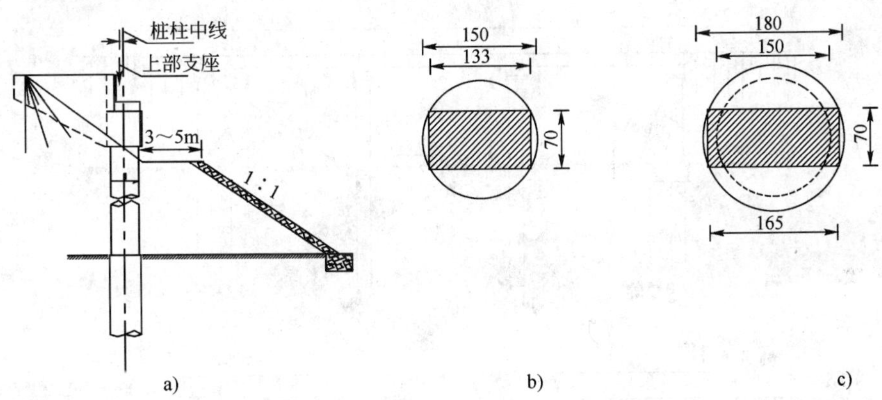

图 4.4.2　单排桩式排架桥台的发展(二)矩形台柱

a)平出一段锥坡和上部支座后偏心；b)圆基桩上设矩形柱身；c)利用护筒大直径加大桩身截面高度

(2)将台柱圆截面改为矩形截面，如图 4.4.2b)所示，桩径 Φ150cm 可内接 70cm×133cm 矩形柱，刚度相差无几而所承受的土压只为原来的 70/150＝47％。

(3)柱身考虑桩顶护筒加大直径的影响，还可采用更大的截面高度。如图 4.4.2c)所示，桩基直径 150cm，桩顶护筒直径一般皆大于桩径，如 180cm，实际上基桩顶段的直径为 180cm，因而可以内接 70cm×165cm 的矩形柱，这样柱身刚度可提高 $\left(\frac{165}{133}\right)^3=1.91$ 倍，强度提高 $\left(\frac{165}{133}\right)^2=1.54$ 倍。

(4)上部构造支撑设在桩柱中线靠路堤一侧，使起平衡土压作用，见图 4.4.2a)。

由于台柱承受土压引起的弯矩上小下大，因而更进一步的改进是将矩形柱身改为梯型，如埋置式桥台那样。如上例，桩身 Φ150cm，护筒 Φ180cm，上接梯形柱厚 70cm，底宽 165cm，顶宽

50～70cm,足够支撑台帽即可,见图 4.4.3。

至此,单排排架桩式桥台可以说已将桥台结构发展到极度轻型化和十分完美的程度。

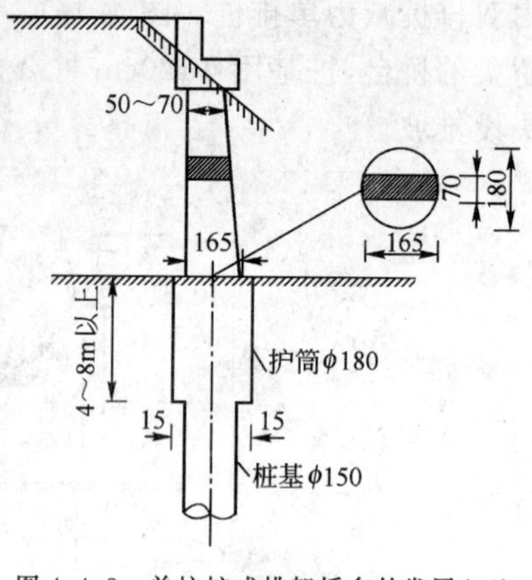

图 4.4.3　单柱桩式排架桥台的发展(三)梯形台柱

二、工 程 实 例

排架桩式桥台的受力和计算可以有两种情况:

(1)桥长较短,全桥墩台上皆布置橡胶支座时,桥台参与全桥联合作用,共同分担水平力。

(2)桥长很长,两侧桥台和几个桥墩上布置滑板支座时,桥台单独承担水平力。当强度或刚度不足时,除适当增大结构断面外,还可采用第五节中所述做法解决。

计算桥台刚度时,可分为向河心和向路堤两种情况,后者须计入路堤对台柱的土抗力。

所有计算方法详见参考文献[6]、[7]、[8]。

实例一

某跨线桥设计如图 4.4.4a),全长 3×20m,中孔跨一二级公路,两边孔设肋板式桥台加锥坡。左侧桥台高 12.5m,右侧高 10m,桥面纵坡 4%。

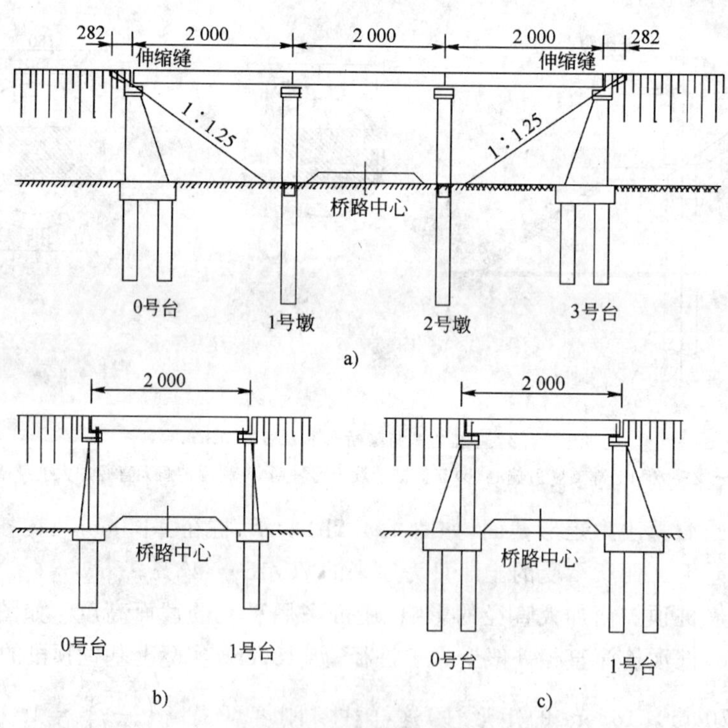

图 4.4.4　优化桥台实例一

优化意见:此桥只需中孔跨线,而两边孔只是为了设置锥坡,可以改为单孔 20m 桩基承台肋壁式轻台桥,左桥台高度可以降低至 11.7m,右桥台高度增加至 10.8m,节省两孔桥长。

肋壁可先按单排桩式布置,桩径 150cm,桩顶段直径与护筒相等为 180cm,可取前墙厚 50cm,后加底长 115cm、厚 45cm 的三角形双肋,这样只增加了两座小型承台和肋板式挡墙,而节省两孔上部、两座桥台和 8 根桩，见图 4.4.4b)。施工时可以采用先安装主梁，后填筑桥头土方的做法，以使恒载土压亦可抵消。如果必须先填筑桥头土方，由于台身很高，必须采用双排桩式肋壁，相当于把原来两个桥台移到这里，也可较原来节省两个桥墩和 4 根桩以及两孔上部梁板，见图 4.4.4c)。

实例二

某跨线桥设计为 4 孔 30m，如图 4.4.5a)，中间两孔斜跨一高速公路，两边孔用双排桩肋板式桥台设锥坡。桥台左侧高 12m，右侧高 13.2m，桥面纵坡 1%。桥为正桥，中间墩为独柱墩。

优化意见：此桥只需中间两孔跨线，两边孔为配孔，只用于设置锥坡，因此也可改为如图 4.4.5b)所示的 2×30m 轻台桥，主梁与墩、台帽用锚栓连接，桥台用肋壁式，单排或双排桩基，由台身强度计算决定，这样可节省约 50%造价。

如果是跨越城市或郊区道路，两侧还需要通过人行和自行车，并要求一定的透视度，则两侧可各保留一个配孔，跨径由 30m 减小为 20m，桥台改用单排柱式，锥坡保留 3～5m 平台段，然后设 1∶1 面坡，片石铺砌，见图 4.4.5c)，此方案可节省约 20%造价。

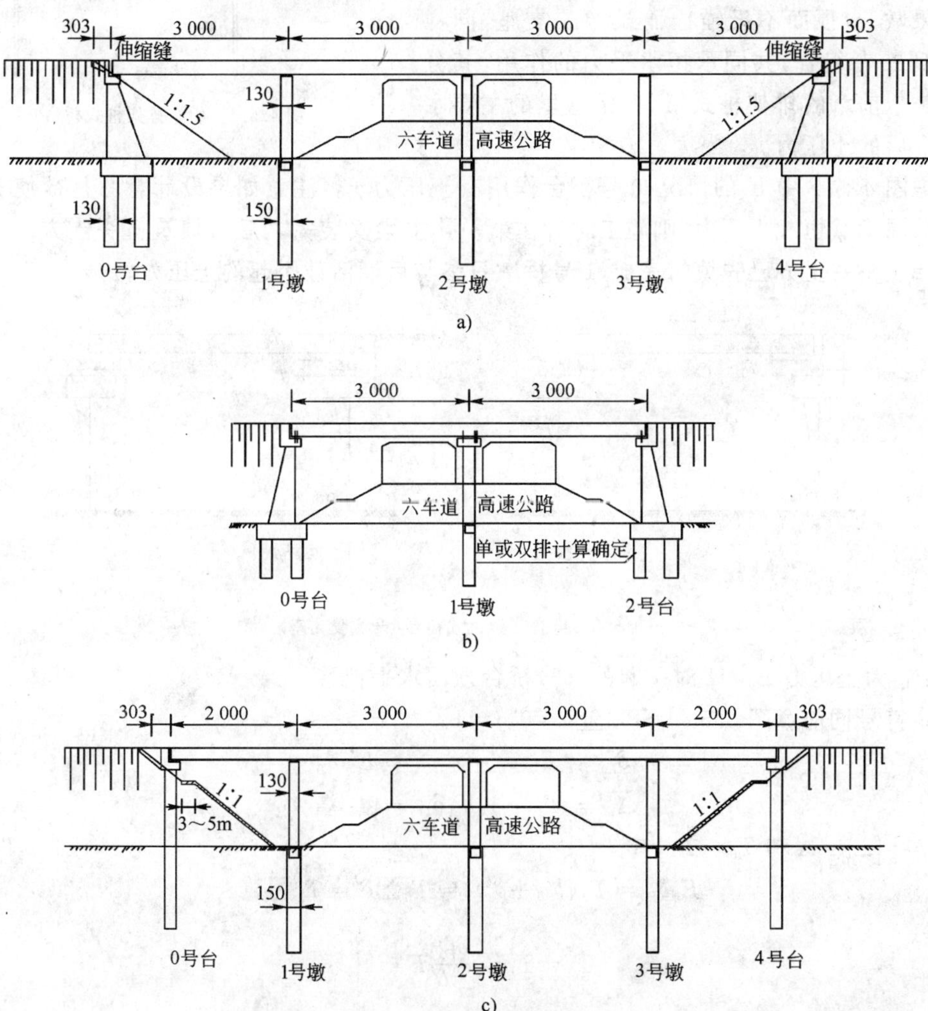

图 4.4.5　优化桥台实例二

第五节 其他形式桥台

实践中还采用了一些其他形式的桥台，择其主要者介绍如下。

一、组合排架桩式桥台

当填土甚高，活载标准也高时，单排桩柱式桥台的强度一般都可满足要求，但刚度可能偏小，即台顶水平位移量可能偏大，此时一种简单经济的做法就是利用锚栓将第一孔主梁和桥台及相邻的第一个桥墩连接在一起，形成一个组合排架桩柱式桥台，如图 4.5.1 所示。这时，第一个桥墩和桥台一起共同来承担土压等水平力，可以使桥台桩柱的负担减少接近 1/2。这是一种十分聪明的做法，实质上是单排架桩式桥台和原苏联轻型桥台思路的结合，但这里不是利用两桥台对顶以抵消土压，而是利用相邻桥墩的协作以共同承担水平力。

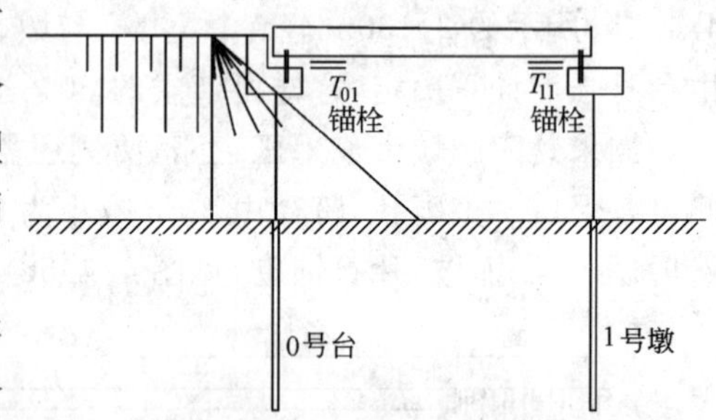

图 4.5.1 组合排架桩式桥台

如果墩、台顶面不设锚栓而设橡胶支座，同样可以达到二者组合，共同承担水平力的作用，其分析原理类似前章的排架桩式墩，只是这里的主要水平力是台后的土压力。

考虑图 4.5.2 中 b)的情况，0 号桥台作用有土压力 E_0，注意如果设计意图是欲使 1 号桥墩参与共同承载恒载土压力，则施工时应在第一孔主梁安装完之后再填筑桥头土方。一般情况下桥台及桥头土方已先填筑完成，1 号桥墩只参与后期活载引起的土压力。

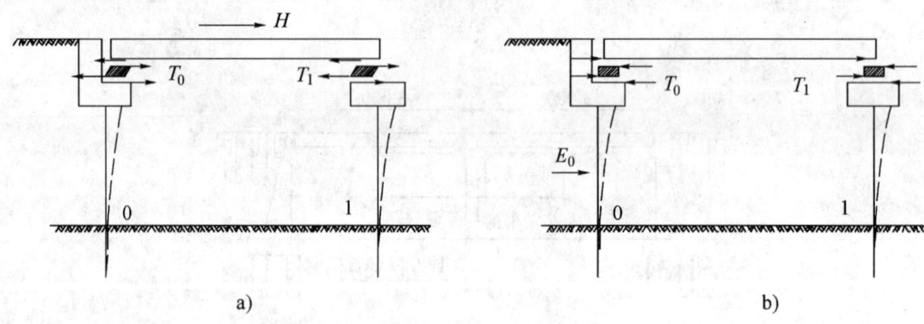

图 4.5.2 组合排架桩式桥台(设橡胶支座)

令：δ_{E0} 为土压力 $E_0=1$ 时引起的 0 号桥台顶面水平位移。

其余符号同前章图 3.5.4，只须置 $i=0$、$j=1$。

$$\Delta_0 = E_0\delta_{E0} - T_0(\delta_0 + \delta_{0r}) = E_0\delta_{E0} - T_0\delta'_0 \tag{4.5.1}$$

$$\Delta_1 = T_1\delta_1 + T_1\delta_{1r} = T_1\delta'_1 \tag{4.5.2}$$

由 $\Delta_0=\Delta_1=\Delta$ 和 $T_0=T_1$，有

$$E_0\delta_{E0} = T_0(\delta'_0+\delta'_1) = T_0\sum\delta' = T_1\sum\delta'$$

所以

$$\left.\begin{aligned} T_0 = T_1 &= \frac{\delta_{E0}}{\sum\delta'}E_0 \\ \Delta_0 = \Delta_1 &= \frac{\delta'_1}{\sum\delta'}\delta_{E0}E_0 \end{aligned}\right\} \tag{4.5.3}$$

可见，台、墩以共同的柔度比来均担土压力。

如果墩台顶为锚栓而非橡胶支座，只需将以上各式中有关橡胶支座各项删去即可得出解答，此时

$$\left.\begin{aligned}&T_0=T_1=\frac{\delta_{E0}}{\sum\delta}E_0\\&\Delta_0=\Delta_1=\frac{\delta_1}{\sum\delta}\delta_{E0}E_0\\&\sum\delta=\delta_0+\delta_1\end{aligned}\right\}\tag{4.5.3'}$$

对于图 4.5.2 主梁上受水平力 H 的情况，与图 3.5.4 完全相同，由式(3.5.6)可直接写出

$$\left.\begin{aligned}&T_0=\frac{K'_0}{\sum K'}H\\&T_1=\frac{K'_1}{\sum K'}H\\&\Delta=\frac{1}{\sum K'}H\end{aligned}\right\}\tag{4.5.4}$$

对于墩、台顶面为锚栓面非橡胶支座的情况则为

$$\left.\begin{aligned}&T_0=\frac{K_0}{\sum K}H\\&T_1=\frac{K_1}{\sum K}H\\&\Delta=\frac{1}{\sum K}H\end{aligned}\right\}\tag{4.5.4'}$$

各种情况下的 δ 或 $K\left(=\frac{1}{\delta}\right)$的计算方法，在参考文献[1]、[2]、[3]中皆有详细介绍，这里不赘述。

桥台受力的最不利情况是以上两种情况的叠加。

二、分离挡土墙式桥台

它由轻型桥台支撑上部结构，台后挡土墙承受土压力，台身与挡土墙分离，上端做伸缩缝，使受力明确。最简单、原始而又比较经济的做法如图 4.5.3a)所示，前面采用一个排架桩式桥台，后面设一分离的片石挡土墙。当地基比较好时，也可将桥台与挡土墙放在同一个基础之上，桥台不用桩基，只用柱式台身，如图 4.5.3b)所示。

三、框架式桥台

当台身甚高时上述桥台的分离式挡土墙圬工体积可能过大，此时可将挡土墙墙身退后，与前台之间在项面用一短梁连接形成一个框架，和前台一起来抵抗土压，称为框架式桥台。图 4.5.4a)所示为前台为排架桩式，后墙为实心薄壁式，用在不设锥坡的情况下；图 4.5.4b)所示为前台和后墙皆为排架桩式，此时须在桥头设锥坡。

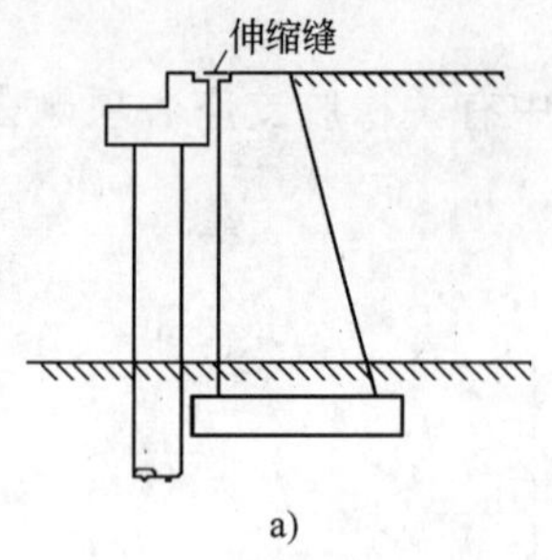

a)

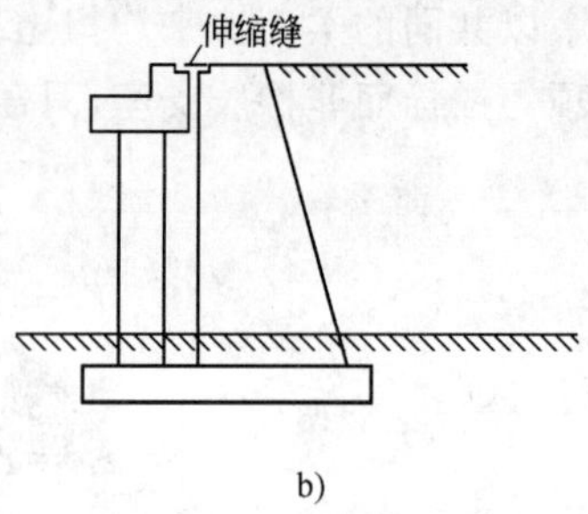

b)

图 4.5.3　分离挡土墙式桥台

a)排架桩式前台；b)柱式前台

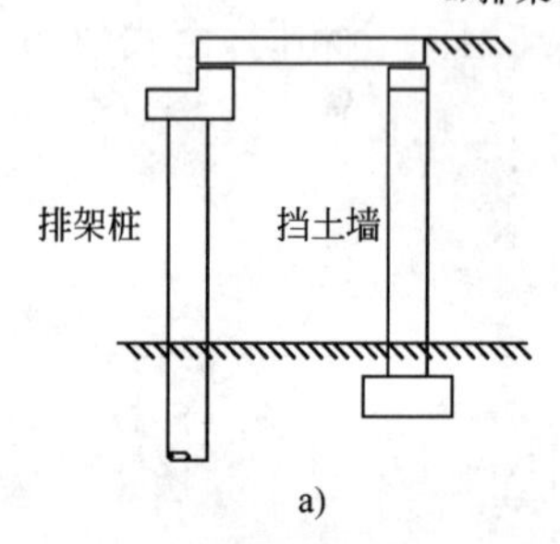

a)

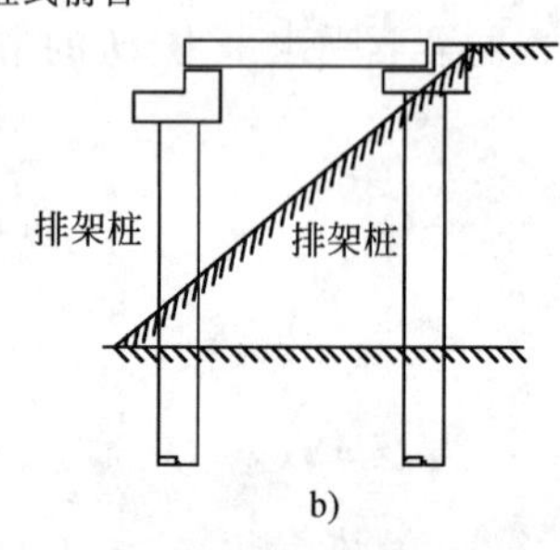

b)

图 4.5.4　框架式桥台

a)前台排架桩式，后墙薄壁式，无锥坡；b)前、后台皆排架桩式，设锥坡

顶面连接的短梁应按荷载标准设计。可以与台、墙身固结，形成一个刚构，也可铰接，形成一个铰结框架，其性质如同图 4.5.1 所示的组合排架桩式桥台，只是那里是利用一个相邻墩来组成整个桥台的，这里全部是自己形成的，但其分析方法相似。

和前面一样，基础好时，台、墙皆可采用天然基础，柱式台、墙身。

四、拱 式 桥 台

框架式桥台顶面的连梁长度较大，荷载标准甚高时，将形成一孔短跨桥孔，必须采用钢筋混凝土，势必将增高造价，解决方法之一是改为圬工拱形梁，这就形成了拱式桥台，见图 4.5.5a)。为了在施工过程不致因抵御这孔小拱的拱脚推力面须加大前面和后墙的厚度，有时在拱脚处加设系杆使成系杆拱，如图 4.5.5b)所示。

拱式桥台常用石砌圬工修筑，和中、大跨径圬工拱桥配合采用，近年的跨线桥中使用甚少。

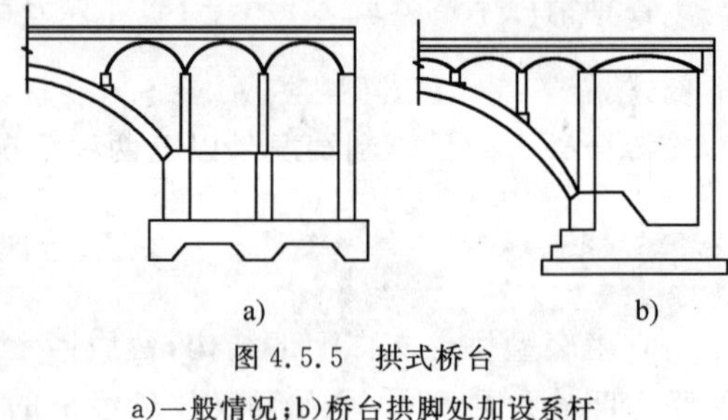
a)　　b)

图 4.5.5　拱式桥台

a)一般情况；b)桥台拱脚处加设系杆

五、锚碇板式桥台

抵御台后土压力的另一经济做法是在台后土体中设拉筋和锚碇板，借土壤抗力来承受恒载和活载土压力，如图 4.5.6 所示。图 4.5.6a1)、a2)所示为有锥坡的排架桩式桥台，a1)所示为在每根台柱项部设一块锚碇板，a2)所示为在台帽上设锚碇板，可以加密块数，且设置高度愈高，效果愈大，但埋设在土中的深度不能低于最小深度。图 4.5.6b1)、b2)所示为无锥坡的情况，在排架桩柱后面设挡土板，(宜深入地面以下适当深度，例如$\not<$30cm)，柱身拉筋穿过挡土板再连接到锚碇板上，图 4.5.6b1)所示为单层，图 4.5.6b2)所示为双层。由于施工埋设较为

困难，尤其机械化施工土方时，因此最好使用单层，双层的设计计算较复杂。

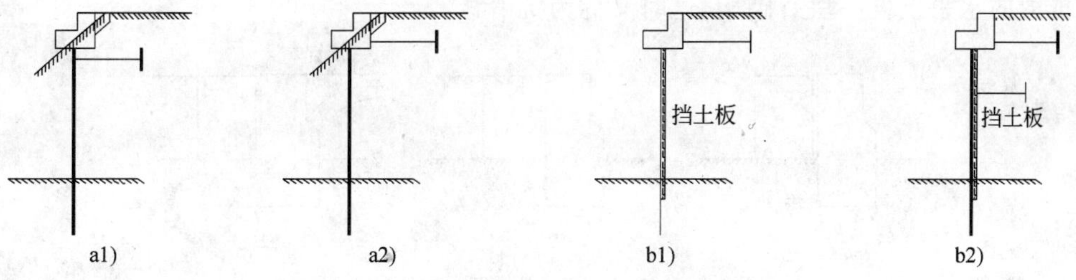

图 4.5.6　锚碇板式桥台(排架桩式)

a1)有锥坡情况，设于台桩顶；a2)有锥坡情况，设于台帽上；b1)无锥坡情况，台柱后加设挡土板、锚碇板单层；b2)无锥坡情况，台柱后加设挡土板、锚碇板双层

锚碇板只当分层填筑土方达到锚碇板高度以上，将锚碇板埋入土中之后才能起作用，因此锚碇前填筑土层的土压力将由排架桩式桥台台身单独承受，为了使锚碇板早起作用，需要把锚碇板向下埋设，但埋设位置低，效果不大。

当锚碇板已埋入土中之后，继续填筑十方时，增加的十压力将使桥台台身向河心发生位移，这将使拉筋发生拉力，锚碇板向前位移，其前土体发生抗力，各位移关系见图 4.5.7。在无锚碇板时，台身 C 点在 C 点以上路堤土压作用下将向河心方向发生水平位移 Δ_{CE} 而移至 C_1 点，如在 C 点设拉筋和锚碇板时，拉筋拉力 F 将使 C_1 点拉回一位移 Δ_{CF} 到 C_2 点，A 处的锚碇板将由拉力 F 而压缩其前土体而前移一位移 $\Delta_{锚F}$ 到 A_1 点，中间剩下的距离即是拉筋的原来长度 L 加上伸长量 Δ_{LF}，故有

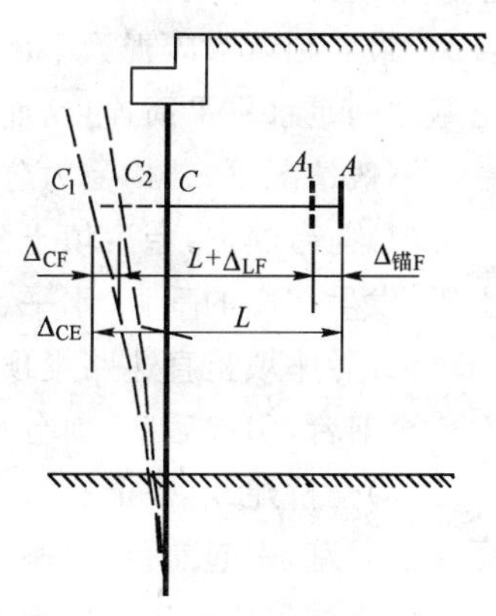

图 4.5.7　锚碇板桥台的位移关系

$$L+\Delta_{CE}=\Delta_{CF}+L+\Delta_{LF}+\Delta_{锚F}$$

即

$$\Delta_{CE}=\Delta_{CF}+\Delta_{LF}+\Delta_{锚F}$$

令 Δ_c、Δ_L、$\Delta_{锚}$ 为单位力 $F=1$ 作用下，台身 C 点拉筋、锚碇板各自发生的水平位移量，可得

$$\Delta_{CE}=F\delta_C+F\delta_L+F\delta_{锚}$$

所以

$$F=\frac{\Delta_{CE}}{\delta_C+\delta_L+\delta_{锚}}$$

由此可解得拉筋中拉力，从而确定有关各量。

20 世纪 70 年代，吉林省交通厅在湖北、山西、江苏等省协作下共同测试，回归分析得出了 $\delta_{锚}$ 以及单板容许承载力的公式[1]，这种桥台形式已纳入了桥梁设计规范。

由于 $\delta_{锚}$ 是台后填土的抗力变形系数，不但受土质，而且受施工质量(如压实度)等的影响，甚难准确选定，因此这种桥台在近代跨线桥中选用较少。

六、后座式组合桥台

这种桥台是 20 世纪六七十年代由湖南等省在修建大跨径拱桥过程发展起来的一种新的桥台形式，由前台和后座两部分组成，如图 4.5.8 所示。前台主要承受拱脚垂直力(和部分水平力)，后座主要承受拱脚庞大的水平推力，抵抗水平推力的能力主要由后座底面与土基之间的摩阻力和后座后背位移引起的土抗力。由此可见，后座宜采用自重较大的圬土结构，并应具

有平整广阔的后背面，因而多采用石砌箱形，U形或L形等结构。在较简单的情况下，还可只在拱推力的水平上设一块石砌板，这时又称为抗滑板。

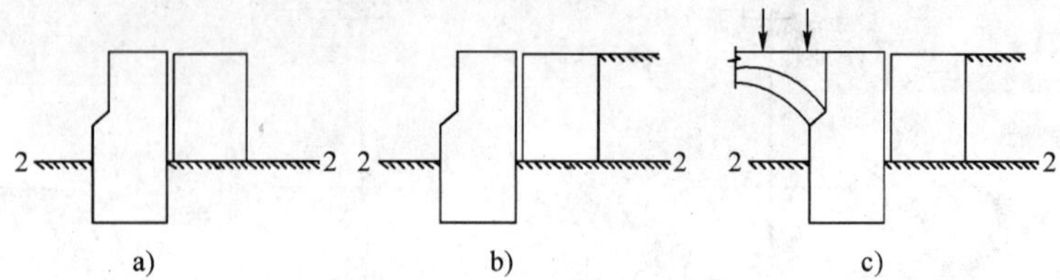

图 4.5.8 后座式组合桥台及结构受力三阶段

这种组合桥台和一般承受向河心的土压力的桥台不同，而主要是承受向路堤的拱脚推力。由于利用了台身向路堤方向位移引起的台后土抗力，因而结构得到大大的轻型化。同时，其计算分析也应采用位移法。

前台和后座之间的接触面应平整密贴，既能传达内力又不影响各自的垂直、水平和转动位移。早期的计算把相互之间的视为连杆连接，只能传递水平力，后来改进为铰接，还能传递垂直力，最后则认为应视为平面连接，如基础和土基之间一样，还能同时传递弯矩，只不过基础和土基之间是水平平面连接，而前台和后座之间是垂直平面连接罢了。

一般情况下，结构受力分析可分为三个阶段，见图 4.5.8。

(1)前台建成，台后填土到后座基底 2—2 水平，建设后座：此时前台承受后座引起的超载土压，发生相应的垂直、水平、转动位移，后座尚不受外力，见图 4.5.8a)。

(2)后座填土直达路堤顶面，后座承受 2—2 水平以上直至路堤顶面的土压力，并通过接触面传至前台，引起后座、前台相应的有关位移，见图 4.5.8b)。

(3)全桥建成，桥上有活载，前台承受拱脚传来的恒、活载垂直力和水平推力，并通过接触面传至后座，引起前台、后座相应的有关位移，见图 4.5.8c)。

计算过程后座与基底土壤之间的摩阻系数，湖南省经过大量测试提出了不同土质的计算用表，后座背面与路堤填土之间的抗力系数则按桥规推荐的 m 法采用(垂直抗力系数，按深度变化)，具体见参考文献[1]。

近年我国修建大跨圬工拱桥甚少，跨线桥则更少，故此种桥台甚少采用。这里简单介绍，主要着眼于使桥台结构轻型化的创新思路。

参 考 文 献

[1] 王伯惠，上官兴著. 中国钻孔灌注桩新发展. 北京：人民交通出版社，1998.

[2] 王伯惠著. 桩基轻型桥台. 东北公路，1999(1)、(2)、(3).

[3] 王伯惠著. 柔性墩台梁式桥设计. 北京：人民交通出版社，1987.

[4] 江祖铭，王崇礼. 墩台与基础. 北京：人民交通出版社，1994.

[5] 西安公路学院主编. 桥梁工程(下册). 道路与隧道专业用，1982.

[6] 王伯惠. 柔性墩台桥梁设计新方法. 沈阳：辽宁省交通科学研究所，1985.

[7] 王伯惠. 辽河桥排架桩式墩台计算. 沈阳：辽宁省公路学会桥梁工程学会，1987.

[8] 王伯惠. 柔性墩台梁式桥设计. 北京：人民交通出版社，1990.

第五章　方案比较

第一节　概　　述

方案比较是寻求某一跨线桥在特定环境条件下，要求景观、经济、施工、耐久等多方面最优的问题，而不是片面追求单一方面(如景观)的要求。如果片面追求景观问题，就失去了整体比较的意义；同样，片面追求经济问题，也往往不是最佳的方案。下面从几个主要方面进行探讨。

一、上跨/下穿

建设场地的地形与地貌以及公路等级，是决定主要公路应当在上面跨越还是在下面穿过的首要因素。特别对丘陵地区的路线交叉，当一个道路交叉设计方案最大限度地适应了现有的地形、地貌、地物等客观条件时，其设计、施工和养护费用亦往往最低。

一般情况下，地形、地貌对公路上跨/下穿的影响有3种情况：

(1)在丘陵地区，地形适合于一条公路适当下穿，另一条公路上跨，造价最经济，环境影响最小；

(2)在平原地区，地形条件对上跨/下穿两种布置均适合；

(3)由于一条高速公路的线形和纵坡线的控制，要求另一条低等级公路服从时，采用了不适应地形的布置。

其次须考虑周边群众的意见和要求，一般情况下周边群众愿意选择跨线桥下面的下穿公路作为出行的用路。分期修建问题也是一个考虑因素。分期修建可使初期投资减小，并使后期对跨线桥进行扩建时，尽量利用原有公路设施，避免造成损失。

为了做出最佳的平纵面方案，前期一般需要分析两种以上完整、合理的初步设计方案。在此基础上，再进一步详细的分析、研究，详见第六章。

除上述主要因素外，还要注意研究下列原则和具体问题：

1.适应地形、减少破坏

跨线桥的整体设计应尽量适应原有地形，减少对地形、地貌的破坏。不仅沿两条交叉公路要适应地形，而且还要考虑到整个地区的地形以及与整个路网的衔接问题。需要把握全面，大范围分析，以决定上跨/下穿的问题。

2.整体布局

一条主要公路，在某一特定地点选择上跨/下穿，往往不是取决于局部的情况，而取决于公路的整体布局设计。例如高速公路由于线形标准比较高，局部路段的上跨与下穿要从整体布局来全面分析而定；靠近市区的城市快速干道，是设计为路堑式道路下穿，还是提升到附近街道路面以上设计为跨线桥，也要从整体布局来分析。

3.建设次序

新建公路服从现有公路的原则，也是决定上跨/下穿方案的因素之一。现有公路交通量很大时，新建道路一般选择上跨，这样对现有公路的干扰较少，而且往往不需要修建便道。只有极少数特殊情况选择新建道路下穿。

4. 行车安全、舒适方面

下穿公路的行车安全益处较多。当汽车驶近交叉跨线桥时，远远看见前面的跨线桥，并清晰看到上面一层的横交道路，就起到了提前提醒的作用。尤其在平坦地形区域，非常醒目。但如下穿公路采用地道方式从地面以下横穿道路，对行车安全就不利。

考虑行车顺畅问题时，则与行车安全问题的结论相反。重要道路上跨，视野开阔，给驾驶员的限制感最小。

在丘陵地形或崎岖地带，在选择下穿或上跨没有明显的优势时，主要公路可以根据视距条件好坏来决定。

5. 环境污染、降低噪声

有些情况下，可能将较大交通量的公路设计成主线下穿形式，更有利减小环境污染、降低噪音影响。

6. 造价经济

当地形控制是次要因素时，桥梁和引线的造价就决定了主要道路的上跨/下穿方案。通过桥梁结构形式、跨径、横断面、斜交角度、地质条件、引线造价等多因素的综合费用分析，决定最终的上跨/下穿方案。

主要公路最好适应现有地面线，以连续纵坡和平顺变坡通过，一般情况下采用主要公路下穿比较有利。由于两条相交公路等级不同，其宽度就有差别，从减少总体工程的经济造价出发，采用宽度大的主要公路下穿方案显得比较经济。因为次要道路的设计标准比主要道路低，其纵坡可陡一些，视距短一些，需要提高到主要公路的路面以上的道路长度也较短。综合土方数量和铺筑路面面积等经济因素分析，主要公路下穿一般较为有利。

7. 维修养护

主要道路承担较大交通量，跨线桥梁宜少不宜多，以便在需要维修和养护时，能保证较少的维修和养护费用，同时也能有较好的行驶效果。

8. 排水系统

主要道路升坡上跨时，排水系统就相对简单；否则如降坡下穿就需要设置泵站排水。在城市的一些跨线桥中，因为地域狭小，排水泵站规模较小；而在野外则地域广阔，规模较大，须专人管理，故应尽量避免。

9. 净空限制

如主要公路允许超载重车辆行驶时，由于上跨立交桥不受竖向净空的限制，往往决定了跨线桥的上跨/下穿方案。

当前，由于国家经济形势日益发展，人民生活水平日益提高，人们“经济”概念又有了新的解释。它不能再单纯理解为省钱，而应看作一个理智的原则，一种全面的道义法则，要求以最小的代价取得最大的收获(包括精神的、美学的和物质的收获)。就跨线桥方案来说，例如四车道高速公路 26m 路基宽，跨线桥采用两孔 2×16m 空心板桥、重力式桥台，则驱车时首先的感觉就是原来开阔的视线一下子被压缩在一个狭窄的孔洞里，原来舒适的心情马上就感到一种压抑的不舒服感，车速也不由自主地慢下来，越驶近桥下，心理上的压抑感就越强烈。虽然它是一座非常坚固的桥，但综合技术、功能、经济、美学来看，却不是一个“经济”的设计。如果改为 3 孔以上桥梁，当可以保证开阔的视野。

二、景　观

不论是受压的拱式结构、受弯的梁式结构,还是受拉的缆索结构桥梁,都体现着不同的力学美,只要所选择的桥型能与周围环境协调统一,就能体现桥梁的景观效果。认为技术越复杂、造型越独特就是景观的体现,则忽略了桥梁所在区域的综合因素影响。过分扩大景观设计的范围,会造成不必要的工程浪费,是不妥当的。

有些跨线桥梁特意在桥位进行园林景观设计,搞人造景观,是很不合适的。

在高速公路的跨线桥设计中,强调"一桥一景"也无必要。本来采用一般梁式桥就可解决问题,但偏偏要设计一个拱式桥,从景观本身来说也不好。所以,跨线桥应力求简洁明了,不应累赘,并与环境协调一致,用简捷的力学美来展示桥梁景观。

三、施　工

桥梁施工设备投入越多就越不经济,因此设计时要充分考虑实施的可行性,不要设计与施工脱节,以免施工单位频繁要求变更设计,或投入大量设备。此外还须因地制宜选择现浇/预制结构,例如在无预制施工场地或运输条件的桥位,采用预制安装结构,就是不恰当的。

四、标 准 图

目前,国内常用桥型设计的数量占桥梁总数量的75%左右,这些常用桥型应根据新规范,按标准图设计和施工,对提高设计工作效率、确保施工质量、有效地降低工程造价具有十分重要的意义。

下面介绍国内近年修建立交桥的一些新的情况和经验教训,供大家参考。

第二节　方案比较实例

一、广州绕城高速公路南环段方案比较

广州绕城高速公路南环段是设计速度100km/h、路基宽度33.5m宽的高速公路,可行性研究时对跨线桥方案作了十分详尽的比选工作。

(一)经济比较

1.经济跨径

对于较为经济的标准跨径的宽幅空心板、组合小箱梁和T梁的上下部构造进行技术经济分析比较。比较方法是取100m桥梁长度,采用相同的地质情况,通过对不同的桥梁跨径和结构形式的计算分析,确定下部结构桩柱直径及配筋,再根据桩顶力计算计算下部桩长,从而进行不同结构桥梁的经济性比较。地质条件为10～20m软土层,基岩埋深35～45m。软土层厚度对桩长影响不大,桥梁跨径比较从墩高方面考虑。

(1)墩高小于15m时,取20m、25m桥跨的经济桥型进行比较。比较条件是:墩高10m、桥长100m、桥宽33.5m,桥台、伸缩缝、铺装及防撞墙不计,上下部构造合计,100m一联,造价仅计建筑安装费。

由表5.2.1可知,空心板经济性最好。另外,采用先张法集中预制,有利于控制施工质量。建筑高度较低,美观性较好,所以推荐空心板结构。

桥梁经济技术指标比较　　表 5.2.1

比较项目		单位	20m 跨径			25m 跨径	
			T梁	小箱梁	宽幅空心板	T梁	小箱梁
上部结构	组合梁高/片	m	1.5/70	1.1/60	1.05/100	1.5/56	1.4/48
	混凝土	m^3	1 750	1 639	1 825	1 888	1 747
	钢筋	kg	270 050	265 380	248 380	265 747	246 128
	钢绞线	kg	25 750	35 070	28 400	34 192	46 188
	单梁吊装重	t	38	45	31	55	63
下部结构	混凝土	m^3	1 559			1 675	
	钢筋	kg	102 570			116 661	
	桩柱/桩径	m	1.2/1.3			1.3/1.5	
	桩长/根数	m	35/20			38/16	
技术经济指标		元/m^2	2 066	2 034	1 981	2 206	2 091

注:上部结构均已计入调平层。

(2)墩高小于 15～25m 时,经比较,25m 桥跨的经济性最好,上部结构优先选用 25m 预应力混凝土先简支后连续小箱梁。

桥梁方案在立交变宽段推荐采用 20～30m 预应力混凝土连续箱梁;非立交变宽范围引桥推荐采用 20m 跨预应力混凝土宽幅空心板,墩高较高时采用 25m 跨预应力混凝土小箱梁。

2. 孔间连接

取一孔半幅上部结构,不计铺装、防撞墙及伸缩缝,经济比较见表 5.2.2。

20m 板上部经济技术比较　　表 5.2.2

项目	材料	单位	桥面连续	结构连续
空心板	C50 混凝土	m^3	142.5	142.1
	钢筋	kg	11 808	15 697
	钢绞线	kg	4 069	3 123
	Φ20 套管	m	650	420
现浇层	C50 混凝土	m^3	33	33
	钢筋	kg	3 559	3 899

从表中可以看出,先简支后桥面连续方案比结构连续方案经济性好,结合如下 4 方面,综合选择先简支后桥面连续空心板。

(1)行车舒适性:先简支后桥面连续稍差;

(2)施工难度:先简支后桥面连续方便快捷,稍好;

(3)养护维修:先简支后桥面连续需要一定养护,稍差;

(4)对软基的适应能力:先简支后桥面连续,墩台沉降不产生结构内力,稍好。

3. 柱式墩

首先,半幅三柱墩的景观效果很差,而且在软土地基上采用半幅三柱墩对桩长减少不多,桩基数量却很多,对施工进度影响很大。所以,只对半幅路基采用双柱墩与全幅三柱墩进行比较,如图 5.2.1 所示。结果是半幅双柱墩的经济性远优于全幅三柱墩,原因是全幅三柱墩的桩径均须大于 150cm,很不经济。

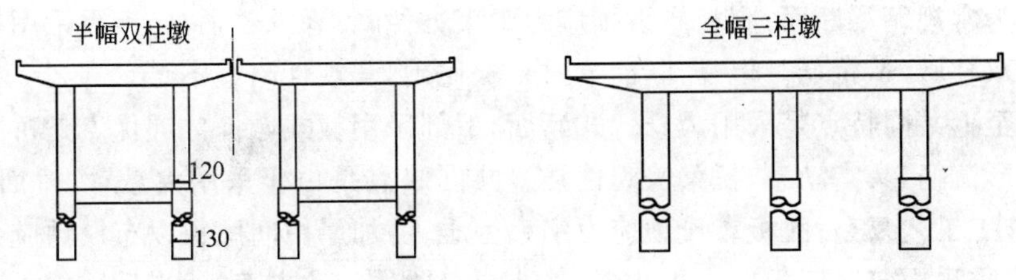

图 5.2.1　空心板下部方案比较

4. 桩基

钻孔灌注桩基础适用于各种地层，桩长和桩径选择范围大，单桩承载力高，抗震性能好。而预制管桩有施工方便、快速的优点，但适用的地质范围窄。如图 5.2.2 所示，预制管桩为 C80-PHC-A500，壁厚 10cm；钻孔灌注桩为 C30 的 Φ130cm。比较结果是预应力管桩稍具经济性，但考虑到：地质情况是软土层与持力层过渡突然，容易出现断桩和裂桩等因素，因而最终选择了钻孔灌注桩基础。

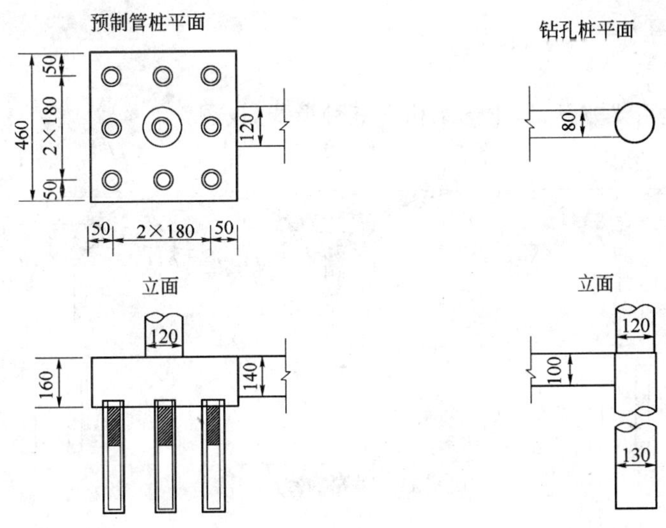

图 5.2.2　预应力管桩与钻孔桩布置

(二)景观比较

沿线经济发达，对桥梁景观要求相对甚高。

1. 连续箱梁上部

以 25m 跨径为例，采用 7 种连续箱梁断面进行比较，断面形式如图 5.2.3 所示。

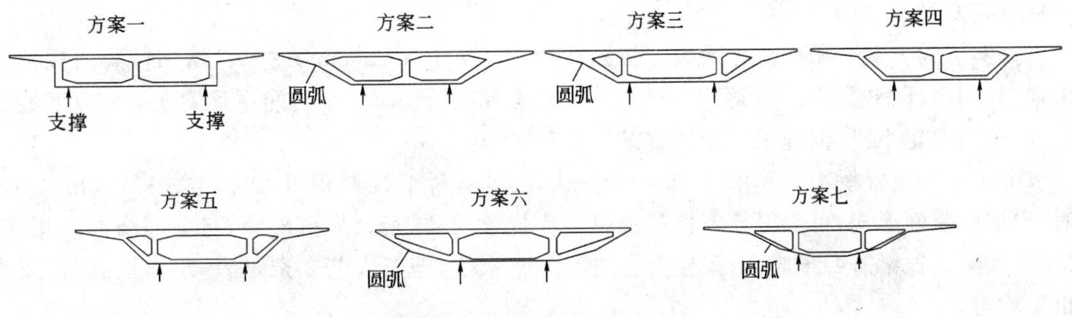

图 5.2.3　箱梁横断面方案比较

方案一为常规箱梁断面，腹板布设预应力钢束方便，翼缘悬臂适当，不需采用横向预应力，可采用常规双柱墩，造价低。但是，断面形式呆板僵硬，美观性略显不足。

方案二至七共同特点是采用大悬臂式断面，下部采用板式墩。共同优点是桥下视野开阔，箱梁断面线形流畅，具有动感，桥梁美观性强。共同缺点是由于采用大悬臂，桥面板需设置横向预应力；施工工艺复杂；腹板布设预应力钢束困难，需加厚中间腹板以布设预应力，箱梁底板受压面积少，需采用较厚底板以抗压，这些将造成箱梁体积比方案一大；采用板式墩，支座间距比方案一小，支座反力差较大。这会比方案一造价高。

方案二、三为方案四、五在箱梁倒角处设弧线，使箱梁外观显得流畅轻盈。

方案四、五为斜腹板断面。斜腹板为墩弧向上的延伸。方案五采用单箱三室，两个边室拆模比较困难。两个方案线条稍显生硬。

方案六、七为鱼腹式断面。底板采用弧线型，对模板要求高；边腹板布设弯起钢束困难，需增加中腹板的厚度以提供足够空间布束。方案六底板设直线段，增加底板受压面积，改善箱梁底板受力。

综合比较，采用方案二。

2.连续箱梁下部

针对上述连续箱梁方案二，下部结构有三种形式，见图 5.2.4。

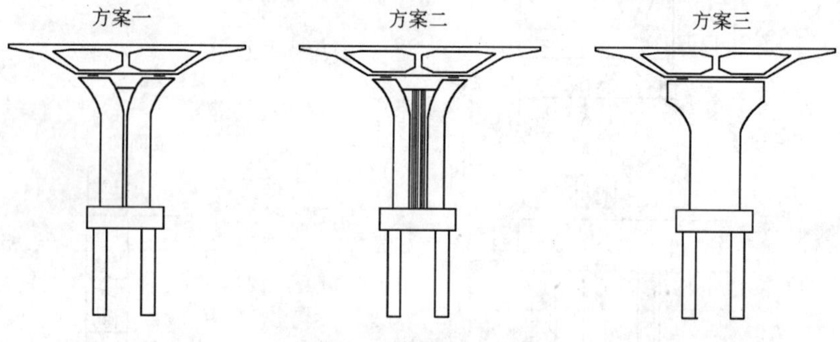

图 5.2.4　箱梁下部方案比较

综合比较，采用方案二。

3.空心板下部

空心板桥景观性比小箱梁与 T 梁相对好一些。其下部采用五种形式进行比较，如图 5.2.5所示。

方案一为常规空心板断面，对一般 20m 跨空心板，下部采用 2 根 1.2～1.3m 的圆柱桩，结构受力合理经济，桩柱受力均匀，施工工艺成熟，方便简单，造价低廉，美观性也不错，缺点是桥下柱数量略显多一些。

方案二为方案一稍作变化而成。将圆柱改为 120cm×100cm 方柱，为增加柱竖向视觉效果，在柱侧向开小槽，方柱下设 230cm×230cm 承台，以设桩基，承台间用系梁连接。方案经济合理，美观性也不错，但施工工艺比方案一复杂。

方案三为板式桥墩。采用 6.25m 长大悬臂盖梁，桥下视野开阔，在桥墩较高(10m 以上)时，采用此断面形式，可取得较好桥梁景观。若桥墩较矮，则会显得矮胖，与上部结构不相称。另外，大悬臂盖梁需要预应力，预应力一般要二次张拉，施工工艺复杂，桩基距离也近，桩反力也不均匀。

方案四也为板式桥墩，但上部采用整体式盖梁。此方案桥下视野开阔，桥墩与方案三相比

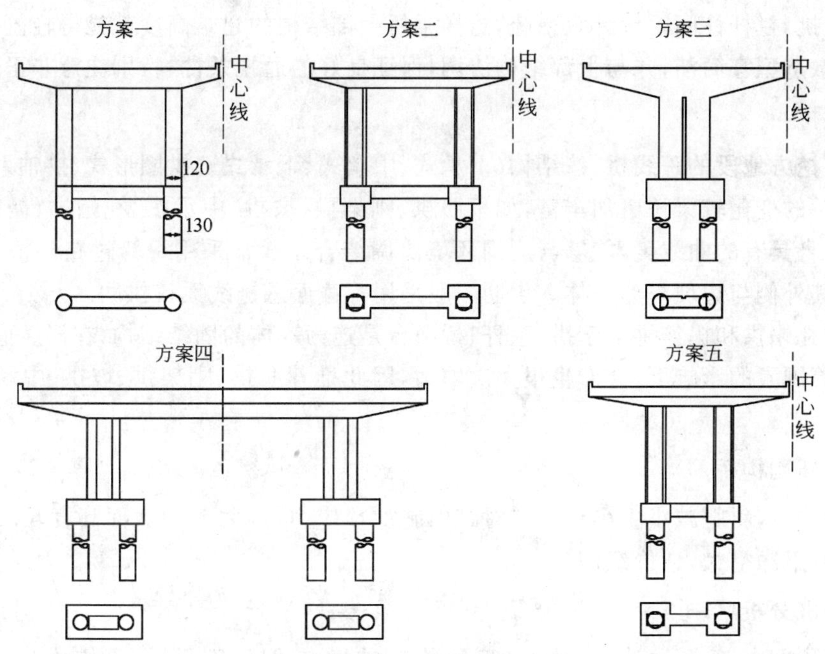

图 5.2.5　空心板下部方案比较

更纤细。但墩柱间距达 20m，盖梁需设预应力，也有二次张拉问题，施工工艺复杂，桩基距离也近，桩反力也不均匀。

方案五与方案二相似，把两个墩柱靠近布置，以增加桥下通透性。

综合上述比较，推荐方案一。

二、广东省开阳高速公路跨线桥方案比较

广东省开平至阳江高速公路，设计速度 120km/h，四车道路基宽 28m。在施工图审查初期，全线 17 座跨线桥均设计为跨径 25m 或 30m 的等截面预应力混凝土 T 梁或箱梁桥。审查意见要求进行优化，优化的原则是：

(1)高速公路跨线桥作为非隐蔽结构，在满足功能的前提下，要考虑其美学效应。质量性、整体性、自然性、愉悦性是高速公路跨线桥美学效应的基础点。

(2)综合考虑造价控制以及现有高速公路施工普遍的水平，使跨线桥造价合理、施工可行、养护方便、安全可靠。

(3)考虑远景六车道高速公路的规划因素，将原四车道跨线桥按六车道预留净空。

按上述原则对三种桥型进行分析：

(一)梁桥

宜用作任何地形的跨线桥，按跨径(中央分隔带设墩或不设墩)、结构形式(等截面箱梁、变截面箱梁、T 梁、空心板)、墩台形式(薄壁墩、圆形墩、倒 Y 形墩、U 形台、组合式台)的不同组合可形成不同形式。为满足视觉和心理上的要求，消除桥身对司乘人员的压抑感，可通过如下途径予以优化：

(1)桥孔布置考虑到视觉受阻及心理压抑因素以及中央分隔带预埋管道的方便，在确保结构受力良好的前提下，宜取消中墩，推荐三孔式结构。

(2)在截面选择上宜选择箱梁结构，箱梁的形式应尽量增加翼缘板的宽度。另外人行道设

计宜尽量外挑，栏杆柱间距设计宜稀疏，这样梁桥上部结构的建筑高度就显得轻盈。

(3)桥墩造型宜简洁，并与上部结构协调，保证良好的通视条件，特别注意非正交的情况。

(二)拱桥

宜用作挖方地段的跨线桥，按结构(上承式、中承式、下承式)、拱圈形式、拱轴系数、矢跨比的不同，拱桥的变化较梁桥更加丰富，如板肋拱、刚架拱、坡拱、中承拱、礼帽拱、提篮拱等。而拱桥桥型本身具有的曲线美，能够与周围环境协调结合。通常采用一跨过路。桥台埋置在路堑边坡内，其外侧与边坡浑然一体。拱肋一般采用等截面悬链线无铰拱肋。

其中的礼帽拱和提篮拱由于拱、系杆、桥墩台是连为一体的固结结构，在温度应力、混凝土收缩、徐变等因素的影响下，会产生很大次内力，因此推荐肋拱、刚架拱、坡拱、中承拱、斜腿刚构的桥型。

(三)斜腿刚构桥

斜腿刚构桥，斜腿减小主梁跨径并对跨中施加预应力，因而跨中截面高度较梁桥更小，外观更纤细、桥下净空大，造价经济。

(四)经济分析

该工程项目的变更设计，全线 17 座跨线桥共增加 215.9 万元，具体优化设计指标见表 5.2.3。

开阳高速公路跨线桥变更经济 表 5.2.3

序号	桩　号	原设计桥型	优化设计桥型	变更金额(万元)
1	K94+971.5	2×30m 预应力 T 梁	取消后改路	−215.3
2	K102+400	2×30m 预应力 T 梁	取消后改路	−14.9
3	K110+254	2×30m 预应力 T 梁	中承拱	35.4
4	K120+925	2×25m 预应力箱梁	斜腿刚构	3.6
5	K141+550	6×25m 预应力箱梁	三跨变截面箱梁	9.4
6	K142+935	4×25m 预应力箱梁	三跨变截面箱梁	16.2
7	K143+618	2×25m 预应力箱梁	三跨变截面箱梁	85.4
8	K148+440	2×25m 预应力箱梁	三跨变截面箱梁	52.7
9	K152+900	3×25m 预应力箱梁	刚架拱	−6.8
10	K154+864	2×25m 预应力箱梁	刚架拱	35.6
11	K156+632	2×25m 预应力箱梁	三跨变截面箱梁	48.4
12	K175+602	2×25m 预应力箱梁	三跨变截面箱梁	42.2
13	K178+040	2×25m 预应力箱梁	取消	−101.1
14	K178+750	2×25m 预应力箱梁	中承拱	43.5
15	K180+062	2×25m 预应力箱梁	坡拱	53.3
16	K180+872	2×25m 预应力箱梁	三跨变截面箱梁	83.8
17	K193+365	2×25m 预应力箱梁	中承拱	44.5
合计				215.9

三、南京机场高速公路桥南村跨线桥

“桥南村”桥是南京机场高速公路 K17+006 处的一座跨线桥，与高速公路呈 10°斜交角。桥面宽度：7m+2×0.75m，行车道净宽 7m。设计荷载：汽车-20 级，挂车-100 级。此桥处在 R=2 500m的凸曲线中，左右纵坡对称，均为 3%。桥下净空高度按略超过 5m 设计。上部采用5×20m 普通钢筋混凝土等高度连续箱梁结构，下部采用无盖梁独柱式桥墩及肋板式桥台，基础为钻孔灌注桩。该桥已于 1997 年 6 月 28 日与南京机场高速公路同步建成通车。

(一)桥型选择

通常，选择桥型应根据①适用、②美观、③经济合理、④设计施工的难易程度等因素进行综合分析，以最终确定工程实施方案。对于跨线桥而言，目前所采用的形式已基本集中为预制空心板梁和等高度连续箱梁。设计方案以等高度连续箱梁方案为佳。其原因是：

(1)美观：尽量减少横向墩的数量，加强下部空间的透视度，增加墩的纤细感，这对整个跨线高架桥是否美观并具有现代的气势，起着很重要的作用。为此采用箱形连续梁方案在其下设置独柱墩。

(2)耐久：等高度连续箱梁桥整体性好，行车舒适。

(3)施工：只要搭设好满堂支架，其他部分施工简单易行。

(4)经济：稍差。按照交工发[1992]65 号公路工程预算定额，只对上部结构分析：现浇预应力混凝土等高度连续梁体系 3 721 元/10m³ 混凝土，而先张法预应力混凝土空心板体系 3 225元/10m³ 混凝土。

(二)结构造型

结构造型与各部位尺寸比例应相互协调。例如跨径与梁高及桥下净空比例，墩柱直径与高度及桥梁跨径的比例，主桥箱梁翼缘板悬挑长度与梁高的比例等，如图 5.2.6 所示。

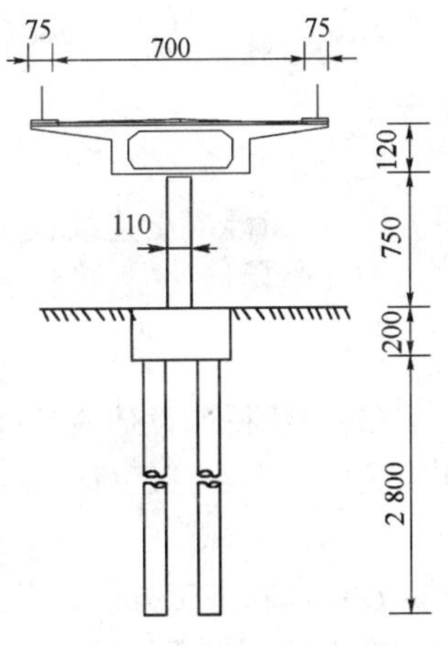

图 5.2.6　连续箱梁横断面布置

(三)主梁横截面设计

一般应根据桥的宽度和施工方便性来决定。本例采用单箱单室截面，施工方便，同时也节省材料。箱梁顶宽 8.5m，底宽 4.0m，两侧翼板各挑出 2.25m，采用直腹板，十分有利于支架法施工全断面一次浇筑成型。

较大的翼板挑出长度，主要是为了美观，同时减小箱底宽度可适当提高正弯区截面重心，充分发挥底板受力筋的作用，减轻箱梁自重。需要指出的是，虽然大挑臂的翼板设计有利于美观，但对于类似本桥这样的普通钢筋混凝土箱梁桥，如果想施加横向预应力来增大翼缘板的挑出长度，则并不可取，那样既不经济，又使施工工艺变得复杂，而且箱室太窄，箱梁在局部荷载作用下，横向弯曲应力往往很大，这样箱梁的横向配筋就要大大增加。

(四)下部构造

下部构造除要满足对上部结构支撑受力的要求外，在外形上还要做到与上部构造相互协调、布置匀称。本桥采用无盖梁独柱式桥墩，与连续箱梁的大挑臂结构相配合，充分留出桥下空间，简洁明快，外形美观，通透性好，施工方便。墩柱采用圆截面直径 1.1m。并将中间的

3 号墩作为制动墩，墩顶设固定支座，为此加强了 3 号墩的墩柱及桩基配筋。独柱墩基础为单排双钻孔桩，桩径 1.0m，承台按斜桥向布置，这种布置形式能使承台在主线中央分隔带位置顺应主线走向，较合理。

桥台采用肋板式，钻孔灌注桩基础，锥坡埋置。

四、陕西省两条高速公路跨线桥方案选择

以陕西省西安至临潼高速公路和三原至铜川高速公路的跨线桥为例，介绍设计原则和桥型选择问题。

(一)设计原则

(1)跨线桥以桥下通视条件决定桥长，注意美观，与周围环境协调。

(2)跨线桥的下部结构要设防撞安全护栏。

(3)桥跨结构应结合自然条件、材料供应、施工条件、使用要求等综合考虑，尽量做到标准化、系列化，经济节约。

(4)上部结构尽量减少建筑高度，以减少上下道路的高差；下部结构力求轻型化，增加视野。

(5)平原微丘地区的高速公路跨线桥，一般做 4 孔桥，中央分隔带上设置桥墩。有条件地段宜尽量采用 3 孔桥跨越而取消中间墩，在地基情况较好地段，宜采用斜腿刚构桥。

(6)路堑段的跨线桥，一般采用 3 孔桥跨越，在路堑较深，净高不受限制时，可考虑采用拱桥或斜腿刚构桥。

(二)结构选择

结构形式，根据上述设计原则、结合结构建筑高度、工程造价、施工条件等因素，通过方案比较来确定的。

在上述两条高速公路中，跨线桥选择了：①钢筋混凝土四铰框架桥；②钢筋混凝土连续板桥；③预应力混凝土连续板桥；④预应力混凝土空心板桥；⑤钢筋混凝土连续刚构桥；⑥钢筋混凝土斜腿刚构桥；⑦板拱桥。

(三)建议

(1)跨线桥的设计应该标准化：我国现行公路设计规范对高等级公路和一般公路的路基横断面宽度和净空高度都做了规定，因此跨线桥的基本宽度和高度应该可以确定，跨线桥的全长应由车辆行驶视距来确定。所以，我国高速公路跨线桥，桥孔布置是确定的，可实现标准化设计。从设计和施工方便的角度和保证桥梁质量的角度，以“适用、经济、安全、美观”的原则，制成标准图，可大为降低高速公路上跨线桥的造价。

(2)对于一条具体的公路，除特殊桥位外，一般以建造一种形式的跨线桥为宜。

如采用多种形式的跨线桥，设计和施工均有不便，施工质量也难以保证。若采用一种形式的跨线桥，则施工单位只需准备一种施工机具，可以重复使用。此外，采用一种形式的跨线桥，行车条件也较优越，若采用太多结构形式，则驾驶员需不断做出判断，易于疲劳。

(3)跨线桥应保证一定的通透视野。

(4)跨线桥应注意美学效果。

五、辽宁省原沈大高速公路跨线桥方案选择

沈大高速公路是我国最早建成通车的高速公路之一，1990 年建成为四车道，2003 年又扩

建为八车道。其中的沈阳至鞍山段是在原来路基基础上改建的，经过辽沈平原的人口稠密地区，因而跨线桥相对多一些，一些主要做法和经验教训综述如下。

(一)结构特点及要求

跨线桥的使用目的不是跨河而是跨路，首先应着眼于跨线桥自身的特点。

(1)多为中小跨径，要求下部施工简单，上部预制安装方便，同时应考虑技术的先进性。

(2)须仔细调查路基下层电缆、输油管线等地下设施情况，布孔时基础须注意避开，否则变更设计，严重影响工期。

在城市跨线桥中也有类似情况发生，如图 5.2.7 所示。一条重要的地下管道，不宜改移位置，而跨线桥的平面线形位置也不能改动，造成位置重叠，采用 Γ 形桥墩解决了问题，同时也美观、协调。

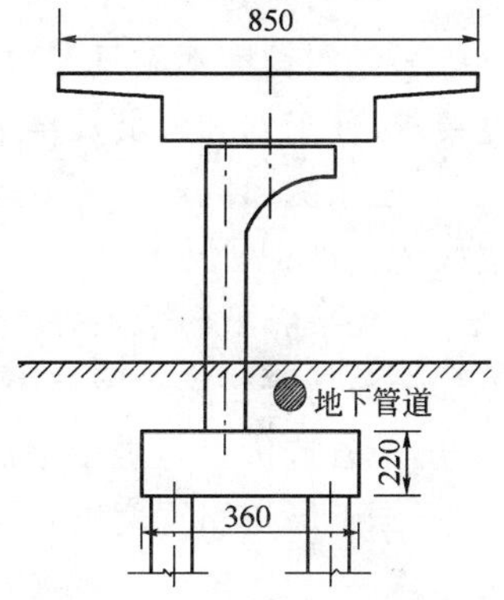

图 5.2.7　Ι 型墩的应用

(3)在由四车道扩建为八车道过程中，原来的绝大部分跨线桥都拆除重建，这是很不经济的，应该是一个教训。所以，初建时要充分考虑下层高速公路的发展规划问题，作好预留孔。

(4)用于农耕的村道上跨桥，顺原路跨越农民最满意。但沈大高速公路的教训是跨线桥的引道高路堤分隔了村内来往，遮挡阳光，老百姓很有意见。一般情况下，应根据村镇发展情况，在村屯一侧通过，如在村北和村西更合适一些，不遮光，还挡噪声。

(5)斜桥正修不适宜，给下穿线上的车辆以误导视线，有阻塞、压抑和紧张的感觉。对于一般的农村机耕路，可以适当改路，修建正交跨线天桥。

(6)应根据路基填挖形式选择桥型。对于挖方段，由于对混凝土墩柱表面的光滑要求，宜先开挖路基，后施工桩基以及墩柱，为节省施工工期，宜选择预制安装为主的上部结构，避免满堂支架现浇。填方段宜选择建筑高度小的上部结构，如无梁板等。

(7)应根据跨线桥规模大小，选择不同的上部结构。较长的跨线桥适宜于连续箱梁结构，较短而净高又不受限制的路堑跨线桥宜选择斜腿刚构、拱桥结构。

(8)基础的形式根据桥下地质情况，最好选择扩大基础、桩基础。后期增加的跨线桥，以尽可能少影响所跨越的道路行车，减少施工工期为原则。

(9)对于新建高速公路，应沿高速公路线位统一考虑跨线桥的结构形式。

(10)建筑学美观要求：

①上下部结构均衡适称，对中小跨径宜避免跨小墩高的形式。

②注意简支梁结构的跨中下挠问题。空心板由于预拱度设置而形成波浪，或由于长时间下挠，梁跨中部形成微小的鱼腹，都影响美观。

③上部结构建筑高尽量小，下部结构尽量轻盈、通透。

④人行道系、防撞墙应与结构主梁明显区分，尤其是防撞墙，最为关键的是将外侧做成与梁板的侧端面不在一个立面上，形成一个明显的分界线。否则会加重粗笨、压抑的感觉。另外，栏杆、防撞墙本身也要注意简单、美观、朴素。

⑤梁高应该与桥墩宽相搭配，墩厚与梁高之比在 1∶(1～1.2)之间为宜。否则会形成头重脚轻或头轻脚重的感觉。

⑥纵坡坡度要适中，平坡显得过于呆板，而过大的纵坡又不方便使用。

⑦为了增加透空感，孔数宜多不宜少，特别不要一孔或两孔桥。中央分隔带设墩时，宜设

4孔桥；中央分隔带不设墩，则3～5孔为宜。另外，边中跨径比采用0.6～0.7为宜。

⑧在5孔桥以下时，尽量采用锥坡桥台，增加通透感、平顺过渡。5孔桥以上时，才可以考虑直立式桥台。

⑨下部结构以墩薄、柱少为宜，不宜使用薄壁宽墩。墩身厚度宜尽量一致，否则给人以繁琐累赘感觉，连续梁结构应尽量取消盖梁，简支梁提倡隐形盖梁。

⑩防落物网要作好防锈处理，否则锈蚀雨水流到桥侧面，影响美观。

(二)总体布置

跨线桥在满足功能前提下，尽量考虑美观因素。跨越同一条公路的跨线桥的布置，宜形式多样，因地选型，不单调重复，又有鲜明风格，达到最和谐的效果。

1.桥长的选择

桥梁的长度不应只考虑跨越功能，还应考虑下层公路驾驶人员的视距、视野、视线诱导长度要求，便于驾驶人员及早了解前方道路概况，保证行车安全。另外，在寒冷地区，须考虑桥下积雪，阻塞交通问题。还要考虑将来下层公路的发展规划问题，沈大高速公路的改建扩宽是个很好的例子。

2.桥梁孔数的确定

上跨高速公路时因有中央分隔带，可考虑在中央分隔带设墩，以减小跨径，降低主梁建筑高度，节省造价。但对于钢筋混凝土连续箱梁桥，仍以中央分隔带不设墩的3孔桥为优。另外，根据下层道路宽度确定跨径时，一般情况下墩与路基边缘(路肩)的净宽度以大于路缘带宽度为宜。

3.交角

一般跨线桥应尽量正交，这样桥长最短，造价最合理。如不可避免要斜交，斜度不宜超过45°，否则应考虑斜桥正修。对大斜度桥梁且桥宽较窄时，应尽量做单圆柱墩，隐式盖梁，较宽时可采用双柱墩，并注意检查桥下的视野问题。

4.曲率

一般跨线桥宜尽量修直桥而简单跨越。在不可避免要修建弯桥时，转弯半径应尽可能大，并注意不要修成折线形，很不美观。

5.净高

净高要注意下层道路的维修加高问题，对于高速公路建议预留50cm加铺路面高度。同时，还要注意跨线桥的跨中下挠问题，留有余地。

6.竖曲线

跨线桥的竖曲线应尽量采用较大值，使竖曲线长度包含主全桥，延伸至土路基一段，这样从视觉角度观察，不会形成纵向折线。

7.主桥与引线

主桥与引桥的建筑梁高由于跨径不同而不一致，这时，宜尽量统一梁高，以保持一致。或者采取其他措施进行和谐过渡，尽量避免盖梁顶面设置错台，形成明显变化的梁高。

(三)结构形式

跨线桥结构形式在满足功能的前提下，还要综合整体协调、环境、美学、视距等因素，达到设计完美。

1.简支结构

有以下优点：

(1)结构简单,预制安装,施工时间短,特别适宜跨越已经建成的道路,因对其交通的干扰小,且桥孔底面形成一片平顺的板面,整洁美观,给下穿者以舒适的感觉。

(2)简支空心板结构,已经实现标准化,跨径 13m、16m、20m,设计快速。

(3)布置孔径简单,可根据地下管线灵活选用。

(4)适应性强,可适应于弯坡斜结构;

(5)跨径适当,建筑高度相对适中。

简支结构缺点是中央分隔带一般需要设置桥墩,影响桥下的通透度。

鉴于上述优点,简支板结构是目前最广泛采用的桥梁。

2. 现浇连续梁结构

目前也广泛采用,优点是:

(1)箱梁结构跨径可随意选择,适应性大,中央分隔带可不设桥墩,视野更加开阔。

(2)跨中弯矩与简支梁相比可减少 30%,相应的上部建筑高度可降低。

(3)梁身一般为变截面,下缘为弧线,造型美观,同时容易将跨中布置在竖曲线顶部,达到梁身上下缘协调,线形流畅,外观顺适,更增美感。

(4)上部连续行车条件良好。

缺点是:施工时一般需要满堂支架现浇,较为复杂困难。

3. 斜腿或直腿刚构

斜腿刚构桥主要用于挖方段,设计时要注意边中跨比例,边孔的透空性要大。直腿刚构桥既可用于挖方段,更多用于填方段,要注意直腿与上板刚接处的加强问题。

4. 拱式结构

适用于中等挖方路段,跨径宜大不宜小,这样才能开阔视野。为了增加透空感,不应使用实腹拱,而应采用透空性好的空腹式拱或刚架拱。

注意,如果拱脚过低会使边缘行车道有压抑感;而拱脚过高,又有空中楼阁似的悬空感觉。因此,拱式结构的采用必须与周围环境完美结合,才能起到赏心悦目的效果。

5. 下部结构

桥墩高度与桥孔长度之比——高跨比也适用黄金比的原则,一般以在 0.6～0.7 之间能给人以最舒适悦目的感觉。桥墩结构形式宜优先选用轻型桥墩,要注意盖梁长度不应突出板梁外部,否则给人以头重脚轻的感觉。斜桥采用柱式无盖梁单柱墩,或墩顶加圆帽型墩,圆顺适度,从不同角度看皆均匀不变。

跨线桥应避免不必要的附属物干扰结构的总体和谐,应达到任何构件都不能取消却又没必要增加的目的。同时,尽量作到线条单纯,简洁明快、构件轻盈、互相协调,与周围环境配合上乘,以取得良好的外观。

参考文献

[1] 广东省公路勘察设计院. 国道主干线广州绕城公路南环段初测、初勘外业验收汇报材料,2005,8.

[2] 张劲闻等. 开阳高速公路上跨天桥优化设计技术经济分析. 公路,2003,8.

[3] 万振江,李冀弘. 浅谈高等级公路跨线桥的桥型布置. 陕西省高等级公路论文集,1986～1993.

[4] 刘守良,黄姝. 公路跨线结构物. 东北公路,1996,3.

[5] 弗里茨·莱昂哈特著. 桥梁建筑艺术与造型. 北京:人民交通出版社,1988.

第六章　路线和路基

跨线桥是两条道路相交处的桥梁。一个优秀的跨线桥设计，除了两条相交道路须各自满足道路路线设计有关规范要求和桥梁须满足桥梁设计有关规范要求外，还必须互相照顾协调，以组合成一个行车安全顺适和技术先进可行而又造价经济合理的总体设计来。因此，跨线桥的设计不单纯是桥的问题，也是路的问题，尤其是路与桥、路与路之间的相互关系问题。本章即将讨论这些问题，并着重下述大家普遍关切的三个方面：路线有关问题，桥头跳车问题，软基处理。

第一节　路线有关问题

公路路线工程的技术要求，在路线设计规程中已有详细规定。本节结合跨线桥的特点和建设经验，着重叙述如下一些主要问题。

一、原则要求和基本规定

(一)选线和路线设计的一般原则

两条路线相交，可以分为两类情况：①已有一条旧线，新选线与旧线相交；②两条都是新线，相互相交。前者工作较易，所考虑的客观因素和交叉方案的比选范围较少，当新建一条高速公路与沿线已有各横向道路相交时就属于这种情况，后者则较难，两条新线皆须考虑多方面的因素，提出多个方案，综合比较，然后得出最有利的相交方案。

两条路线相交，不管是哪类情况都必须遵守如下的一般原则：

(1)合理利用地形，正确选用技术指标，对公路平、纵、横三个方面综合考虑，做到平面顺适、纵坡均衡、横面合理，同时也使跨线的桥梁布向便利，设计施工简易；

(2)确保跨线工程建成之后上跨道路和下穿道路都能行车疏畅，营运安全；

(3)当两条不同等级道路相交时在工程决策上应遵守次要服从主要的原则；

(4)在符合所有道路、桥梁的技术标准和质量要求之下，整个跨线桥工程包括路、桥在内总体造价经济合理；

(5)当与旧线相交时，应注意新线施工过程对旧线交通的干扰减至最小。

(二)跨线点的选定

跨线点即是两条相交道路的相交点，也即是跨线桥的桥位，应首先慎重选定。在与一些原有的重要道路的相交点应作为新线定线的控制点以求顺利交汇。跨线点选定应考虑：

(1)最好上、下两线皆在平坡、直线段交叉，这种情况下交叉工程最简单经济；

(2)丘陵地区上跨线宜利用地形地势在下穿线穿过山岗的路堑处跨线，最为便易经济；

(3)平原地区无路堑可资利用时，宜选择在下穿线路基标高最低处跨线。

(三)两线交叉的角度

最好上、下两线都相互正交，如必须斜交时，交角宜大于45°。斜交的缺点是：①跨线桥长度较正交增大 cscθ 倍，θ 为两线交角，当 $\theta=45°$ 时，即将增长 1.41 倍；②斜桥设计施工较难，造价较高；③车行通过斜交时会使驾驶员产生不正常感，有引发事故的潜在危险。

(四)桥下净空

桥下净宽度，亦即跨线桥孔的长度，必须跨过下穿线的路基和两侧边沟，再加两端适当长度，以确保视距通达。使高速通过车辆的驾驶员感到视野正常，不引起狭窄闭塞之感。桥下净高则根据下穿线的情况按规范确定，如表 6.1.1 所列。

跨线桥桥下净高要求 表 6.1.1

下穿线类别、等级	高速公路，一、二级公路	三、四级公路	乡村汽车道	机耕道	人行道
桥下净高(m)	5	4.5	≮3.2	≮2.7	2.5

注：跨越铁路的净高按铁路部门要求确定。

(五)桥头路基填土高度

平原地区两条路线路基高度一般都大体相近。当两线相交、一线要跨越另一线时，上跨线必须以纵坡提高路基到需要高度，越过下穿线后再以纵坡下降至正常高度，这个升降坡范围中部是跨线桥，两端是土路基。从经济上考虑，桥梁造价远比路基土方为高，因而跨线桥长度只要能满足有关跨线的技术要求，越短越好，但这时两头接线长度就越长，桥头路基就越高，也将带来弊害，主要是：

(1)高路堤将引起地基的大量沉陷，这种沉陷是缓慢发展的，将导致营运后期桥头跳车，路面裂损等病害。因此，桥头填土高度应按地基土质作出规定，如无调查资料，表 6.1.2 所列经验数据可供参考。

桥头路堤填土高度经验值 表 6.1.2

地 基 土 质	填 土 高 度
砂砾、山坡角砾	10m 或以上
沙、黏土沙	5～6m
沙黏土，黏土	2～4m
软土	1～2m，重要道路应作软土处理和压载试验

(2)城市道路高路堤弊病更大，除了占用城市街道珍贵的车行空间外，还形成道路闭塞、妨碍两侧居民来往，而且视野局促，严重影响城市景观。20 世纪 90 年代，吉林省长春市一座高架桥，为了压缩桥长，沿街道中部的路堤竟长达 300 余米，桥头路堤高度超过 9m，两侧建挡土墙，形成一条街中长城。辽宁省则连续修建了六座“土立交”，在繁重交通的六处十字路口交叉的两条街道中央修建路堤，把汽车交通引导到路堤上面通行，路堤交叉处用红绿灯控制，路堤下两边剩下的街道宽供行人和自行车通行，路堤下留几个孔洞供其转弯通过。这些“土立交”建成之后居民和驾驶员无不反对，外来旅客亦无不称奇，当时群众并给取了绰号，如“新加坡”(本来平路凭空改成坡道)、“土尔基(奇)”(又“土”又“奇”)等，以示讥讽。这六座“土立交”在通行几年之后至今已全部拆除了。

城市立交桥桥头路堤高度按经验以控制在 2～2.5m 以下为适宜。按这个高度，靠路堤的桥下高度在 1～1.5m(路基标高减去上部构造高度，粗略按 1.0m 计)。

(六)上跨线纵坡

平原地区两线相交，一般情况上跨线从原地升坡跨线，然后降坡回到原地，因而必须确定上跨线的合理纵坡。反之，如果一线原有路堤较高，另线拟下穿该线，则须确定下穿线的合理纵坡。采用纵坡的大小应视上跨线或下穿线本身的性质、等级等来确定。如采用纵坡较大，当然可以缩短上跨或下穿路线的长度，但须注意：

(1)跨线桥本身的长度基本是固定的，纵坡大小只能影响两头接线路基路面的长度，对整个跨线工程的总造价影响是比较小的。

(2)一条上跨或下穿线最少有一处多则两处纵坡变换，那里皆须设置竖曲线。坡差越大，竖曲线越长，如进入桥梁范围，将给桥梁设计施工带来不便，尤其在以曲线相互交叉的情况下。

(3)坡度越大，越不利于行车安全，尤其在冰雪地区。因此，除了个别立交工程的匝道在地形、地物限制的条件下，因布局困难，不得不采用较大(>4%)的纵坡外，一般跨线桥跨线最大纵坡建议参考表6.1.3所列数值。

跨线桥纵坡参考数值 表6.1.3

道路性质 \ 跨线情况		上跨(%)	下穿(%)
公路		3～4	1～2
城市道路	汽车	2～3	1～2
	考虑自行车、行人	1～2	0.5～1.5

二、一些具体问题

(一)在非平直线段交叉时注意事项

1. 如果在弯道上交叉

(1)当下穿线是弯道时：弯道内侧通过跨线桥的桥孔应适当加大以确保行车充足的视距，如图6.1.1a)所示。

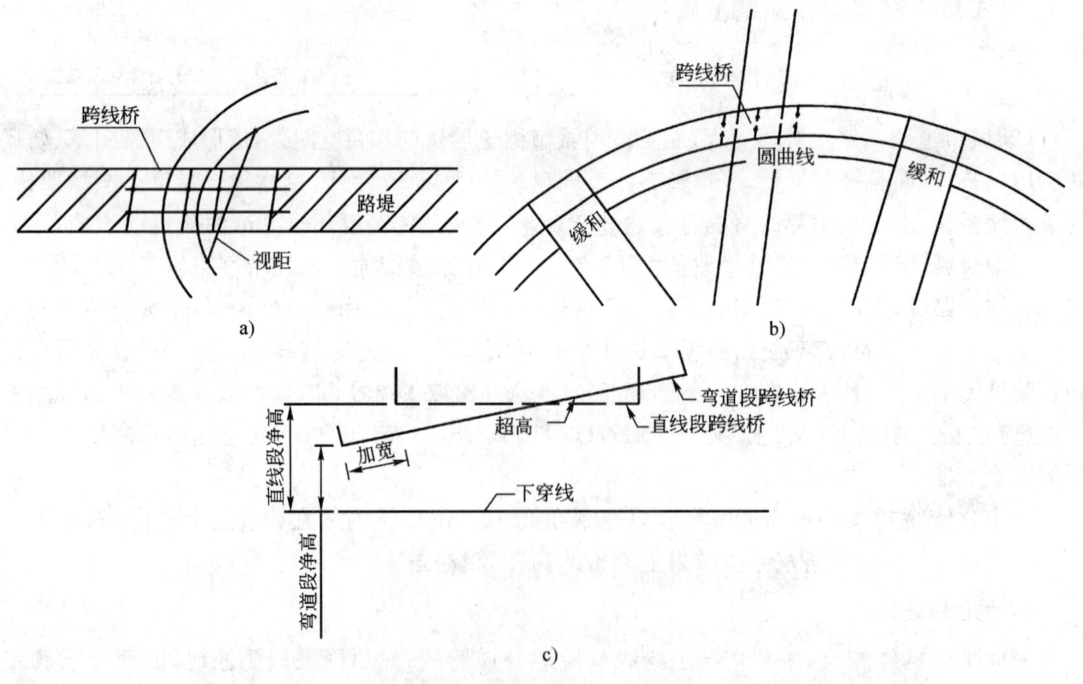

图6.1.1 在弯道上交叉

a)下穿线为弯道；b)上跨线为弯道；c)弯道加宽超高对净空的影响

(2)当上跨线是弯道时：弯道半径应尽可能放大，使跨线桥全长都落在弯道之内，具有同一超高和加宽值，以简化桥梁的设计和施工。如果一段桥落在了缓和曲线里面，那里各点的曲率、超高、加宽值都是变化的，会给桥梁设计施工带来很大困难，如图 6.1.1b)所示。

(3)桥下净空尤其净高应计入超高、加宽的影响，如图 6.1.1.c)所示。

2. 如果在坡道上交叉

(1)当下穿线是坡道时，上坡穿过跨线桥边缘 AA 处，桥下净高最低必须满足规范要求，如图 6.1.2a)所示。

(2)当上跨线是坡道时，下穿线与跨线桥下坡交会的边缘 BB 处桥下净高最小，必须满足规范要求，如图 6.1.2b)所示。

(3)当上跨、下穿两线皆是坡道时，上跨线跨线桥下坡侧和下穿线车道上坡侧相交点 C 桥下净高最小，必须满足规范要求，如图 6.1.2c)所示。

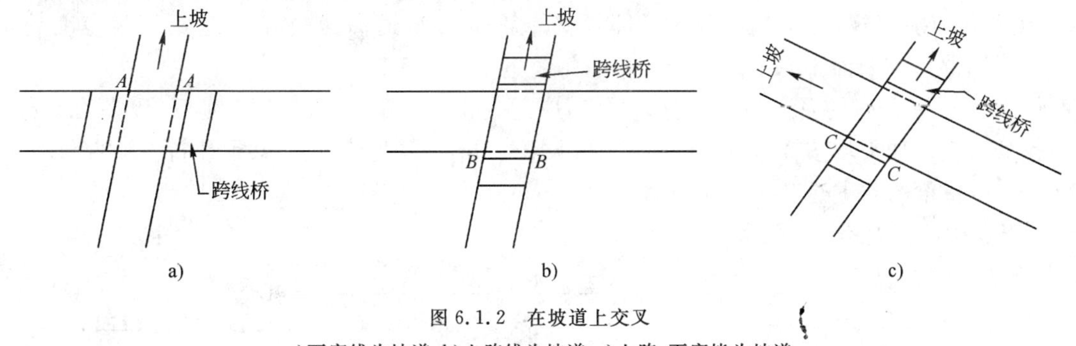

图 6.1.2 在坡道上交叉

a)下穿线为坡道；b)上跨线为坡道；c)上跨、下穿皆为坡道

(4)常见的情况是平原地区，上跨线从平地上坡跨过跨线桥后又下坡到平地，这时可以有两种处理方法：

①在跨线桥中点附近设变坡点，跨线桥处于上、下坡变换处的竖曲线之内，如图 6.1.3a)所示。此时跨线桥桥面纵线应符合竖曲线要求。

②在跨线桥两侧路基上设变坡点，使跨线桥水平跨越下线，竖曲线放在两端桥头路基土方内，如图 6.1.3b)所示。此时路基土方工程将略大，但桥体设计施工较易。

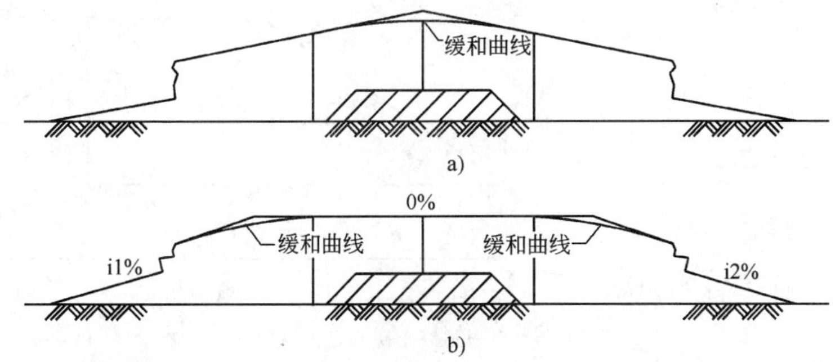

图 6.1.3 平原地区的跨线：先上坡、后下坡

a)变坡点在跨线桥中点附近；b)跨线桥水平跨线，两端路基上设变坡点

(二)谁上跨、谁下穿问题

当新建高速公路通过平原地区时，由于原地面上已经有多条各种等级汽车公路和乡村道路和人行道路存在，相互要发生多次交叉，就出现新建高速公路应当上跨为主或下穿为主的问

题，这是一个十分现实的技术经济比较问题。下面先从经济上作一粗略比较。

当高速公路上跨时，见图 6.1.4。

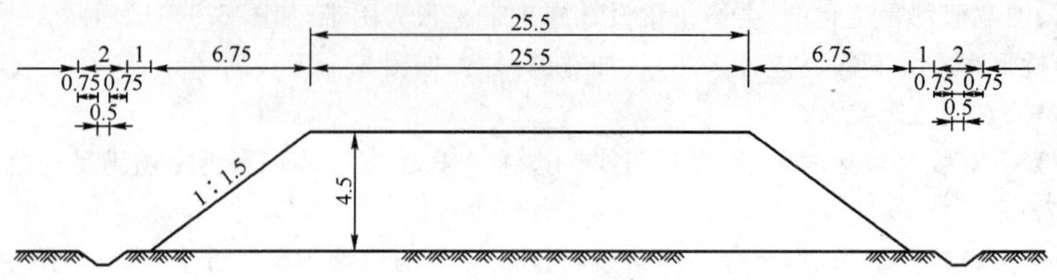

图 6.1.4　高速公路上跨线路基断面

(1)上跨线的基本高度应当确定在跨线为数众多的乡道水平上，即约 3.2m(桥下净高，高速公路不能频繁变换纵坡，故以最高控制)＋1(上部构造高)＋0.3(乡道路基高)＝4.5(m)左右，在遇到个别正规汽车公路时再局部提高。正常 4 车道高速公路路基宽按规范变化值 25.5m计，路基横断面 145.1m^2，底宽 39m，每公里填方 145 100m^3。

(2)每公里跨越的乡道和人行道如很多，应适当合并压缩，在人口稠密地区，以平均不超过 3～4 处为度。如平均按 3 道计，通道桥每道长 25.5m，平均宽 5m 计，共须建桥 3×25.5×5＝383(m^2)，桥梁的载重标准同高速公路。

当乡村道路上跨时，见图 6.1.5。

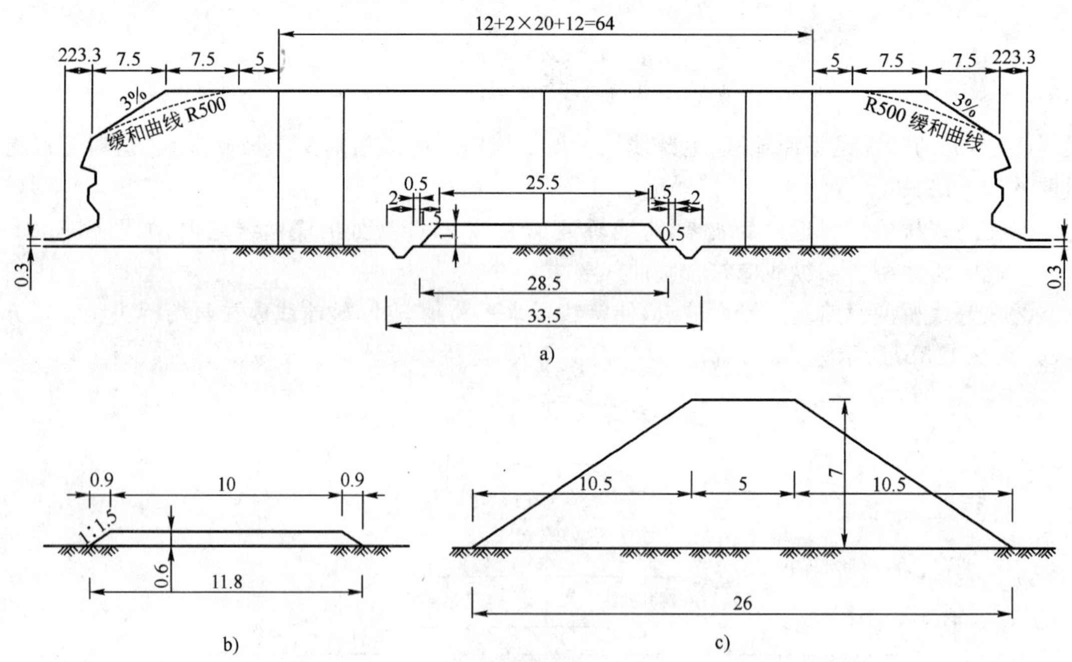

图 6.1.5　乡村道路上跨高速公路情况

a)纵断示意；b)乡道路基断面；c)跨线桥头路基断面

(1)设高速公路路基高 1m，跨线桥高度须 1(路基高)＋5(净高)＋1(上部构造高)＝7(m)，两端桥头平直线 5m，乡村道路路基高 0.3m，凸竖曲线半径取 500m，坡差(3－0)%＝3%的切线长 7.5m，3%上、下坡坡长$\frac{7-0.3}{0.03}$＝223.3(m)，每端桥头路线总长 223.3＋7.5＋5＝235.8m，路基顶宽按 5m 计，桥头处底宽 26m，地面处底宽 5.9m，可算得每端土方 13 385m^3，每桥 2 端，每公里 3 处，共土方 2×3×13 385＝80 310(m^3)。

(2)上跨高速公路的跨线桥按常见的 4 孔桥计，中间两孔 2×20m 空心板(高速公路中间带上设墩)跨越高速公路，两边各 1 孔 12m 考虑通透性、视距和设置锥坡，全长 64m，宽 5m，每公里共须建桥 3×64×5＝960(m^2)。

同样可以算出每公里只建两处跨线桥的情况，统一整理如表 6.1.4 所列。

平原区高速公路上跨或下穿的经济比较　　表 6.1.4

项　目	跨线桥数	每公里 3 道		2　道	
	工程量	土方(m^3/km)	桥梁(m^2/km)	土方(m^3/km)	桥梁(m^2/km)
① 高速公路上跨		145 100	383	145 100	255
② 乡道上跨		80 310	960	53 540	640
③ ①－②		64 790	577	91 560	385
④ 单价		10 元/m^3	2 000 元/m^2	10 元/m^3	2 000 元/m^2
⑤ 合价差		＋647 900	－1 154 000	＋915 600	－770 000
⑥ 总价差，高速公路上跨时		－506 100		＋145 600	

表 6.1.4 中，高速公路上跨乡道的桥，跨小、墩矮、活载较大，乡道上跨高速公路的桥，跨大、墩高、活载较小，两相平衡，取同一单价 2 000 元/m^2(参见第五章表 5.2.1)。至于土方单价则主要由运距决定，按表 6.1.4 计算情况，高速公路上跨，土方造价较多，乡道上跨，桥梁造价较多，姑且假定远运土方单价 10 元/m^3 时，由该表可见，每公里乡村道路跨线桥 3 道以上时，高速公路上跨造价较大，2 道以下时才较为经济。

再从技术方面比较；

(1)高速公路上跨时视野开阔，景观良好，行车顺畅，驾驶员能保持从容舒适心态，能充分发挥高速公路运营效率。

(2)高速公路下穿时则较差，占地较多，按上述 4 车道路基底宽 39m 计算，加两侧边沟占地 2×3.5＝7(m)，共 46m，每公里净占地 69 市亩。

(3)乡道上跨时须爬 7m 高的坡道，改变了一般乡道顺地面走的习惯，给附近居民带来不便。如通过居住区，还发生过居民提出高路堤妨碍出行和阻挡阳光(尤其在北方)的埋怨。

按以上简略分析，在人口密集的路段，如城镇附近，原有通行道路甚多，每公里超过 3 处时，新建高速公路应以上跨较为经济合理；而在人口稀薄的乡野路段，每公里原有乡道在两处以下，则以乡道上跨较为合理。美国的高速公路亦多采用上跨的方案。

方案比选当然还须考虑其他一些因素，各地情况是变化多端的。如沪宁高速公路常州段，有两处与原有道路相交，初步设计考虑降低主线高度，采用原有道路上跨方案，结果不但严重破坏了原有地方道路体系，而且造成原有道路工程造价大幅度增加，后来在施工图设计中改为高速公路上跨，原有道路下穿，效果较好，地方、群众满意，且工程总造价比初步设计有所降低。但在辽宁的沈大高速公路开始修建时，先建沈阳—鞍山段约 100km，那里已有伪满 1944 年建成的宽 24m 的老路基，解放后即已利用其半幅作正规公路已三十余年，其路基高距地面只约 1m 左右，这一段人烟稠密，沿线交叉乡道甚多，但为充分利用老路基，快速建成该段高速公路，虽然当时聘请的美籍顾问建议高速公路上跨，但最终仍然决定原则上不动采用老路基，乡道上跨的方案。

(三)上跨线下面的横向排水通道应力求减少

一般每公里上跨线下面的横向排水通道不宜超过 3～4 处。原有排水通道过多时，应尽可能相互合并，或者引入通道桥下排出，如图 6.1.6 所示。排水断面大小视原来沟渠流量而定，靠通道路面一侧边坡最好用 1：1 斜坡，并设护栏柱，防止通道上车辆跌落渠中，另侧边坡可设垂直，以减缩通道桥跨径。边坡应以浆砌片石铺砌。

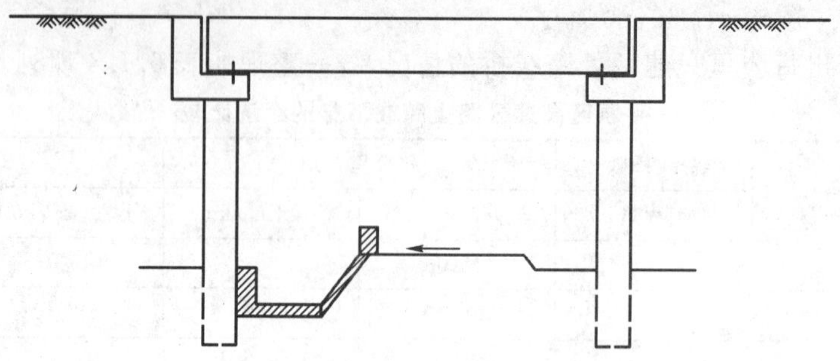

图 6.1.6　横向排水引入通道桥下排出

当横向排水通道甚密时，由于排水通道上面填土高度较小，一般路段填土高度较大，沉陷量不一，新线建成之后曾有路线纵面出现波浪形，称此为波浪效应，应引起注意，见图 6.1.7。

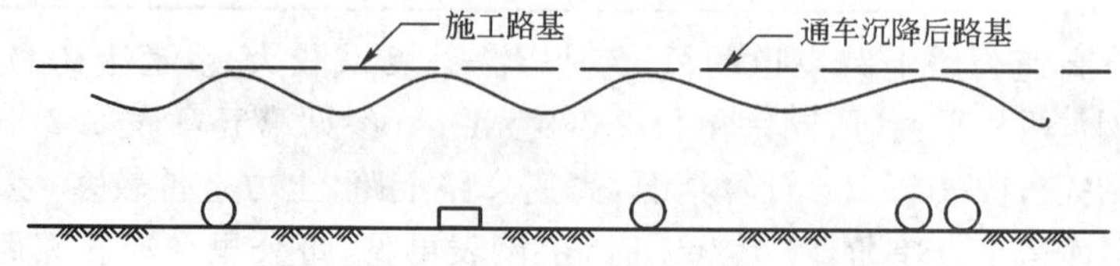

图 6.1.7　过密的横向排水通道引起路基的波浪效应

在横向排水沟渠较大或地形限制不易改道的地方，也可把附近的通道桥合并到排水渠这边来。

(四)力求降低跨线桥主梁高度

跨线桥主梁高度越大，上跨线爬坡就越高，坡长越长，不但加长引道长度，而且由于桥头填土高度的限制，还会增加桥梁长度，因此应当力求降低跨线桥主梁高度，以节约工程造价，其意义和力求寻找下穿线的路基最低点处跨越完全一样。互通式立交多层跨线桥降低主梁高度的意义尤为重大。

跨线桥跨度在 20m 及以下时，空心板是较常采用的桥型，其梁高为 90cm，对比跨径来说尚非最小，但因预制安装方便快速，是可以接受的。常见的跨越 4 车道高速公路的典型 4 孔式桥(参见图 1.2.1)就多采用空心板。

为了使跨线桥下有更好的透视度，在下穿的高速公路的中间带上常常不设墩，4 孔桥就变成 3 孔，中孔跨径 40m，此时合理的桥型是连续梁或 T 形刚构，梁高跨中只有 0.6m 左右，墩顶处可达 2.0m。如连续梁下缘采用二次抛物线，以跨中主梁顶面为原点的方程式为

$$y = ax^2 + bx + c \tag{6.1.1}$$

车道净空顶角处有抹斜，其尺寸对高速公路为 1×1m，如图 6.1.8 所示，选择跨中、顶角抹斜点，墩顶三点为控制点，有：

跨中	$x=0$	$y=0.6$
顶角抹斜中点	$x=11.75$	$y=0.6+\Delta-0.1$(余高)$=0.5+\Delta$
墩顶(边缘)	$x=19.60$	$y=4.0$

式中：Δ——跨中净高余高。

将各值代入式(6.1.1)得三个联立方程式,可解出 a、b、c 之值,即得出

$$a=-0.01084(\Delta-0.1)+0.02210$$

$$b=-0.25965+0.21249(\Delta-0.1)$$

$$c=0.6$$

如果跨中余高取 $\Delta=0.4$m,即连同主梁高控制在 1.0m,则

$$a=0.01885 \qquad b=-0.19590 \qquad c=0.6$$

主梁下缘曲线为

$$y=0.01885x^2-0.19590x+0.6$$

由于具有曲线下缘,造型美观,跨径虽增大,但梁高甚小,加余高亦可控制在 1.0m 以内,因此连续梁为常选方案。

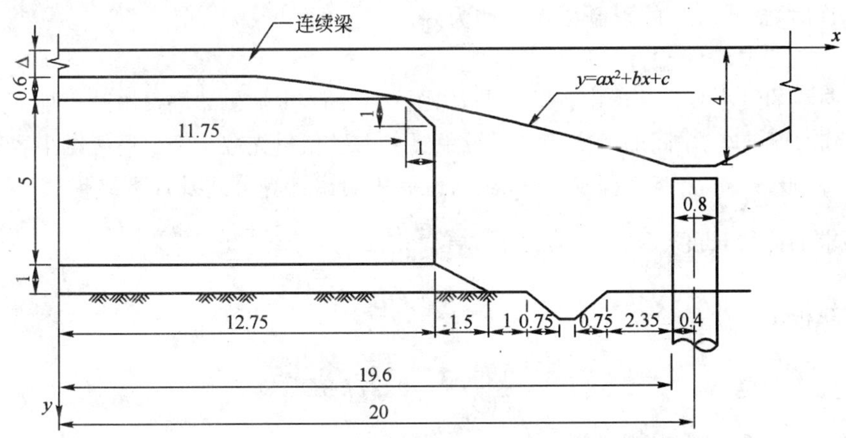

图 6.1.8　连续梁变截面梁身的桥下净空

由于可以利用车道净空顶角得抹斜,斜腿刚构和拱式体系亦为常选方案。

当中孔跨径接近 100m 或以上时,斜拉桥是值得考虑的方案,因其梁高可控制在跨径的 1/100以内,而且具有宏伟别致的景观。

互通式立交跨线桥常常设在竖曲线上,桥下净高受坡差、竖曲线半径、外矩等影响,一时很难精确确定,初步设计时一般习惯把变坡点选高一点,上、下坡坡度大一点,以确保桥下净空充足,容易通过。技术设计出来之后,往往还剩下很大的余高,即富余太多,在审查设计过程才发现,要求修改,费时费力。因此,在技术设计过程中,设计者即应自行优化,精心设计,避免浪费财力。

(五)分期修建问题

立交跨线工程,牵涉两条路线,一旦建成,改变路宽、桥宽等标准十分困难,因此设计之初即应考虑后期发展,预留余地,使以后提高标准扩建时原来工程可以尽量利用,不致毁弃。国内在这方面的经验教训已屡有所见。20 世纪 80 年代,江西省修建南昌—九江高速公路,当时限于财力,只建半幅,立交和跨线桥都按半幅修建,过不几年,改建全幅,全部的半幅立交和一些跨线桥都拆除重建。1983～1989 年,辽宁修建沈阳—大连高速公路 4 车道,全长近 400km,建成后只过了 11 年,省政府又提出要扩建为 8 车道,全线立交和桥梁都须拆除和改建,浪费资金数以亿计。

(六)路线纵断面质量

两线相交,一线上跨,必然要出现纵坡和竖曲线等。路线规范对路线纵断面诸要素,如纵

坡、坡长、竖曲线半径、长度等都作出了明确的规定，本章第一节中也作了一些阐述和补充。设计时应结合地形、地物综合考虑，既不应一味采用高指标标准，不必要的多耗投资，也不宜采用过低指标，以致降低路线质量。尤其当高速公路上跨时，由于行车速度快，要求更高的安全和舒适度，对平、纵线形的要求更为严格。这里根据实际经验，提出一些意见和建议。

1. 纵坡坡长

路线纵坡以平缓均匀、较长为好，以免反复起伏上下，驾驶员频繁换挡。但长坡难于满足跨线桥和通道桥等的要求，因而不得不减短。规范规定的最小坡长为 300m，这只是高速公路车行速度 120km/h 行驶 3s 的距离，使驾驶员感觉变坡频繁，而且高速公路上驾驶员目光一般都集中在前方 300～600m 范围内，300m 即变坡，会使驾驶员感觉纵向线形反复凸凹，易致事故。沪宁高速公路控制最小坡长 400m，设计纵断面经驾驶员透视图检验效果良好，且土、石方数也增加不大。

条件允许时，最小坡长的限制更大一些为好。

2. 竖曲线最小半径

凸形竖曲线的最小半径基本由视距控制，如图 6.1.9a)，上坡侧驾驶员眼睛离地面高 H 处能越过坡顶看到对面前车，中间的距离要满足视距要求。H 值早先取 1.2m，后考虑小客车量大，改为 1.0m。JTJ 001—97《公路工程技术标准》的说明中给出计算公式及计算结果表，公式为：

视距要求的曲线长度
$$L=\frac{D^2\Delta}{360} \tag{6.1.2}$$

凸竖曲线极限最小半径
$$R_{凸}=\frac{100L}{\Delta} \tag{6.1.3}$$

将上式代入即得
$$R_{凸}=\frac{100}{360}D^2=0.2778D^2 \tag{6.1.4}$$

式中：D——要求视距以停车视距计；

Δ——坡度差，%。

高速公路车速取 120km/h，停车视距 200m，算得 $R_{凸}=11\ 000$m，一般公路车速取 80km/h，停车视距 105m，算得 $R_{凸}=3\ 000$m。

凹形竖曲线视距基本无问题，最小半径主要由车辆行驶时引起的离心力对车辆承重弹簧钢板引起的附加冲击力控制。离心力 $F=M\frac{v^2}{R}$，M 为车体质量，v 为行驶速度，R 为竖曲线半径，当 M、v 越大而 R 越小时，F 越大。为缓冲这个冲击力，须对竖曲线最小半径加以控制，规范给出的凹形竖曲线最小半径，高速公路为 4 000m，一般公路为 2 000m。

上述规范所给最小值皆为极限值，为了行车安全和舒适，应尽量避免采用，而宜采用较大 1.5～2.0 倍之值，即规范规定的一般值。

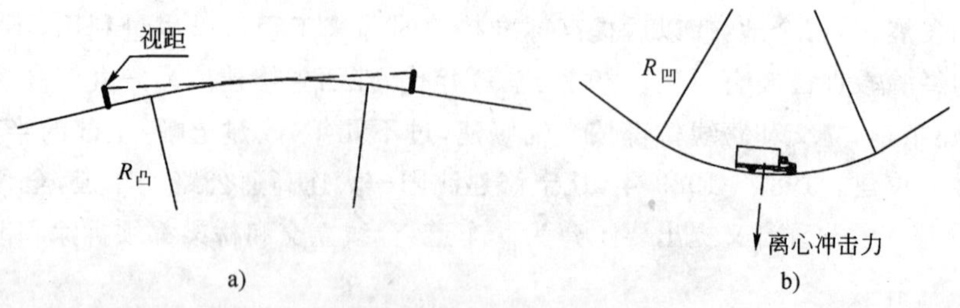

图 6.1.9　竖曲线最小半径控制

a)凸形竖曲线—视距；b)凹形竖曲线—离心力引起的冲击力

3. 竖曲线最小长度(图 6.1.10)

为确保行车舒适,竖曲线不宜过短,尤其当坡度差 Δ 甚小时,由式 6.1.2 算出的长度很短,给行车者以突然变坡的感觉。根据驾驶经验,竖曲线最小长度以控制车行 3s 的距离为适宜,对时速 120km/h 的高速公路,即 100m。

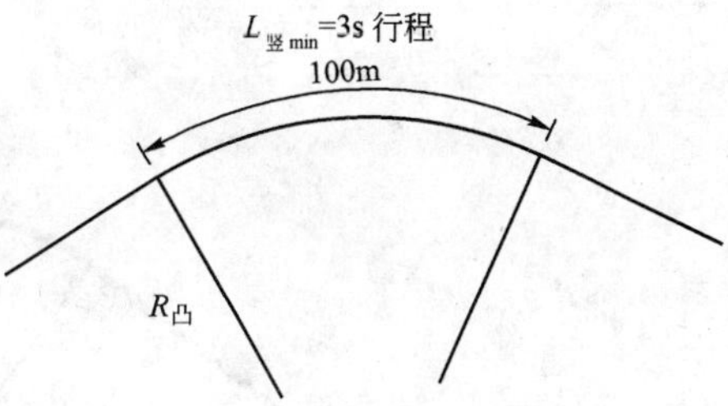

$L_{竖\min}$=3s 行程 100m

$R_{凸}$

图 6.1.10　竖曲线最短长度

4. 两竖曲线间的直坡段长度

路线规范规定:同向竖曲线,特别是凹曲线间直坡段不长,应合并为单曲线或复曲线,避免出现断臂曲线。如图 6.1.11a)所示。同向凹竖曲线直坡段应当多长为宜,并无明确规定,也难于从理论上推算。参照同向平曲线间直线段长度应不小于 V(行车时速 km/h)的规定,并为避免布设困难,沪宁高速公路采用 $4V$ 的规定(对高速公路相当于 480m),从驾驶员透视图检验,效果良好。

对反向竖曲线之间的直坡段长度,路基规范对一般公路有不小于 3s 行程的规定,对高速公路应为 100m。当<100m 时,应予改善,可适当缩小竖曲线半径,或采用较大竖曲线半径,使两竖曲线径相连接,形成顺滑曲线,视觉效果更为流畅,但此时应检验控制标高等方面是否满足,图 6.1.11b)。

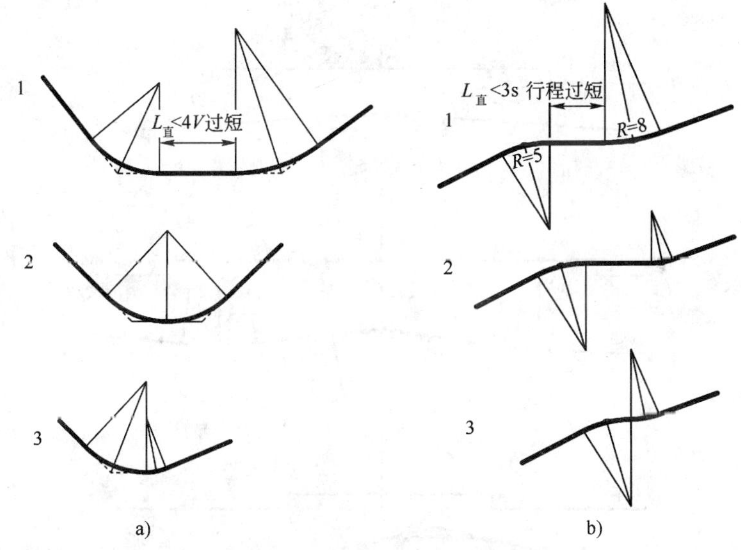

图 6.1.11　两竖曲线间直坡段过短的改善

a)同向竖曲线:1-过短;2-改单曲线;3-改复曲线;b)反向竖曲线:1-过短;2-缩短竖曲线;3-两竖曲线相连

5. 纵坡变坡点的位置

变坡点处有竖曲线,如果又和直线、平曲线、缓和曲线相互间的变点重复,将使线形扭曲,不能引导视线,行车危险,而且施工困难,故应力求纵向变坡点勿与平面曲线、缓和曲线、直线之间的变点以及反向曲线的拐点相重复,如图 6.1.12 所示。

6. 竖曲线与平曲线的相互协调和组合

公路线形首先应当与当地环境相协调,重视环保,注意景观。在路线本身,更须使纵面线形与平面线形相协调,以求视觉连续均衡,车行安全舒适,减少设计尤其是施工的困难,为此应注意以下诸点,见图 6.1.13。

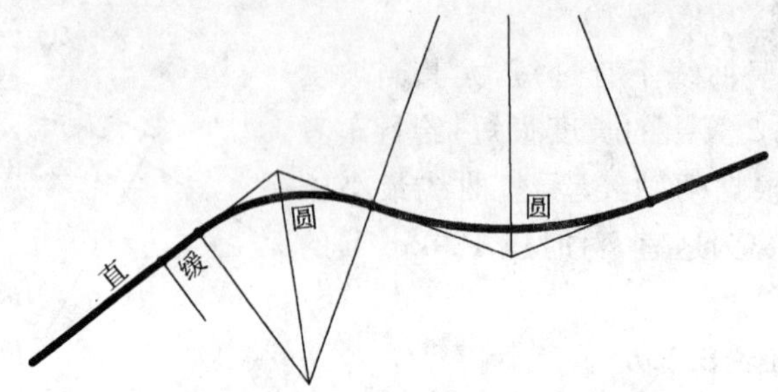

图 6.1.12　纵断变坡点不宜位置——平面曲线线形变化点

(1)理想的情况是竖曲线与平曲线一一对应,竖曲线变坡点位于平曲线的中点,如图 6.1.13a)。

(2)平原微丘地区高速公路平曲线通常半径很大,长度很长,一般是 1～2km,甚至 6～7km。这样长的路线范围内总会有几个纵坡变换点。实践证明,纵坡甚缓时,纵面多次起伏并不影响驾驶员视觉的连续性,因此一个长平曲线内包含多个竖曲线是可以的,一般视平曲线长度以 3～5 个为宜。沪宁高速公路丹阳段一个长 6.075km 的平曲线包含了 5 个竖曲线,经驾驶员透视图检验,纵面线形无反复凹凸之感,视觉良好,如图 6.1.13b)所示。

注意最外的竖曲线不要伸出平曲线之外,越过平曲线与直线变化点,插进到直线段里去,如图 6.1.13c)。

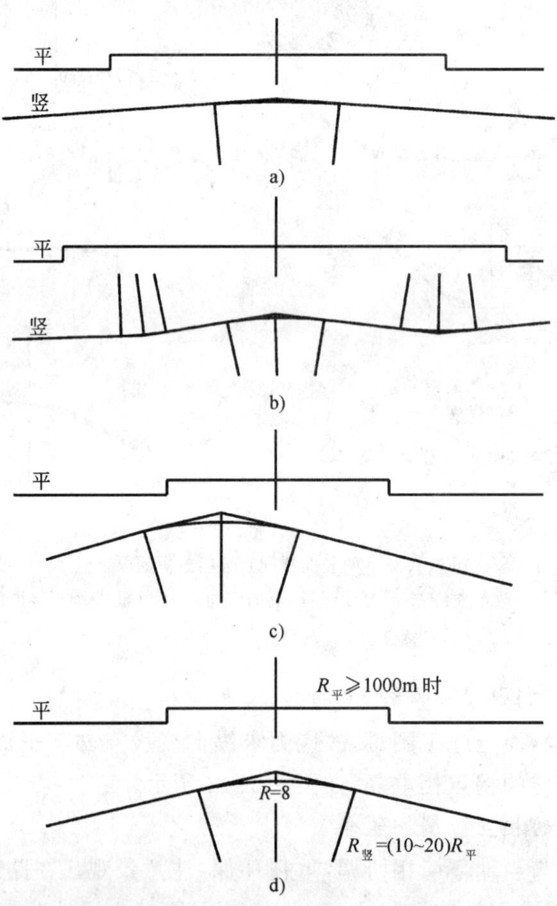

图 6.1.13　纵面线形和平面线形的协调组合

(3)竖曲线半径与平曲线半径应相互均衡，按照经验，当平曲线半径 $R_{平} \leqslant 1\,000m$ 时，以 $R_{竖} = (10 \sim 20) R_{平}$ 为适宜，$R_{平} > 1\,000m$ 时，$R_{竖}$ 还宜增大，如图 6.1.13d)。如图 6.1.14 所示为短小竖曲线与大半径平曲线组合时的驾驶员透视图检验情况，驾驶员眼中前方的线形显得扭曲不顺适。

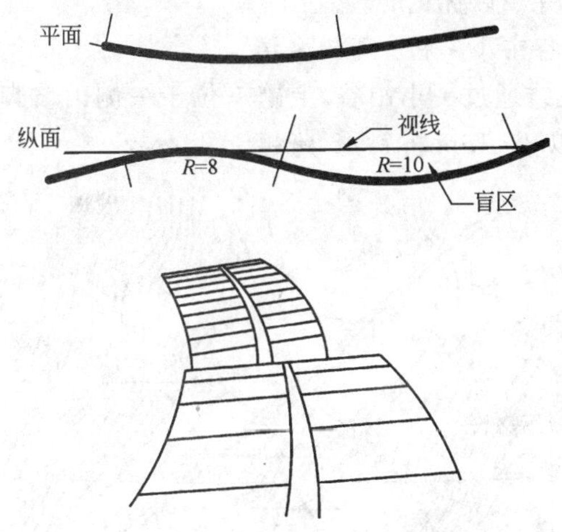

图 6.1.14　小竖曲线与大半径平曲线组合的透视图检验

当纵坡甚陡时，如果平曲线半径很大并接近直线，就会使驾驶员只能看见眼前和远处，而看不见中间凹下部分，因而产生颠簸、踌躇和不安全感，透视图检验如图 6.1.15，应当避免。

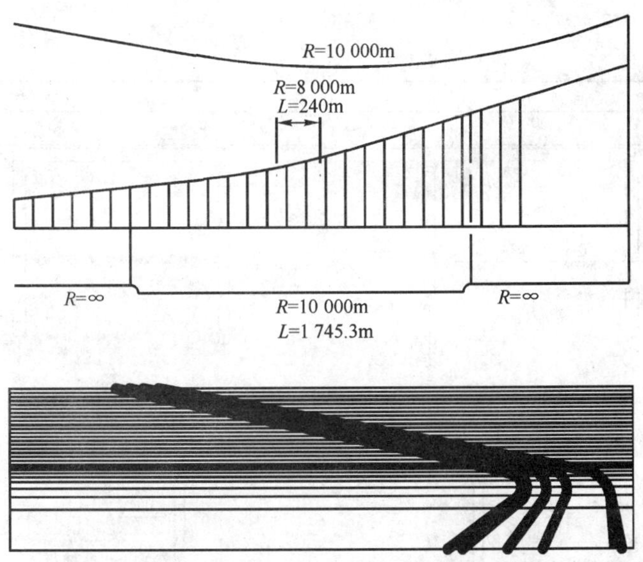

图 6.1.15　陡坡、小竖曲线、大直径平曲线情况下的视线盲区

当同一平曲线包含几个竖曲线时，各竖曲线之间的半径及长度也应相互均衡，避免突大突小。

(4)严禁陡坡急弯组合

陡的上坡到坡顶凸竖曲线处如连接小半径弯道，驾驶员将因看不到前面线形，临到时才急转转向盘，会引发事故。陡的下坡则问题更严重，驾驶员高速下驶到尽头凹竖曲线处突转小弯，常导致冲出路外或翻车，因此必须禁止采用这种组合。

三、跨线桥设计优化实例

下面诸例取材于广东省某高速公路施工图设计的复查咨询意见书，这些意见本来应该在技术设计阶段就审查提出并予以优化的。

实例一　主线上跨山谷中小溪和一等外乡道

如图 6.1.16a)、b)，主线通过一小山谷，上跨一位于一侧山坡脚的地方道路，将地方道路改线靠近谷中小溪，主线以 3×16m 桥斜 45°跨越。

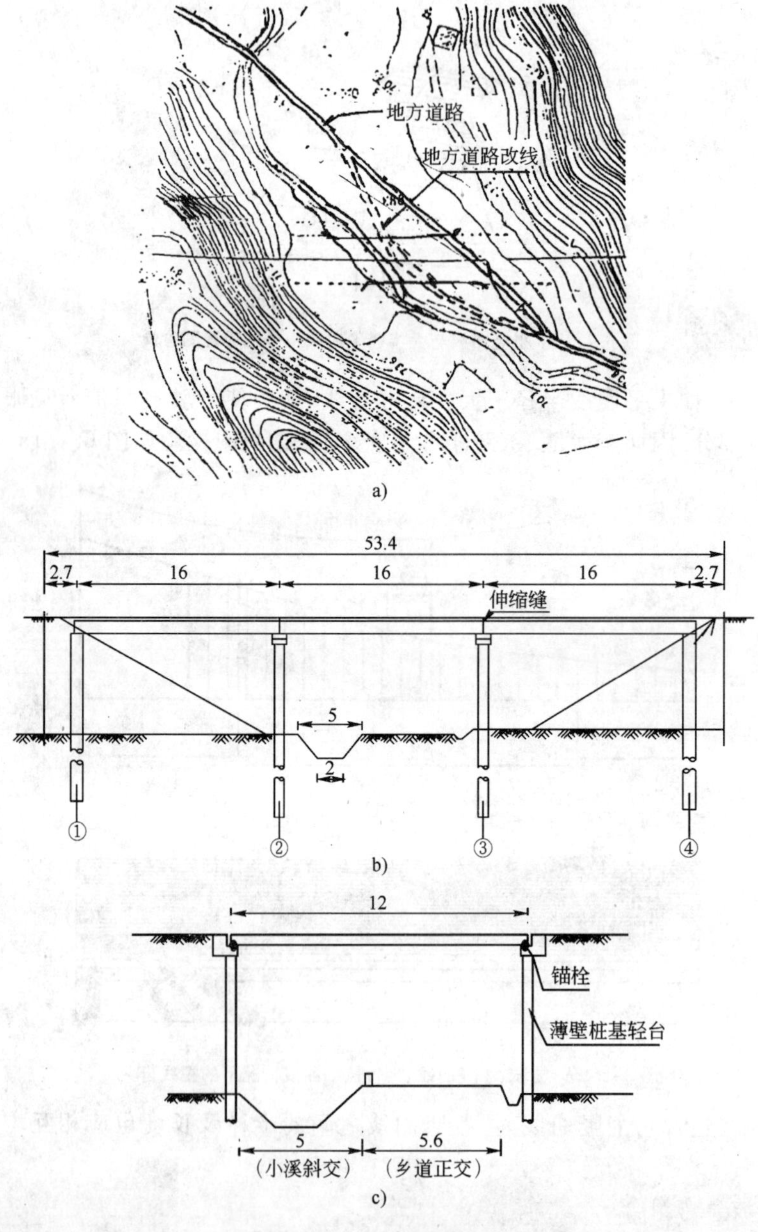

图 6.1.16　跨线桥设计实例一

a)平面图；b)原设计跨线桥方案；c)优化方案

优化意见：

(1)将地方道路和小溪靠拢从同一跨线桥下通过是合理的。由图可见，被交道斜宽8m，正宽$8/\sqrt{2}=5.6$m，小溪上口斜宽5m，正宽$5/\sqrt{2}=3.5$m。为跨越5.6m+3.5m=9.1m净宽的地面建筑要建3×14m跨线桥太不经济。

(2)地方道路宽5.6m，仅为一等外乡道，既然改线，由于谷底地势平坦，就应改为与主线正交，如维持原小溪斜交不动，则桥下净宽5+5.6=10.6m，改为单孔12m跨桩基轻型桥台小桥即可满足要求，两边孔只是为了布置锥坡，可以取消，这样可节省桥梁造价75%。

(3)小溪地势平坦，改正也不困难，如改正，则桥下净宽3.5+5.6=9.1m，单孔10m小桥即可满足。

(4)如仍按原设计，道路、小溪皆斜交，跨越净宽5+8=13m，单孔14m轻台小桥可以满足，两侧边孔取消。

考虑到：①正交通道行车安全；②山谷小溪多年自然形成，且改正后收益不大，故推荐(2)条所提方案，见图6.1.6c)。

(5)原设计桩基穿过0.45m亚砂土表层后深入山坡角砾，风化岩层达18m，过深。优化方案后应同时压缩桩长。

实例二 互通立交A

本互通立交为主线与国道相交，主线高速公路用A喇叭，次线国道用B喇叭，方案合理。

优化意见：

(1)跨主线的AC匝道，跨线桥长达12孔246m，如图6.1.17a)。由图可见，跨线桥面最高点标高12.881m，地面高1.61m，桥高12.881−1.61=11.271(m)。跨线处主线标高6.019m，上部构造高以1m计，桥下净高12.881−6.019−1=5.862(m)，净高略有富余，但关键仍是主线路基过高，达6.019−1.61=4.409(m)。

在如此高的主线路基高度下，就应考虑匝道下穿主线的方案。只要将主线再提高1.6m达到路基6m高左右，匝道就可下穿，穿过主线只需2×(16～20m)的桥即可，能节省200m左右的桥长，更经济。

如果必须匝道上跨，则在确定主线纵坡时就应在预定跨线点附近尽量压低主线路基高度，从平面图看，K126+598.5处有一座1～16m通道桥控制主线标高，该点距跨线点尚有300m，如过该点将主线纵坡下降1%，则在跨线点处的跨路基高度将可下降2.5m左右，使主线路基高降至4.409−2.5=2(m)左右，则跨线桥两端总计可缩短$\frac{2.0}{4\%}+\frac{2.0}{3.459\%}=110$(m)左右。与此同时，主线路基土方与有关匝道路基土方，收费站广场土方皆得以大量降低。还须指出，本立交桥设计匝道路基高一般都在4m以上，也是偏高的，如能降低将可节省大量投资。

由于这个改善会有很大的经济效益，建议设计对此进一步优化。

(2)匝道FF，凸形竖曲线半径只为600m，见图6.1.17b)；匝道AG，凸形竖曲线半径只为1 000m，见图6.1.17c)。

两者皆偏小，应当改善，以保行车安全。EF凸形竖曲线半径加大后还可节省大量土方，AG匝道桥下净高15.515−7.160−1(上部构造)=7.355(m)，改善竖曲线半径是大有余地的。

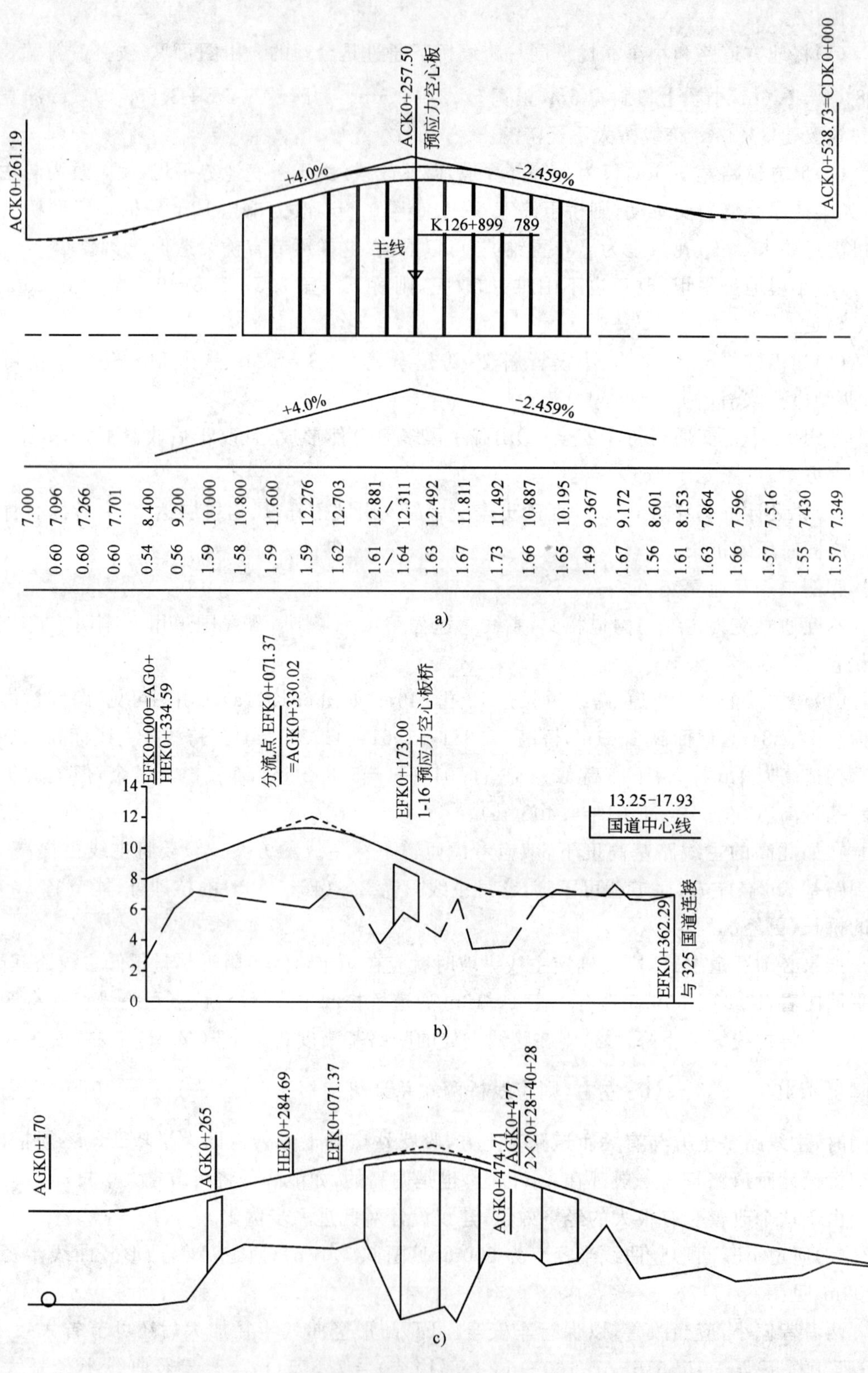

7.000	7.096	7.266	7.701	8.400	9.200	10.000	10.800	11.600	12.276	12.703	12.881	12.311	12.492	11.811	11.492	10.887	10.195	9.367	9.172	8.601	8.153	7.864	7.596	7.516	7.430	7.349
	0.60	0.60	0.60	0.54	0.56	1.59	1.58	1.59	1.59	1.62	1.61	1.64	1.63	1.67	1.73	1.66	1.65	1.49	1.67	1.56	1.61	1.63	1.66	1.57	1.55	1.57

a)

b)

c)

图 6.1.17

a)跨主线的 AC 匝道纵断；b)匝道 EF 纵断面；c)匝道 AG 纵断面

实例三 高速公路主线上跨某国道

主线跨线桥分为左右两幅，斜 20°，主跨用 40m 箱梁桥跨越，两边配 28m 孔，成三孔连续箱梁桥，然后为引桥，左侧 12 孔 20m，右侧 15 孔 20m，形成 12×20＋28＋40＋28＋15×20＝636m 特大桥。平面见图 6.1.18，侧视见图 6.1.19a)、b)和 c)，其中图 6.1.19a)示左端数孔侧视图，图 6.1.19b)示中部跨线三孔连续箱梁侧视和平面图，图 6.1.19c)示右端数孔侧视图。

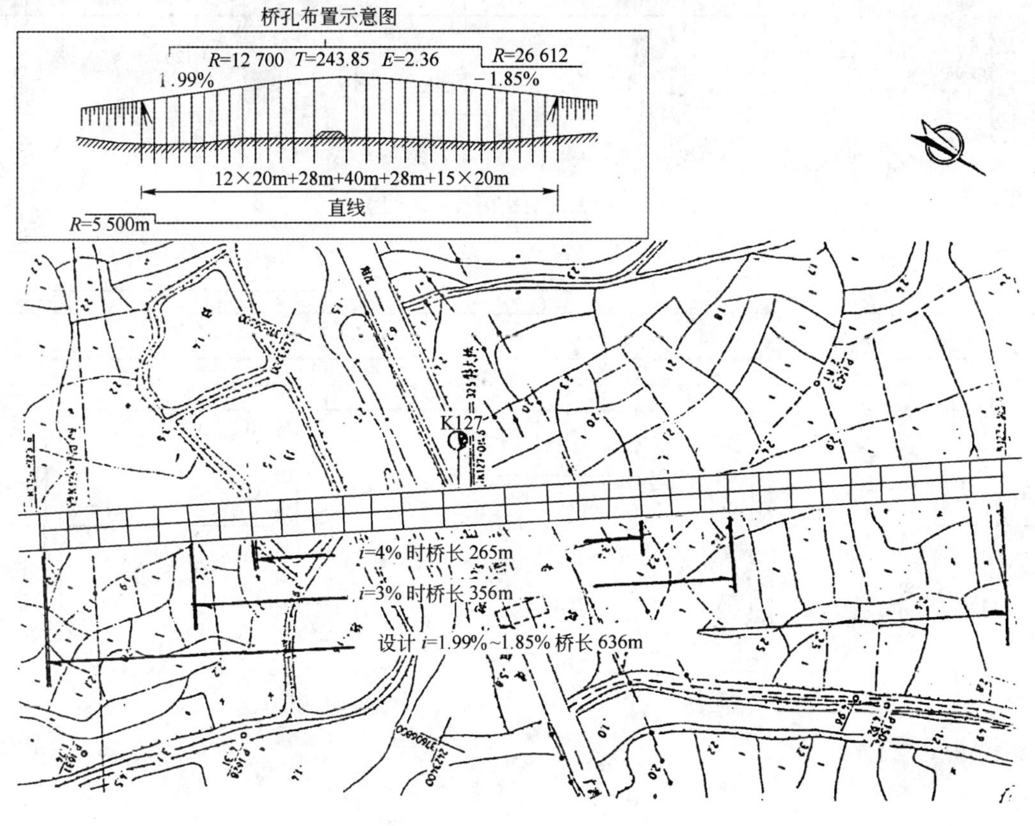

图 6.1.18 主线跨线桥平面图

(1)本桥桥长达 634m，造价将超过 5 000 万元，而实际上有效利用的只是中部跨线的一孔 40m。如何尽量压缩桥长桥高，节省投资，是首要须考虑的。

从图 6.1.19b)看，跨线处 325 国道路面标高 6.184m，旁边地面标高 1.804m，则路基高 6.184－1.804＝4.38(m)，下线路基已经这样高，则上线桥高势必在 4.38＋5＋1＝10.38(m)以上，因而引桥必须很长，这是桥长很大的根本原因。在下线路基已达 4.38m 的情况下，就应首先考虑提高下线 2～3m，使主线下穿的比较方案。这时下穿桥长不超过 30m，而下线土方和路面工程量所费不大，节约当在数千万元以上。当地地质条件极好，从跨线点附近的钻孔可知，地面上层主要为粗沙，以下即为风化花岗岩，这为路线下穿提供了很好的地质条件。

(2)如果必须上跨，则跨线孔的做法首先须进行比较。下线路基宽度设计未说明，由图 6.1.19b)的纵断图上量得为 20m，而平面图上量得为斜长 26.8m，正长 25.2m。由于采用正桥，因而用 40m 跨的箱量，为此两边又各配 28m 孔成三跨连续梁，总长 96m，就地浇制，造价是比较高的，而且施工复杂。改进方案是改为一孔 30m 装配式 T 梁斜桥跨越，两边各配一小孔异形板调为正交，以使其余引桥皆为正桥，如图 6.1.20 所示。这样将经济得多，施工简易得多。

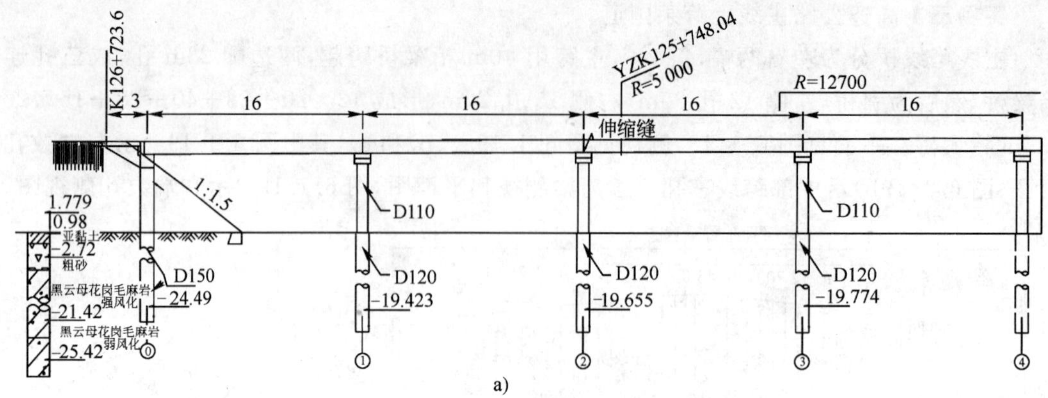

a)

立面图（防撞墙及挡块未示出）

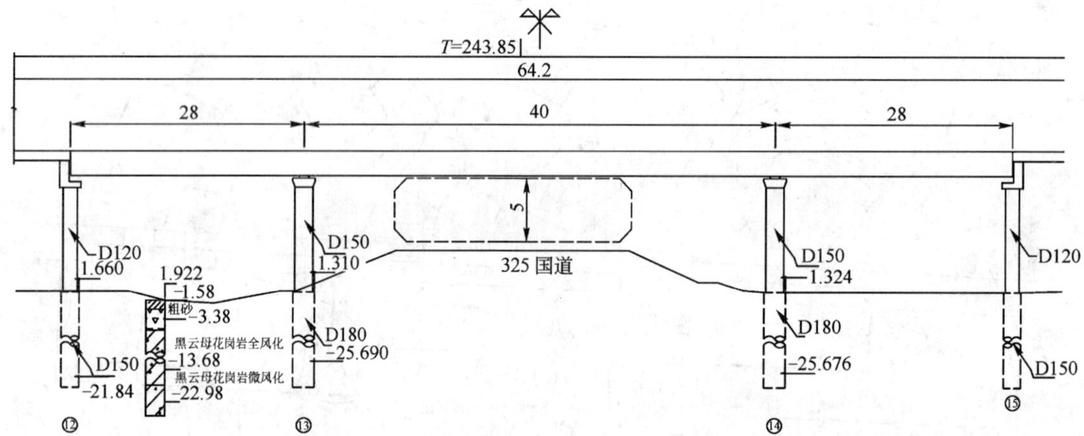

平面图（防撞墙及挡块未示出）

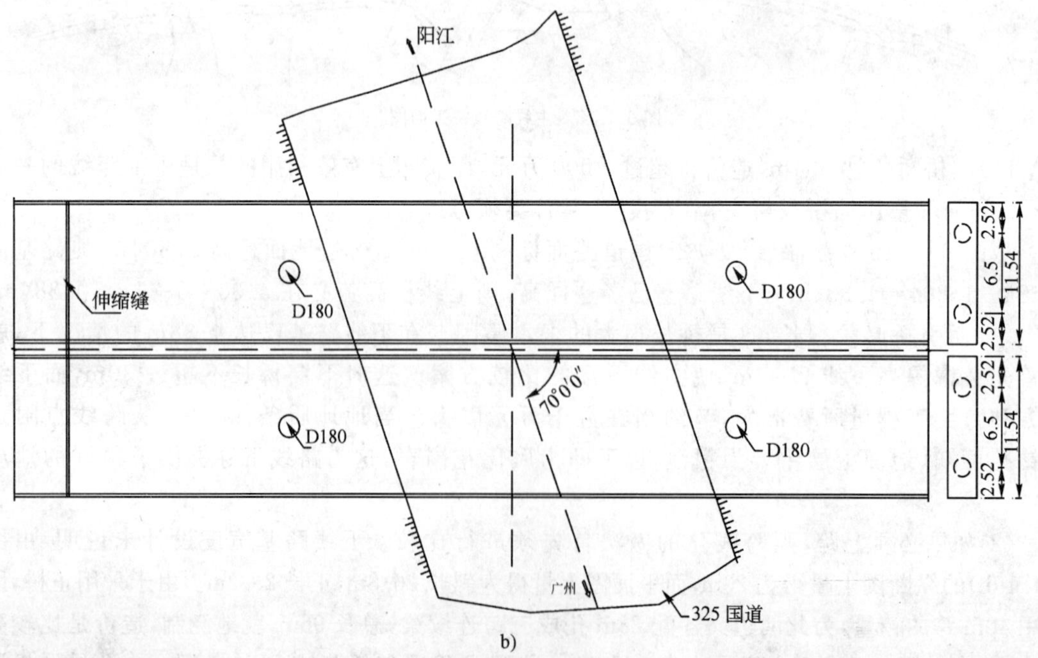

b)

图 6.1.19

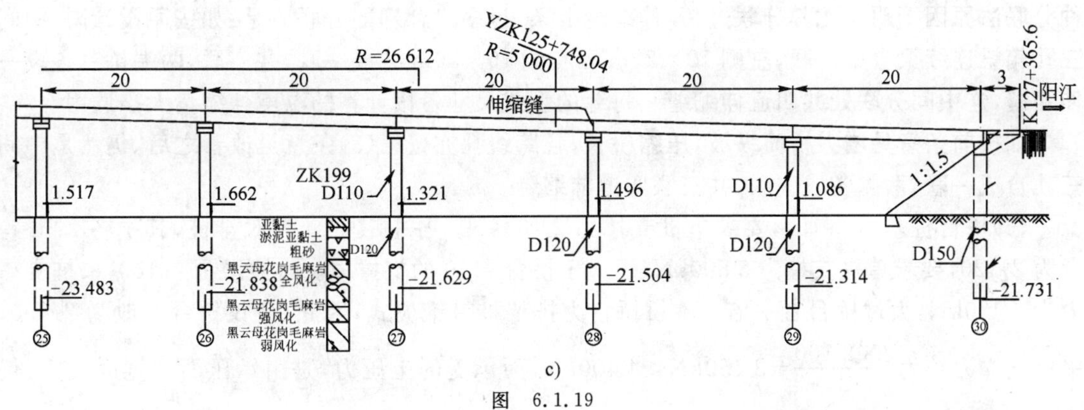

c)

图 6.1.19

a)左端侧视图;b)中部跨线孔侧视图和平面图;c)右端侧视图

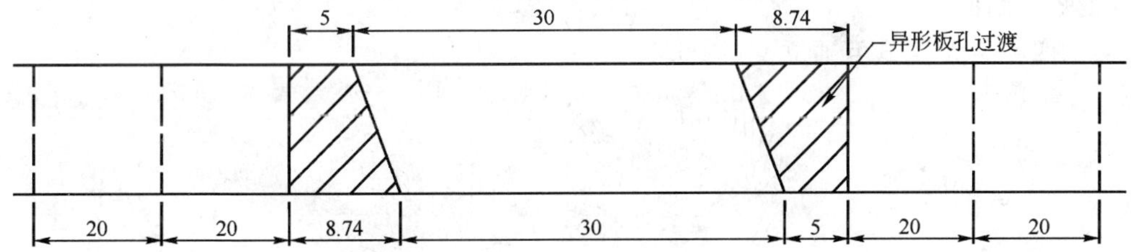

图 6.1.20 跨线孔做法比较方案

40m 跨箱梁设计高 2.20m,而 30mT 梁高度 1.80m,这样还可压缩桥高 40cm。

(3)桥下净高:现设计跨线处桥下净高为 14.541－6.184－2.280(上部构造和桥面铺装)＝6.077(m),较要求的 5m 尚有富余,最少可压缩 60cm 左右。

(4)纵坡过小:桥左段升坡 1.99%,右段降坡－1.85%,皆过小,凸形竖曲线半径 12 700m(技术标准规定 11 000～17 000m)。

根据 JTJ 001—97《公路工程技术标准》规定,高速公路设计时速 120km/h 时,最大纵坡为 3%,在特殊情况下,经技术经济论证,可采用 4%。为了压缩跨线桥长,必须用足标准和规范允许的纵坡。把跨线桥修得越平越好的概念,实质上是追求超高标准,徒然浪费资金。

现设计左端桥头填上高度 11.240－1.782＝9.458(m)。右端为 10.579－2.236＝8.343(m)。由于地质条件很好,表土 1m 左右以下即为粗砂和风化花岗岩层,这个填土高度是可以的,甚至还可提高,以求缩短桥长。

如果就以设计已定的这个填土高度 9.5m 左右为准,经过计算,当纵坡增大到 3%时,左侧桥台可设在 5 号墩处,右侧桥台可设在 21 号墩处,桥长可压缩 280m,为原来的 44%,新桥长为 356m。当纵坡增大到 4%时,左侧桥台可设在 7 号墩处,右侧桥台可设在 18 号墩处,桥长可压缩 380m,为原来的 59.7%,新桥长为 256m。

坡度增大后,竖曲线下降高度会有所变化,但从前面(2)、(3)两条的桥面标高富余量(有 1m 以上)可得到调济。

从上述比较,纵坡按 4%时比 3%情况可多压缩桥长 100m,按桥宽 24m,每 m^2 造价3 500 元计,可多节省投资 100×24×3 500＝8 400 000(元),共可节省造价 380×24×3 500＝31 920 000(元)。而 3%情况可节省 280×24×350＝23 520 000(元),由于节省额度巨大,建议按 4%纵坡改善设计。

(5)原设计全桥分为七联,最长的联有 7 孔 120m 长,最短的联则为右端孔单孔长 20m,这种分联法原因不明。尤其分联过短，伸缩缝七条，过多。合理的分联应是：如按原设计图，中间三孔箱梁连续梁自成一联，左侧 12×20m 和右侧 15×20m 各成一联，共三联，两端桥台各设一伸缩缝，连中间分联处共四道伸缩缝。每缝的型式尺寸各按计算的温度伸缩量大小选用。

如按前条意见增大桥面纵坡，压缩桥长，且跨线孔亦按第(3)条意见改善之后，仍然是中间三孔自成一联，两侧各成一联，共三联四道伸缩缝。

(6)桥台桩基用 3ϕ150，要求单桩支撑力 2 100kN。各中墩桩皆为双排桩，其中各 20m 跨者为 2ϕ120，要求单桩支撑力 3 800kN，还大于桥台 ϕ150 的支撑力。过渡墩为 2ϕ150，单桩支撑力为 4 400kN，大过桥台者一倍。本桥桥台为排架桩带锥坡式，因此，建议桥台亦改为 2ϕ150，单桩支撑力约为$\frac{3\times 2\,100}{2}=3\,150\text{kN}<4\,400\text{kN}$，而承受的土压力，是由承压面的宽度决定，仍然和原来 3ϕ150 者相同。另外，为了减小桥台桩承受的土压力，建议地面以上桩身改为宽 70cm 的矩形断面。

实例四　某大 Y 式互通立交(图 6.1.21)

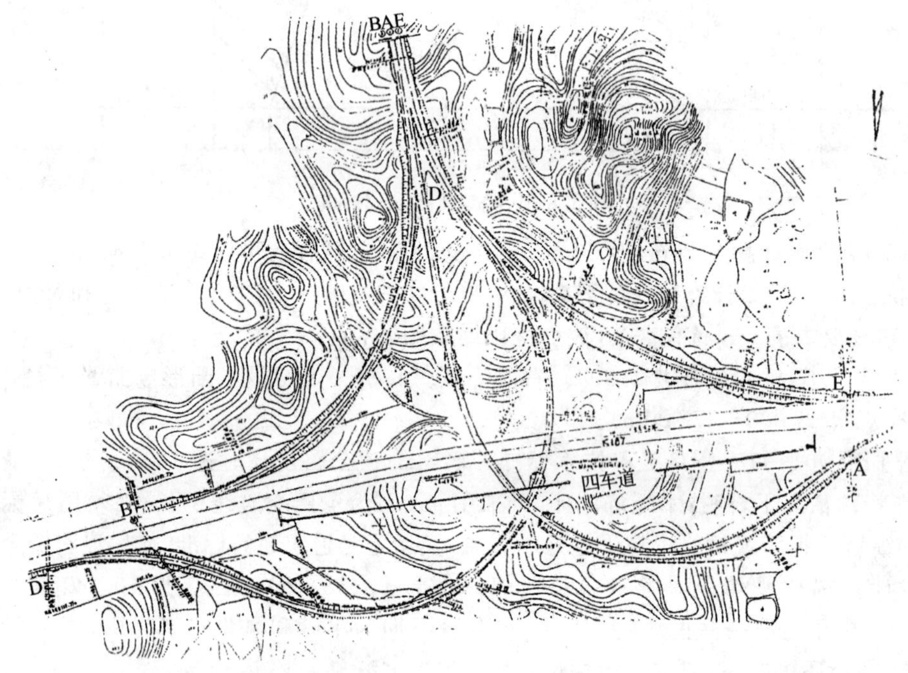

图 6.1.21　大 Y 式立交平面图

本立交平面线形流畅顺适，各部分基本符合规范要求，但存在大挖方、大量废方或借方和跨线桥过长等问题，在第一次图上定线之后，如果对主线、匝道各段线型深入研究进行一次调整优化，往往可得到技术经济上较好的效果。下面是一些主要优化意见。

1. AA 匝道

平面见图 6.1.21，纵断面见图 6.1.22，为跨越广湛线主线和 DD 匝道的位置最高的第三层匝道。

(1)由纵断面和平面图皆可见，匝道到山坡岭上之后还有很长一段 8m 以上的填方，跨越主线的另一条匝道 DD 也是这样，见平面图 6.1.23。究其原因，是由于在最基层的高速公路主线的立交跨线处定线过高之故。图 6.1.23 所示为这一段放大了的平面地形图，跨线点附近一段主线处于北侧的山坡坡腰上，而且还有 1.8m 左右的填方。要跨过这个山腰填方路基之上去作三层式立交，自然跨线匝道要越作越高、工程量也就越来越大了，要想改善这一情况，就应在定线之前确定立交位置、型式、大体上的跨线位置，定线时尽力控制这一段处于最基层的主线的高程。由图 6.1.23 可见，该处南、北山坡之间有一片谷地，如将高速公路主线向南下移 4m 高程到坡脚附近，如图中虚线所示，则按排大 Y 形三层式立交当更为简易和经济合理。

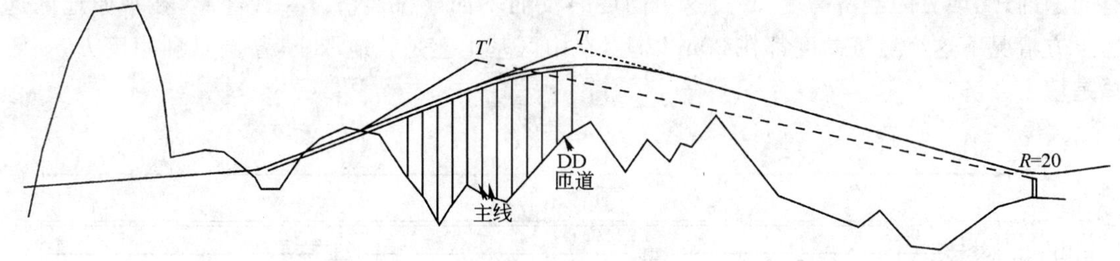

图 6.1.22　AA 匝道纵断面

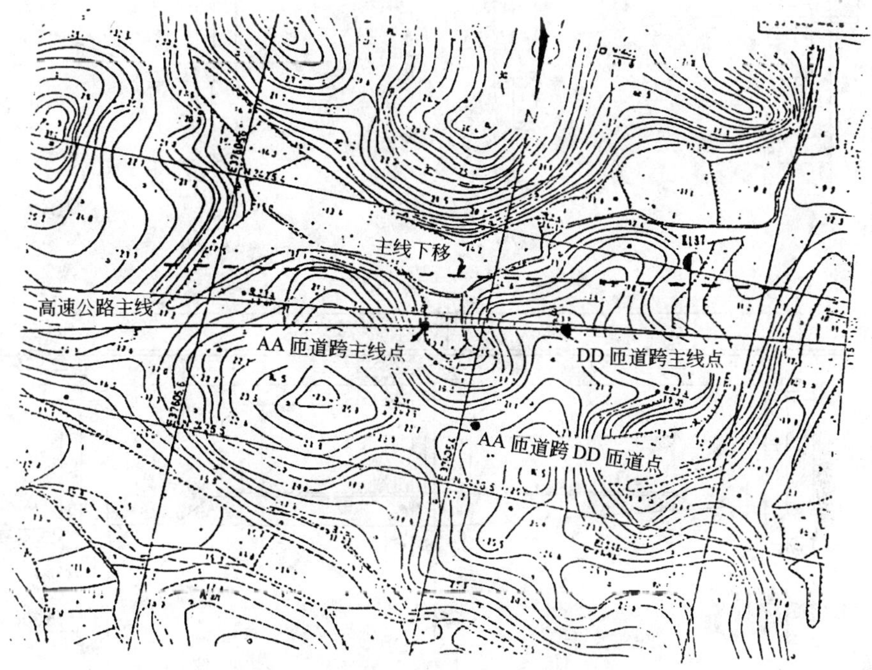

图 6.1.23　立交跨主线处地形详图

本条意见牵涉本段广湛公路和全部立交重新设计，故仅供总结经验时参考，全部平面设计线形可仍按原设计进行。

(2)本匝道最高点应由跨越 DD 匝道的位置决定，由图 6.1.22 可见，设计纵断线形在过了跨 DD 匝道之后的纵坡变换点 T 点处为最高，因此宜将纵坡变换点移至跨 DD 匝道的上空 T' 点处（T' 点高出原设计桥面标高 1.8m 左右。1.8m 是参照原来该处竖曲线外距 1.82m 而定的）新的两边纵坡如图中虚线所示，这样可以适当压缩右半段匝道在山坡顶上的填方工程量。

2. AA 匝道上的跨线桥

11 孔 20m 全长 220m，正桥，在第 5、6 两孔上跨主线高速公路，斜交 66°00′16″，在第 10 孔上跨 DD 匝道，斜交 77°35′23.4″，见图 6.1.24a)（左端段）、b)（中段）、c)（右端段）。

(1)本桥是山区互通式立交匝道上的桥梁，如果不建桥，则这些匝道都只须用填、挖或高填深挖的土方去修建，如图 6.1.22 所示本匝道右侧那样的情况。现在只在第 5、6 两孔和第 10 孔有跨越需要，而却要连起来修一座 11 孔的高架桥，实无必要。山区道路高填深挖处须否建桥，一般是由两个条件决定的：①地基土质能承受的填方稳定高度，超过这个高度时就得采取措施，或建桥，或处理地基，本处地基表层为亚黏土约 4m 厚，以下即为风化花岗岩，高填是没有问题的；②填方的经济高度，超过这个高度时反而不如建桥经济。一般经验，在平原地区远运土方情况下这个经济高度都在 20m 以上，在山区基本上是就地取土，甚至是利用废方，一般总是填土经济。

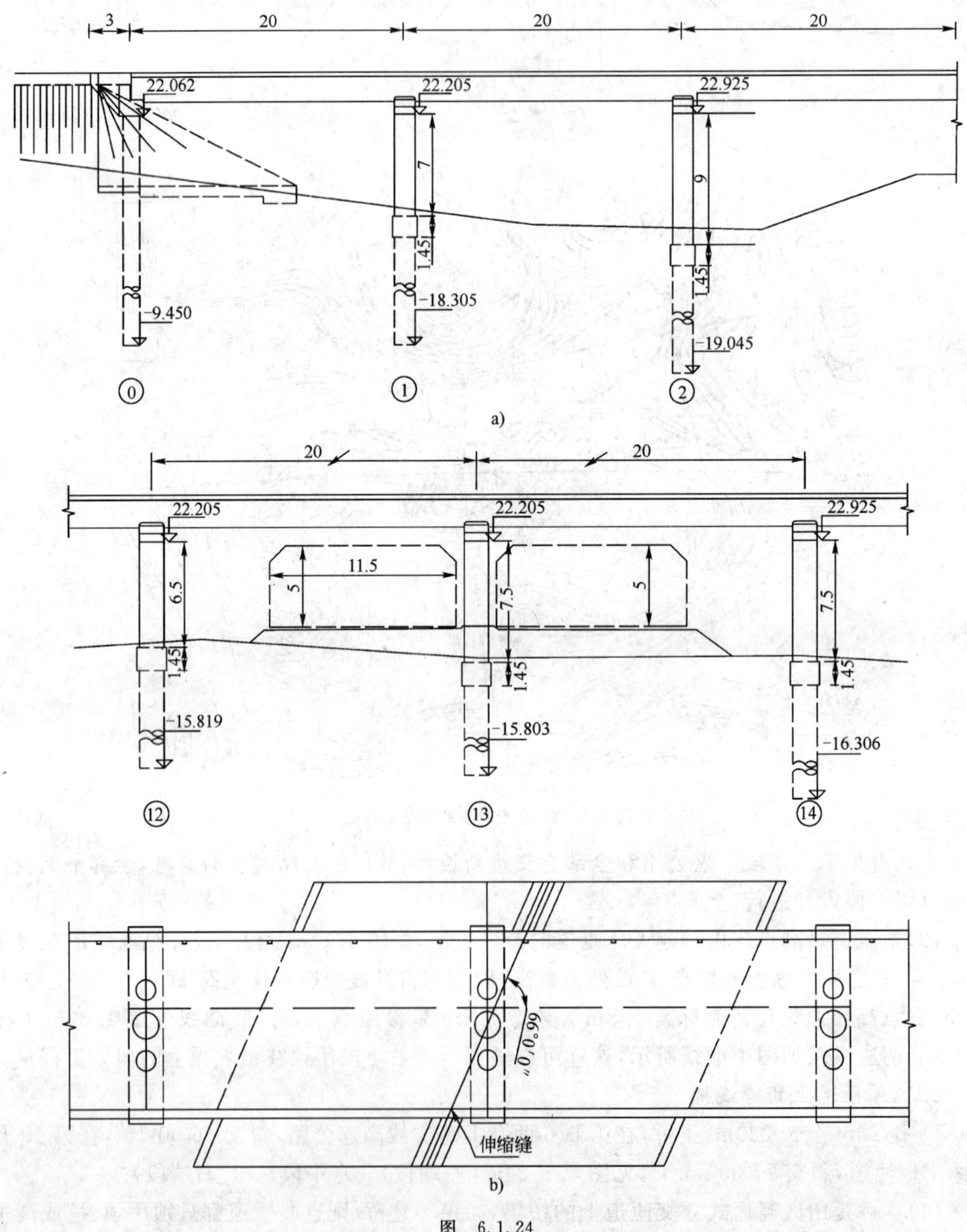

图　6.1.24

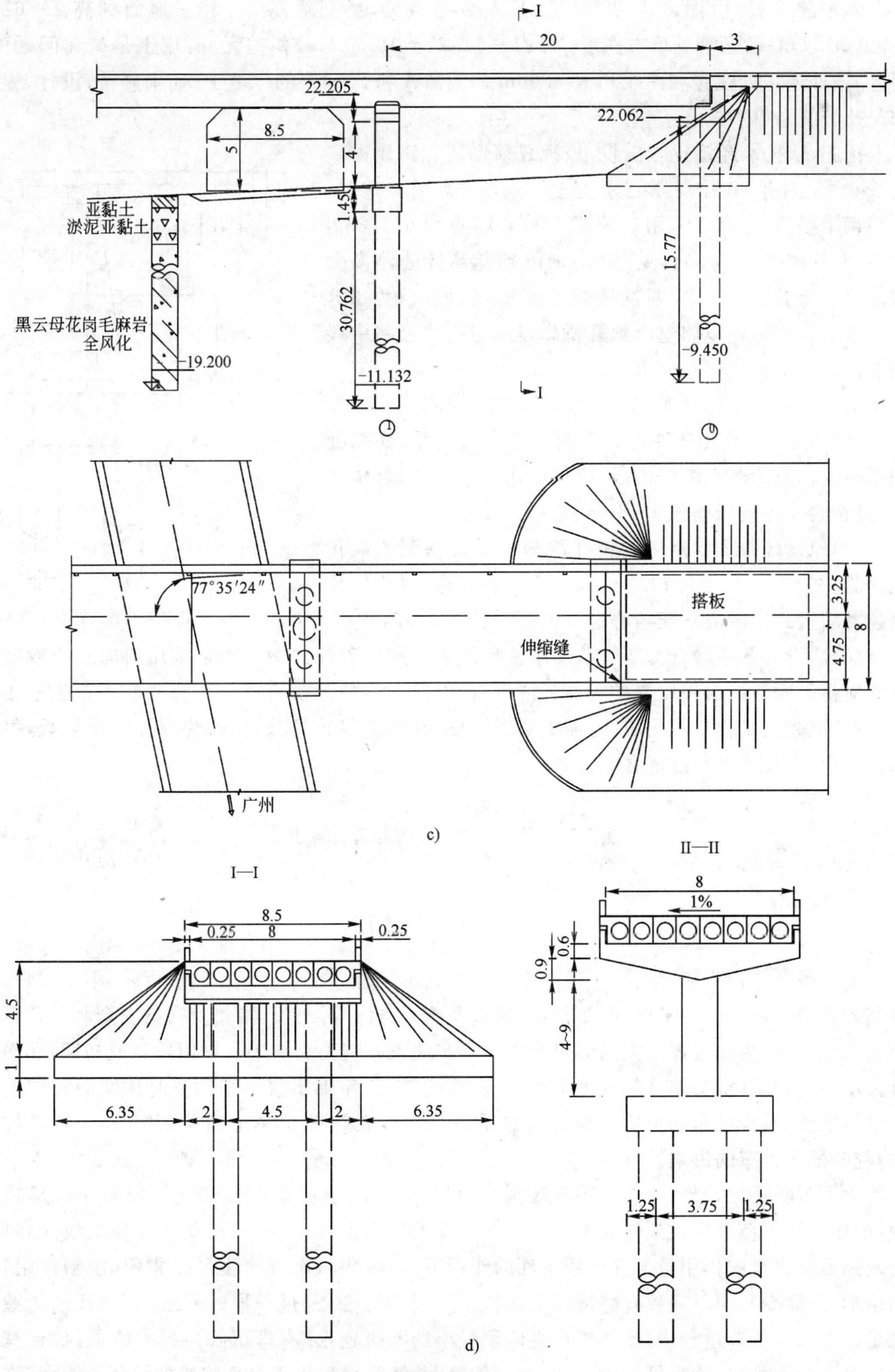

图 6.1.24

a)AA匝道左端段；b)AA匝道中段；c)AA匝道右端段；d)横断面

本桥最深处，由图 6.1.22 可见，是在 2 号墩处，桥面标高 25.55－地面标高 12.62＝12.9(m)，与右段涵管处填方高度 21.81－11.29＝10.52(m)相差无几，填土是毫无问题的。另外，该处还正处在缓和曲线和 R＝300m 的园曲线和 2.54%的纵坡上，如果修桥，设计、施工都是比较复杂麻烦的。

因此，从技术经济比较出发，该桥只须保留有跨越需要的 5、6 两孔和第 10 孔，其余 8 孔完全可用填方代替。这时，分建两个桥后，桥台可采用双排桩基肋板式，见图 6.1.25。

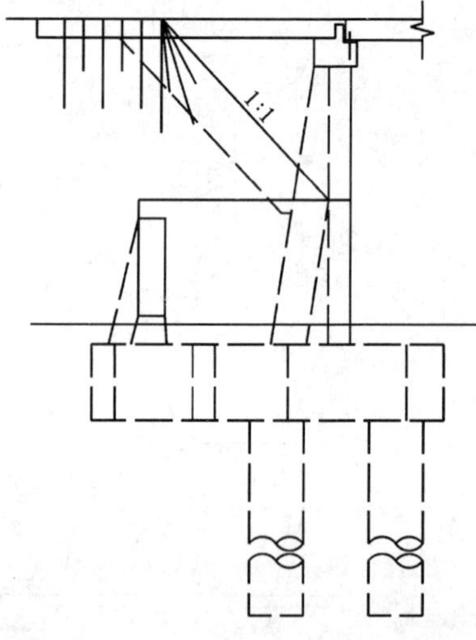

图 6.1.25　双排桩基肋板式桥台示意图

(2)从图 6.1.24b)可见，两孔 20m 跨越高速公路尚大有富余。考虑到该路后期发展成 6 车道，因此，认为 2×20m 适宜，此外，建议将这个双孔桥修建成与高速公路中线相互接顺的斜桥。

(3)从图 6.1.24c)可见，单孔 20m 跨越 DD 匝道(宽 8.5m)富余甚多，且由于原设计等跨长桥布墩关系，跨越处偏于一端。改为单孔跨线桥后，应将桥孔右移，使在跨中越过，且桥梁孔径应压缩成 1×10m 或 1×13m。

(4)原设计跨 DD 匝道的桥孔两侧桥墩桩基深入风化花岗岩 19.630－(－11.132)＝30.762(m)，过深，改成单孔跨越并缩短跨径后应从新精心计算桩深。(图 6.1.24c)

(5)原设计各中墩皆为双桩基加承台独柱式。这种独柱式墩一般多采用斜向水流或城市桥梁对桥下净空或透视度要求较高等情况，在山区立交桥上没有必要。和双柱式排架墩相比较，钢筋混凝土工程量耗用较多，需挖基现浇承台，施工也较复杂，应改为双柱式排架墩，可以取消承台，在技术上更经济合理。

第二节　桥头跳车问题

一、概　　述

桥头跳车是桥头接线上一个普遍而复杂的技术问题。它涉及包括路堤沉降、填筑材料、桥台基础类型、桥台类型、接缝、桥头搭板、路面及施工方法等因素。除给交通的安全和运营带来极大的危害，还为此增加巨大的维修费用。辽宁沈大高速公路沈阳－鞍山段建成初期，几乎所有大小桥、明涵的桥头路基都发生甚大沉陷，连续二、三年都不得不采用及时摊铺沥青砂的方法维持平整，减少跳车的危害。据资料显示，在美国，大约有 25%的桥梁(约 150 000 座构造物)受到桥头跳车的影响。

为了节省桥梁造价，一般都采用较高的台后路堤，高度在 5～6m 以上。路堤土在填筑过程，即使已按规范规定在最佳含水量时达到了要求的密实度，但在行车荷载反复的快速作用，上复路面层自重的作用及天气气候条件的作用下，路堤仍将继续产生形变累积(压密作用)和固结形变(徐变)，同时还伴有路堤以下地基土的固结形变，经过一段时间之后，才逐渐消减至稳定。在这个复杂过程中，土体将产生体积变小的不可逆形变(即沉降)；另一方面，桥台基础一般都做加固处理，并采用扩大基础、桩基础等，其沉降量远小于台后路堤的沉降。因此，在桥台与高路堤衔接处，一面是桥台的弹性模量千倍于台背填土的弹性模量，另一面则是台背填土的沉降量远远大于桥台的沉降量，致使产生明显的沉降差异，因而形成桥头跳车。

桥头跳车形成的过程，一般如图 6.2.1 所示，图中：

(1)桥、路完工，台后路堤和路基既已开始固结沉陷，台后路堤高度最高，沉陷量亦最大，以后随高度下降而略减，沉陷顶面是坡度稍小于竣工坡度的曲线，由于压实的路堤土壤与台背尚有一定黏附力，台、路相接顶面 A 点处尚连接在一起，见图 6.2.1a)。

(2)通车后由于车辆荷载及其冲击力，路面沉陷逐渐加大，A 点处台、路开始脱离，路面低于台面形成错台，在 0～5mm 以内尚无跳车之感，见图 6.2.1b)。

(3)随着时间的推移，路堤沉陷继续加大，错台亦加大至 10～15mm。车辆通过开始跳车，冲击力倍增，在桥头附近形成一凹下段，长约 3～5m，A 点处形成缝隙，路面开始出现裂纹，见图 6.2.1c)。

(4)上诉过程继续发展，A 点处台、路之间缝隙和路面裂纹渗水，恶化了路堤稳定条件。错台越大，汽车冲击力越大，恶性循环，直至汽车不能正常行驶，路面亦破裂，见图 6.2.1d)。

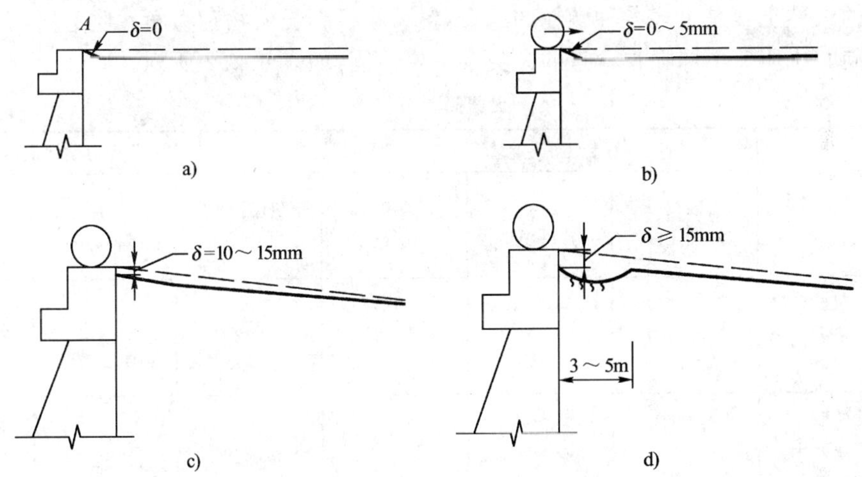

图 6.2.1　桥头跳车形成过程

下述情况将加速桥头跳车的形成：

(1)桥台为深基础，如桩基深达地下坚硬层，桥台本身沉降量极小，将加大 A 点处与路堤之间的沉降差；

(2)施工时路堤填土未严格按规定压实，尤其台背附近；

(3)养路未及时补修。如果 A 点错台在 10mm 以内时即及时采取措施补修，如表面摊铺沥青砂长 5～10m 以顺平路面(辽宁沈大高速公路)，虽然对路容稍有影响，但却可以保持路面平顺，车行顺畅，消除跳车冲击，不致发展到以后的严重情况。

台后路堤沉降量主要由两部分组成：①路堤填土材料的沉降压缩徐变；②路堤下天然地基的沉降。由于天然地基沉降也和一般路堤和桥梁墩台有关，留待下节讨论，本节着重讨论路堤本身的沉降。当前防止桥头路堤沉降的主要措施分述如下。

二、用砂砾土填筑桥头路堤

(一)有关土壤的一些基本知识

土矿物按颗粒粒径分类，如表 6.2.1 所列。

土矿物按颗粒粒径分类　　表 6.2.1

颗粒名称		颗粒大小(mm)
砾粒	巨砾粒 砂砾粒	>20 20～2
砂粒	粗粒 中粒 细粒	2～0.5 0.5～0.25 0.25～0.074
粉粒	粗粒 细粒	0.074～0.01 0.01～0.002
黏粒	粘粒	<0.002

注:颗粒>2mm 即称砾石,砂粒则包括 2～0.074mm 的广大范围,<0.002mm 者才是黏土(早期的规定为 0.005,又改为 0.003mm)。

实际的天然土壤是上述各种颗粒的组合,各种粒径颗粒的物理力学性质不同,组成的土壤性质也不同。土质按不同颗粒含量的分类及主要性能,如表 6.2.2 所列。

土壤简单分类表　　表 6.2.2

土组	老土名	颗粒组成(重量%)			主要物理力学性质		
		砂粒 2～0.074	粉粒 0.074～0.002	黏粒 <0.002	塑性指数 I_p	液限 w_L(%)	搓条直径 (mm)
砂土	粗砂 中砂 细砂	>80(注) >80(注) >80(注)	<15	0～3	<2	<16	搓不成土条
砂性土	粉质砂土 粗亚砂土 细亚砂土	50～80 >50 >50	17～50 0～47 0～47	0～3 3～10 3～10	>2	16～28	搓不成土条 难搓成条
粉性土	粉质亚砂土 粉土 粉质亚黏土	20～50 <20 <45	40～80 <80 <45	0～10 0～10 0～10	>2 >2 >10	16～28 16～28 28～50	难搓成条 3,短段
黏性土	亚黏土 轻黏土 重黏土	>45 <70 <45	0～45 0～50 0～50	10～30 30～50 >50	>10 >26 >40	28～50 50～70 >70	搓不成细长条 1～2,长条 <1,长条

注:其中,依次粗、中、细粒各占 50%以上。

各类土中含砂粒和中、粗砂粒 80%以上的砂粒土是最优良的填筑路堤尤其桥头路堤的材料,它的特点是:

(1)主要组成成分砂粒的粒径大、强度高、刚度大、压缩变形小,无可塑性,不能搓成条;

(2)砂粒之间孔隙大,重力水容易自由流动,而且在饱和或浸水情况下也是稳定的,人或汽车皆能在浸水沙滩上行走是大家都熟知的;

(3)压密变形小,而且很快就可达到密实状态,不存在后期缓慢沉降或徐变问题。

图 6.2.2 示不同土壤在永久荷载作用下的随时间下沉曲线。土壤在荷载作用下,下沉或固结的过程实质上是土壤孔隙中的水分和空气被压出的过程。图中曲线 1 所示砂、砾和砂性土的情况,由于颗粒间孔隙大,由土孔内压出水及空气的阻力对这样粗粒土来说是毫无意义

的，而且下沉几乎在加载后迅速发生，即施工过程即已完成，后期不再增加。荷载作用在土层内粗颗粒形成的刚性骨架上，总下沉量依地层的密度而定，即主要取决于孔隙度的变化，侧向剪切意义不大。

图 6.2.2 中曲线 2、3 则示在黏性土和淤泥性软土中的情况，沉降的消失和稳定几乎主要依据土的透水性而定，亦即依据由土孔内压出水(和空气，当尚非饱水时)的速度而定。在这种土壤上铺设路堤或建筑桥梁基础时，常须在土层顶面铺设排水的砂垫层，以使土壤受荷载后孔隙水通过上面的沙垫层排出，这时水分的主要渗透方向将是由下而上，与受力方向以及重力方向相反。沉降量在加压初期增量最大，后期则可分为两种情况：

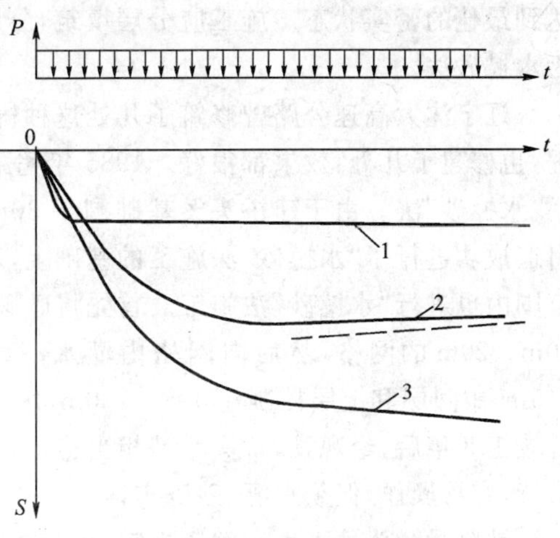

图 6.2.2　土随时间的下沉
1-粗粒土；2、3-黏性土

情况 1：下沉增量逐渐接近于零，到一定期间之后沉降达到一个极限的稳定值，如图中曲线 2，由这个稳定值即可据以确定土基的允许荷载；

情况 2：下沉增量逐渐接近一个常数，长期等量下沉，没有达到一个稳定值的情况，如奥地利一个邮局构筑物修建在夹有两个透水砂层的软黏土层上，后期继续下沉，15 年间每年8.4mm。类似情况国内外都不少见。

(二)用砂砾填筑桥头路堤

根据以上原因，我国《公路路基施工技术规范》规定，台背填土除设计文件另有规定外，一般应用砂性土或其他渗水性土填筑。《日本高速公路设计规范》指出，“在桥台高度不足 6m 时，台背填料为未筛砾石及硬岩等，通过碾压也不能使之细化时，可不设桥头搭板”。

1983 年辽宁省沈大高速公路始建初期，省政府推荐两位美籍华人公路专家做顾问，他们介绍美国高速公路桥头填土的做法即是用透水性良好的中、粗砂或砂砾，具体如图 6.2.3。一般路基土填筑至距桥台背 3～5m 处即止，并以 1∶1.5～2 的稳定斜坡至路基顶面，余下距桥台这一段改用砂砾土填筑，这样做法的优点是：

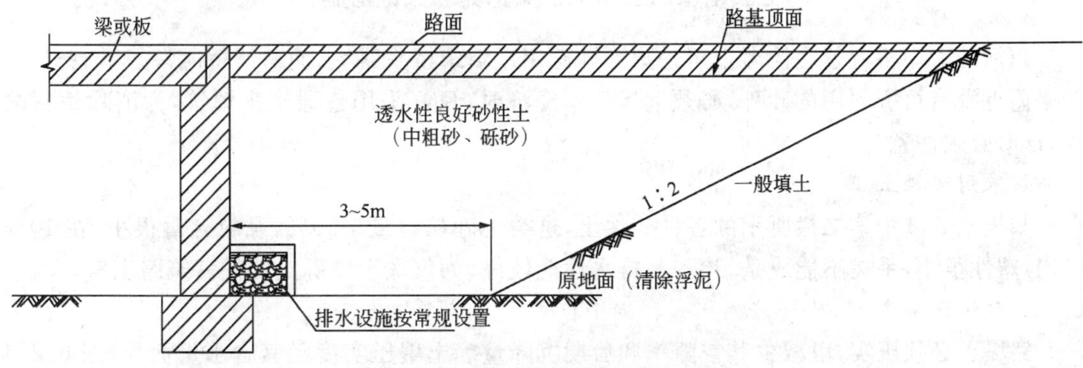

图 6.2.3　用砂砾处理桥头路堤防止跳车

(1)砂砾料可确保台背填土不发生后期固结沉降；

(2)普通黏性填土用斜面与砂砾过渡连接，使路堤刚度由小(粘性土)逐渐变大(砂砾土)再到更大(桥梁)，增进行车舒适；

(3)施工简易,便于路基与桥梁非同步施工。

砂砾土不能通过碾压法压实,而须以振动法振实,或从表面灌水法沉实。当水从砂砾表面通过砂体中的孔隙流下至原地面排出过程,就会带动砂砾随水下沉至不能再移动的位置,从而达到最佳的密实状态。施工应分层填筑,分层灌水,同时如用钢锹等物插入振动,效果更好,称为水撼砂法。

辽宁沈大高速公路曾修筑了几处这种桥头填土形式,后来介绍到广州的一些高速公路工程,也修建了几处,效果都很好。1985 年完工的黑龙江省松花江大桥在桥头路基施工中,也采用"水撼砂"法。由于建桥头堡基础剩下 30m 长路基最后施工,在前面一段长 0.8km 高路堤引道成功进行了"水撼砂"法施工的基础上,对这一段桥头填土高 9m,长 30m,路基坡脚宽 58m 范围内也进行"水撼砂"法施工。首先将砂砾用推土机分层摊平,并在砂砾表面用粘土修筑成 10m×20m 的网格,然后向网格内灌水,每块网格大约灌水 $100m^3$。底层厚度控制在 1～1.5m,中间层和上层控制在 0.8～1.0m,用近一个月时间全部完工,密实度检测达到 98%。大桥竣工 8 年后,经观察,桥头路基相当稳定,几乎没有桥头跳车现象。此法不需压实设备,简便易行,容易操作,但须水源、砂砾丰富。

铁路对桥头填土也有类似规定,火车在铁轨和枕木上行驶,不存在桥头跳车问题,但如桥头路堤和桥台之间出现大量沉降差,枕木下沉,不但恶化钢轨受力,更危及行车安全,故必须防止。为此,日本铁路部门对桥台和路堤结合部也要求做特殊处理。规定以粒径小于 15cm 的碎石、砾石、砂填筑一个三角形棱体,压实度达到 90%以上。也可采用强度较高的素混凝土、白灰土和三合土等工业废渣填筑。其沿纵向的填筑长度,在下部距基础内缘不小于 2m,上部为距翼墙尾端不小于台高加 2m,并按 1∶1 设置斜坡或台阶,保证在顶面的填筑长度与搭板长度相适应。这一层的高度从路堤顶面起向下计算,一般在冰冻地区不应小于 2.5m,无冰冻地区到高水位处,均应填以渗水性土,其下部分可用与路堤相同的土填筑,并在其上设置横向排水盲沟或铺向外倾斜的粘土或胶泥层。填土应分层夯实到要求的压实度,每层的压实厚度不得超过 20cm。桥台背后填土应与锥坡填土同时进行。

由上可知,桥头用砂砾填筑是最简便易行、经济而又有效的处理桥头跳车的方法,在有条件的地方应作为首选方案,优先采用。

三、用普通土填筑桥头路堤的保证措施

跨河的大中桥一般在河滩上可采集到砂砾用以填筑桥头路堤,而跨线桥通常是旱地施工,如果附近没有可资利用的砂砾,必须远运但不经济时,只好采用普通土来填筑,为消除桥头跳车,这时必须注意:

1.采用砂性土

如表 6.2.2 中第二栏所示的各种砂性土,这类土砂粒含量>50%,黏粒含量很小,在 10% 以内,塑性很小,手搓不能成条,渗透和排水性能较好,为仅次于砂砾土的优良筑路土料。

2.确保压实度

路堤土必须压实,以减少其空隙率和后期沉降量。土壤压实度随其含水量而异,图 6.2.4 为通过土壤压实试验绘制出的含水量—干密度曲线,曲线有一峰值,表示通过压实可能获得的最大干密度,相应的含水量即为最佳含水量。该图所示土壤的最大干密度为 1.83,相应的最佳含水量为 14.1%,右角的那根直线是空气体积 $V_a=0$ 时的情况,按式(6.2.1)求得,用作对比。由图 6.2.4 可见,在最大密实度情况下土中仍有一定孔隙率。

$$\rho_d = \frac{1-0.01V_a}{\frac{1}{G_s}+\frac{w}{100}} \tag{6.2.1}$$

式中：ρ_d——试样的干密度，g/cm³；

V_a——空气体积，%；

G_s——试样比重；

w——试样的含水量，%。

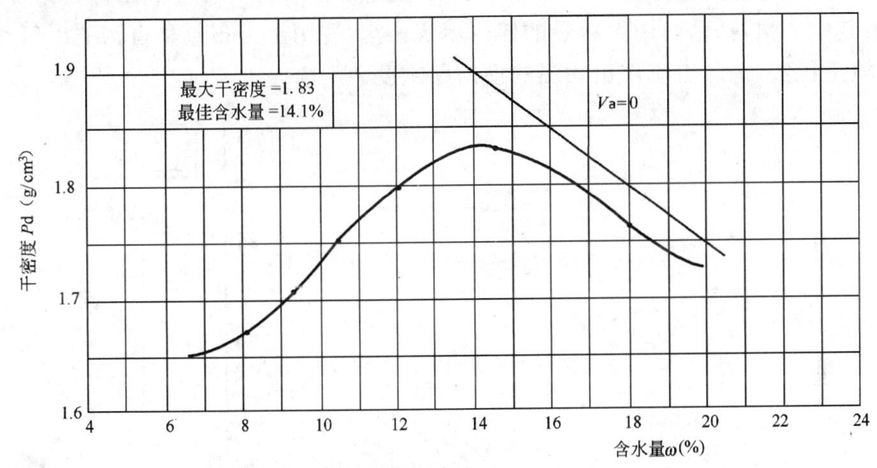

图 6.2.4　含水量与干密度的关系曲线

最佳含水量，对细粒土可参照其塑限估计，一般较塑限约小 3%～6%，砂性土在 3%左右。

施工时路堤土方应分层填筑，分层压实。考虑到压实的效率，层厚不宜太大，一般以 30cm 为宜，要求每层都压实到最大密实度也是有困难的，一般要求达到 90%～95%即可，在特殊地段，如桥头填土路段，要求要提高。

在施工中，一般工序是在桥台做完后再填筑台后的路堤，但由于桥台结构上的原因如八字型、U 字形桥台，肋板台等，使得在两端桥头留下一个填土较厚，空间狭窄，大型压实机械压不到或根本无法压到的边、角、棱等压实死角，特别是台、堤衔接处，成为发生沉降的潜在原因。这里虽然存在结构上的原因，但主要是设计、施工等方面对台后填土的特殊性没有给予足够的重视。工程实践证明，只要方法得当，严格按照施工规范精心施工，即可保证工程质量。

(1)大型压实机械可采用贴近台背横向碾压的方式。此时，路基应加宽至保证机械能全部压实到位的位置。

(2)先填筑路基，后做桥台。即台后回填与路基同步填筑，先行做好，达到压实标准，然后再开挖路基，修筑桥台。带有锥坡的排架桩式桥台这种做法更为合理。

(3)采用小型压实机具。在《公路路基施工技术规范》中规定了桥台背后的填土压实方法和标准。即，各种填土的压实尽量采用小型手扶振动夯或手扶振动压路机，分层碾压，分层检查。因小型压实机具的压实功率较小，因此应尽量减小厚度，每层松铺厚度不宜超过 20cm，一般为 15cm。高速公路和一级公路的台背填土，从填方基底至路床顶面的压实标准均为 95%。并应提高检查频率，每 50m² 检查 1 点，不足 50m² 时至少检查 1 点，且每点都应合格。在达不到标准要求情况下，还可采用强夯处理方法。强夯机可采用重 100kN 夯锤，夯锤面积为 3.5 ㎡，提升高度为 6～8m，夯击能量为 600～800kN·m，夯击影响深度约为 5～10m。但在台背及结构物附近，夯锤提升高度宜减至 2～3m 并相应增加锤击次数，以避免损害桥台，又能保证压实标准。

3. 加强横向排水

为防止地面水通过桥台与路堤的接缝渗入到地下影响到桥头路堤以及地基的坚固和稳定状态，必须将渗入的水予以拦截，并排除到路基范围以外。具体做法是：在基底上填筑横坡为3%～4%的黏土路拱，并进行夯实，然后在土拱上挖一条双向放坡的地沟，如图6.2.5所示。地沟断面尺寸一般可取(40～60)cm×(30～50)cm，然后在台背后全范围内满铺一层隔水材料，例如油毡或尼龙薄膜材料，再在地沟内四周铺设有小孔的硬塑料管，管径不小于10cm，小孔孔径为5mm，布呈梅花形，间距约10cm。然后在塑料管四周填筑透水性材料。若采用盲沟时，则取消其中的塑料管，而用大粒径的碎石填筑地沟，并用土工布包裹盲沟的出口。之后，在上面分层填土压实，每层也应作出相当的横向路拱度。

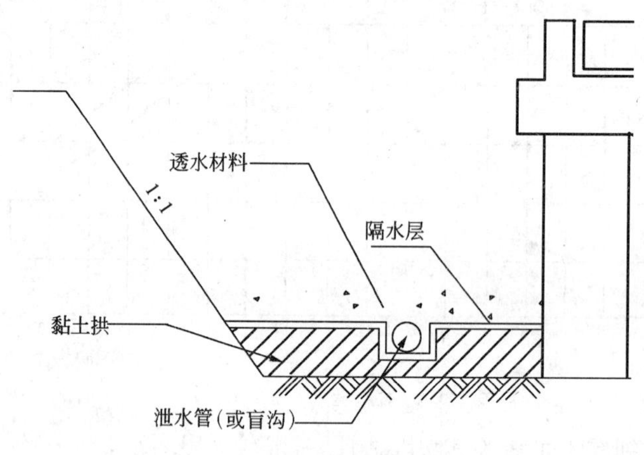

图6.2.5　台后排水措施

四、台背路基填土加铺土工格栅

(一)土工合成材料基本情况

土工合成材料是1963年法国工程师Vidal提出加筋土理论以来，国外快速发展起来的加强土体强度和刚度的塑料制品。开始为塑料膜、土工布，以后又发展了无纺布、土工织物等，具有整体性好、质量轻、柔性大、强度高、耐腐蚀等良好的力学性能，而且还有制造、运输、施工方便等特点。因此，水利、城建、铁路、公路部门广泛使用。公路在软基处理、路基路面综合排水、支挡结构、坡面防护、解决不均匀沉降以及沥青路面裂缝处理等方面发挥着越来越重要的作用。我国公路部门在20世纪80年代初开始应用土工合成材料。1993年，交通部将"土工织物铺筑技术"列为《重点新技术推广项目》，在总结交流了土工织物应用于软土地基处理的成功经验之后，又组织了土工合成材料处理桥头跳车等项目的课题攻关，并将其科研成果成功地应用于工程实践，并在1998年底发布了《公路土工合成材料应用技术规范》。目前国内各地公路工程已广泛使用，并已有北京、河南、山西、安徽、江苏、陕西、山东等省市的约十五家公司生产这种产品，到2002年年生产超过4万t，但与国外相比，如美国1997年耗用量即达10万t，尚有差距，还须积极推广。

生产土工合成材料主要使用的原料是聚丙烯(丙纶，PP)和聚酯(涤纶，PE)，其主要性能如表6.2.3所列。

聚丙烯和聚酯主要性能比较 表 6.2.3

品名	断裂强度 n/旦	延伸率(%)	伸长 3%时回弹率(%)	相对密度	吸湿率(%)	软化点(℃)	耐日光性	耐酸碱度	耐虫蛀霉菌
聚丙烯(丙纶,PP)	0.04～0.065	30～60	90～100	0.91	0	140～150	不佳	优	良好
聚酯(涤纶,PE)	0.045～0.075	20～50	90～99	1.33	0.4～0.5	238～240	优	优	良好

土工材料要求耐腐蚀、抗老化、耐高低温、高拉伸强度、低延伸率、高弹性模量等特性,由表 6.2.3 可见,涤纶性能较优于丙纶,后者于制造过程常添加抗老化剂。

土工合成材料的功能主要是对土体的加强、排水、过滤、隔离四大方面,有的一种兼有多种功能。当前国内外生产的土工合成材料品类繁多,名称和分类亦不统一,大体上可分为表 6.2.4 所列诸类。

土工合成材料类别 表 6.2.4

类别	名称	功能和用途
土工布	土工布、土工膜	土方加强、治理水土流失、路面加强等
土工织物	有纺布:经纬编织、针织 无纺布:热粘、化粘、针刺黏结	土方加筋、边坡防护
特种土工合成材料	土工带 土工格栅:单向拉伸、双向拉伸 土工模带:简易模带、机制模带 玻纤网 土工网 土工垫 土工格室 超轻型合成材料	加筋土,如挡墙等 桥头跳车、高填方加筋、边坡加固等 沥青路面、加筋土 桥头跳车、软基处理、边坡防护等
复合型土工合成材料	复合土工膜 复合排水材:塑料排水板,各种软式排水管	排除地下水

国产的一些主要土工合成材料如图 6.2.6～图 6.2.8 所示。其中:

(1)土工布、土工膜、无纺布:为我国最早生产使用的土工合成材料,如 1977 年创建的江苏征议无纺布厂,1993 年更新设备,由国外引进全套新的聚酯纺粘生产线,可生产各种纺精长丝土工布、膜 3500t/年,幅宽可达 4.5m,规格按每平方米的重量计,有 80～500g/m^2 多种。用于土基加固、路面处理以及水利方面的堤坝加固、水库防渗、航运治理等。

(2)土工网:种类较多,如图 6.2.6a),使用最为广泛,大量用于软土处理、路堤加固等工程,其中三维网(图 6.2.6c)用于边坡保护最为合理,可防雨水冲蚀,并培护植物生长。

(3)土工格栅:通过在聚合物板材上冲孔,经一次单向或双向拉伸制得。聚合物分子在拉伸方向上高度取向从而形成高强度、高模量的改性材料,制作时并加入抗紫外线助剂增强抗老化性能,故具有单向或双向高强度和耐久能力,对土石料有很高的侧限能力,广泛用于软土处理、地基加固、桥头跳车、挡墙加筋等,幅宽可 1 200mm 或更大。

新近于 2002 年 4 月投产的山东青岛颐中格栅公司,由国外引进了年产 1 500 万 m^2 单、双向土工格栅生产线,并建立了国内第一座土工材料蠕变试验室。国外单向土工格栅均采用高密度聚乙烯(HDPE)为原料,国内一些厂家由于加工难度、技术、设备等原因多采用聚丙烯

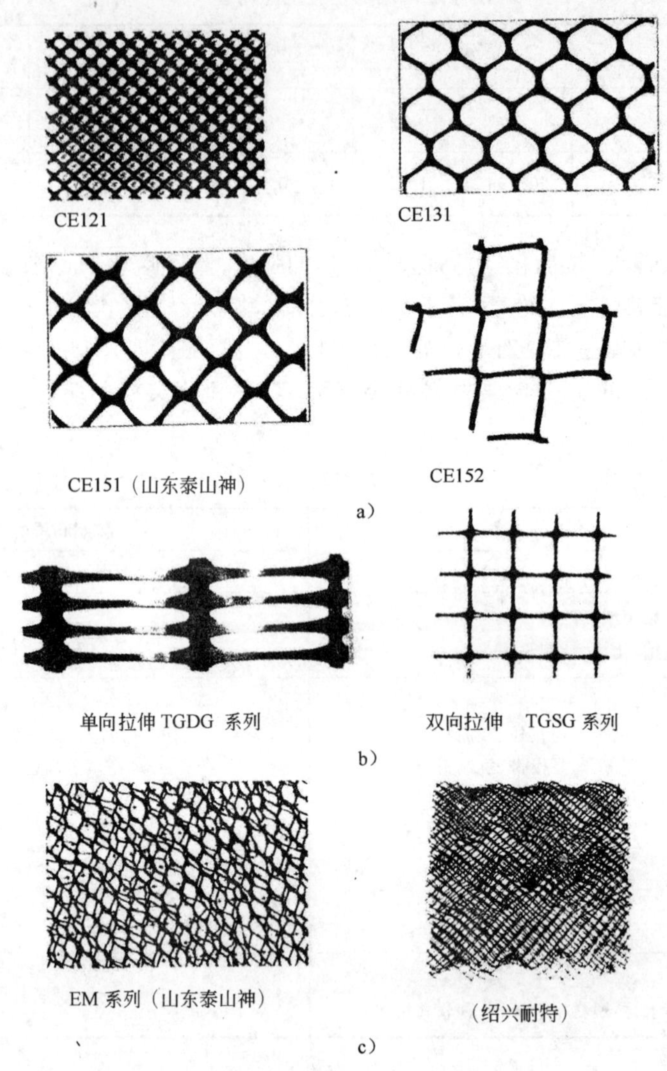

图 6.2.6

a)土工网(绍兴耐特)；b)土工格栅(绍兴耐特)；c)三维土工网垫

(PP)为原料，后者虽然早期强度甚高，但抗蠕变性能差，长期强度很低。青岛颐中厂对此作了专门对比试验，用相同孔型、孔型布局及拉伸条件制备结构尺寸完全相同的单向土工格栅样品分别进行了拉伸和蠕变试验，试验结果如表 6.2.5 所列。

不同材料单向土工格栅蠕变试验 表 6.2.5

产品使用材料	早期拉伸强度 kN/m	106 小时强度 kN/m	后期降低
聚乙烯(HDPE)	90	32.4	67.6%
聚丙烯(PP)	88	7.04	92.96%

由表 6.2.5 可见，由聚丙烯制造的单向拉伸土工格栅后期强度只大约保存了原来强度的 8%，不宜用于具有长期荷载要求的工程。

国产土工网和土工格栅的强度以江苏绍兴耐特厂为例，如表 6.2.6 所列。

国产土工网和土工格栅强度(绍兴耐特厂)　　表 6.2.6

项目 \ 规格名称	土工网			单向土工格栅		
	CE121	CE131	CE152	TGDG25－35	TGDG50	TGDG80
宽度×长度 9(mm)	2.5×30	2.5×30	2.5×15	1.2×50	1.2×50	1.2×50
网孔尺寸(纵横 mm)	8×6	27×27	74×74	——	——	——
单位面积质量(g/m²)	730	660	550	370～450	550	700
最大抗拉强度(kN/m)≥	7.68	5.8	4.82	25～30	50	80
延伸率(%)≤	20.2	16.5	23.2	10	10	10

由表 6.2.6 可见,土工网强度远低于经过定向拉伸的土工格栅。

玻(璃)纤(维)网又称玻纤土工格栅(图 6.2.7b)也有很高的强度,但制作时不用定向拉伸。

山东泰安华塑公司生产各类网、格等土工合成材料达 15 000t/年,并研制成功土工网和拉伸网系列塑料机械,以及土工格栅生产线,填补了国内空白。

(4)土工格室:20 世纪 80 年代国际上新开发的新型土工材料,如图 6.2.8。这类新材料我国北京燕化塑料分公司等已批量生产,其特点是立体结构层,可通过改变格室的深度、格室版块的组合等多种方案,获得刚性或半弹性土体板块,广泛应用于软基处理、桥头跳车、边坡防护、挡土墙修建、沙漠路基处理,以及滩涂处理、快速筑坝、机场建设等方面。

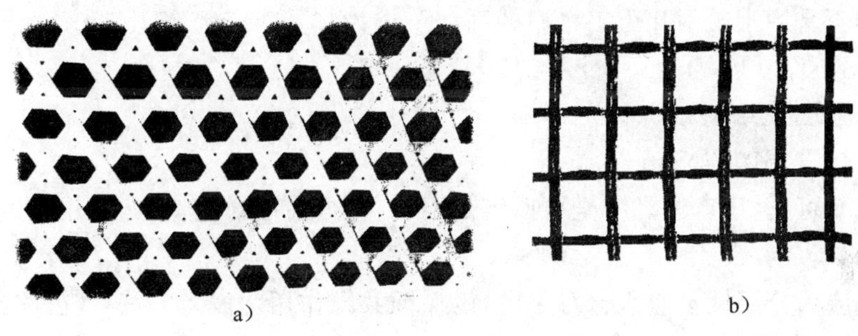

a)　　b)

图　6.2.7

a)土工编织网(山西华龙);b)玻纤土工格栅(合肥山力)

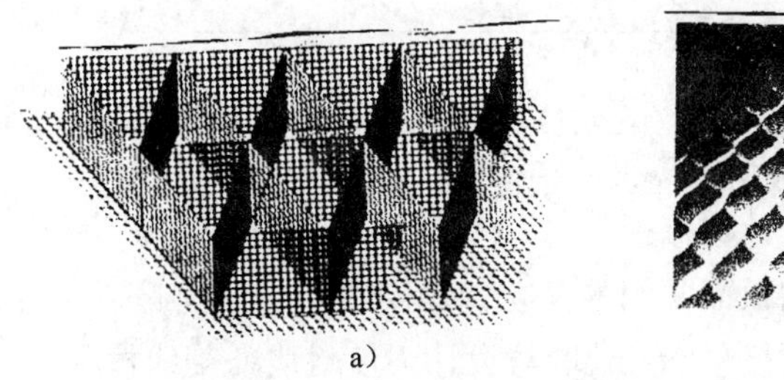

a)　　b)

图　6.2.8

a)土工格栅加筋复合材料(山东泰山神);b)土工格室(山东泰安华塑)

(5)复合排水管材:如江苏常州科通厂用聚氯乙稀(PVC)制作的多种加劲型、加强型款式排水盲管,可使排放透水一步到位,可用于降低地下水位,加固软土层,改善土质和预防土体崩滑等,为优质的地下排水材料,有 ϕ30～200mm 等七种规格,包装长度相应为 300～30m,还可制造半透水、半排水软管等,年生产能力达 100 万米。

选择土工制品时须视使用的目的。目前国内强度不同的土工制品价格相差不大，因此如用于土壤加筋、加固等目的时，应尽可能选用强度高的制品，如涤纶土工格栅以及织造型（有纺）土工织物等。此外，还须考虑保持土工织物和土共同作用的二者界面间的摩擦特性——摩擦系数。各种土工编织摩擦系数皆在0.5～0.9之间，而土工带、土工网、土工格栅等则皆≥1.0。因此，总的来看以土工格栅为有利。

（二）桥头路堤加铺土工格栅的做法

为了查明桥头路堤加筋是否可以减少路堤下沉，防止桥头跳车，交通部在八五期间组织长沙交通学院和湖南省公路部门进行了试验研究，在两条国道上各选择一座桥，在一端桥台后面用CE131型Netlon土工网加筋，另一端不设，进行对比试验。图6.2.9所示为107国道龙云桥在开放交通2年后两端台后沉降对比曲线，该图中虚线为未加筋端，实线为加筋端者。由图6.2.9可见，后者最大沉降只为前者之20%，只有5mm左右，效果显著。以后又在湖南、广东、云南三条高速公路12座桥上推广使用，皆取得良好效果。这一成果已纳入JTJ 019－98《公路土工合成材料应用技术规范》[12]。

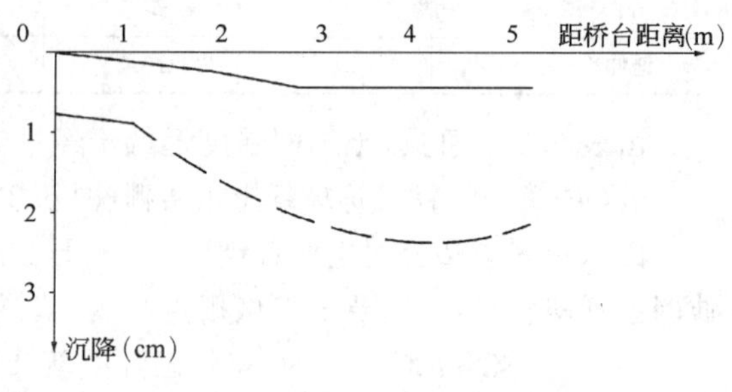

图6.2.9　云南龙云桥台后路堤沉

：铺设土工网， _ _：未铺土工网

该规范推荐采用土工网和土工格栅的强度要求为：

纵向抗拉强度＞6kN/m

横向抗拉强度＞5kN/m

拉　伸　模　量＞100kN/m

从表6.2.6可见，国产制品完全可以满足要求，根据前面讨论，最好采用强度高、摩擦系数大的土工格栅。

布设原则应为分层铺设嵌入台身之内，以保证共同作用。嵌入方法在《公路土工合成材料应用技术规范》中有图明示。每层之间的垂直间距应是上部密，下部疏，该规范给出的计算公式为；

$$\Delta H=\frac{2\,000T_{GC}^2}{E_T r_m H_m\left[3.5\frac{r_m H_m}{P_0}\left(1-\frac{Z^2}{H_m^2}\right)+\left(1-\frac{Z}{H_m}\right)\right]} \tag{6.2.2}$$

式中：ΔH——距路堤表面深度Z处的铺网间距，m；

T_{GC}——土工合成材料纵向设计抗拉强度，按60%抗拉强度取值，N/m；

H_m——路堤顶面与桥台基础顶面之间的高差，m；

E_T——土工合成材料的拉伸模量N/m，取与设计强度对应的割线模量；

r_m——填料压实后的重度，N/m^3；

P_0——标准轮压，其数值为0.7MPa。

这个公式形式比较复杂，而且采用N为力的单位，数字计算也甚繁琐，可以予以简化。《公路土工合成材料应用技术规范》的“说明”有这个公式推导的来历，推导过程已采用了$r_m=20$kN/m^3，如果将此值及上面已给出的P_0值（＝0.7MPa）代入上式即可简化如下式：

$$\frac{E_T}{T_{GC}^2}\Delta H=\frac{1}{H_m(1-\eta)[(1+\eta)H_m+10]} \tag{6.2.3}$$

式中：$\eta=\frac{Z}{H_m}$。

注意上式两端的量纲为$\frac{1}{[M]}$。

上式右端项有两个变量 H_m 和 η，左端项当 E_T 和 T_{GC}已知时只有一个变量 ΔH，因此很容易制成诺漠图，如 6.2.10 供查找 ΔH 之用。设取上式之值为 X，右端项即为

$$\frac{1}{H_m(1-\eta)[(1+\eta)H_m+10]}=X \tag{6.2.4}$$

在图 6.2.10b)中的下半部分，以 X 为横轴，$\eta=\frac{Z}{H_m}$为纵轴向下，对桥头路堤高 H_m 的不同值(图中取 5m，7.5m，10m，12.5m)即可得出一个曲线族 $x—\eta$。上式的左端项为

$$\frac{E_T}{T_{GC}^2}\Delta H=X \text{ 或 } \frac{\Delta H}{X}=\frac{T_{GC}^2}{E_T} \tag{6.2.5}$$

在图 6.2.10b)的上半部分，取 ΔH 为纵轴向上，上式后者即为 $Z—\Delta H$ 线的坡度。

当已经确定了选用的土工织物的型号之后，根据其 T_{GC}和 E_T 之值算出坡度$\frac{T_{GC}^2}{E_T}$，即可划出这根 $X—\Delta H$ 关系斜线，于是即可立即从图查出各个相对深度 η 处的 ΔH 值。举例：设所采用的土工网 $E_T=120\text{kN/m}$，$T=8\text{kN/m}$，设计强度取 $T_{GC}=0.6\times8=4.8\text{kN/m}$，所以$\frac{\Delta H}{X}=\frac{T_{GC}^2}{E_T}=\frac{(4.8\times1\,000)^2}{120\times1\,000}=192$，任选一值 x 值如 $x=0.03$，可得 $\Delta H=0.03\times192=5.76$，联点(0，0)和(0.03，5.76)即得 $x—\Delta H$ 关系曲线如图。设桥头填土高 $H_m=10\text{m}$，拟查 5m 深处的 ΔH。在下半图纵轴 $\eta=\frac{Z}{H_m}=\frac{5}{10}=0.5$ 点作横线交 $H_m=10\text{m}$ 的曲线于 a 点，向上作平行于纵轴的直线交上半图直线于 b 点，再作横线交纵轴于 c 点，即得 ΔH 之值 1.53m，与直线按公式(6.2.2)算得值相同，但十分简便。各曲线之间的 H_m 可内插求得。

《公路土工合成材料应用技术规范》规定：在距路堤顶面 5m 以内 ΔH 不宜大于 1m。

桥台基础顶面处土工织物的长度最短，这个最短长度 L_{min}规范亦有公式计算。

土工织物能减少台后路堤填土下沉的机理尚不是十分清楚，一般认为主要是：

(1)利用土工织物与桥台之间的锚固力和与填土之间的嵌锁力和界面摩阻力将桥台与填土联为整体，从而减少两者之间的沉降差；

(2)土工织物的抗拉强度提高土体的抗剪能力；

(3)土工网格对土体施加了侧向约束，降低土体沉降变形量。

台背填筑的施工工序如下：清基→地基压实→将土工合成材料锚固、摊铺、张紧并定位→分层摊铺、压实填料至下一层土工合成材料的铺设标高→进行下一层土工合成材料锚固、摊铺、张紧与定位。其要点是：①台背路基填土采用土工合成材料加筋时，适宜的台背高度为 5.0～10.0m；②台背填料应有良好的水稳定性与压实性能，以砾石土、碎石土为宜；③各层加固材料之间的间距，在距路基顶面 5.0m 的深度范围以内，铺网间距以不大于 1.0m 为宜；④铺网时必须将土工网充分张紧；⑤如在进行台背填筑以前，台背区以外的路基尚未填筑，台背填筑的施工长度一般应大于 50m；如台背区以外的路基已经填筑压实，则应将已填筑压实路基端

部开挖成台阶状，以保证新、老压实区沉降变形的均匀性。其余请参照《公路土工合成材料应用技术规范》。

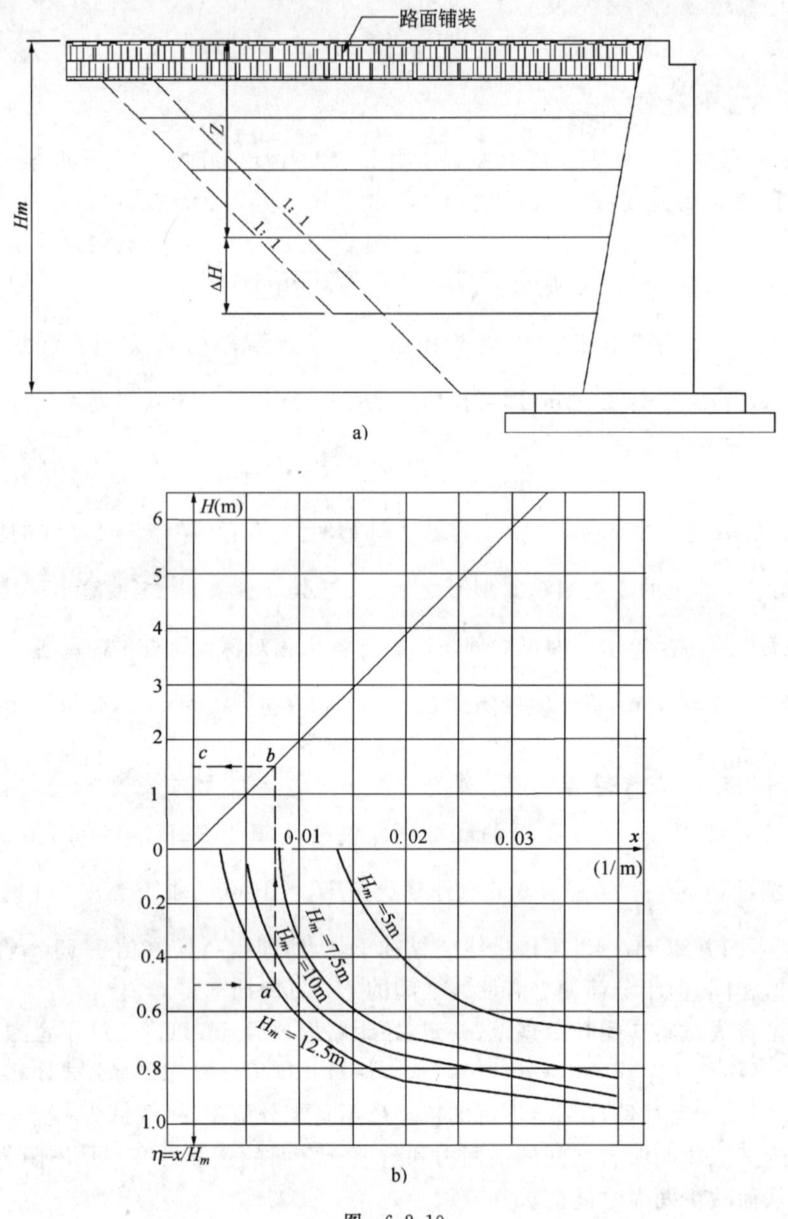

图 6.2.10

a)桥头路堤填土加筋方法；b)查算土工格栅间距诺谟图

五、桥 头 搭 板

为防止桥台与路堤间突变的沉降差而导致桥头跳车，采用桥头搭板搁置在桥台和台背填土之间，并随着填土的沉降而能转动，车辆行驶时可起到缓冲作用，即使台背填土沉降，也不至于产生凸陷不平，从而改善桥头行车条件。这是国内外多年来被广泛采用的重要技术措施。

搭板的设置方法也经历了一个漫长的探索和改进过程，但至今仍不是十分理想。桥头搭板做法发展的主要情况如图 6.2.11 所示。

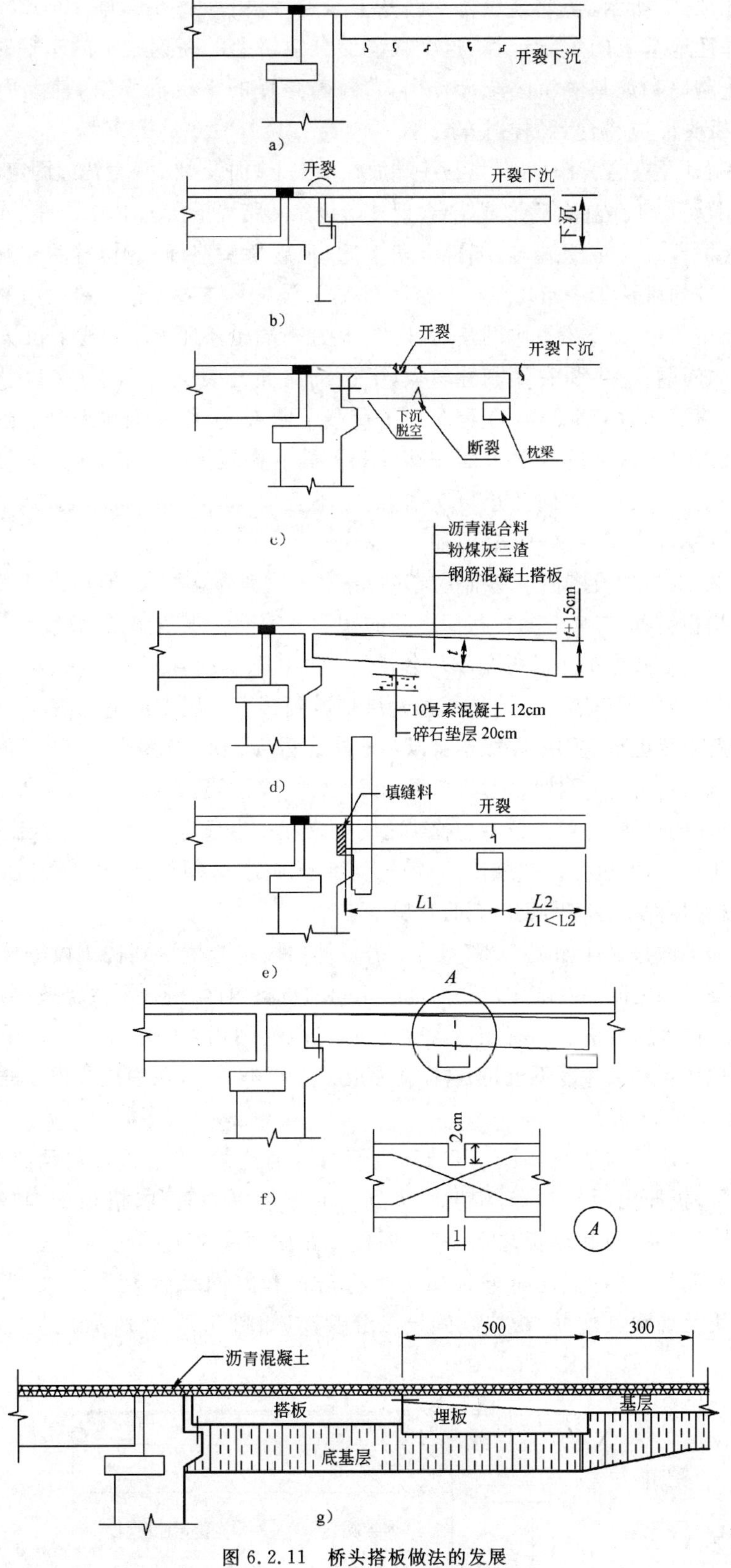

图 6.2.11　桥头搭板做法的发展

(1)如图 6.2.11 所示，初期是在桥头路基上设置一段长 4～6m，厚 20～25cm 的钢筋混凝土板，配筋按弹性地基上的短梁计算，这个板能够分散桥上的高速驶下的车辆对桥头路基的冲击力，但对阻止路堤和地基的沉陷毫无作用，它随着路堤的下沉而下沉，使上面的路面脱空断裂，随着下沉，桥头形成错台，照样跳车。

(2)改进的做法是在台背作牛腿，搭板一端放在牛腿上，加设 ϕ22 垂直锚栓固定，下垫油毛毡，如图 6.2.11b)，这样可以不致在台后形成错台，但外端仍然随路堤下沉。其结果是：①搭板上路面随之开裂；②搭板桥台端绕牛腿旋转，端部上角上翘，顶破桥头路面；③锚栓将牛腿混凝土拉裂。

(3)再次改进的做法如图 6.2.11c)，搭板外端下设枕梁支撑，桥台端改用 ϕ22 水平拉筋与牛腿铰接，其上角和牛腿端部各作倒角，这时搭板另一端也不下沉了(或下沉大大减小了)，但接着又产生新的问题：①牛腿它端刚性增大，上面的路面开裂、下沉，形成二次跳车；②搭板两端支撑，中间土壤沉陷，中部悬空，在重车冲击荷载下断裂，上面路面也开裂。这种破坏补修十分费时费力，必须将已破坏的桥头大面积路面和下面的搭板挖出重建，重建时还须考虑是否还要继续安设搭板。如安设，如何防止再次断裂；如不安设，如何解决跳车问题。

改进上述缺憾曾有多种做法，介绍如下。

(4)如图 6.2.11d)，加设搭板下基础垫层，防止脱空，取消外端枕梁，但加设一段逐渐增厚 15cm 的延伸段，并将搭板斜置，与其上沥青路面之间的楔形缝填铺粉煤灰垫层，以使整个面层刚性逐步过渡，不因突变而致二次跳车。搭板端部与台背之间的缝隙填沥青麻絮。在搭板下加设基础垫层的做法能使面层荷载包括车辆冲击力能通过垫层扩散到其下土层顶面更大的面积上，减少其单位承压力，但对于路堤填土自重引起路堤本身以及地基的固结下沉，仍然是阻止不了的。

(5)如图 6.2.11e)，仍保留枕梁，但将搭板向外延伸一个适当长度的悬臂，悬臂的柔度即可调整面层刚度由大到小的过渡，并可使桥台与枕梁之间的搭板产生负弯矩，减轻由于土基下沉引起的危害，这个构思是很好的，但也存在缺憾：①悬臂长度难于确定，必须相当长才能克服二次跳车问题；②悬臂甚长时枕梁顶面搭板将因负弯矩而开裂。

(6)更进一步的改进做法如图 6.2.11f)：①搭板伸出段取与桥台到枕梁段等长；②搭板倾斜设置，其与上面路面结构之间的缝隙用与路面基层相同的材料填铺，搭板下面仍按原路面设计铺设基层和底基层；③考虑到斜置搭板已有相当大的长度，已能起到相当的刚度缓冲作用，故在伸出端部下面加设枕梁，以防止端部过度下沉；④这样就形成了双等跨搭板，在中枕梁顶面的搭板处设铰缝，以释放负弯矩，避免受力开裂。

(7)为了节约，还可再改进如图 6.2.11g)所示：取消枕梁，将搭板外端延伸段作成长 5m 的铰接的楔形埋板，板厚由厚到薄，对刚度由大到小的过渡更为有利；搭板和埋板段路面下面的基层和底基层皆移到搭板和埋板之下，楔形埋板与路面面层之间的空隙用基层材料填铺。

对于刚性的混凝土路面，还有一种做法是将搭板和路面结合成整体，适当加厚桥头附近 3～5个路面板块及加强其配筋，板块之间设胀缝铰接，如图 6.2.12 所示。

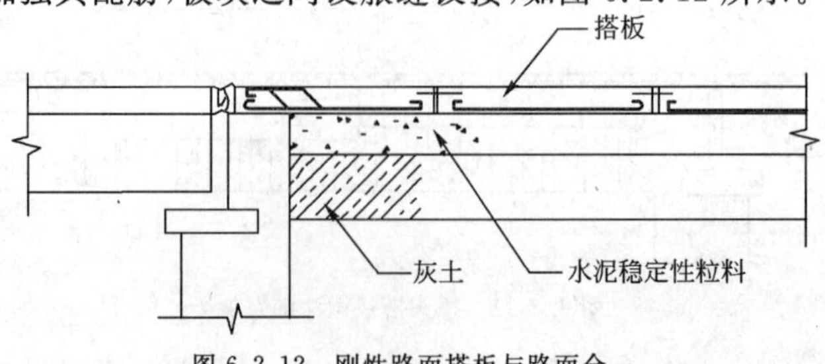

图 6.2.12　刚性路面搭板与路面合一

由上可见，桥头搭板存在的问题甚多，不能确保能防治桥头跳车，其主要的缺点是：

(1)有搭板只是一种治标的方法，而不能治本。搭板只能扩散高速车轮从刚性桥台行驶到柔性路堤上引起的车载压力和冲击力，不能阻止桥头填土和地基由于自重引起的压缩固结和沉陷，有时搭板自身也将随路堤土下沉，因而还有人提出所谓“吊式搭板”的做法，如图 6.2.13 所示，铺设搭板时四周铺油毡使与土基隔离。当搭板沉陷、桥头跳车时，可于路面两边设枕木垛上架横梁通过千斤顶将搭板吊起，下面填垫水沉稳定石屑至需要高度再行复原。这正如人们讽喻在城市马路上设“拉链”以便随时皆可反复开挖一样，对现代化高速公路是不可行的。

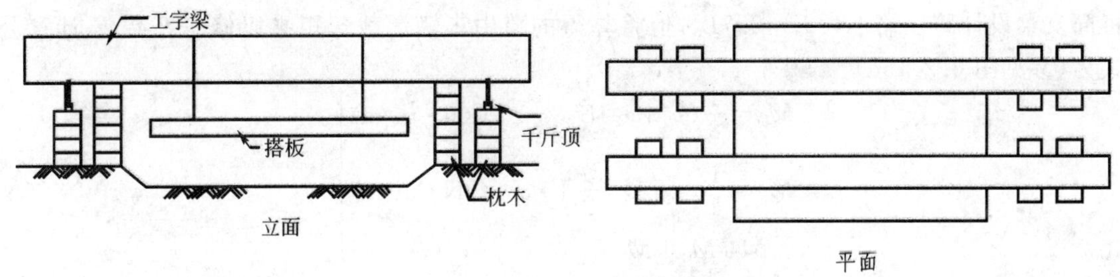

图 6.2.13 可调整高度的吊式搭板

(2)搭板的结构尺寸无法准确设计，搭板宽度应与行车道同宽，在高速公路上应达到两侧硬路肩的外缘，即与路基同宽，这是可以正确确定的，但其长度、厚度则不然。

①搭板长度：早期曾主观采用 4～6m，由于二次跳车的出现，后来越修越长，由图 6.2.11 可见，有长达枕梁支撑双孔总长 12～16m 的，还有人提出了一个设计原则：采用搭板的目的主要是利用以从桥头用一个微小的坡差下降到沉陷后的路堤上，这个坡差应使高速行驶的汽车感觉舒适，不致过渡到路堤上时感觉骤变引起跳车之感。如图 6.2.14，设原有桥头路堤锥坡为 i_0，沉降后变为 i_0'，搭板长度为 L，外端点处路堤沉降量 ΔH，搭板顺坡坡度 i_1，则有

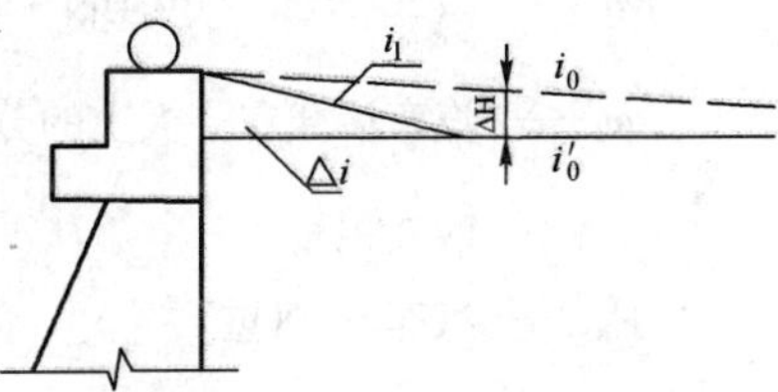

图 6.2.14 用搭板顺平桥头跳车纵坡

$$\Delta H = L(i_1 - i_0) = L\Delta i$$

$$\text{及}\ \Delta i \leqslant [\Delta i]$$

$$\therefore L\ \frac{\Delta H}{\Delta i} \geqslant \frac{\Delta H}{[\Delta i]} \tag{6.2.6}$$

式中：i_0'——路堤沉降后顶面坡度。由于路堤是变高的，其自重引起的路堤本身和地基地沉降也是变化的，为简化计取仍等于路堤原有坡度 i_0。

ΔH——搭板外端点处路堤沉降量。由于沉降沿路堤非一常量，L 还未知，因而 ΔH 尚不能确定，但为简化计，取路堤沉降为一常量。有人测算高 10m 以内的路堤，即使施工时按最佳含水量压实到最大密实度，仍然有工后沉降平均约每米高 1cm。《公路软土地基路堤设计与施工技术规范》[10] 允许在设计使用年限内路面工后沉降为 10cm(高速公路、一级公路)～20cm(二级公路)。

$[\Delta i]$——不致引起行车不舒适的坡度差，有人建议 4‰，有人建议 5‰。

按上述，即使 ΔH 按规范取最小 10cm，$[\Delta i]$ 取最大值 5‰ 计，搭板长度最小应为 $L=\frac{10}{5‰}=20(\text{m})$，这个长度过长，还没有看到哪里作过这样长的搭板。

实际上，搭板长度皆按经验取值，美国、日本一般取 5～8m 长，我国也相同。

②搭板厚度:早期搭板受力曾按弹性地基上的短梁计算,较为符合实际,但计算复杂,且梁长取搭板长度是不当的,因为搭板宽一般与路基相同,4 车道高速公路宽 25.5m,而长只有 6～8m,实际上的受力是弹性地基上的板,如简化为梁,长度应取 25.0m。图 6.2.15a)。按弹性地基板计算就更为复杂。

当搭板一端搁置在台背牛腿上,另一端下设枕梁支撑时,合理的计算图式应如图 6.2.15b),两端支撑的弹性地基梁,跨径为 L。为了简化计算,同时考虑到后期搭板下的土基可能沉陷使搭板脱空,因而,不论有无枕梁,皆直接按跨径为 L_0 的简支梁近似计算,如图 6.2.15c)。国内规范尚无对搭板计算方法有明确规定,这样计算偏于安全。日本规范对搭板计算作有明确规定,即将简支梁设计跨径缩小为 $L=0.7L_0$,但将算得的跨中车辆活载弯矩乘以修正系数 α,计算公式为(参见图 6.2.15d)

$$\left.\begin{aligned}&M_D=\frac{1}{8}(\omega_1+\omega_2)L^2 \quad (\text{kN}\cdot\text{m/m})\\&M_L=\frac{1}{4}\omega_l a\left(L-\frac{a}{2}\right)\cdot\alpha \quad (\text{kN}\cdot\text{m/m})\\&\sum M=M_D+M_L\end{aligned}\right\} \tag{6.2.7}$$

式中:M_D——恒载弯矩;

ω_1——搭板上的路面层重,kN/m²;

ω_2——搭板自重,kN/m²;

M_L——汽车活载弯矩,kN·m;

ω_l——汽车活载在搭板上的分布重量,kN/m²,参见图 6.2.15d):$\omega_l=\frac{P_k}{ab}(1+i)$,$i$ 为冲击系数,取 0.3;

P_k——汽车后轴重;

a——汽车轴重分布长度,后轴为双轮时,$a=0.2+c+2h_1+\frac{h}{2}$,m;

c——汽车后轴双轮心距;

h_1——搭板上路面层厚度,m;

h——搭板厚;

b——汽车轴重分布宽度,取车辆外廓宽度(中国新技术标准 JTG B01－2003 规定汽车荷载为均布荷载加一梁中荷载,分布宽度为车道宽 3.75m);

α——搭板断面力修正系数,$L_0\leqslant 4$m 时 $\alpha=1.0$,$L_0\geqslant 4$m 时 $\alpha=L_0/32+7/8$。

参考文献[17]用日本规范检算我国常用搭板配筋,结果如表 6.2.7 所列。

按上述得出跨中 M 之后,再按规范算出纵向拉力钢筋量 A_S,同时在上缘应配备压力钢筋 $A_{压}\geqslant\frac{1}{3}A_S$。考虑到板体作用,还应配备横向钢筋,在受拉区 $A_{横}\geqslant\frac{1}{4}A_S$,受压区 $A_{横}=\frac{1}{6}A_S$。

按日本规范检算我国常用桥头搭板情况 表 6.2.7

项目	搭板长(m)	搭板厚(cm)	纵向钢筋		横向钢筋	
			受拉区 A_S	受压区 $\frac{1}{3}A_S$	受压区 $\frac{1}{4}A_S$	受压区 $\frac{1}{6}A_S$
现行图纸	8	40	ϕ16@150	ϕ12@150	ϕ12@150	ϕ10@150
按日本规范计算	8	40	ϕ20@110 (A_S=3.142)	ϕ14@150 (>1 047.3)	ϕ12@150 (>785.5)	ϕ10@150 (>523.7)

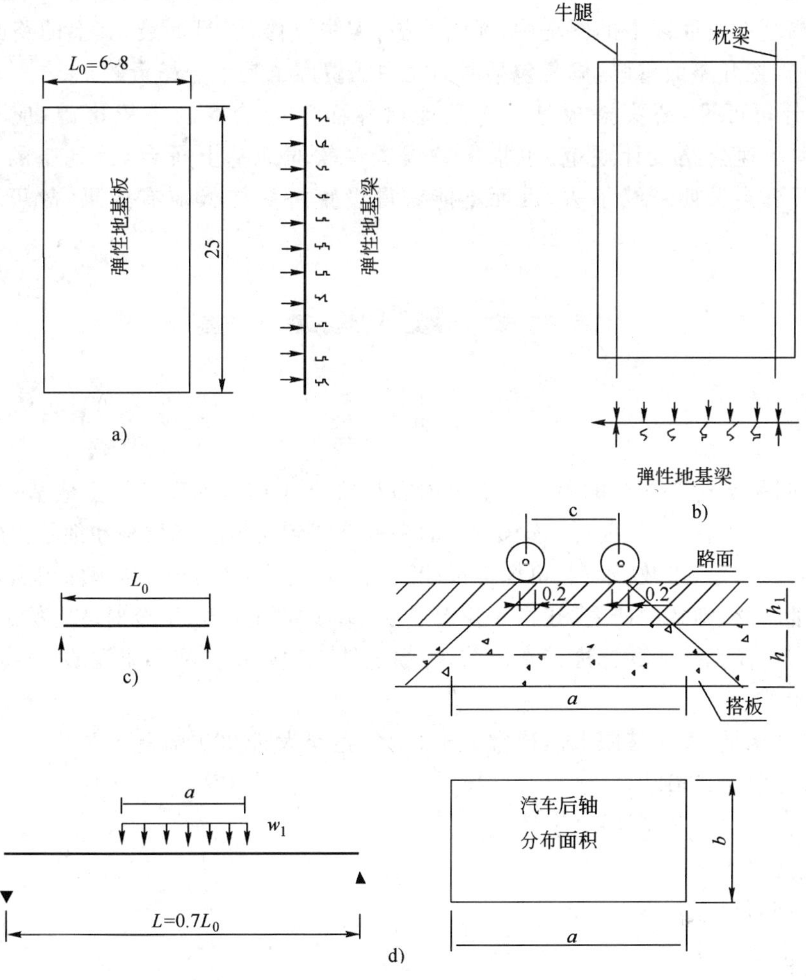

图 6.2.15　桥头搭板受力计算

a)弹性地基板简化为弹性地基梁；b)两端支撑的弹性地基梁；c)简支梁；d)日本规范，简支梁

检算按承载能力极限状态设计规定进行，检算弯矩采用 $\gamma_0 \geq 1.2M_D + 1.4M_L$，钢筋选用 HBR335，考虑可变作用引起的疲劳影响，配筋调整系数采用 1.1。汽车荷载分别按老标准"汽车轮载"和新标准"均布＋集中力"进行，结果相近。由表可见，我国现行图纸纵向拉筋只为日本规范要求之 46.9%，其他纵、横钢筋基本相同。

注意上面验算的我国搭板厚度已达 40cm，日本一般为 35cm，混凝土 25 号。

(3)经济问题：由上可见，桥头搭板越作越长，越作越厚，目前已厚达 40cm，仍保证不了不断裂，长达 8m，仍满足不了"顺坡"的需要，前面第二章表 2.1.1 所列国内数种跨径 20m 空心板的整板平均厚度也只不过 30cm 左右。4 车道高速公路上一座桥两端桥头搭板按前面检算的常用尺寸计就需钢筋混凝土 8×0.4×25.09(宽)×2＝160(m^3)，如果再伸长，耗用还更多。

桥头跳车主要是路堤填土和土基固结沉陷引起的，它与桥头填土高度有关，而与桥梁的跨径无关。一座填土 8m 高的桥台，无论桥梁跨径为 100m 或 10m，或者只是 5m 的明涵，桥头路堤的沉陷都是一样的，如果都要作这样庞大的桥头搭板，对于跨径 20m 的桥，相当于多作了两孔上部构造的钢筋混凝土量，对于小一些的跨径就更多，何况它还不能真正解决问题。不少技术人员也觉得小桥涵作大搭板不适当，因而就改成短板，但这就更不合理。

桥头搭板埋在路面以下的路堤中，无法养护、无法补修，一旦断裂，其上的路面也必破坏，必须封闭交通，挖开路面重修，修复包括路面在内的费用也是十分昂贵的。

由以上分析可见：桥头搭板是一个只能治标而不能治本的昂贵措施，应尽可能避免采用。《日本高速公路设计规范》也指出，"设置在软弱地基上桥台，因地基的残余下沉很大，且这种下沉会长期持续下去，因而不能获得设置桥头搭板应有效果，故可不设置桥头搭板"。

第三节　软土地基处理

一、概　　述

如前所述，引起桥头跳车的另一个重要原因是软土地基的沉降。软土地基一般是指天然含水量高、压缩性大、抗剪强度低、透水性差的一种软塑到流塑状态的饱和细粒土层，许多工程包括铁路、港口、房建、市政、水利、机场等都能遇到。因此，从古至今，从国内到国外，许多部门都对它进行了广泛、细致的研究，正由于情况复杂，牵涉部门众多，至今对软土的定义和界定其性质的技术指标尚无统一的标准。在以前，习惯上软土主要指淤泥和淤泥质土层，其物理力学指标特征值如下：

(1)天然含水量：大于液限 w_L，通常大于 35%，甚至大于 200%以上；

(2)天然孔隙比：≥1.0；

(3)十字板剪切强度＜35kPa；

(4)饱和度：＞90%；

(5)液限：35%～60%；

(6)液性指数：＞1.0；

(7)塑性指数：13～50；

(8)天然容重：15～19kN/m^3；

(9)透水性低：渗透系数为 10^{-6}～10^{-8}cm/s；

(10)压缩系数：＞0.005MPa^{-1}，甚至可达 0.002MPa^{-1}；

(11)触变性：一经扰动，土的结构即遭到破坏；

(12)流变性：在剪应力的作用下，土体可发生缓慢而长期的剪切变形。

在我国，交通部近期颁发的 TJT 017－96[10]《公路软土地基路堤设计与施工技术规范》中，对比研究了国内外、各部门的有关资料。为了简化，把这种土质明确定名为软土，以上述其物理力学指标特征的前三项作为其鉴别指标，其中，天然含水量 ω 和孔隙比 e 已能充分描述土壤的压缩性，而十字板剪切强度则主要牵涉到土壤的稳定性，它只需在现场原位测试，不用在后期作复杂的室内试验，而且得出的是原状土壤的总的抗剪强度，比早先采用的单一的快剪内摩擦角指标要合理的多(见参考文献[10]表 3.1.1)。

软土的颗粒组成基本上是粉土和黏土(见表 6.2.2)，多在滨海、湖泊、河滩、谷地、沼泽等处沉积形成，在长期的地质形成过程夹带了动、植物的遗骸等分解成的有机质，从而恶化了土质软弱的性能。按有机质的含量，软土又可划分为表 6.3.1 所列几种类型。

软土的类型 表 6.3.1

类型		说明	有机质含量(%)	天然含水量(ω%)	孔隙比(e)	快剪内摩擦 ϕ_g(°)
泥炭		常为内湖沉积，喜水植物在缺氧条件下形成有机质，大部分未完全分解成纤维状	＞50	＞300	＞5	＜12
腐殖质土		有机质大部分分解，有臭味，黑色	＞50	＞200	＞4	＜5
有机质土	淤泥	静水和缓慢流水中沉积，未完全分解的有机质较多时 ϕ_g 较大	5～50	＞60	＞1.5	＜5～10
	淤泥质土	静水和缓慢流水中沉积，未完全分解的有机质较多时 ϕ_g 较大		＞液限	1.0～1.5	＜15
黏质土		粒径 0.002mm 以下者含量＞50%，为最常见的软土	＞5	＞35	＞1.0	＜5
粉质土		粒径 0.074～0.002mm 以下者含量＞50%，此种软土较为少见	＜5	＞30	＞1.5	＜7

表 6.3.1 类型划分见《公路软土地基路堤设计与施工技术规范》4.2.3 条，说明及技术指标见参考文献[10]、[20]补列。

在软土地基上修筑工程构筑物，其主要的工程问题是地基的沉降和稳定性。对公路桥梁和路基来说主要存在如图 6.3.1 所示几种问题。问题的复杂性在于：沉降和失稳的变形往往是缓慢的、长期的，有的甚至多年也不终止(参见图 6.2.2)。对于沉降量和失稳的计算以及处理的措施及其设计，已经提出了多种多样的方法，大体上都能符合实际和取得相当的效果。但由于土壤的组成和场地情况的复杂多变，绝对符合实际而又确保能解决问题的措施是困难的，如本章第二节所述的桥头跳车问题一样，还必须边治理、边观察、边养护，防止形成病害和出现事故。

为了尽量避免软土引起的病害，减少处理的费用，应当：

(1)路线勘测选线阶段就应尽量躲避或绕开软土地带；

(2)如无法绕避，不得不通过时，应尽量缩短通过软土地带的路线长度，和适当降低填方路堤的高度；

(3)路堤填土应尽量选用本身无沉降或少沉降的沙砾和沙性土，以免加重总体沉降；

(4)对软土地基采取必要的处理措施；

(5)软土地基上的桥梁，如基本上都是建在旱地上的跨线桥，应尽可能采用深基础如深桩基础，直达地下坚硬地层。

对软土地基进行人工处理，其目的就是为了提高地基强度和保证地基的稳定性，降低地基的压缩性，减少地基的沉降和不均匀沉降。随着工程技术的不断进步和发展，软土地基处理技术日趋成熟和完善，与此同时，由于新的加固技术和新型材料的不断出现，使软土地基处理方

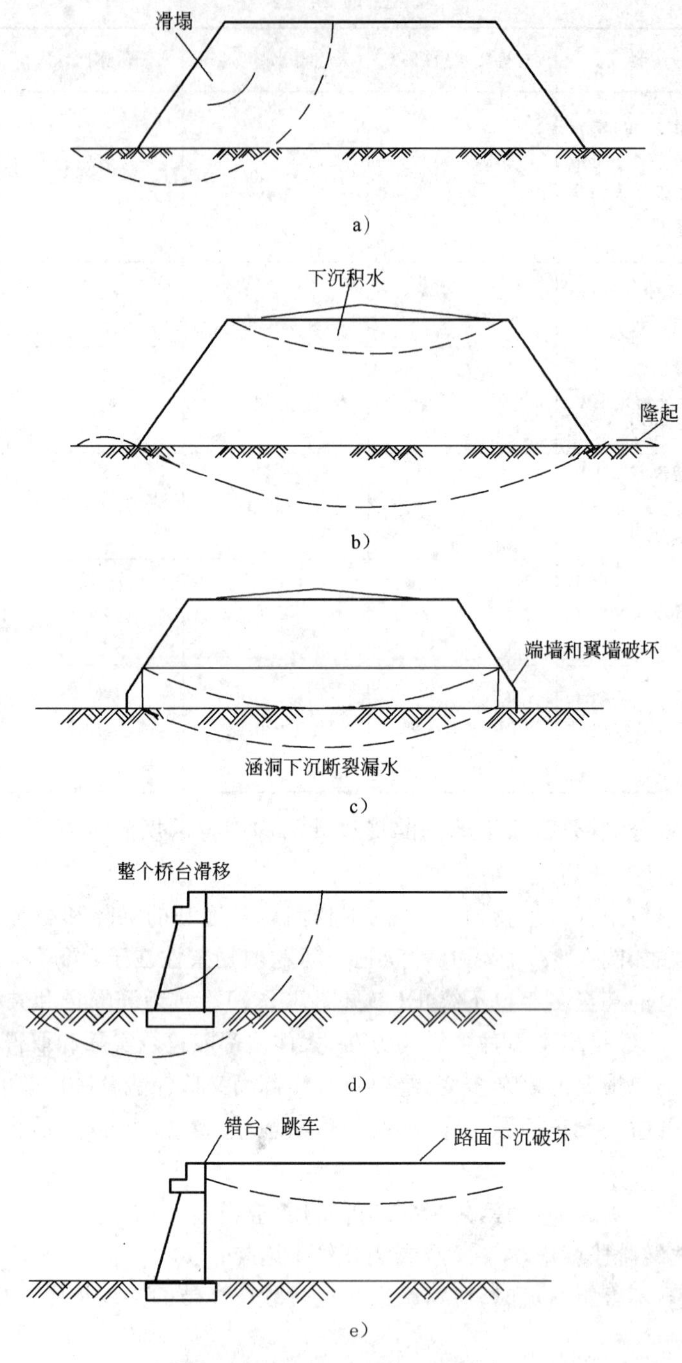

图 6.3.1　路堤沉降和失稳的各种形态

法多种多样。若根据地基处理作用机理对软土地基处理方法进行归纳分类的话，大致可分为以下三类[22]：

1. 置换法

指将地基表层一定平面、一定深度范围内的软土用品性良好的土壤或其他材料来替换的一类方法。根据置换范围、方法和置换机理的区别，置换法还可以分为三小类：

(1)整体置换和局部置换。整体置换是指地基表层一定整体平面范围，一定深度内的软土全部挖除，用品性良好的土壤或其他粒状材料来填充，即所谓的“全挖全填”。局部置换是指地基表层局部平面范围内，一定深度的软土被挖除或被挤开，用品性良好的土壤或其他材料来填充，如各类桩式处理法即属于此类。

(2)静力置换和动力置换。静力置换俗称“换填”，挖除软土，用品性良好的土壤回填并压实。动力置换是指用夯锤将铺在天然软土地基表面上品性良好的土壤或其他粒状材料夯入上层地基土中，达到置换的目的。它可以是整体式的，也可以是局部式的。

(3)物理置换和化学置换。前者只增加土壤的密实度与减少含水量，软土地基土壤只发生物理指标的变化，没有化学方式的变化。化学置换是指用水泥、石灰等类材料置换部分软土或改善周围软土的化学、胶体化学特性，如各类加固土搅拌桩及各类灌浆方法。

2.堆载预压法

这是一种最传统的做法。在软土地基表面堆填路基材料，经一定时间重力作用后，软土中部分水分和空气利用土层固有排水通道被挤压出来，土壤颗粒靠拢，密实度增大，含水量减少。根据地基表面单位面积上堆载重量(简称压强)的差别，堆载预压法还可以分为三小类：

(1)超载法。堆载压强大于设计的路面、路基所产生的压强。一般用于要求预压期较短，软土地基不致于发生剪切滑移的场合下。

(2)等载法。堆载压强等于设计的路面、路基所产生的压强。

(3)欠载法。堆载压强小于设计的路面、路基所产生的压强，通常只等于设计的路基所产生的压强。只需轻度处理或有充分预压期的软土地基可采用这种方法。堆载土土源紧缺，或者不便废弃余土的场合下，也可以采用这类方法。

3.排水法

软土的根本是某些土类(如：淤泥、泥炭、腐植土等)对水分有强烈的吸附性，土壤颗粒高分散性，土体含水量过高，压缩性强。有效地排除软土中的过量水分是软土地基处理的关键所在。根据土壤孔隙水压与大气压强的关系，可以将排水法区分为三小类：

(1)负压(真空)法。通过抽气作用，使土颗粒周围空气压强小于大气压强，以排除土壤中的水分，通常也称之为真空排水法，真空降水法。

(2)常压法。土颗粒周围空气压强等于大气压强，依靠排水坡降或毛细作用将土体中的水分排泄出来。纵横盲沟属前者，塑料排水板属后者。

(3)超压法。通过动力波激发，使土壤孔隙水压强大于大气压强。软土地基强夯法属此类。

工程实践中，软土地基处理方案往往是以上三大类方法的适当组合。例如：塑料排水板与堆载预压相结合，就是常压毛细重力式排水和堆载预压法的组合。

国内介绍软土地基处理方法的专著颇多，内容丰富详尽，见参考文献〔20〕，同时，国家也颁布了相应的技术标准和规范，见参考文献〔10〕、〔19〕，供实际工作中参考遵循。本节仅介绍近年来工程中最常采用的袋装砂井、塑料排水板、粉喷桩和真空预压等几种新的处理方法。

二、袋装砂井

(一)加固机理及作用

袋装砂井是将散体砂装入用化纤纺织物做成的细长袋子内置于软土中作为竖向排水体的一种方法，是近年来竖向排水井工艺的发展，是砂井排水法的延续。从砂井固结理论可知：砂井的直径越大，间距越密，对某一固结度而言所需的时间越短，或者某一时间内所达到的固结度越大。比较砂井的直径与间距两者对固结度的影响，在同一井径的情况下，砂井间距减小一半，固结时间约缩短 3 倍；在同一间距的条件下，井径增大一倍，固结时间约只减少$\frac{1}{3}$，因此缩短间距比增加井径对加速固结的效果更好，所以应采用“细而密”的原则。化纤袋正好可以做成很细的形状，通常为 7～12cm，同时，能将井间距大大缩小，容易保证“细而密”的原则要求，加快排水固结时间。另一方面，由于化纤纺织物具有较大的拉伸强度，在施工加荷时竖向砂袋正好处在与土体滑动带相交位置，能起到竖向加筋和抗滑作用，对土体的稳定性也很有利，因此，是一种有效、简便而又普遍的软基处理方法。

袋装砂井处理软土地基时，一般和堆载预压法相组合。传统的堆载预压法是先在软土地基上分级施加路基材料，使土体中的孔隙水排除并逐渐固结，地基沉降在加载预压期间基本完成或大部分完成，从而使路堤在使用期间不致产生过大的沉降和不均匀沉降，同时提高地基土的承载力和稳定性。由于土体排水固结所需的时间和渗透路径长度的平方成正比，因此，当软土层深厚且透水性很差时，须在预压前先在地基中设置砂井之类的竖向排水通道，地表设砂垫层，通过毛细作用和分级加载预压，改变原有地基的边界条件，增加孔隙水的排出途径，缩短排除距离，可以使土体中的水分加速排除，大大缩短预压固结所需的时间。由于砂井的间距远小于被加固软土层的厚度，因此土体中的孔隙水主要是从水平向集中到砂井中，再通过砂井竖向排出到砂垫层中，然后横向排出的，通过土体本身竖向排出的水只是少量的，如图 6.3.2 所示。

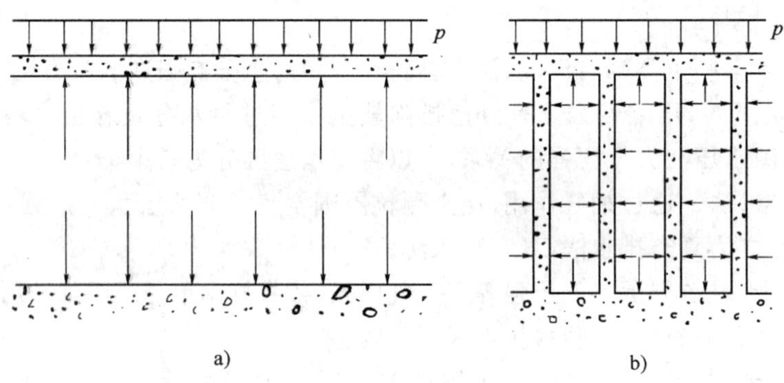

图 6.3.2　深层竖向排水

a)无砂井情况；b)设砂井情况

土壤双向排水促进固结的时间 t，一般按下式计算：

$$t = \frac{D^2 T_V}{C_V} \tag{6.3.1}$$

式中：t——达到某一固结度所需的时间，s；

D——固结的最大单面排水距离，m；

C_V——固结系数，cm^2/s；

T_V——时间系数，与土层平均固结度 U 有关，可查图 6.3.3。

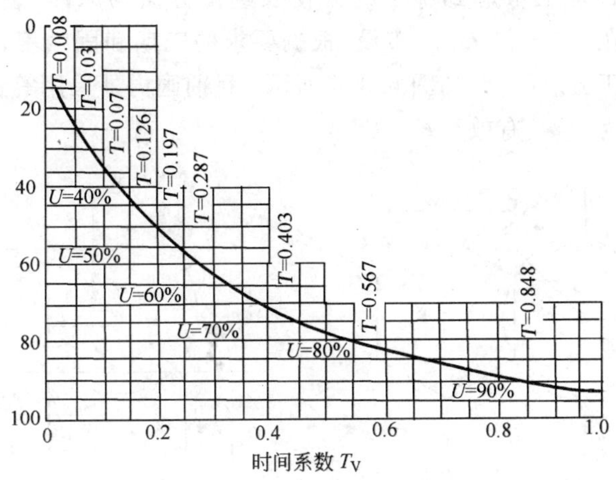

图 6.3.3 U 与 T_V 的关系($\triangle U_0$ 为常数)[3]

设有一冲积黏土层,厚 20m,双面排水,所以 $D=\frac{H}{2}=10(\mathrm{m})$;土壤固结系数 $C_V-1.8\times 10^{-3}\mathrm{cm}^2/\mathrm{s}$,见参考文献[20]的 P. 109 表 6.6.1,为达到 80%的固结度,由图 6.3.3 查得:$T_V=0.567$,故所需固结时间为

$$t=\frac{(10\times 100)^2\times 0.567}{1.8\times 10^{-3}}\times\frac{1}{365\times 24\times 60\times 60}\approx 10(\text{年})$$

如采用排水砂井,将排水距离缩短为 2m,则所需时间为

$$t=\frac{2^2}{10^2}\times 10=0.4(\text{年})\approx 5(\text{月})$$

可见固结时间大大缩短。

(二)袋装砂井的设计原则和指标确定

1. 首先进行软土地基的调查

在进行袋装砂井的设计时,首先应进行软土地基的调查,以便取得准确的第一手资料,调查的项目大致有:

(1)地层状态:软土层的厚度,是否存在透水层及透水层的位置。

(2)抗剪强度与各层分布变化:以原状土测定粘结力和内摩擦角,由于黏性土在钻探取样和试样搬运时容易扰动,测定的数据可能与实际稍有出入,因此建议有条件时应在现场进行测定。

(3)固结试验:测定固结荷载与孔隙比的关系(e—p 曲线)和固结系数(竖向固结系数 Cv、水平向固结系数 Ch)。

(4)其他各种物理试验指标。

2. 确定井长、井径、间距等指标

根据勘察调查的试验数据,考虑到工期、容许工后沉降、路堤高度、施工条件等因素,并通过固结理论计算(具体参见有关专著,如参考文献〔20〕)来确定袋装砂井的直径、间距、长度、排列方式及平面布置、排水砂垫层厚度等。这里给出一般推荐值。

1)直径、间距和平面布置

根据袋装砂井的加固机理可知,影响加固作用(即影响排水效果)的主要原因是砂井的间距而不是直径。一般情况下考虑到施工的方便及经济方面的原因，袋装砂井的直径以7～10cm为宜，间距一般在1.0～2.0m间布设，根据要求的工期和固结度，按前述方法确定。其布置一般有三角形和正方形两种，如图6.3.4所示。目前国内外采用等边三角形的较多，这种布置比正方形排列更为紧凑、有效。

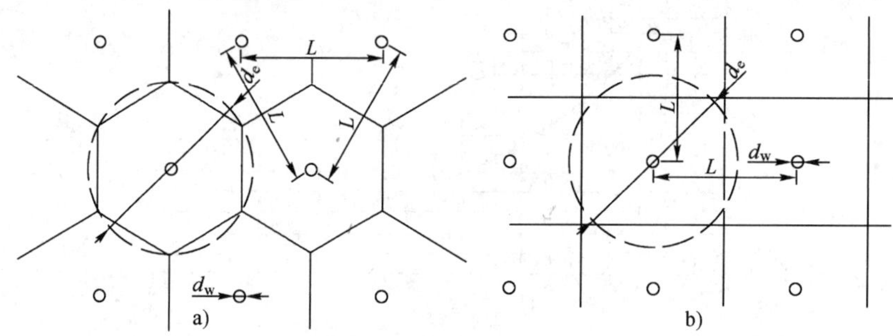

图6.3.4 袋装砂井布置示意图

a)等边三角形排列；b)正方形排列

设袋装砂井的设置间距为L，其影响圆的直径为

当为等边三角形排列时

$$d_e = \sqrt{\frac{2\sqrt{3}}{\pi}} \times L = 1.05L \tag{6.3.2}$$

当为正方形排列时

$$d_e = \sqrt{\frac{4}{\pi}} \times L = 1.128L \tag{6.3.3}$$

2)砂井长度

砂井的长度主要取决于软土层排水固结效果。一般当软土层较薄或其底层为透水层时，砂井应贯穿软土层；当软土层较厚时，砂井深度由地基稳定和容许工后沉降计算来确定。地基深处砂井的附加应力作用很小，因此砂井应有最佳有效长度，一般为10～25m。

3)砂垫层

为了保证袋装砂井内渗出的水能够横向顺利排至地面上，应在砂井的顶部铺设厚度不小于30cm的砂垫层，砂井的上部外露部分应埋在该层内，袋口垂直向上，见图6.3.5。若改用碎砾石应有级配要求，以保证排水效果。

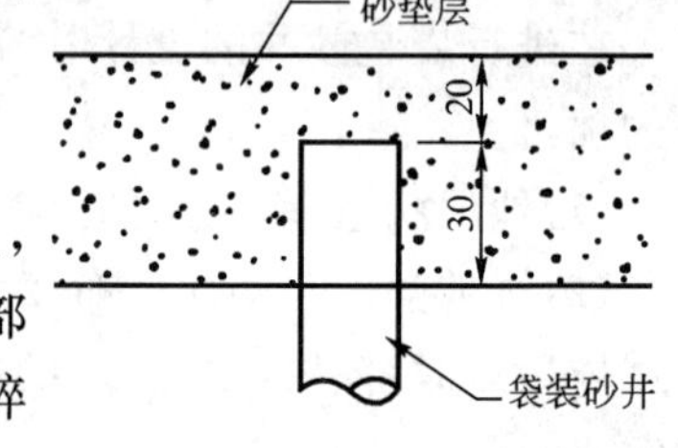

图6.3.5 袋装砂井布置示意图

4)总体布置

参考文献〔19〕提供有袋装砂井的总体布置方式如下，可供参考。

桥头段见图6.3.6，图6.3.6a)为横断图，路基边坡一般取1∶2，砂井横向宽出路基坡脚之外的宽度$W \not< 1.0$m，砂垫层宽出$W+1.0$m。图6.3.6b)为纵断图，图中A点为与台背相接点，路堤以坡度i%下降，台后路堤加固长度$AC=L$。图6.3.6c)为平面图，因降坡之故路堤高度逐渐降低，路基底宽和加固宽度也逐渐减窄。加固范围分为A、B两区，分界点B位置如图6.3.6所示，A、B、C三点的计算工后沉降分别为S_A、S_B、S_C。

(1) 加固长度L选定原则：$S_C \leqslant$容许工后沉降；

(2)分区点B选定原则：

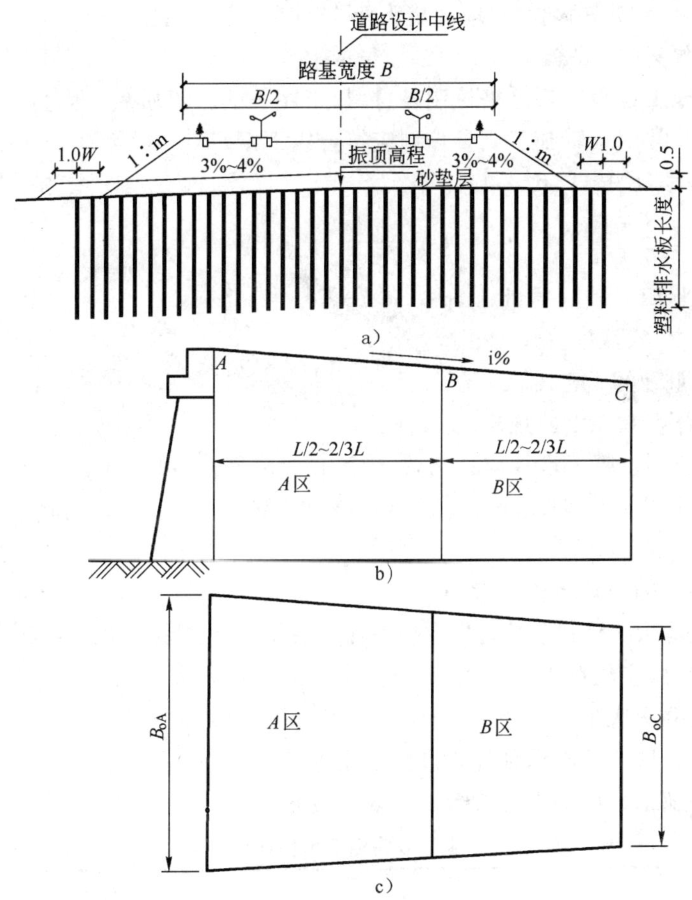

图 6.3.6 袋装砂井总体布置

a)横断图；b)纵断图；c)平面图

①A 区砂井长和间距按 S_a≤容许工后沉降确定；

②B 区砂井长和间距按 $S_b \leqslant \frac{S_a + S_c}{2}$作控制。

一般路段概以工后沉降控制，不分区。容许工后沉降在《公路软土地基路堤设计与施工技术规范》表 5.1.2 有具体规定。

(三)袋装砂井的施工要点及质量控制

1. 材料

(1)砂袋：砂袋多由专门工厂生产，市场供应。一般用聚丙烯或其他适用的编织料制成，抗拉强度应能保证承受砂袋自重，装砂后砂袋的渗透系数应不小于砂的渗透系数。

(2)砂：采用渗水率较高的中、粗砂。大于 0.5mm 的砂的含量宜占总重的 50％以上，含泥量不能大于 3％，渗透系数不应小于 5×10^{-3}cm/s。

2. 施工机械

主要机具为导管式振动打桩机，在行进方式上普遍采用有轨道门架式、履带臂架式、吊机导架式等。

3. 施工工艺流程

排除地表水→ 整平原地面→ 摊铺下层垫砂层→ 测设放样→ 机具定位→打入套管→ 沉

入砂袋→拔出套管→机具移位→埋砂袋头→摊铺上层砂垫层。

4.施工质量控制

袋装砂井在施工过程中要严格控制各材料、工序等的施工质量。因为一但施工完成，对成品的质量检查将非常困难。施工质量控制应符合以下规定：

(1)砂袋灌砂率(r)按式(6.3.4)计算

$$r=\frac{m_{sd}}{0.78d^2L\rho_d}\times 100\% \qquad (6.3.4)$$

式中：m_{sd}——实际灌入砂的质量，kg；

d、L——井直径、深度，m；

ρ_d——中粗砂的干密度，kg/m^3。

灌砂率应符合表6.3.1的规定。

(2)砂袋灌入砂后，露天堆放应有遮盖，切忌长时间暴晒，以免砂袋老化。

(3)砂井可用锤击法或振动法施工，导轨应垂直，钢套管不得弯曲，沉桩时应用经纬仪或垂锤控制垂直度。

(4)为控制砂井的设计入土深度，在钢套管上应划出标尺，以确保井底标高符合设计要求。

(5)用桩架吊起砂袋入井时，应确保砂袋垂直下井，防止砂袋发生扭结、缩径、断裂和砂袋磨损。

(6)拔钢套管时，应注意垂直起吊，以防止带出或损坏砂袋。施工中若发现上述现象，应在原孔边缘重打；连续两次带出砂袋时，应停止施工，查明原因后再施工。

(7)砂袋留出孔口长度应保证伸人砂垫层至少30cm，并且不得卧倒。

(8)袋装砂井施工允许偏差应符合表6.3.2要求。

袋装砂井施工允许偏差 表6.3.2

项次	项目	单位	标准	允许偏差	检查方法和频率
1	井距	cm	符合设计规定	±5	抽查2%
2	井长	cm	符合设计规定	不小于设计	查施工记录
3	井径	mm	符合设计规定	+10，−0	挖验2%
4	竖直度	%		1.5	查施工记录
5	灌砂率	%	符合设计规定	+5	查施工记录

三、塑料排水板法

(一)加固机理及作用

塑料排水板法是将一种塑料板带插入软土地基中，通过毛细作用，使水沿着在板带上设置的多孔管道排出，达到土体固结的一种方法。因塑料排水板所用的材料、制造方法不同，结构也不同，大致分为两类：第一类是用单一材料制成的多孔管道的板带(无滤套)，表面上有许多微孔；第二类是由芯体和滤套两种材料组合而成的复合，其中，板芯为各种规律变形断面的芯板或乱丝、花式丝的芯板，一般由聚乙烯或聚丙烯加工而成，外面包裹一层滤套，一般由无纺土工织物制成。国内外在工程中经常使用的塑料芯板结构，主要有图6.3.7所示的几种。

用塑料排水板处理软土地基，其作用原理和设计计算方法与袋装砂井排水法相同，同时具有插板机械轻、排水固结效果好、质量稳定、施工快、成本低(一般可低于袋装砂井成本10%以

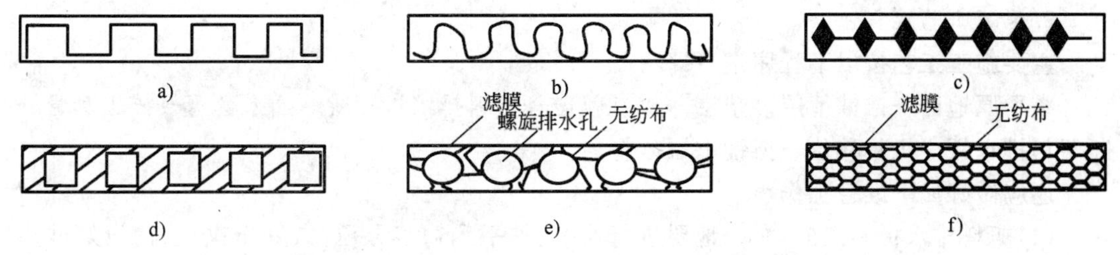

图 6.3.7 塑料排水板的结构

a)∩槽塑料板;b)梯形塑料板;c)Δ槽塑料板;d)硬透水膜塑料板;e)无纺布螺旋孔排水板;f)无纺布柔性排水板

上)等优点,因此作为袋装砂井的替代材料,得到了广泛应用。

(二)设计原则和指标确定

设计时把塑料排水板的断面换算成相当直径的袋装砂井,参照日本构尾新一郎的算式,设塑料排水板宽度为 b,厚度为 δ,则换算相当圆的直径 D_P 按式(6.3.5)计算

$$D_P = \alpha \frac{2(b+\delta)}{\pi} \tag{6.3.5}$$

式中:α——换算系数,由试验求得。一般当 $L=10$m 左右、挠度在 10%以下时,$\alpha=0.6\sim0.9$;

b——塑料排水板宽度;

δ——塑料排水板厚度。

根据上式对于宽 10cm、厚 4mm 的塑料排水板,取 $\alpha=0.75$,则计算出 $D_p\approx5$cm。

(三)施工要点及质量控制

1.材料要求

(1)芯板应具有足够的抗拉强度和垂直排水能力。其抗拉强度不应小于 130N/cm。当周围土体压力在 15m 深度范围内不大于 250kPa 或在大于 15m 范围内不大于 350kPa 条件下,其排水能力应不低于 30cm/s。同时,芯板应具有耐腐性和足够的柔性,保证塑料排水板在地下的耐久性并在土体固结变形时不会被折断或破裂。

(2)滤套一般由无纺织物制成,应具有一定的隔离土颗粒和渗透功能,应等效于 0.025mm 孔隙,其最小自由透水表面积宜为 1500cm^2/m,渗透系数应不小于 5×10^{-3}cm/s。

有些地方的乡镇企业生产塑料插板,选购时应严格检验其质量,如强度、排水能力和耐老化性能等,慎重选用。

2. 施工机械

施工主要机具是插板机,也可与袋装砂井打设机具共用,但应将圆形套管换成矩形套管。对于振动打设工艺、锤击振力大小,可根据每次打设根数、导管断面大小、入土长度和地基均匀程度确定。一般对均匀的软基振动锤击力参照表 6.3.3 选用。

振动锤击振力参考值表 表 6.3.3

长度(cm)	导管直径(cm)	振动锤击力(kN)	
		单管	双管
>10	130~146	40	80
10~20	130~146	80	120~160
>20	130~146	120	160~220

3.施工工艺流程

主要施工工艺按以下程序进行：

整平原地面→摊铺下层砂垫层→机具就位→塑料排水板穿靴→插入套管→拔出套管→割断塑料排水板→机具移位→摊铺上层砂垫层。

还应做好如下准备工作：

(1)塑料排水板施工前，对场地要进行清表、整平和初步碾压，做好土拱坡，铺设好砂垫层(砂垫层的质量要求同袋装砂井法)，为了保持工作面的整洁，要根据地形挖好排水沟，以利排水。

(2)放样时要根据设计情况准确定位，并在每个孔位都做好标记，可用石灰、油布或细条塑料板芯等，做到固定、明显并不易被损坏。

(3)定位要准确。

(4)穿靴。将塑料排水板端部穿过预制靴头固定架，对折带子长约10cm，固定联结。一般预制靴头采用铁质或混凝土靴头，如图6.3.8所示。将靴头套在空心套管端部，固定塑料排水板，并使其在下沉过程中能阻止泥砂进入套管。

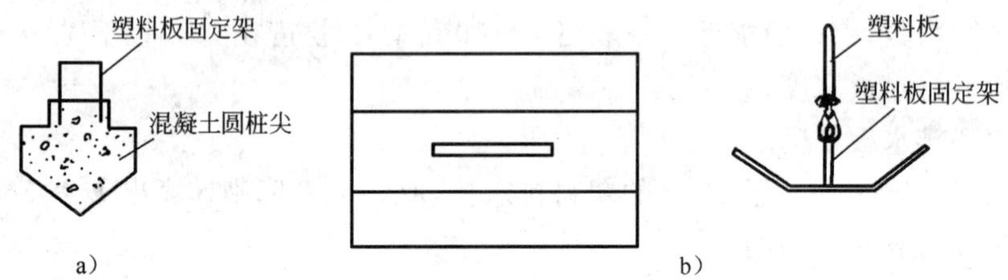

图6.3.8 桩尖示意图

4.施工质量控制

施工质量应符合以下规定：

(1)施工现场堆放的塑料排水板盘带应加以覆盖，防止暴露在空气中老化。

(2)插入过程中导轨应垂直，钢套管不得弯曲，透水滤套不得被撕破和污染；排水板底部应有可靠的锚固措施，以免拔出套管时将芯板带出。

(3)塑料排水板留出孔口长度应保证伸入砂垫层不少于50cm，并折倒顺砂垫层横坡放置，见图6.3.9，使其与砂垫层贯通；并将其保护好，以防机械、车辆进出时受损，影响排水效果。

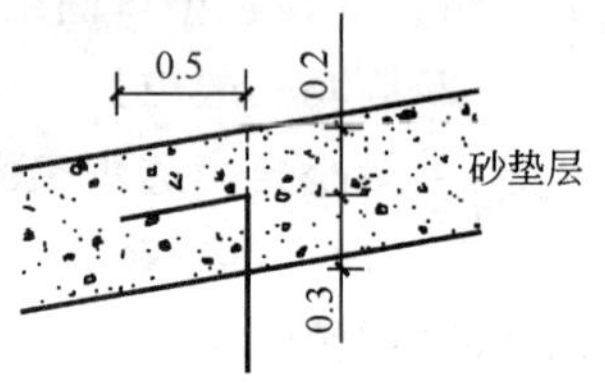

图6.3.9 塑料排水板上口按设

(4)塑料排水板搭接应采用滤套内平接的方法，芯板对扣，凸凹对齐，搭接长度不少于20cm；滤套包裹，用可靠措施固定。

(5)施工中，严防泥土等杂物进入套管内，一旦发现应及时清理。

(6)塑料排水板施工允许偏差应符合表6.3.4的规定。

塑料排水板施工允许偏差 表6.3.4

项次	项目	单位	允许偏差	检查方法和频率
1	板距	cm	±15	抽查2%
2	板长	cm	不小于设计	查施工记录
3	竖直度	%	1.5	查施工记录

四、粉 喷 桩

(一)加固机理及作用

粉喷桩属于深层搅拌加固地基方法的一种形式,也称为加固土桩。它是以水泥、石灰等材料作固化剂的主剂,通过利用特制的深层搅拌机械和原位软土进行强制搅拌,使固化剂和软土之间经过一系列的物理—化学反应,生成一种特殊的具有较高强度、较好变形特性和水稳性的混合柱状体。其抗压强度比天然软土提高数十倍甚至数百倍,它对提高软土地基承载能力,减少地基的沉降量有明显效果。同时还具有施工工期短、无公害、施工过程无噪声、不排污、对相邻建筑物无不利影响等优点。这项技术源于国外,我国于 20 世纪 80 年代初引进,并于 1983 年研制出了我国的第一台液压步履式深层搅拌喷粉桩机。到 20 世纪 90 年代这项技术在公路、铁路、市政工程。工业与民用建筑、机场等的软基处理中得到了广泛的应用。由于国内粉状石灰产量不多,加上运输和保管比较困难,近年来基本上以水泥粉作为固化剂进行深层搅拌施工。

按固化剂形态可分为浆液固化剂和粉状固化剂。粉喷桩是采用粉状固化剂,最适合于加固各种成因的饱和软黏土,目前国内常用于加固淤泥、淤泥质土、粉土和含水量较高的黏性土。由于粉喷桩是将干的固化剂(水泥粉、石灰粉)拌入地基的,所以当软基中的含水量低于 30% 时,为了保证粉体的充分固化,必须在搅拌过程中加入适当水分,因此当选用粉喷桩时,土层的含水量宜大于 50%。而加固软土的深度,目前国外已达到 60m;国内由于受机械功率所限,加固深度仅能达到 26～27m。

(二)粉喷桩的设计原则和指标确定

利用粉喷桩加固地基的目的是为了满足工程需要,使地基获得足够的承载力,减少沉降。加固土桩的加固机理主要考虑半刚性的加固土桩和周围土基形成的复合地基作用。附带还有对土基的挤密作用和加快排水固结作用(粉剂将吸收相当大量的土基原有水分),在设计时不作考虑。设计时应通过计算确定桩的桩长、强度、直径、桩距、固化剂的掺入比例及桩的布置形式等,最终获得复合地基的总体承载力和确定复合地基的总体沉降量。进行粉喷桩设计时,很难做到一次计算就能达到满意的要求,常常需要调整桩长和桩距进行反复计算,直至满足要求。设计时主要考虑的问题如下。

1. 分析地质资料

设计之前应充分了解外业勘察所取得的资料,特别应了解软土层的厚度、分层情况、埋置深度、承载力,以便确定桩底持力层;了解土的含水量、有机质含量、可溶盐含量、地下水质情况(酸碱度、有害物质含量)等,以便选择固化剂的品种,制定施工工艺。

2. 软土层上构筑物的要求

根据公路的设计等级、路面情况、构造物的类型等所要求的承载力、沉降量进行综合分析,以便确定桩的布置情况。由于粉喷桩的强度和刚度与刚性桩比较接近,根据这一特点,设计时只需要在结构物基础范围内布桩即可,无需像砂桩等柔性桩那样在基础以外设置保护桩。

3. 持力层的选择、桩长的确定

粉喷桩的桩长要根据计算确定,应尽量选择天然承载力较高的土层作为持力层。但是由于桩的轴向应力在桩的上部 3～5 倍桩径范围内比较集中,以下收敛较快,当桩具有一定的长度时(一般大于 8m),桩尖处应力不大,故桩端持力层对单桩承载力影响很小,所以长桩时对桩端持力层的要求不是很严格的。桩长与桩身强度、置换率、天然地基承载力有直接的关系，因此要进行综合考虑。

4.固化剂掺量及桩体强度的设计

在一定的荷载下，一般来说固化剂掺入越多，桩身强度越大，灰土置换率越高。复合地基承载力是由桩体和桩周土强度共同决定的，一般固化剂的掺入量占加固土体的7%～15%，但是具体设计时应根据土质情况、含水量等进行综合考虑。在设计之前要通过室内试验资料，取用稍高于设计要求的掺入量作为设计掺入量。

5.固化剂的选择

选择固化剂的主要依据是设计要求的桩身强度，在对地基承载力要求不高的情况下，可选择石灰、425号及其以下低标号的水泥。为了节约资金，固化剂中可加入适当的粉煤灰、石膏粉等掺合料。对地基承载力要求较高的建筑物，则必须选择高标号的水泥作固化剂。具体设计、计算方法参见参考文献〔20〕，以下给出一般常用数据。

(1)桩径：一般根据粉喷钻机确定，目前常采用的粉喷钻机的钻孔直径为0.5m。

(2)固化剂掺入比例：通常为被搅拌土重量的7%～15%，应根据具体土质通过试验确定。

(3)桩距：一般为1.0～1.5m，相邻桩间净距不应大于4倍桩径。当已确定单桩承担的加固面积时，可根据下式确定桩距：

$$a=\sqrt{A_C}$$

式中：a——桩距，m，适用于正方形和等边三角形；当采用长方形布桩时，可由A_c值试算确定两个方向的a_1和a_2；

A_C——一根桩承担的处理面积，一般取1～2m^2。

通常桩距a和一个桩承担的面积A_C要进行互相试算和调整后确定。

(4)桩长：确定桩长可采用以下几种方法：

①当因地质条件及施工因素限制桩长，或根据土层结构情况可以定出桩底标高时，应先按实际情况定出桩长；

②当搅拌桩的加固深度不受限制时，应先通过室内试验选定固化剂掺入比μ_p和试验的无侧限抗压强度，求出单桩承载力，计算出桩长；

③根据总荷载和总桩数，先选定单桩承载力，然后求出桩长。

(三)施工要点及质量控制

1.材料

可采用水泥、生石灰、粉煤灰等作为加固料，其质量和规格应符合设计要求。

(1)生石灰：应是磨细的，最大粒径应小于0.2mm，石灰应无杂质，氧化镁和氧化钙含量不应小于85%，其中氧化钙含量不应低于80%。

(2)水泥：宜采用普通水泥或矿渣水泥，应是国家免检产品，严禁使用过期、受潮、结块、变质的劣质水泥。对非免检厂生产的水泥，应分批提供有关标号、安定性等试验报告。

(3)粉煤灰：化学成分中要求二氧化硅和三氧化二铝的含量应大于70%，烧失量应小于10%。在有条件地区还可采用石膏粉作为掺加剂，有利于强度的提高。

(4)成桩试验：在粉喷桩施工前，必须进行成桩试验，试验应达到下列要求，并取得技术参数：

①满足设计喷入量的各种技术参数，如钻进速度、提升速度、搅拌速度、喷气压力、单位时

间喷入量等；

②确定搅拌的均匀性；

③掌握下钻和提升的阻力情况，选择合理的技术措施；

④根据地层、地质情况确定覆喷范围，成桩工艺性试验桩数不宜少于5根。

2.施工机械

粉喷桩的施工机械主要由钻机、粉体发送器、空气压缩机、搅拌钻头等组成。钻机必须要求动力大，扭矩大，适合大直径钻头成桩，具有正向钻进、反转提升的功能，并能实现匀速提升。粉体发送器应能满足定时定量发送粉体材料，并附有计量设备。空气压缩机可根据工程地质条件和加固深度选型，一般压力不需要很高，风量也不宜太大，空气压力一般为0.2～0.4 MPa。搅拌钻头的形式应能保证反向旋转提升时，对柱中土体有压密作用。钻头直径与设计粉喷桩桩径相适应，一般为0.5m。

3.施工工艺流程如下：

整平原地面→ 钻机定位→ 钻杆下沉钻进→上提喷粉强制搅拌→ 复拌→提杆出孔 →钻机移位。粉喷桩施工程序如图6.3.10所示。

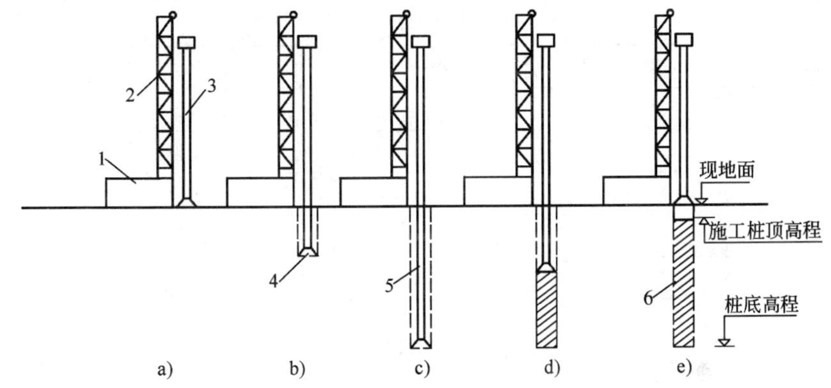

图6.3.10 粉喷桩施工程序示意图

1-钻机；2-钻架；3-钻杆；4-钻头；5-钻孔；6-成桩

具体操作方法如下：

(1)对正桩位，调整钻机机身，保证钻杆的垂直度，启动钻机下钻，待搅拌钻头接近地面时，启动空压机送气，开始钻进。

(2)钻到设计孔深时，关闭送气阀门，喷送加固粉料。

(3)确认加固粉料已到桩底时，提升搅拌钻头，为便于控制成桩质量，一般不得使用III挡提升。

(4)提升到设计桩顶高程时，停止喷粉。

(5)打开送气阀，关闭送料阀，但空压机不要停机，搅拌钻头提升到桩顶时停止提升，在原位转动2min，以保证桩头均匀密实。

(6)钻头再钻到设计桩底，进行二次搅拌。

(7)将搅拌钻头提出地面，停止主电机、空压机，填写施工记录。

(8)移动到下一个桩位。

4.质量控制

粉喷桩施工应根据成桩试验确定的技术参数进行，操作人员应随时记录压力、粉喷量、钻进速度、提升速度等有关参数的变化。并应满足下列要求：

(1)严格控制喷粉标高和停粉标高，不得中断喷粉，确保桩体长度；严禁在尚未喷粉的情况下进行钻杆提升作业。

(2)当钻头提升到地面以下不足 50cm 时，送灰器应停止喷灰，并用人工回填黏性土压实。

(3)桩身根据设计要求在地面以下 1/2～1/3 桩长并不小于 5m 的范围内必须进行重复搅拌，使固化料与地基土均匀拌和。

(4)施工中发现喷粉量不足，应整桩复钻，复钻的喷粉量应不小于设计用量。如遇停电、机械故障等原因，喷粉中断时，必须复钻，复钻时重叠段应大于 1m。

(5)施工机具设备的粉体发送器必须配置粉料计量装置，并记录水泥等加固料的瞬时喷入量和累计喷入量。严禁无粉料喷入计量装置的粉体发送器投入使用。

(6)贮灰罐容量应不小于一根桩的用灰量加 50kg；当贮量不足时，不得对下一根桩开始施工。

(7)钻头直径的磨损量不得大于 1cm。

(8)应控制重复搅拌时的提升和下沉速度，以保证加固深度范围内每一深度均得到充分搅拌。

(9)粉喷桩施工允许偏差应符合表 6.3.5 的规定。

粉喷桩施工允许偏差 表 6.3.5

项　次	项　目	单　位	允许偏差	检查方法和频率
1	桩距	cm	±10	抽查 2%
2	桩径	mm	不小于设计	抽查 2%
3	桩长	cm	不小于设计	查施工记录
4	竖值度	%	1.5	查施工记录
5	单桩喷粉量	%	不小于设计	查施工记录
6	强度	MPa	不小于设计	抽查 5%

五、堆载预压和真空加载

(一)概述

前面已经提到了堆载预压法，本段补充一些细节和实例。

一条或一段高速公路，从设计到竣工通车需要几年的时间，辽宁省沈大高速公路全长 375km 用了 7 年，分成短段设计施工的广东省广州—汕头高速公路东段全长 140km 也用了 3 年多时间。如果在勘察设计之初已经确定了路线须通过的软土地段，及早就在这些地段选择代表点进行堆载预压试验，堆载物就用将来计划用以填筑路堤的材料，则经相当长时间之后路堤就会达到一定程度的固结，通过观测资料就可掌握该段土壤的沉降固结特性，这个方法的优点是：

(1)最为经济。不须特殊设备或措施，只不过将日后填筑路堤的时间提前。

(2)最为可靠。现场堆载预压的时间、沉降资料是完全真实的资料，可以校正通过室内土壤试验得出的各种参数进行复杂理论计算得出结果的确定。

沪嘉高速公路沿海岸选线，大部分路基是软土。因缺乏经验，设计当初曾邀请多位国外专家考察咨询。其中德国专家指出：最经济有效的方法就是提前修建路堤进行预压。

前面已提到预压的重量可以是超载、等载、欠载三种，预压的具体做法也可分为三种。

1.原场地预压法

相当于提前填筑路堤，如前所述，适用于不是严重软弱的土基，土基不须特殊加固处理，只是要求提前沉降固结，减少或消除工后沉降。填筑前通常在地面加垫不少于30cm厚度的砂垫层，以利地基水分受压后通过砂垫层排出，近年更广泛采用铺筑土工塑料制品，不但可以渗排水分，还可加强路堤土体的强度、稳定性和整体性，图6.3.11所示为高速公路软土路基段上铺设土工格栅的情况。

对于预计沉降量较大的土基，沉降时不但高度要降低，同时边坡亦将变缓，见图6.3.12，因此初始的填土高度和边坡要计入其影响。

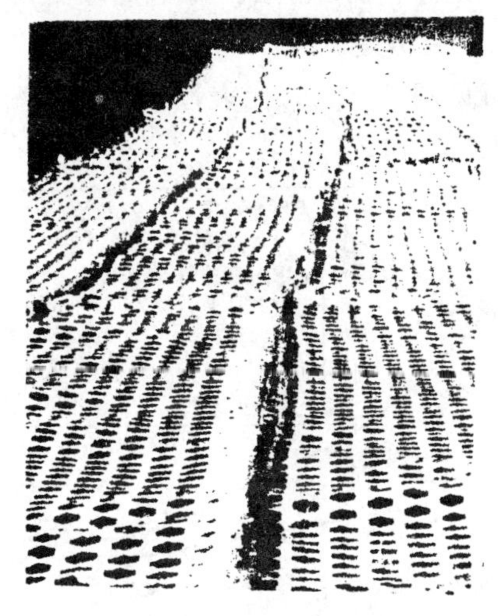

图6.3.11 高速公路软土路基上铺设土工格栅

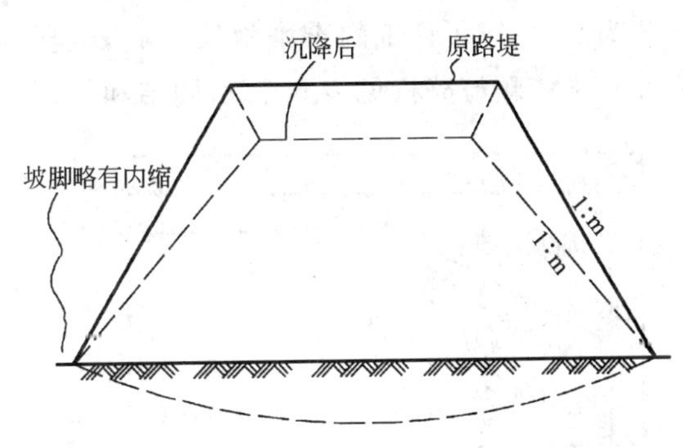

图6.3.12 路堤沉降时对高度和边坡的影响

2.土基竖向排水结合堆载预压法

如前面所述，先在软土地基上作砂井，塑料插板等竖向排水措施，再加载预压，加速排出地基水分，适用于含水量很大的比较严重的软土地区。采取竖向排水措施后缩短了水分排出距离，如果再堆载预压，地基水分在压力下排出就加大了排出速度，缩短了排水固结时间。

3.真空排水结合堆载预压法

真空排水预压法是瑞典杰尔曼（W. Kjellman）教授早在1952年提出的一种处理软土地基的特殊技术，国外多有采用。我国首例在"六五"期间在天津港进行，1985年通过国家鉴定，以后陆续在港口及一些水利堤围，机场跑道中推广使用，积累了一些工作经验。在高速公路建设项目中，1998年广东省先后在西部沿海高速公路台山第三标段及广珠东线高速公路第十四标段中进行真空联合堆载预压试验。九月份先后进行抽真空，一个月后，即在十月份进行了路堤堆载预压，两试验段进展顺利，各项测试指标均达到原定目标要求、效果良好。

上述前两种堆载预压法的土基沉降固结时间皆较长，而真空预压法则可大大加快软基沉降速率，因而适用于工期紧迫，要求软土地基尽早完成沉降固结的情况。广东两试验段软基沉降速率都很高，真空预压一个月，各观察点沉降总量均在680～710mm之间，沉降速率高于常规堆载预压的4～5倍。根据试验路的结果，广东省建议真空堆载法可在预计沉降量大达150mm的严重软土地段和要求快速完成沉降固结的情况下采用。

上述第2法的竖向排水前面已有详细介绍外，下面再对1、3两种堆载预压法作一些实例介绍和说明。

(二)原场地预压法实例——辽宁沈大高速公路金州湾海滩路堤[5]

沈阳—大连公路,从里程 375km+200 至 382km+000 间,跨越金州湾外缘海滩地段,长约 6.8km,地形平坦,地势低洼,排水不良。土层地质系海洋沿岸泻湖相沉积,表层颗粒细,干燥时有一定强度,遇雨或湿润时,泥泞松软,下层夹有黑灰色淤泥、贝壳、尖灭的黏土夹层等,十几米以内土层都比较软弱,修筑路基后有可能造成过大沉陷和坍塌。附近的 303 无线电转播台在此海滩上建有三层楼房及天线塔座,据说都是桩基础深入岩层。再加此段路堤长达 7km,影响很大,因此如何保证路基稳定等问题,就必须研究清楚。

为此,进行了详细的土壤地质调查,全段地质断面见图 6.3.13,代表性钻孔柱状图见表 6.3.6,土壤颗粒分析见表 6.3.7,固结和压缩试验见图 6.3.14。

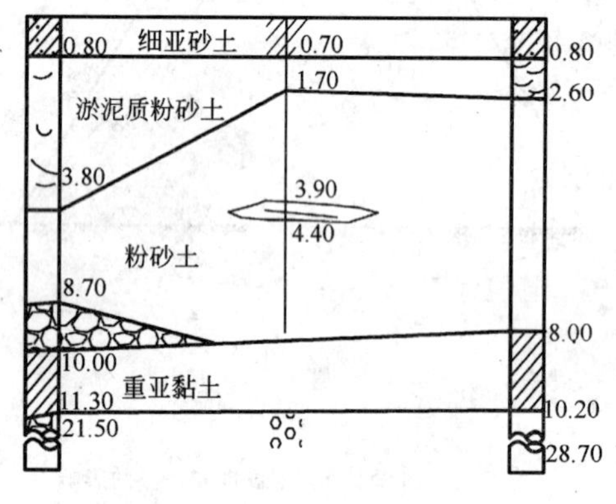

图 6.3.13 地质断面

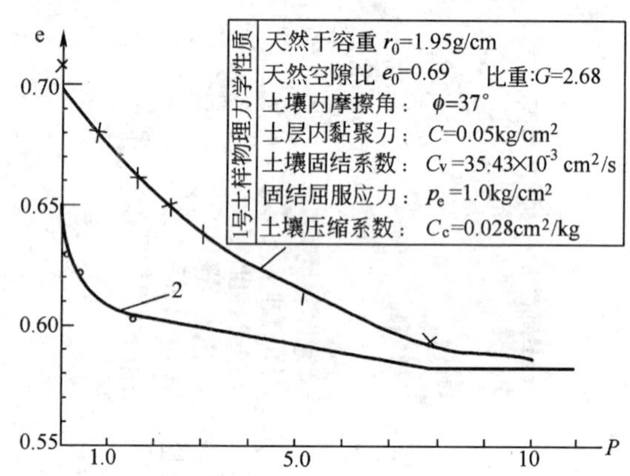

图 6.3.14 土样压缩实验

1-淤泥质粉质砂土压缩曲线;2-重亚黏土层压缩曲线

ZK8 号地质钻孔柱状图 表 6.3.6

地质层次	地层深度(m)	地层厚度(m)	地层标高(m)	柱状图	地层情况描述	基本承载力(δ_0/m^2)	备考
1	0.80	0.80	3.1	··· ··· ··· ···	淤砂黄褐色,粒组不均匀,结构松散(局部)	11	
2	1.30	0.50	2.6	////////	粉质砂土,黄褐色,颗粒均匀,局部黑灰色,味臭	5~10	
3	1.80	0.50	2.1	··· ··· ··· ···	粉砂黄褐色,湿度大饱和状态,松散,味臭	11	
4	3.80	2.0	0.10	////////	粉质砂土,松散,腐质植含量高,具味臭	5~10	
5	8.50	4.70	−4.6	··· ··· ··· ···	粉砂,黄褐色,结构松散,饱和状态,局部有贝壳,味臭,在粉砂中可见有圆块状粉质土	11	
6	10	1.50	−6.1	··· ··· ··· ···	砾砂黄褐色,结构中密,局部见贝壳,砾石占 25%~50%	25~30	
7	11.30	1.30	−7.4	////////	黏土黄褐色,颗粒均匀,硬塑,局部可见铁质	27	
8	21.5	10.20	−17.6	··· ··· ··· ···	圆砾、黄褐色、颗粒不均匀,结构中密,圆砾占 50%,卵石占 5%~10%,砾卵石间夹有淤泥	26~31	

土 壤 颗 粒 分 析

表 6.3.7

土壤层次及厚度(m)	2mm 含量	2～0.05mm 含量(砂粒)(%)	0.05～0.005mm 含量(粉粒)(%)	0.002mm 含量(黏粒)(%)	液限 w_L(%)	土壤名称	
						(旧)	(新)
表层 0～0.70	——	73.0	22.5	4.5	26.7	黄褐色细亚砂土	低塑性黏土
下层 0.70～4.50	——	62.5	34.8	2.7	26.4	灰色淤泥质粉质砂土	粉质低塑性黏土

从土壤颗粒分析看土质为砂土，从压缩试验看很快就达到稳定，因此本质上是优良的，但由于夹有淤泥和腐殖质，故仍决定作堆载试验。

试验段为一长 30m，高 5m，顶宽 10m，边坡 1∶1.75 的路堤，用两种材料填筑：一种是石棉石尾矿渣，最大干容重 2.33kg/cm^3；另一种是石灰石尾矿渣，最大干容重 2.43 kg/cm^3。在一段的底部还铺了厚 60cm 的石灰粉煤灰半刚性底层(石灰 20%＋粉煤灰 80%)，以起到均匀下沉的作用。在试验段的 3 个断面上埋设观测点观测下沉，路堤顶面 3 个，两侧地面临近边坡脚各两个，见图 6.3.15 右上角。

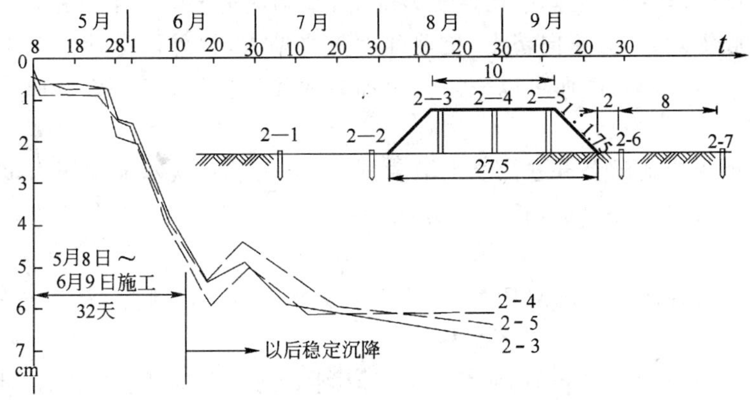

图 6.3.15　实验路段测点布置和时间—沉降曲线

试验路堤在 1984 年 5 月 8 日开始填筑施工，6 月 9 日完工，历时 32 天。在此期间观测到的最大沉降量 3.2～4.1cm，到 7 月 20 日的 40 天内继续沉降只有 1cm 左右，到 9 月 30 日的 90 天内沉降只有几毫米，基本稳定，因而停止观测。观测到的最终平均稳定沉降 6.3cm，用双曲线法推算的最大沉降量 6.0cm，与之相符。

三个观测断面边坡坡脚土基未见明显隆起现象，不同填土土质段和铺筑石灰粉煤灰底层断面沉陷未见明显不同，应为填土单位重差别不大和地基本身刚度较大之故。

试验说明：本段土质本身为沙土，虽含少量淤泥夹层和腐殖质，但沉降快速而量少，仍然保持沙土特性，路堤填高 5m 和采用 1∶1.75 边坡是稳定的，无须作软土地基处理。

(三)真空预压法

1. 固结机理和特点

真空预压法是在须要加固的软土地基表面上铺填砂垫层，厚度一般 50～70cm，再在砂垫层中埋设排水通道，砂垫层顶面铺上不透气的封闭膜封闭起来，然后进行抽空。通过砂垫层中埋设的吸水管道及打进软土中的竖向袋装沙井，借助射流泵将膜下软土中的空气和孔隙水抽走，形成真空，使在砂垫层及竖向排水通道内逐步产生负压，土体内部与排水通道、垫层之间产生压差，在此压差作用下，土体中的孔隙水不断由排水通道排出，而产生固结，地基有效应力随之增加，强度随之提高。工作情况如图 6.3.16 所示。

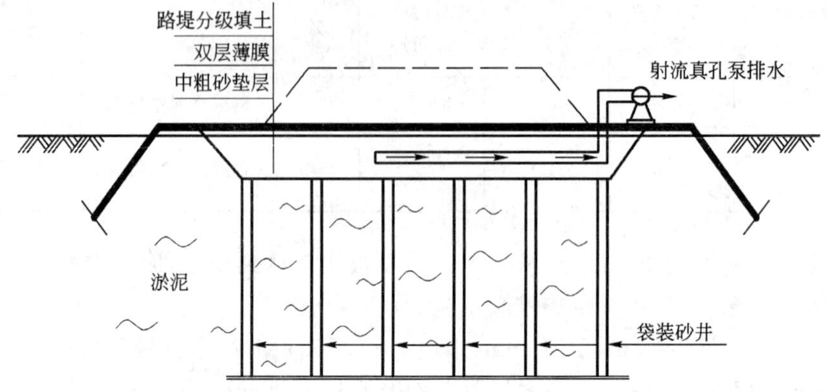

图 6.3.16　真空堆载预压加固地基法施工断面示意图

真空加载的机理和优点：

(1)在真空负压作用下，土体中孔隙压力降低，基础周边土体产生位移，被挤向预压中部区域，形成侧向收缩，而不会侧向挤出，抗剪强度随之增大，抗外侧滑动的能力增加，路堤施工时不容易产生变形滑动，因而可以一次快速加载而无须分级加载，故可加快施工速度，缩短施工工期。

(2)在真空预压的基础上再进行填土堆载预压，加大了对软基地预压力度，因而也加快了土体的固结，不仅主固结加快，相当部分次固结，也可在联合预压中完成，工后沉降相应减少。

(3)真空排水法易使土中的封闭气流在真空吸力作用下被排除，从而进一步提高渗透性，加快固结过程。

(4)真空排水法使地基周围土体向加固区内土体移动，可提高加固区土体密实度，增加抗压能力。

(5)真空排水法主要利用大气负压排出土体水分，而不需大量的堆载预压材料。

(6)射流泵只利用大气作为工作流体，没有运动的工作元件，结构简单，工作可靠，也无需专人看管，故此法最为经济适用。

造价方面：真空预压比常规堆土预压须增加抽空设备及抽空费用。其中抽空费用比重较大。工程设计时要充分发挥真空预压和填土堆载预压的联合作用，以加快软基土体的固结速度，减少抽空时间，减少抽空费用。

实行真空联合填土预压施工技术后，可取消常规填土预压需设置的土工织物及超载预压措施，相应地可节省一批费用。此外，由于大大加快了软土土体的固结速度，在同等施工工期内可完成比常规预压更大的沉降量，相应地减少了工后沉降，也减少了工后软基路段的维修费用，在进行方案经济比较时，应综合考虑。

真空排水法适用于地下不存在与丰富水源如附近池塘河湖相连的透水层的地基，如有，必须事先采用封闭式板桩墙等措施隔断外来水源，以免劳而无功。

2.施工实例——广东省西部沿海高速公路台山第三标段

该线由广州西连湛江，全长 450 余公里，基本沿海滨进行，许多路段都属软土。1998 年台山市第三标段施工时，做了一段真空堆载试验路，取得成功经验，以后在省内多处推广。试验路主要情况简介如下：

1)准备工作

(1)土壤地质调查:全面探明软基各土层的土质特性,尤其要查明夹层的分布,要特别探明各夹层可否与四周江河、池塘连通,发现这种情况,必须进行堵截。(实际未发现)

(2)施工设计:通过土壤调查和试验资料,进行沉降计算、施工填土时基础的抗滑计算等,以提出分层填土的时间安排及施工控制,施工单位据以进行施工组织设计。

(3)设置各种类型的观测点,观测项目主要有:

①真空度测试。在砂垫层中埋设真空仪测定,一般要求标准 60～70kPa。

②孔隙水压力测试。在地基不同深度埋设探头测定,每天测 2～3 次,以了解抽填过程中土体孔隙水压力的变化。

③表面沉降观测。在砂垫层表面埋设沉降板,上有观测杆露出路堤顶面,在袋装砂井施工时和真空预压后定期观测,以了解沉降速率、总沉降量和地基平均固结度。

④侧向位移观测。由于真空预压使路基中心形成负压,即相当于土体上施加了围压,此时侧向位移表现为向路基中心移动的趋势,有利于路基稳定。而在填土时侧向位移可能指向路基外,但其位移量小,在施工全过程中不会危及路基安全。

⑤十字板抗剪强度试验。在填土加载之前,对计算的基础滑动区进行十字板原位测探,查明该区土质强度,再结合侧移观察数据,基础沉降速率等进行系统分析,确定填土厚度及速度。加压后再进行十字板试验,以检验处理效果。

(4)施工监控:软基的处理十分复杂,仅仅依靠理论的设计计算去制定设计方案,还不能准确地解决软基处理中的各种问题,为使工程完好地符合设计要求,设计应提出施工中各项监控指标及指数,使监控单位能根据观察数据结合现场情况进行施工监控。

试验路断面和测点布置,见图 6.3.17。

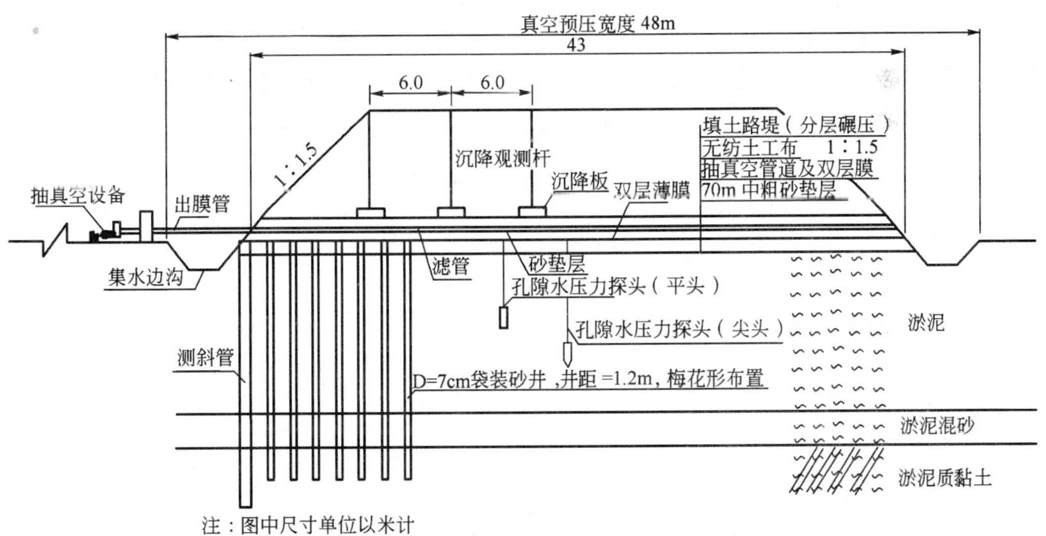

图 6.3.17 真空联合堆载预压加固地基施工方法断面示意图

2)施工工艺流程(图 6.3.18)

3)试验观测结果

(1)沉降量:两试验路段软基经真空预压一个月,各观测点沉降总量约在 680～710mm 之间,高于常规堆载预压法 4～5 倍。据观测资料,台山三标真空预压在总沉降达到 500mm

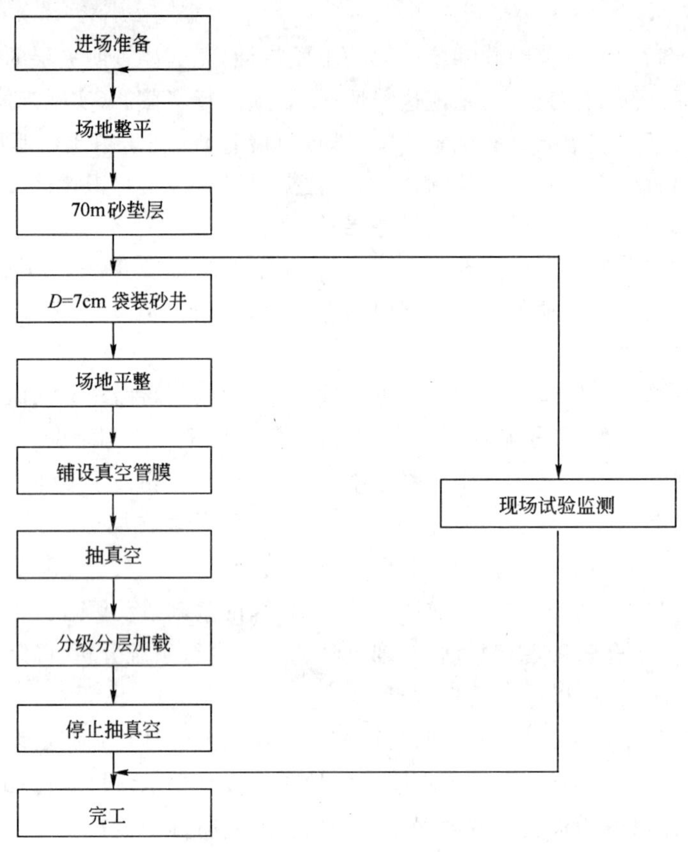

图 6.3.18　施工工艺流程

时共 18 天，而毗邻的台山二标 1995 年进行的常规堆载预压，达到同样的沉降量须 90 天。三标试验段在真空预压的后期沉降每天 17～19mm，进入真空联合堆载预压后，增加至每天 22～25mm，效果显著。典型的沉降—时间过程线见图 6.3.19，累计分层沉降曲线见图 6.3.20。

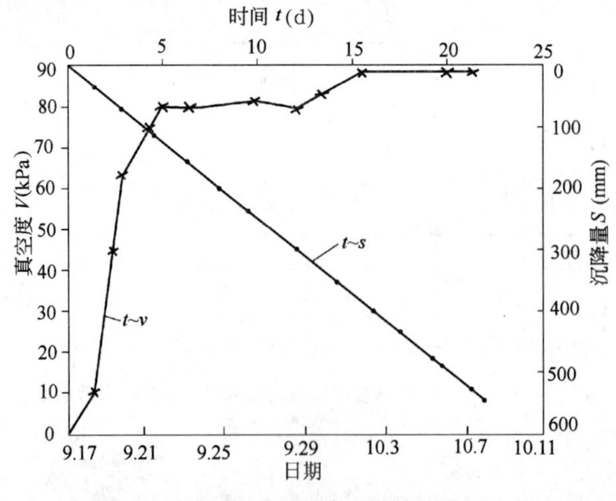

图 6.3.19　B 断面中心沉降—荷载—时间进程线

(2)孔隙水压(简称孔压)：根据测试资料，土体的孔压在真空预压的作用下消散速度和幅

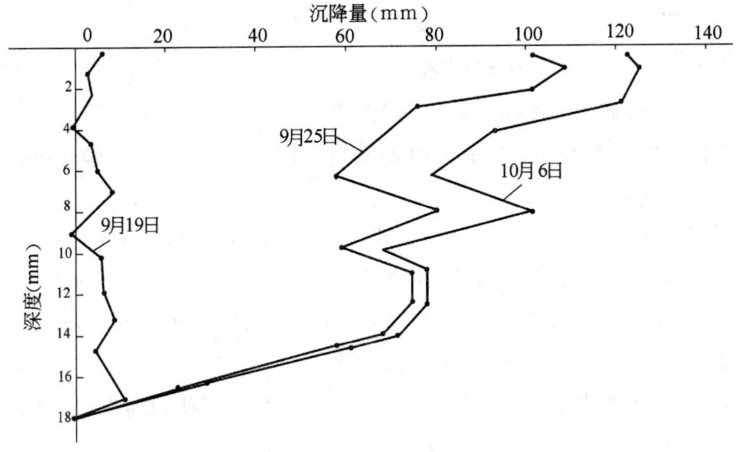

图 6.3.20 分层沉降曲线

度比常规的堆载预压高,排水固结速度加快。此外,孔压测试结果还表明,基础下3～19m 处的孔压都有不同程度的下降,说明软基整体受固结。深度—孔压曲线见图 6.3.21。

(3)侧向位移监测:在加固土体两侧埋设测斜杆,检查软基在受荷时土体的侧向位移。检测资料表明,随着真空度的增加,受压区周边土体受负压作用,被挤往受压中心区,在表层向中心区的移动达140～180mm,在基础下 5～6m 深度的土层也产生向中心区的移动。测斜累计位移—深度曲线见图 6.3.22。

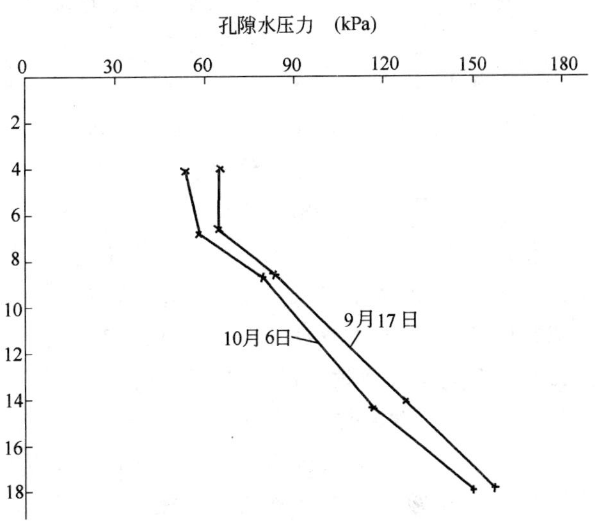

图 6.3.21 B断面深度—孔压曲线

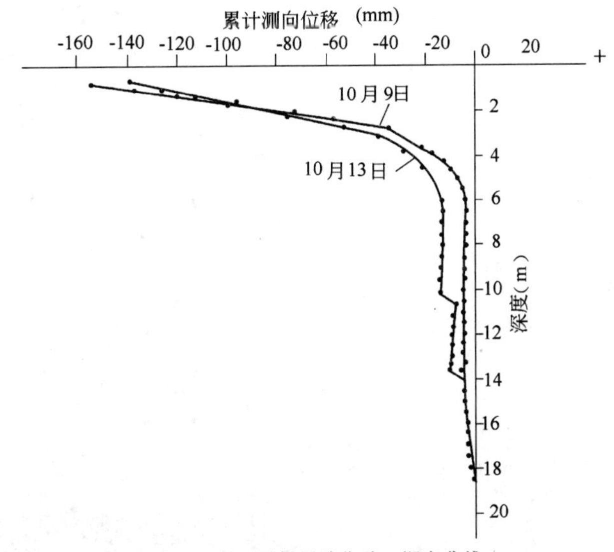

图 6.3.22 测斜累计位移—深度曲线

参考文献

[1] 交通部.JTJ 001—97 公路工程技术标准.

[2] 交通部.JTJ 011—94 公路路线设计规范.

[3] 广东虎门技术咨询有限公司.广东省西部沿海高速公路阳江段施工图设计复查咨询意见书,1998.

[4] 夏文俊.浅谈高速公路纵断面设计中的几个问题.公路,1993(8).

[5] 王伯惠.道路立交工程.大连:大连理工大学出版社,1992.

[6] 交通部第二勘查设计院.公路选线简明手册.北京:人民交通出版社,1997.

[7] 崔托维奇.土力学.北京:地质出版社,1951.

[8] 公路设计资料.桥涵基本资料,下册.北京:人民交通出版社,1976.

[9] 交通部.JTJ 051—85,公路土工试验规程.北京:人民交通出版社.

[10] 交通部.JTJ 017—96,公路软土地基路堤设计与施工技术规范.北京:人民交通出版社.

[11] 交通部.JTJ 033—95,公路路基施工技术规范.北京:人民交通出版社.

[12] 交通部.JTJ 019—98,公路土工合成材料应用技术规范.北京:人民交通出版社.

[13] 北京:中国公路建设市场.中国标准出版社,2000年,2002卷.

[14] 程翔云.桥头跳车防治综述.公路,1997(12).

[15] 秦禄生.高等级公路桥头跳车成因及处治对策.国外公路,1999(1).

[16] 卢远兴等.解决桥头跳车的一种方法——"水撼砂"法.公路,1998(5).

[17] 王毅.日本桥梁搭板的设计方法.城市道桥与防洪,2006(6).

[18] 顾锋等.桥头搭板设计.公路,1996(1).

[19] 国家建筑标准设计图案05MR301.城市道路软土地基处理,2005.5.

[20] 刘玉卓主编.公路工程软基处理.北京:人民交通出版社,2002.

[21] 马骏等.沈大公路金州湾海滩路堤的稳定试验.东北公路,1985(2).

[22] 吴承志.软土地基强夯法与处理结果鉴定.未来的交通国际论坛,2006.